Thomas Rudolph, Markus Schweizer

Erfolgreiche Transformation von Geschäftsmodellen in disruptiven Zeiten

Thomas Rudolph, Markus Schweizer

Erfolgreiche Transformation von Geschäftsmodellen in disruptiven Zeiten

Der High 5 Ansatz

DE GRUYTER
OLDENBOURG

ISBN 978-3-11-129165-9
e-ISBN (PDF) 978-3-11-129229-8
e-ISBN (EPUB) 978-3-11-129233-5

Library of Congress Control Number: 2023946251

Bibliografische Information der Deutschen Nationalbibliothek
Die Deutsche Nationalbibliothek verzeichnet diese Publikation in der Deutschen Nationalbibliografie;
detaillierte bibliografische Daten sind im Internet über http://dnb.dnb.de abrufbar.

© 2024 Walter de Gruyter GmbH, Berlin/Boston
Einbandabbildung: Institut für Handelsmanagement der Universität St.Gallen
Satz: Integra Software Services Pvt. Ltd.
Druck und Bindung: CPI books GmbH, Leck

www.degruyter.com

Inhaltsverzeichnis

Vorwort

Das Wort Transformation prägt mittlerweile den Alltag vieler Unternehmen. Neben der Digitalisierung haben auch die Coronakrise und der Krieg in der Ukraine für erhebliche Friktionen gesorgt und umfangreiche Änderungen im Konsumverhalten eingeleitet. Im Jahr 2023 hat die Sparneigung deutlich zugenommen und viele Unternehmen vor die Herausforderung gestellt, bestehende Prozesse – sei es im Einkauf, in der Logistik oder im Verkauf – auf den Prüfstand zu stellen und radikal neu auszurichten. Permanenter Wandel durch digitalen Fortschritt und das sich schnell verändernde Konkurrenzumfeld gehören zum Alltag.

Bisherige Veröffentlichungen zum Thema Disruption bestaunen den Mut, die Weitsicht und das raffinierte Vorgehen einer neuen Generation von Firmengründern. Literaturbeiträge beschreiben das atemberaubende Tempo, mit dem etablierte Unternehmen an Bedeutung verlieren und mit dem eine neue Ordnung Einzug hält. Etablierte Anbieter müssen sich den Vorwurf anhören, sie hätten die ersten Signale des eigenen Niedergangs nicht erkannt und falls doch, unangemessen reagiert. Nur selten gehen die Ratschläge aus der Literatur über diesen Vorwurf hinaus.

Auf die Frage wie etablierte Anbieter mit disruptiven Herausforderungen umgehen sollen, liefern Experten nur wenige Antworten. Dieser Lücke nimmt sich unser Buch an. Aus zahlreichen Untersuchungen, Workshops und Diskussionsrunden haben wir einen Managementansatz entwickelt, der eine erfolgreiche Selbstdisruption in etablierten Unternehmen unterstützt. Ein solcher Ansatz muss sich vom Vorgehen disruptiver Angreifer unterscheiden. Etablierten Unternehmen mit großen und teilweise trägen Organisationen lässt sich keine ‚Start-up Mentalität' verordnen. Auch dauert es in etablierten Unternehmen viel zu lange, um in kleinen Start-ups bzw. Labs Innovationen isoliert voranzutreiben und später auf das Kerngeschäft zu übertragen. Im Fokus steht daher die erfolgreiche Transformation im Kerngeschäft. Es muss etablierten Anbietern gelingen, eine permanente Selbstdisruption voranzutreiben. Unser Buch unterstützt diese Leitidee.

Das **erste Kapitel** begründet die Bedeutung disruptiver Veränderungen, definiert den Begriff Disruption und erklärt die damit verbundenen Herausforderungen für das Management.

Das **zweite Kapitel** schärft das Verständnis für disruptive Veränderungen in Unternehmen und stellt erste Management-Tools bereit. Wir identifizieren zentrale Treiber disruptiver Prozesse, warnen vor den häufigsten Managementfehlern, erklären wie Manager den Zeitpunkt für ein proaktives Handeln nicht verpassen und beschreiben das Vorgehen der Angreifer, um etablierte Unternehmen aus dem Markt zu drängen.

Kapitel 3 stellt unseren High 5 Managementansatz für eine erfolgreiche Geschäftsmodelltransformation vor. Zunächst fassen wir zentrale Erkenntnisse aus der Forschung über Geschäftsmodelle zusammen. Die Funktion von Geschäftsmodellen, deren Charakteristika sowie die Ableitung von fünf Handlungsfeldern stehen im Mittelpunkt

https://doi.org/10.1515/9783111292298-203

der Betrachtung. Aufbauend auf diesen Grundlagen entwickeln wir einen anwendungs-orientierten Managementansatz. Für jedes der fünf zentralen Handlungsfelder stellen wir konkrete Management-Aufgaben vor, welche im Falle einer Geschäftsmodelltransformation zu beachten sind. Abschließend fordern wir in diesem Abschnitt eine enge Abstimmung bzw. einen guten Fit zwischen den Handlungsfeldern und den damit verbundenen Aufgaben. Unseren High 5 Ansatz haben wir in dieser dritten Auflage, um eine ausgefeilte Projektbewertung der zentralen Transformationsvorhaben, ergänzt. Dabei soll das Konkursrisiko einer Unternehmenstransformation vermieden werden.

Das **vierte Kapitel** illustriert die Anwendung unseres High 5 Ansatzes. Anhand von zahlreichen Fallbeispielen beschreiben wir erfolgreiche und erfolglose Transformationsprozesse in Unternehmen. Die Fälle entstammen unterschiedlichen Industrien und betonen die Notwendigkeit einer strategie- und ressourcengeleiteten Vorgehensweise.

Das **fünfte Kapitel** geht auf die Führung von Transformationsprozessen ein. Leitgedanken zur Führung einer erfolgreichen Selbstdisruption sollen helfen, das Risiko des Scheiterns zu reduzieren. Die Ausführungen sprechen typische Stolpersteine an und unterbreiten erste Vorschläge, um die mentalen Voraussetzungen für einen erfolgreichen Wandel in der Belegschaft zu schaffen.

Wir wenden uns branchenübergreifend an das Management von etablierten Unternehmen, zu denen ca. 95 % aller Betriebe zählen. Ihre Manager erhalten mit diesem Buch einen theoretisch fundierten und praxistauglichen Leitfaden. Über zwanzig Fallbeispiele veranschaulichen unseren High 5 Ansatz für eine erfolgreiche Geschäftsmodelltransformation.

Ohne die Unterstützung unseres Assistententeams wären die Fallbeispiele in der gebotenen Qualität nicht zustande gekommen. Unser großer Dank gilt Christopher Schraml bei der Unterstützung zur Herausgabe dieser neuen Auflage.

St. Gallen und Hannover im August 2023
Thomas Rudolph
Markus Schweizer

1 Managementherausforderungen in disruptiven Zeiten

1.1 Ein omnipräsentes Phänomen mit existenzbedrohenden Auswirkungen

Disruptive Veränderungen sind keine Phänomene der Neuzeit, sie prägen wirtschaftliche Veränderungen bereits seit Jahrhunderten. Die Neugierde des Menschen hat immer wieder neue Technologien und Dienstleistungen hervorgebracht, welche die Art und Weise, wie wir leben, produzieren und konsumieren von Grund auf verändert haben. Klaus Schwab, Gründer des Weltwirtschaftsforums (WEF) spricht von vier industriellen Revolutionen [1].

Die mechanische Produktion (1760–1840) stellt die erste Revolution dar – eingeleitet durch die Erfindung der Dampfmaschine und den Bau von Eisenbahnen. Die zweite Revolution wurde durch die Nutzung der Elektrizität und der Erfindung des Fließbandes Ende des 19. und Anfang des 20. Jahrhunderts angetrieben. In den 1960ern begann die dritte (digitale) Revolution mit der Entwicklung von Halbleitern, Computern und des Internets. Heute stehen wir vor dem Beginn der vierten Revolution, die durch das mobile Internet, Künstliche Intelligenz und maschinelles Lernen gekennzeichnet ist. Im Zuge dieser vierten Revolution stehen Wissenschaft, Zeitungen und Verlage vor großen Veränderungen. ChatGPT ist immer besser in der Lage, Texte zu formulieren, die sich kaum mehr von Menschen geschriebenen Texten unterscheiden lassen. Das auf künstlicher Intelligenz und maschinellem Lernen basierende Dialogsystem hilft Studierenden schon heute, Hausarbeiten zu verfassen und könnte nicht nur die bisher benötigte Anzahl an Journalisten, Autoren und sonstigen Experten erheblich reduzieren. Microsoft hat beispielsweise angekündigt, über Teams eine kostenpflichtige Version anzubieten, in der ChatGPT nicht nur Zusammenfassungen von Besprechungen schreibt, sondern auch den Teilnehmern Aufgaben empfiehlt. Das disruptive Potenzial von ChatGPT ist groß.

Jede dieser Revolutionen brachte grundlegende gesellschaftliche und wirtschaftliche Veränderungen mit sich. Der daraus resultierende Wandel verändert eine bestehende Ordnung fundamental und ersetzt die bestehende Funktionsweise durch eine radikal neue Form. Die Steuerung durch diese disruptiven Transformationsphasen erfordert ein geschärftes und umsichtiges Managementverständnis. Mit diesem Buch wollen wir einerseits die Charakteristika von disruptiven Prozessen aufzeigen und andererseits das Verständnis für eine erfolgreiche Navigation durch eine solche Disruption mit Fallstudien und einer eingängigen Methodik fördern.

Unser Fokus gilt dem Management etablierter Unternehmen, da wir feststellen, dass die meisten Unternehmen zwar disruptive Prozesse erkennen, aber bei der Füh-

---

Anmerkung: Die dazugehörigen Quellennachweise finden Sie am Ende des Kapitels.

https://doi.org/10.1515/9783111292298-001

rung des notwendigen Transformationsprozesses erhebliche Schwierigkeiten auftreten. Auch Clayton Christensen [2], der Begründer der Disruptionsforschung, betont, dass es nur den allerwenigsten etablierten Unternehmen gelingt, sich den Herausforderungen einer Disruption erfolgreich zu stellen.

Ein Beispiel aus der Bankenbranche zeigt, wie neue technologische Möglichkeiten disruptive Kräfte entwickeln, welche die Logik des Wirtschaftens völlig verändern werden. Gemeint sind computergestützte Anlageprogramme, die sogenannten Robo-Advisor. Neue Marktteilnehmer fordern mit ihnen die großen, etablierten Banken heraus. Werden sie die Vermögensverwalter ersetzen? Wird die Technologie von den etablierten Unternehmen adaptiert und als neue Geschäftslogik genutzt werden? Oder gibt es ein konkurrierendes Nebeneinander? Die Haltung vieler Etablierten fasst die folgende Aussage zusammen: „Vermögendere oder anspruchsvollere Anleger werden immer persönliche Beratung verlangen." Diese Abwehrhaltung beziehungsweise das Beharren auf dem bis dato erfolgreichen Geschäftsmodell ist ein typisches Muster. Christensen erkennt hier die Tendenz, dass etablierte Unternehmen Märkte freiwillig an ihre Angreifer abgeben [3]. Man konzentriert sich lieber auf die rentableren Marktsegmente, weil man die Angreifer aufgrund ihres zunächst kleinen Volumens oder spezifischen Kundensegmentes als nicht sonderlich gefährlich ansieht. Dies war beim Aufstieg von Amazon in der Buchhandelsbranche zu beobachten und betrifft in ähnlicher Form die Musik- und Apothekenbranche. Im Gesundheitswesen greift eine protektionistische Politik etablierten Anbietern aufgrund der drohenden Arbeitsplatzverluste (noch) stark unter die Arme. Eine Disruption kann damit zwar aufgeschoben, aber nicht abgewendet werden.

Die neuen Marktteilnehmer betreten den Markt nicht aus heiterem Himmel und der Markt ändert sich nicht von heute auf morgen. Aber die Etablierten unterschätzen die neuen Teilnehmer regelmäßig und lassen sie in Ruhe ihr Geschäftsmodell aufbauen und optimieren. So verwaltet zum Beispiel der größte, unabhängige Robo-Advisor, das vor fünfzehn Jahren gegründete Unternehmen Betterment, mittlerweile über 30 Milliarden Dollar [4]. Innerhalb von nur anderthalb Jahren hat sich das verwaltete Vermögen des Start-ups verfünffacht und auch der Gesamtmarkt verzeichnet ähnliche Wachstumssprünge: Verwalteten Robo-Advisor Ende 2017 noch 300 Milliarden Dollar, waren es 2019 bereits 820 Milliarden Dollar, bis 2022 soll das verwaltete Vermögen 1,66 Trillionen Dollar betragen [5]. Das zunächst verhaltene und danach explosionsartige Wachstum ist ein typisches Phänomen. Im ungünstigsten Fall werden vorhandene Märkte beziehungsweise Produkte und Dienstleistungen teilweise oder komplett verdrängt.

Den etablierten Unternehmen fehlt es in solchen Phasen des Umbruchs an geeigneten Managementmethoden, um diesem schleichenden Phänomen entgegenzutreten und das eigene Unternehmen rechtzeitig neu auszurichten. Bewährte Managementmethoden aus der Vergangenheit helfen nur begrenzt, disruptive Umbrüche zu meistern.

1.2 Disruption als Prozess, der eine neue Ordnung hervorbringt

Disruption ist zu einem Modewort verkommen. Jede noch so kleine Veränderung wird als ‚disruptiv‘ betitelt – sei es die Einführung eines Click & Collect-Services in einem stationären Filialgeschäft oder die Installation einer Kamera im Umkleideraum, um die anprobierte Jeansjacke gleich auf Instagram dem Freundeskreis zu präsentieren. Das Silicon Valley ist zur Pilgerstätte vieler Manager geworden, die nach einer Besuchstour durch das Tal in Kalifornien zu verstehen glauben, was Disruption bedeutet.

Disruption ist für uns nicht ein Ereignis, sondern ein Prozess, welcher mit einer disruptiven Idee beginnt und im Zeitverlauf einen bestehenden Markt vollständig oder zu einem substanziellen Teil zu verändern vermag (Vgl. Abbildung 1.1), und zwar durch die Verdrängung von bislang als gesichert geltenden Geschäftsmodellen mithilfe neuer Technologien, Produkten oder Dienstleistungen. Oder einfacher und in den Worten von Jeff Bezos, Gründer von Amazon, ausgedrückt: „Alles, was die Kunden lieber mögen als das, was sie vorher gekannt haben, ist disruptiv."

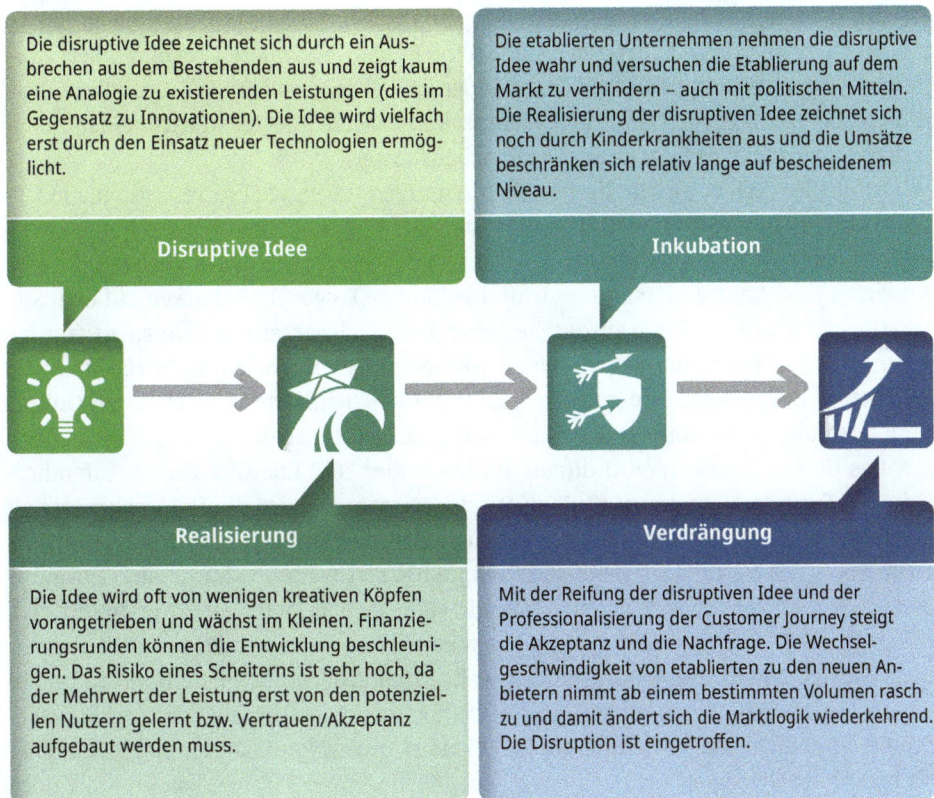

Die disruptive Idee zeichnet sich durch ein Aus-brechen aus dem Bestehenden aus und zeigt kaum eine Analogie zu existierenden Leistungen (dies im Gegensatz zu Innovationen). Die Idee wird vielfach erst durch den Einsatz neuer Technologien ermöglicht.

Disruptive Idee

Die etablierten Unternehmen nehmen die disruptive Idee wahr und versuchen die Etablierung auf dem Markt zu verhindern – auch mit politischen Mitteln. Die Realisierung der disruptiven Idee zeichnet sich noch durch Kinderkrankheiten aus und die Umsätze beschränken sich relativ lange auf bescheidenem Niveau.

Inkubation

Realisierung

Die Idee wird oft von wenigen kreativen Köpfen vorangetrieben und wächst im Kleinen. Finanzierungsrunden können die Entwicklung beschleunigen. Das Risiko eines Scheiterns ist sehr hoch, da der Mehrwert der Leistung erst von den potenziellen Nutzern gelernt bzw. Vertrauen/Akzeptanz aufgebaut werden muss.

Verdrängung

Mit der Reifung der disruptiven Idee und der Professionalisierung der Customer Journey steigt die Akzeptanz und die Nachfrage. Die Wechselgeschwindigkeit von etablierten zu den neuen Anbietern nimmt ab einem bestimmten Volumen rasch zu und damit ändert sich die Marktlogik wiederkehrend. Die Disruption ist eingetroffen.

Abbildung 1.1: Disruption als Prozess (Quelle: Eigene Darstellung).

Der österreichische Ökonom Joseph Schumpeter (1883–1950) nutzte bereits im letzten Jahrhundert für dieses Phänomen den Begriff ‚Schöpferische Zerstörung' und meinte damit die Zerstörung alter Strukturen durch eine Neukombination von Produktionsfaktoren, die sich als Produkt oder Dienstleistungen erfolgreich durchsetzen.

Eine **disruptive Idee** basiert vielfach auf bereits aus der industriellen Revolution bekannten Effekten – und ist somit nicht zwingend mit den digitalen Möglichkeiten verbunden. Die Digitalisierung ist *bloß* der Katalysator beziehungsweise ein Treiber der Disruption, wie dies die Elektrizität Ende des 19. Jahrhunderts war. Wir sprechen deshalb nicht von digitaler Disruption. Die Disruption hat ihren Ursprung in einer innovativen Idee, die das Bestehende anders denkt. Die Technologie kann dabei den Entwicklungssprung signifikant beschleunigen, vorausgesetzt damit ist ein klar spürbarer Kundenmehrwert gekoppelt. So führt zum Beispiel die Frage, wie man mit neuen digitalen Möglichkeiten einen besseren Kühlschrank entwickeln kann, ohne die sich wandelnden Kundenbedürfnisse genau zu verstehen, kaum zu einer Disruption. Konsumenten erwarten neben dem Kühlen von Lebensmitteln immer öfter zusätzliche Funktionen wie ein intelligentes Nachbestellen von Lebensmitteln in Abstimmung mit dem eignen Kalender. Sollten sich diese Bedürfnisse durchsetzen, müssten Kühlschränke völlig neu konzipiert werden. Eine derart kundenzentrierte Vorgehensweise gelang Apple vor vielen Jahren mit dem iPhone. Apple hat mit dem iPhone nicht das Telefonieren revolutioniert, sondern die Art und Weise, wie wir unser Leben im Alltag gestalten. Die Grundlage dazu bildete die Technologie. Den Entwicklungsschub brachte aber das Zuschneiden neuer technologischen Möglichkeiten auf Kundenbedürfnisse.

In der **Realisierung** scheitern viele disruptiven Ideen, weil Anreizsysteme in Unternehmen häufig den Wandel hemmen. Manager haften für Fehlentscheidungen, ein fehlgeschlagenes Experiment wird ihnen im Zweifel persönlich zum Verhängnis. Fürs Aussitzen jedoch wird niemand bestraft. Die häufige Folge: ein Beharren auf dem Status Quo oder ein Optimieren des Bestehenden. Andererseits scheitern disruptive Ideen, weil das Vertrauen respektive die Akzeptanz bei potenziellen Nutzern fehlt. So stellte zum Beispiel das fehlende Vertrauen in die Kreditkartensicherheit bei Online-Einkäufen über viele Jahre eine fast unüberwindbare Hürde dar.

Das Unternehmen OpenAI öffnete im November 2022 ChatGPT für die Öffentlichkeit. Das Fortune Magazine stuft ChatGPT als „Meteor" ein, der die Unternehmenswelt grundlegend verändern könnte und Technologieriesen in ihrer Existenz bedroht [6]. Diese Form von künstlicher Intelligenz könnte beispielsweise die Suche auf Google für viele Anfragen überflüssig machen. Google sieht jedoch kaum eine Gefahr für sich durch ChatGPT. Das ist typisch. Oft nehmen etablierte Unternehmen neue Wettbewerber zwar als potenzielle Wettbewerber wahr, unterschätzen aber deren Einfluss auf das eigene Geschäft. So versucht Google seine hochrentablen Umsätze aus dem Suchmaschinengeschäft so lange wie möglich zu halten. Den Weg von ChatGPT in die Rentabilität beschreibt Google als vollkommen unklar. Auch wenn der Erfolg von ChatGPT noch lange nicht sicher ist, gleicht das Verhalten von Google den Verteidigern aus vergangenen Epochen.

Sie lassen die neuen Angreifer gewähren und verbessern damit die Erfolgschancen für Disruptoren erheblich. Denn die Skepsis der Etablierten gegenüber der neuen Idee verschafft den Angreifern Zeit und Raum, um sich ungestört weiterzuentwickeln. Sie können die Qualität der Leistungen ohne Preiskämpfe verbessern, das neue Geschäftsmodell rentabel machen und eine stabile Finanzierung für das Wachstum finden. Nach einiger Zeit dreht sich *plötzlich* der Wind und die neuen Marktteilnehmer gewinnen schnell an Marktanteilen. Bei Erreichung dieses ‚Überraschungsmoments‘ ist es für die etablierten Unternehmen meistens zu spät, um geordnet reagieren zu können. Sie kopieren dann einfach die Leistungen des Angreifers, oft mehr schlecht als recht, oder sie versuchen, ihn zu übernehmen, teilweise zu horrenden Preisen.

Während zum Beispiel Apple mit dem iPhone ein Quantensprung gelang und die **Verdrängung** im Markt mit internetfähigen Handys vorantrieb, wehrte sich Nokia viele Jahre gegen das Smartphone. Der langjährige Mobilfunk-Marktführer produzierte und optimierte weiterhin Tastatur-Handys, ohne über den eigenen Tellerrand hinauszublicken. Noch Jahre nach der iPhone-Einführung war sich die Nokia-Konzernführung sicher, dass ihre vermeintlich hochwertigeren Geräte die Nutzer auf Dauer überzeugen werden [7]. Ein fataler Trugschluss.

Disruption beschreibt einen Prozess, der mit einer innovativen Idee beginnt und am Ende dazu führt, dass die Marktlogik von Grund auf verändert wird und etablierte Unternehmen signifikant an Dominanz einbüßen oder sogar aus dem Markt ausscheiden.

Eine trennscharfe Unterscheidung zwischen einer Disruption und einer Innovation ist in der Realität eher schwierig, da eine Disruption erst im Endstadium des Prozesses als solche bezeichnet werden kann. Davor kann nur spekuliert werden, ob die disruptive Idee tatsächlich den Markt grundlegend verändern wird. Abbildung 1.2 gibt Anhaltspunkte für eine Differenzierung.

Disruption zeichnet sich dadurch aus, dass etablierte Geschäftsmodelle verdrängt werden und damit auch die in Organisationen aufgebauten Kompetenzen. Innovation hingegen ist durch eine Evolution gekennzeichnet, die auf Vorhandenem aufbaut (Vgl. Abbildung 1.2). Ein Markt ist bei disruptiven Produkten und Kanälen noch nicht vorhanden und auch die potenziellen Kunden müssen sich erst noch an die neuen Leistungen herantasten. Sogenannte ‚Early Adopters‘ springen schnell auf – bis eine breite Masse die Leistung in Anspruch nimmt, braucht es jedoch viel Durchhaltevermögen. Oft ist zu beobachten, dass diese Durststrecke von Venture-Capital-Gesellschaften getragen wird. Bei der Innovation arbeiten zumeist etablierte Unternehmen mit Analogien des bereits Vorhandenen. Kunden können demzufolge einfach auf ein neues Modell wechseln. Der Schritt vom iPhone 7 zum iPhone 10 ist intuitiv möglich. Der Wechsel von einem Nokia E90 auf das iPhone 2G war im Vergleich deutlich schwieriger.

Die Realisierung einer disruptiven Idee ist vielfach mit hohen Risiken und vielen Zufällen verbunden. Meistens entwickeln sich diese Ideen in kleinen, unbürokratisch arbeitenden Organisationseinheiten. Auch werden Disruptoren von gestern immer schneller zu Gejagten von morgen. So ergeht es beispielsweise dem Unternehmen

	Disruption	Innovation
Vorhandene Geschäftsmodelle	Werden verdrängt	Werden weiterentwickelt
Vorhandene Kompetenzen	Verlieren an Bedeutung	Werden ergänzt
Markt	Noch nicht vorhanden – muss erst entwickelt werden	Bereits vorhanden – bestehende Kanäle können genutzt werden
Kunden	Zunächst eher jüngere Kunden. Hoher Lernbedarf.	Bestehende Kunden. Nur Umgewöhnung.
Marktakteure	Start-ups (oft unterstützt durch Venture-Capital-Unternehmen)	Etablierte Unternehmen
Organisation	Oft in kleinen unabhängigen Zellen	Als Prozess oder Lab in etablierten Unternehmen

Beispiele

Produkte	iPhone 1	iPhone 7, Tesla
Kanäle	Musikstreaming	Dash Button by Amazon
Produkte + Kanäle	Robo-Advisors	Online-Sprachkurse

Abbildung 1.2: Differenzierung zwischen Disruption und Innovation (Quelle: Eigene Darstellung).

Apple. Nach dem großen Erfolg mit dem iPhone wird Apple kaum eine erneute Disruption mit einer fundamentalen anderen Technologie in dieser Produktkategorie hervorbringen, da das Risiko der Kannibalisierung mit bestehenden Umsätzen und Geräten sehr hoch ausfällt. Apple betreibt deshalb seit Jahren eine erfolgreiche Modellpflege mit vielen Innovationen. Die nächste Disruption im Smartphone-Sektor kommt wahrscheinlich von einem anderen Unternehmen.

Nicht unerwähnt lassen wollen wir, dass Disruptionen auch für die Gesellschaft eine Herausforderung darstellen. Die Oxford-Ökonomen Carl Benedikt Frey und Michael Osborne berechneten die Automatisierungswahrscheinlichkeiten für hunderte von Berufen. Nach dieser Studie sind in den kommenden zwanzig Jahren 50 % aller Jobs in Nordamerika und rund 42 % der deutschen Arbeitsplätze gefährdet. Die Digitalisierung unserer Wirtschaft durch vernetzte Maschinen, Künstliche Intelligenz und kollaborative Roboter revolutioniert nicht nur das Leistungsangebot, sondern verändert auch unsere Arbeitswelt fundamental [8].

1.3 Fundamentale Auswirkungen auf das Managementverhalten

Disruptionen werden in den kommenden Jahren aufgrund der Vernetzung unserer Computer, der virtuellen Realität, den Möglichkeiten der künstlichen Intelligenz etc. häufiger gelingen. Im Vergleich zu Disruptionen in der Vergangenheit zeichnen sich die Effekte der vierten industriellen Revolution, insbesondere der Digitalisierung, durch eine erhöhte Veränderungskadenz aus, die in Zukunft zu signifikant mehr disruptiven Ideen führen könnte.

So gehen Experten davon aus, dass sich zum Beispiel die Bankenbranche in den nächsten Jahren grundlegend verändern wird. Das Ertragsmodell etablierter Banken wird gleich in mehreren Bereichen infrage gestellt: im Vermögensverwaltungsgeschäft durch die ausgefeilten Algorithmen der Robo-Advisor, im Finanzierungsbereich durch die aufstrebenden Crowdsourcing-Plattformen und im Zahlungsverkehr droht ein Angriff aus China. Alipay, ein Tochterunternehmen von Alibaba, erreicht dort mittlerweile 54,5 % Marktanteil im Bereich mobile elektronische Bezahldienste [9]. In China gab es im ersten Halbjahr 2017 acht Billionen mobile Zahlungstransaktionen. Paypal erreichte damals gerade einmal eine halbe Billion im gesamten Jahr. So verwundert es nicht, dass Ant Group, die Muttergesellschaft von Alipay, im Jahr 2022 auf einen Marktwert zwischen 70 und 150 Milliarden Dollar taxiert wird [10]. Abbildung 1.3 beschreibt Disruptionen im Bankensektor.

Auch in der (Weiter-)Bildung zeigt sich derzeit ein disruptiver Wendepunkt. Der Sprachenunterricht wird in seiner traditionellen Form erheblich an Bedeutung verlieren. Wir erkennen, dass die Technologie für die persönliche Simultanübersetzung immer bessere Ergebnisse hervorbringt. Auch Anwendungen im Bereich der virtuellen Realität und im Metaverse bieten mittlerweile kostengünstige und wirkungsvolle Sprachtrainings an. Das könnte bedeuten, dass Sprachenunterricht, Dolmetscherdienste und/oder Übersetzungsbüros ihre Existenzberechtigung in ihrer jetzigen Form rasch verlieren werden.

Diese zwei Szenarien, das eine schon etwas greifbarer als das andere, bringen für das Management der Unternehmen in den jeweiligen Branchen neue Herausforderungen. Wie soll sich eine Sprachschule auf die bevorstehende Disruption vorbereiten? Die meisten state-of-the-art Managementmethoden sind heute auf die Steuerung dynamischer Märkte zugeschnitten und gehen von einer hohen Planbarkeit von strukturellen und prozessualen Veränderungen aus. Auf zeitlich begrenzte Veränderungsphasen mit klar formulierten Veränderungszielen folgt zumeist eine Phase der Gewöhnung und Konsolidierung, um die Stabilität der erarbeiteten und umgesetzten Konzepte zu gewährleisten und die Organisation nicht zu überfordern.

Diese Regeln für ein erfolgreiches Management sind jedoch für die Bewältigung von disruptiven Veränderungen nur bedingt geeignet [11]. Tatsächlich lassen sich Veränderungen nicht mehr in klar abgrenzbaren Zyklen planen, stattdessen ist eine permanente Agilität erforderlich. Mit der unerlässlichen Agilität geht die Gefahr der Veränderungsmüdigkeit und Sehnsucht nach Stabilität einher. Der Ausruf: „Nicht schon wieder ein Transformationsprogramm, wir haben uns nicht einmal an die gerade eingeführten neuen Prozesse gewöhnt", ist nicht selten auch bei Führungskräften in höheren Hierarchiestufen zu vernehmen. Somit steigen die Anforderungen an die Führung substanziell in disruptiven Zeiten.

Der disruptive Prozess ist gekennzeichnet von Diskontinuität, Unsicherheit, Intransparenz und Risiko. Daher wird es nicht mehr ausreichen, einmal im Jahr eine Strategieentwicklungsübung abzuhalten und die daraus entwickelten Konzepte während des Jahres mehr oder weniger erfolgreich in die Umsetzung zu bringen. Der Innovationszyklus wird von einer berechenbaren linearen Entwicklung zu einem sprunghaften Veränderungspfad. Eine agile Organisation wird zur neuen Herausforderung und zur neuen Kompetenz. Die Unternehmenskultur, organisationale Strukturen, Prozesse sowie Führungssysteme und -instrumente müssen in agilen Organisationen vollkommen anders gedacht werden als bei Unternehmen, die sich auf einen dynamischen Markt eingestellt haben. Auf Gleichförmigkeit, Wiederholung und Transparenz von Markt-

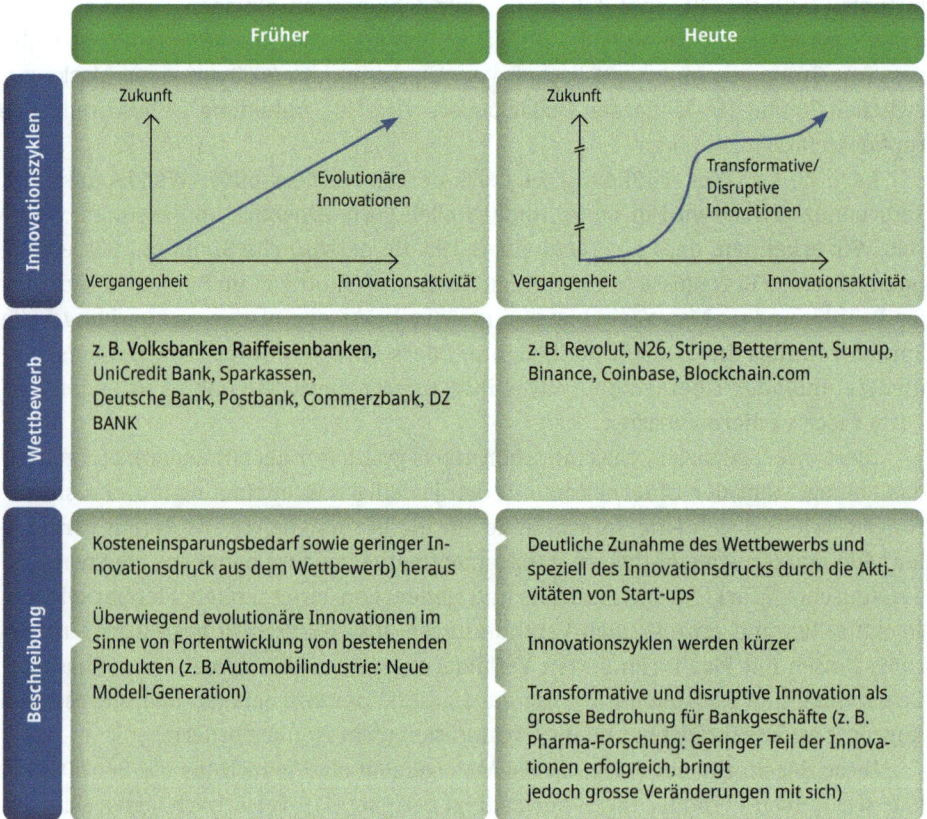

Früher	Heute
Innovationszyklen Zukunft / Vergangenheit / Innovationsaktivität / Evolutionäre Innovationen	**Innovationszyklen** Zukunft / Vergangenheit / Innovationsaktivität / Transformative/ Disruptive Innovationen
Wettbewerb z. B. Volksbanken Raiffeisenbanken, UniCredit Bank, Sparkassen, Deutsche Bank, Postbank, Commerzbank, DZ BANK	**Wettbewerb** z. B. Revolut, N26, Stripe, Betterment, Sumup, Binance, Coinbase, Blockchain.com
Beschreibung Kosteneinsparungsbedarf sowie geringer Innovationsdruck aus dem Wettbewerb) heraus Überwiegend evolutionäre Innovationen im Sinne von Fortentwicklung von bestehenden Produkten (z. B. Automobilindustrie: Neue Modell-Generation)	Deutliche Zunahme des Wettbewerbs und speziell des Innovationsdrucks durch die Aktivitäten von Start-ups Innovationszyklen werden kürzer Transformative und disruptive Innovation als grosse Bedrohung für Bankgeschäfte (z. B. Pharma-Forschung: Geringer Teil der Innovationen erfolgreich, bringt jedoch grosse Veränderungen mit sich)

Abbildung 1.3: Disruption im Bankensektor (Quelle: Eigene Darstellung in Anlehnung an Wings, H./Klein J. [2015], Next Generation Banking, Steinbeis Edition; The Fintech 250 Report by CB Insights [2022]).

entwicklungen, Kunden- und Wettbewerbsverhalten kann dabei nicht mehr referenziert werden.

Vielfach ist nach erfolgter Disruption in etablierten Unternehmen zu vernehmen, man habe die Zeichen der Zeit nicht erkannt und sich auf den Lorbeeren der Vergangenheit ausgeruht oder neue Technologien nicht verstanden. Doch dieser Vorwurf greift in der Regel zu kurz: Oft ist es nicht die Fehleinschätzung eines disruptiven Prozesses das eigentliche Problem, sondern die Ratlosigkeit, wie nun auf das neue Phänomen zu reagieren ist. In diesem Moment ist es bequemer, sich mit den eigenen Stärken zu befassen, statt das Risiko der Konfrontation zu suchen.

Wir möchten hiermit das Management von gescheiterten Unternehmen nicht verteidigen, jedoch darauf hinweisen, dass die Nützlichkeit der breit akzeptierten Steuerungsinstrumente zunehmend eingeschränkt wird. Dazu gehören unter anderem die Fokussierung auf kurzfristige Erfolge oder die historisch gewachsenen Anreizsysteme, die nicht den Kundenmehrwert honorieren, sondern das reine Umsatzwachstum des Unternehmens. Die Entwicklung in der Bankenbranche hat gezeigt, wohin diese einseitige Fokussierung führen kann.

Hier setzt unser Buch mit einem ganzheitlichen Ansatz an, der *ratlosen* Managern neue Leitideen, Denkmodelle und operative Tools für ein erfolgreiches Management in disruptiven Zeiten vermitteln soll.

Literaturverzeichnis

[1]   Vgl. Schwab, K. (2016), Die vierte industrielle Revolution, Pantheon Verlag, München.
[2]   Vgl. Christensen, C. M./Overdorf, M. (2000), Meeting the Challenge of Disruptive Change, in: Harvard business review, Vol 78 (2), March-April, 2000, S. 67 ff.
[3]   Vgl. ebd., S. 66–77.
[4]   Vgl. Betterment Internetseite, Stand 05.01.2023, Abgerufen von: https://www.betterment.com/.
[5]   Statista (2022), Robo Advisors, Statista.com, 06.01.2023, Abgerufen von: https://www.statista.com/outlook/dmo/fintech/digital-investment/robo-advisors/worldwide
[6]   Vgl. Fortune, Feb/Mar2023, Vol. 187 Issue 1, S. 6.
[7]   Vgl. Isaac, M. (2012), Nokia's CEO explains plan for smartphone dominance, Abgerufen von: https://www.wired.com/2012/01/nokia-ceo-stephen-elop-qa/.
[8]   Vgl. Frey, C. B./Osborne, M. A., The future of employment: how susceptible are jobs to computerisation?, in: Technological Forecasting and Social Change Vol 114 (2017), S. 254–280.
[9]   EnterpriseAppsToday (2022), Alipay Statistics 2022 – Market Share, Facts and Marketing Trends, 10.11.2022, Abgerufen von: https://www.enterpriseappstoday.com/stats/alipay-statistics.html#:~:text=It%20has%20around%2054.5%25%20of,a%20total%20of%2027%20currencies
[10] Bloomberg (2022), Fidelity, BlackRock Cut Fintech Giant Ant's Valuation Lower, 16.08.2022, Abgerufen von: https://www.bloomberg.com/news/articles/2022-08-16/fidelity-blackrock-cut-fintech-giant-ant-s-valuation-further
[11] Vgl. Christensen, C. (2013), The innovator's dilemma: when new technologies cause great firms to fail, Harvard Business Review Press.

2 Zur Vorbereitung auf eine mögliche Disruption

In diesem Kapitel wollen wir einige zentrale Fragen beantworten, mit denen sich Verteidiger im Sinne etablierter Unternehmen in disruptiven Märkten befassen sollten. Antworten aus der Literatur und aus zahlreichen eigenen Forschungsprojekten helfen Managern, ihr Grundverständnis zu schärfen und geben Hinweise für eine erfolgreiche Verhaltensänderung in disruptiven Phasen (Vgl. Abbildung 2.1).

Zunächst stellt sich für ein solches Grundverständnis die Frage nach **den treibenden Kräften, von denen eine Disruption ausgeht**. Anstatt eine lange Liste abzuarbeiten, konzentrieren wir uns im Kapitel 2.1 auf die zentralen Treiber, auf die das Management achten sollte. Die identifizierten Treiber eignen sich für eine gezielte Marktbeobachtung.

Abbildung 2.1: Ziele von Kapitel 2 (Quelle: Eigene Darstellung).

Kapitel 2.2 erklärt, **warum sich Disruptoren am Markt durchsetzen**. In Kapitel 2.3 beschreiben wir Managementfehler, die mit dem Transformationsprozess in etablierten Unternehmen zusammenhängen. Wer den Wandel im eigenen Unternehmen erfolgreich vorantreiben will, muss die weit verbreitete Schockstarre in solchen Situationen vermeiden. In Kapitel 2.4 stellen wir einen neuen **Ansatz zur erfolgreichen Abwehr von Disruptoren vor**. Dieser Ansatz hilft Unternehmen, sich rechtzeitig und systematisch auf potenzielle Angreifer vorzubereiten. In Kapitel 2.5 wenden wir uns dem Ver-

---

Anmerkung: Die dazugehörigen Quellennachweise finden Sie am Ende des Kapitels.

https://doi.org/10.1515/9783111292298-002

halten der Angreifer zu. Aus den Erkenntnissen der Disruptionsforschung lassen sich zwei **Erfolg versprechende Strategiepfade** für Verteidiger ableiten. Wer diese beiden Pfade kennt, kann gefährliche Angreifer besser identifizieren und seine Konkurrenzanalysen gezielter ausrichten.

Der letzte Abschnitt stellt typische Herausforderungen und Leitideen im Hinblick auf die **Unternehmensführung** vor, welche im Zuge großer Veränderungen in Unternehmen auftreten und beachtliche Probleme aufwerfen.

2.1 Die Treiber einer Disruption erkennen

Veränderungsprozesse gilt es frühzeitig zu erkennen und ihre Geschwindigkeit treffsicher abzuschätzen. Diesem Ziel kommen wir näher, wenn wir uns mit den zentralen Treibern von disruptiven Veränderungen befassen, also den Auslösern bzw. Ursachen des Wandels. Bei der Selektion der zentralen Treiber disruptiver Veränderungen haben wir literaturgestützt Treiber aus der Makro- und der Mikroumwelt berücksichtigt [1].

Die **Makroumwelt** lässt sich unterteilen in die politisch-rechtliche, die technologische, die soziokulturelle und die ökonomische Entwicklung [2]. So kann Disruption durch Gesetze, z. B. die Aufhebung der Buchpreisbindung oder während der Pandemie das Verbot Geschäfte zu besuchen, begünstigt werden. Aber auch ein sprunghaft ansteigendes Interesse an nachhaltig produzierten Lebensmitteln (soziokulturelle Dimension), eine starke Rezession (ökonomische Dimension) oder plötzlich auftretende Klimaveränderungen (physische Dimension) können eine Branche grundlegend verändern. Unter Berücksichtigung des digitalen Wandels kommt der technologischen Dimension eine besonders große Bedeutung zu. **Neue Technologien** bilden im Spiegel der Literatur einen ersten zentralen Treiber für disruptive Veränderungen [3]. Sie treiben den digitalen Wandel maßgeblich voran. Das Internet und die damit im Zusammenhang stehenden technologischen Entwicklungen wie virtuelle Realität, Künstliche Intelligenz, Roboter und vor allem die zunehmende Vernetzung von internetfähigen Geräten lösen weitreichende Produkt- und Prozessinnovationen aus.

Die **Mikroumwelt** einer Unternehmung besteht aus Kunden, Wettbewerbern, Lieferanten und sonstigen Marktpartnern. Kommt es bei einem dieser Akteure zu größeren Veränderungen im Marktverhalten, kann dies disruptive Prozesse in einer Branche auslösen. In unserem Treibermodell wollen wir den Wandel im **Kundenverhalten** als zweiten zentralen Treiber näher betrachten, denn zumeist ist es erst die Verhaltensänderung in der Gesellschaft, die zu einer disruptiven Wirkung führt. Die Geschwindigkeit der Verhaltensänderung prägt den Disruptionsprozess fundamental. In vielen Branchen beschleunigt der Wandel des Kundenverhaltens diesen Prozess: Wir kaufen Schuhe und Kleider online ein, buchen Reisen auf dem Handy, halten uns fit mit Smartwatches wie der iWatch sowie anderen Fitness-Trackern und suchen die Gesundheitsberatung nicht nur beim Arzt, sondern immer öfter im Internet. Allerdings kann das Kundenverhalten auch zum Ausbremsen eines disruptiven Prozesses führen, nämlich dann, wenn die Akzeptanz einer neuen Technologie oder einer neuen Dienstleistung (noch) nicht vorhanden ist – so zum Beispiel die automatische Bestellfunktion für Lebensmittel von Kühlschränken unter Offenlegung des persönlichen Kalenders.

Mit Blick auf potenzielle Wettbewerber konzentrieren wir uns auf einen dritten Treiber, der im Zuge disruptiver Veränderungen von besonderer Bedeutung ist. Es handelt sich dabei um neuartige **Ertragsmodelle** potenzieller Disruptoren. Ertragsmodelle erklären, wo Unternehmen Einnahmen erzielen und nach welcher Logik diese Einnahmen Gewinne abwerfen. Disruptoren folgen häufig einer neuen Ertragslogik. Airbnb, das mittlerweile so viele Übernachtungen vermittelt wie kein anderer Hotelanbieter, erzielt seine Gewinne aus Kommissionsgebühren für die Vermittlung von Privatunterkünften. Das alte Ertragsmodell in der Hotelbranche sah ganz anders aus: Dem Umsatz aus Übernachtungen stehen die Kosten für Gebäude, Unterhalt, Personal etc. gegenüber. Die vollkommen andere Ertragslogik von Airbnb hat dazu geführt, dass etablierte Hotelanbieter in Airbnb zunächst keinen Wettbewerber erkannten. Mittlerweile hat sich das geändert. Dort, wo Airbnb private Übernachtungen vermittelt, sinken Hotelpreise schnell um 10 bis 15 %, weil ein zusätzliches Angebot entsteht. Auch Amazon wurde als Wettbewerber erst spät erkannt, weil der Verkauf von Waren auf dem Online-Marktplatz und die Einforderung einer Kommissionsgebühr im Handel unüblich war [4]. In Kapitel 3.3 erklären wir das Ertragsmodell von Amazon.

Vor diesem Hintergrund setzt sich unser Modell aus drei zentralen Treibern zusammen (Vgl. Abbildung 2.2), die für viele disruptiv verlaufende Veränderungen verantwortlich sind.

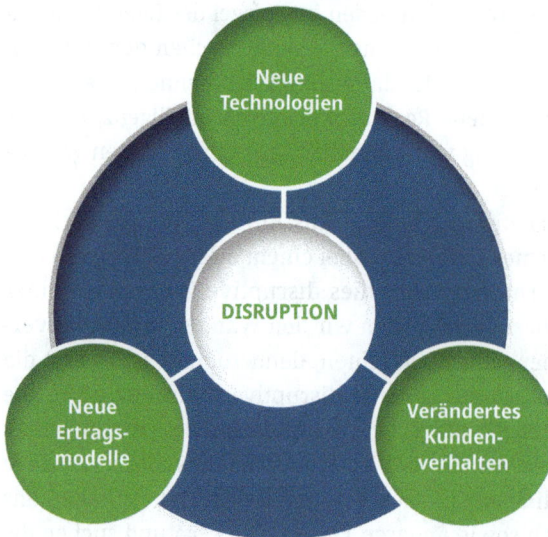

Abbildung 2.2: Zentrale Treiber disruptiver Veränderungen (Quelle: Eigene Darstellung).

Die nachfolgende Tabelle 2.1 illustriert den Einfluss und die Charakteristika der drei zentralen Treiber in fünf ausgewählten Branchen.

Tabelle 2.1: Zentrale Treiber disruptiver Veränderungen für fünf ausgewählte Branchen (Quelle: Eigene Darstellung).

Branche	Neue Technologien	Kundenverhalten	Neue Ertragsmodelle und Erlösquellen
Banken	– Algorithmen gesteuerte Investitionscomputer: Automatisierte Vermögensanlage gemäß persönlicher Risikobereitschaft durch Robo-Advisor (z. B. Scalable) – Crowd-Investing: Ermöglichung von Investments in Immobilien für Kleinanleger (z. B. Exporo). – Künstliche Intelligenz (Algorithmic Trading, z. B. Vontobel Plug'n'Trade)	– Kunden möchten sich nicht mehr vertieft und ständig mit der Geldanlage auseinandersetzen – Kundenerwartungen steigen hinsichtlich persönlicher, digitaler und mobiler Finanzberatung – Institutionelle Kunden automatisieren ihre finanziellen Tätigkeiten (Banken werden vermehrt IT-Dienstleister)	– Vontobels Service für Institutionen[1]: Angebot einer umfassenden und individuell anpassbaren Ausführungsplattform zur Vereinfachung des institutionellen Tradings. – Betterment: Online-Finanzberatung der Kunden bei der Verwaltung ihres Geldes durch Cash-Management, geführte Investitionen und Ruhestandsplanung. Dazu müssen Kunden bei Kontoeröffnung lediglich einige Fragen zu ihren Zielen beantworten, den Rest erledigen Algorithmen gesteuerte Robo-Advisor.

---

[1] Vgl. Vontobel, Zugang zur gesamten Bandbreite unserer innovativen Plattformen, Abgerufen von: https://www.vontobel.com/de-ch/platforms/.

Tabelle 2.1 (fortgesetzt)

Branche	Neue Technologien	Kundenverhalten	Neue Ertragsmodelle und Erlösquellen
Gesundheitsmarkt	– Vernetzung von Datenpunkten (etwa aus Monitoring von Ess- und Bewegungsverhalten durch Fitness-Tracker) zur Vorhersage von Krankheiten (z. B. Herzerkrankungen) – Automatische und frühzeitige Identifikation von gesundheitlichen Problemen (Critical Care im Notfall)	– Zunehmender Fokus auf Gesundheit – Fokus auf gute Ernährung und Bewegung – Drang nach Wissen rund um die Gesundheit	– Ada Health: App zur Fragebogen gestützten Diagnose von Krankheiten ohne direkte Interaktion mit einem Arzt. Für Patienten kostenlos, Erlös-Erzielung durch Kooperationen mit Krankenversi-cherungen, die von geringeren Kosten durch verringerte Arztbesuche profitieren. – OnlineDoctor: Diagnose von Hauterkrankungen durch Foto-Upload in der App[2]. Ärzte nehmen über das Teledermatologie-Tool von OnlineDoctor Anfragen entgegen und können sie abrechnen, OnlineDoctor verdient an jeder Anfrage mit. Ergebnis: schneller und günstiger für den Patienten, einfacher für den Arzt, da unabhängig von Büro- und Sprechstun-denkapazitäten.

---

2 Vgl. Online Doctor, Ihr OnlineDoctor für Hautprobleme – OnlineDoctor, Abgerufen von: https://www.onlinedoctor.ch/.

Tabelle 2.1 (fortgesetzt)

Branche	Neue Technologien	Kundenverhalten	Neue Ertragsmodelle und Erlösquellen
Versicherungen	– Mobile Endgeräte (Erwartungen an schnellere Abläufe, auch bei Versicherungen) – Big Data ermöglicht bessere Einblicke in das Verhalten von Kunden (siehe auch Gesundheitsmarkt) – Das Ess- und Bewegungsverhalten des Einzelnen wird durch die zunehmende Technologisierung des Alltags messbar gemacht.	– Flexibilität: Kunden wollen nicht mehr ihr Leben lang versichert sein, sondern dann, wenn es darauf ankommt – Die Wahl der richtigen Versicherung ist sehr komplex, daher ist es wichtig, den komplexen Prozess für Kunden verständlich und einfach zu gestalten.	– Insurance On-Demand: Cuvva bietet eine Kurzzeit-Versicherung per App an, etwa wenn man sich für eine kurze Zeit das Auto eines Freundes ausleiht. – Die App Oscar gewährt täglich einen Dollar als Amazon Gutschein, wenn der Versicherte täglich einen Bewegungs-Tracker (Smartwatch) trägt und seine Bewegungsziele erreicht; geringere Kosten durch gesündere Versicherte via technologischer Incentivierung (www.hioscar.com). – Die App CLARK ermöglicht die Verwaltung aller Versicherungen in einer App und prüft und bewertet bestehende Verträge und zeigt auf, ob Kunden bei ihren Versicherungen sparen oder ihre Leistungen verbessern können.

Tabelle 2.1 (fortgesetzt)

Branche	Neue Technologien	Kundenverhalten	Neue Ertragsmodelle und Erlösquellen
Retail	– Just Walk Out Technology (z. B. nutzt Amazon Go verschiedene Technologien wie Computer Vision, Deep-Learning-Algorithmen und Sensor-Fusion, um die mit einer Einzelhandelstransaktion verbundenen Schritte Kauf, Kasse und Bezahlung zu automatisieren) – Facial Recognition (Erkennung der Mimik und Stimmung des einzelnen Konsumenten mit Blick auf Sortiment und bestimmte Warengruppen in Filialen) – Digitale Markplätze (z. B. Amazon, Zalando; Vernetzung von Angebot und Nachfrage)	– Konsumenten kaufen vermehrt digital ein – Konsumenten sind miteinander vernetzt und tauschen sich über Produkte aus – Konsumenten kaufen über Hersteller direkt – Konsumenten automatisieren ihre Einkäufe und Bestellungen	– Die 3D-Computer Vision-Plattform Advertima ermöglicht es dem Retail, über Digital-Signage Geräte (z. B. Bildschirme) die Merkmale und das Verhalten der Kunden im Laden in Echtzeit zu sammeln und personalisierte Werbung auszuspielen. – (Halb-)Automatisiertes Kaufen mit höheren Einnahmen durch erhöhte Wiederkaufsrate von Konsumenten. (Subskription Modelle wie HelloFresh oder Alexa Voice Shopping; Alexa ist ein Cloud-basierter Sprachdienst, der es Konsumenten ermöglicht, Produkte zu einer Wunschliste hinzuzufügen, Artikel nachzubestellen, den Bestellstatus abzufragen und vieles mehr – per Stimmeingabe).

Tabelle 2.1 (fortgesetzt)

Branche	Neue Technologien	Kundenverhalten	Neue Ertragsmodelle und Erlösquellen
Automotive	– Selbstfahrende Autos (z. B. Google Waymo, Tesla) – Connected Cars (Autos, die über das Internet mit anderen Diensten und Geräten verbunden werden können, z. B. Notebooks und Smartphones, aber auch andere vernetzte Autotechnik, das eigene Zuhause, das Büro oder Teile der Infrastruktur wie Ampeln oder Notrufzentralen)	– Drang nach Abwechslung – Höhere Diversität der Mobilitätsanlässe (Familienausflug, Camping, Geschäftsreise allein) – Drang nach Nachhaltigkeit; höhere Auslastung durch Ride-Sharing – Der Besitz eines eigenen Autos hat keine Priorität mehr	– Auto-Flatrates (auch Auto Abos genannt) ermöglichen Konsumenten ein modernes Fahrzeug ihrer Wahl zu einem monatlichen Festpreis zu fahren, in dem bereits alles enthalten ist. Nur für das Tanken müssen die Konsumenten selbst bezahlen (z. B. SIXT+ Auto Abo, FINN, meinauto.de). Flottenmanagement und Mitarbeit an Mobilitätslösungen der Zukunft (Zusammenarbeit im Syndikat mit Google an vollständig automatisierten Verkehrslösungen) sowie Ride-Sharing-Lösungen (z. B. Moia von VW: selbstfahrende elektrische Busse).

Zu disruptiven Veränderungen kommt es in einer Branche dann, wenn für alle drei Dimensionen unseres Treibermodells große Veränderungen erwartet werden beziehungsweise eintreten.

In der Musikbranche passierte dies durch den iPod: Das Gerät veränderte für immer die Art, wie wir Musik hören. Apples Erfolg beruhte dabei erstens auf einer außergewöhnlichen technologischen Innovation, welche zweitens den gestiegenen Kundenanforderungen entsprach und drittens ein alternatives Ertragsmodell schuf. Bei der Einführung 2001 war der iPod nichts Besonderes, denn Apple hat den tragbaren Player nicht erfunden – Compaq, Creative und Sony boten bereits tragbare Geräte an, die digitale Songs speichern und abspielen konnten. Der Durchbruch des iPods gelang mit der dritten Generation ab 2003: Das sogenannte ‚Clickwheel' machte die Bedienung einfacher (Technologie), auch Windows-User konnten über iTunes Lieder auf den Player übertragen (Kundenverhalten) und Apple eröffnete 2003 den iTunes Store und damit ein rentables Ertragsmodell. Fortan verdiente Apple auch am Download von Musik. Die etablierte Konkurrenz wurde von dieser Entwicklung im falschen Moment erwischt, weil alle drei Treiber fast gleichzeitig auftraten. Doch 2006 gelang es Spotify, Musikabonnements populär zu machen. Apple reagierte mit Apple Music erst 2015 und leitete recht spät eine Selbstdisruption ein, die das etablierte iTunes-Ertragsmodell in ein negatives Wachstum trieb.

Auch in der Automobilindustrie sind große Veränderungen zu erkennen. Die Vernetzung der Fahrzeuge in Kombination mit Elektromotoren und der Technologie für ein autonomes Fahren bewirken eine **technische Revolution**. Das **Mobilitätsverhalten** jüngerer Konsumenten fordert neue Mobilitätskonzepte, die mittlerweile zahlreich angeboten werden und bestehende **Ertragsmodelle** wie den Neuwagenverkauf infrage stellen. Im Gegensatz zu vielen anderen Branchen versuchen etablierte Automobilhersteller die Disruption ihrer Branche aktiv voranzutreiben. VW befindet sich bereits mitten in der Transformation und Mercedes hat mit dem Programm ‚Case' Zeichen gesetzt. Das ‚C' steht für Connected Cars, ‚a' für autonomes Fahren, ‚s' für Shared Mobility und ‚e' für Elektrifizierung – in allen vier Feldern will Daimler die führende Position einnehmen. BMW präsentiert neue digitale Services und Mobilitätsdienstleistungen, darunter der Car Sharing-Dienst ‚DriveNow', ‚ParkNow' für die Parkplatzsuche oder ‚ChargeNow' für das Aufladen von Elektrofahrzeugen. Insbesondere die neuen Mobilitätsdienstleistungen fordern etablierte Autokonzerne samt den angeschlossenen Händlernetzen heraus, da mit ihnen die bestehenden **Ertragsmodelle** infrage gestellt werden. Falls BMW sein Leistungsversprechen „Freude am Fahren" mit einem Abo-Modell umsetzen kann, bei dem Kunden frei aus der Fahrzeugflotte wählen, dann wäre das eine kleine Revolution. Das auf den Verkauf ausgerichtete Distributionssystem wäre herausgefordert. Aus diesem Grunde kommt neuen Ertragsmodellen eine besonders große Bedeutung zu.

Learnings

Unser Treibermodell für disruptive Veränderungen:
- konzentriert sich auf drei Dimensionen, die eine mögliche Disruption maßgeblich beeinflussen,
- eignet sich als Analysetool, um disruptive Veränderungen zu beobachten und damit besser einzuschätzen,
- lässt sich zum Frühwarnsystem ausbauen, indem Unternehmen pro Dimension Beobachtungsgrößen festlegen und Schwellenwerte für eine kritische Entwicklung definieren.

2.2 Den Durchbruch der Angreifer aufhalten

Im Rückblick muss man sich fragen, warum in den letzten Jahrzehnten so viele Unternehmen von einer Disruption überrascht wurden. Ganze Industrien haben erdrutschartige Umwälzungen erlebt: die Computerindustrie (vom Großrechner über den PC bis hin zum Smartphone), die Telefongesellschaften (vom Festnetz zum Mobilfunk), die Fotoindustrie (vom Film zu digital), der Aktienhandel (vom Parkett zum Online-Handel), die Musikindustrie (von der Schallplatte über den Walkman zum Download und danach zum Streaming), der Handel (von stationären Geschäften zum Online-Handel, Omnichannel-Anbietern und Marktplätzen) und die Autoindustrie (vom Verbrennungsmotor hin zur Elektromobilität und Car-Sharing-Modellen). Die Liste lässt sich endlos fortsetzen.

In Workshops haben wir des Öfteren gefragt, warum sich Disruptoren durchsetzen. Dabei wurde eine Vielzahl von Faktoren genannt, die gewiss eine Rolle spielen. Die in unseren Workshops am häufigsten genannten Faktoren für erfolgreiche Disruptionen waren:
- technologische Überlegenheit der Innovation,
- charismatische Persönlichkeit des CEO und Gründers,
- genügend personelle und finanzielle Ressourcen im Unternehmen,
- plötzliche Veränderung des Kaufverhaltens,
- für Kunden erkennbarer deutlicher Qualitätsvorteil,
- auf einen Nischenmarkt zielendes Angebot,
- fehlende Bereitschaft oder Möglichkeit der Wettbewerber nachzuziehen.

Allerdings fehlt regelmäßig eine zentrale Erklärung, welche sich in zahllosen empirischen Untersuchungen zu diesem Phänomen als ein besonders wichtiger Förderer einer Disruption herausgestellt hat [7]. Eine überlegene Qualität, unbegrenzte Ressourcen und auch ein charismatischer CEO sind notwendige, aber keine hinreichenden Bedingungen. Nach den Forschungsergebnissen von Christensen steigen die Erfolgschancen der Disruptoren erst dann erheblich, wenn etablierte Anbieter ihre Angreifer zunächst als ungefährlich einstufen und diese gewähren lassen [8].

So berichten Unternehmen häufig von einem Überraschungsmoment: „Wir haben zwar die Marktveränderungen – wie auch schon zig-fach davor – wahrgenommen, hätten aber nie mit diesen Auswirkungen gerechnet." Viele meinten zu Beginn der disruptiven Phase, dass der Angreifer es nie schaffen würde. Dessen Geschäftsmodell wäre zu undurchsichtig und lange nicht profitabel gewesen, und auch die eigenen Kunden hätten kaum Interesse am fremden Angebot gezeigt. Doch plötzlich hätte sich der Wind gedreht und die neuen Angreifer haben schnell Marktanteile gewonnen.

Nehmen etablierte Unternehmen ihre vermeintlichen Angreifer von Beginn an ernst, so kommt es in aller Regel nicht zu einer Disruption. Denn wenn die Etablierten das disruptive Potenzial der Angreifer frühzeitig wahrnehmen, versuchen sie diese schnell zu kopieren oder, wenn das nicht geht, die Angreifer zu kaufen und in ihr eigenes Unternehmen zu integrieren [9].

Die Skepsis der Etablierten gegenüber der neuen Idee verschafft – nach der Argumentation von Christensen – den Angreifern Zeit, um ihr Geschäftsmodell rentabel zu machen, die Qualität der Leistungen ohne Preiskämpfe zu verbessern und eine stabile Finanzierung für das Wachstum zu finden. Der ‚Flug unter dem Radar' der Etablierten vereitelt kostenintensive Angriffe der Verteidiger und ermöglicht damit den großen Durchbruch des Angreifers im Laufe der Zeit [10].

Es gibt viele Ursachen, warum sich Disruptoren durchsetzen. Die Stärken neuer Wettbewerber und das Aufkommen neuer Technologien fördern zweifelsfrei den Erfolg der Angreifer. Der Hauptgrund – und das kann nicht oft genug hervorgehoben werden – ist jedoch das Zögern und die Passivität der etablierten Unternehmen und somit das eigene Verhalten dieser Unternehmen. Zu diesem Ergebnis kommt auch eine Studie des World Economic Forum aus dem Jahre 2017. Demnach verschlafen Unternehmen in erster Linie den notwendigen Wandel, weil sie disruptive Angreifer unterschätzen [11].

Learnings
Die Erkenntnisse aus der Disruptionsforschung
– warnen davor, den Erfolg der Angreifer als nicht beeinflussbar darzustellen,
– fordern etablierte Anbieter dazu auf, ihr Marktverhalten frühzeitig anzupassen und neue Geschäftsfelder auch zu Lasten bestehender aktiv zu fördern,
– plädieren für mehr Mut und unternehmerische Agilität und
– fordern ein neues Managementverhalten, welches den Gesetzmäßigkeiten disruptiver Märkte folgt.

2.3 Eine Schockstarre vermeiden

In diesem Kapitel wollen wir uns mit der Frage befassen, warum etablierte Anbieter nicht frühzeitig auf den Angriff reagieren. Ehemalige Disruptoren wie IKEA, dm oder MediaMarkt agierten schließlich nicht im Geheimen: Die Parkplätze waren von Unternehmensgründung an gut belegt, der Kundenandrang groß und die Einkaufswagen voll. Dies konnten etablierte Unternehmen nicht übersehen oder negieren. Aber den meisten etablierten Anbietern fiel es sehr schwer, eine passende Antwort zu finden. Woher kommt diese Lethargie?

Wie konnte es passieren, dass Nokia, Sony, Acer, Bloomingdales und viele andere Unternehmen ihre dominierende Marktposition von einst einbüßten? Immerhin waren alle einmal Marktführer, besaßen eine volle Kriegskasse und beschäftigten sehr gut ausgebildete Manager. Wahrscheinlich lag es nicht daran, dass diese Unternehmen die tektonischen Veränderungen nicht erkannten. Früherkennung war bei allen eine wichtige Aufgabe. Sie beschäftigten sich mit neuen Geschäftsideen und beteiligten sich rege an Start-ups. Trotzdem kam die Schieflage. Sie waren nicht in der Lage, sich schnell genug zu verändern.

Dieses Phänomen wird häufig mit dem Trägheitsprinzip begründet: Jede Masse ist träge, und je größer eine bewegte Masse ist, desto mehr Kraft muss aufgewendet werden, um ihre Richtung zu verändern. Man hat sich also durchaus gewehrt, jedoch nicht stark genug; Innovationen, die den Veränderungen erfolgreich begegnen sollten, kamen nicht oder nicht schnell genug an. Aber der Trägheitsbegriff trifft nicht den Kern dieses Phänomens. Besser passend erscheint uns der Begriff Schockstarre, denn die aus der Trägheit resultierende Untätigkeit beruht häufig auf einem Schock. Unternehmen sind von der Erkenntnis gravierender Branchenveränderungen regelrecht paralysiert.

Für diese ‚Schockstarre' gibt es verschiedene Erklärungen. Ein Blick auf die Biologie liefert interessante Hinweise. Konfrontiert mit einer unmittelbaren Gefahr schüttet der menschliche Körper Adrenalin aus, welches die Muskulatur mit zusätzlichem Sauerstoff für den Gegenangriff oder die Flucht versorgt. Gleichzeitig werden die Aktivitäten in einigen Organen (wie Magen oder Darm) sowie Teilen des Gehirns heruntergefahren. In einer besonders ausweglosen Situation, in der weder Flucht noch Angriff eine Lösung zu bieten scheinen, verfällt der Körper jedoch in eine Art Schockstarre – die zur Verfügung stehenden Reserven werden nicht abgerufen und auch der Weg zurück zum Normalzustand ist versperrt [12]. Basierend auf diesem Phänomen haben wir unser Schockstarren-Modell entwickelt, welches erklären soll, weshalb viele etablierte Unternehmen keine geeignete Reaktion auf den Angreifer finden und deshalb in eine Schockstarre verfallen. Abbildung 2.3 erklärt die wichtigsten Innovationsbarrieren, die etablierte Unternehmen lähmen.

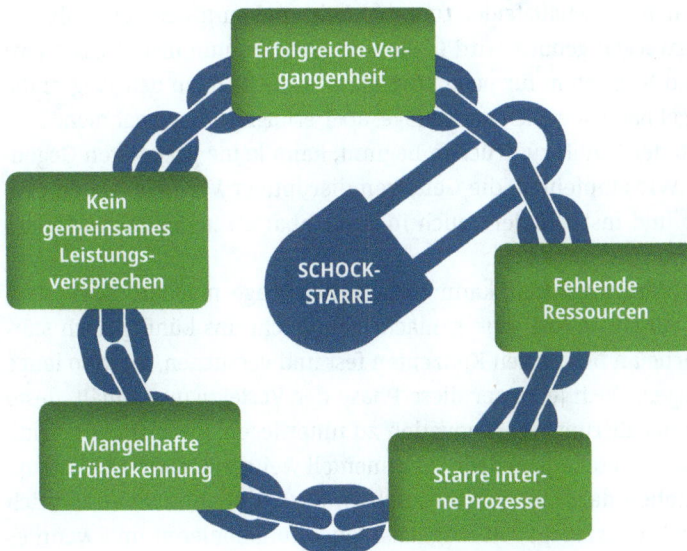

Abbildung 2.3: Schockstarren-Modell (Quelle: Eigene Darstellung).

Eine **mangelhafte Früherkennung** kann Trägheit fördern. Solange man disruptiven Wandel nicht erkennt, kann man so weitermachen wie bisher und sinkende Renditen exogenen Größen wie z. B. der schleppenden Konjunktur zuschreiben. Wir beobachten bei vielen Unternehmen den Fehler, kein geeignetes Frühwarnsystem aufzubauen. Die in Kapitel 2.1 vorgestellten drei zentralen Treiber disruptiver Veränderungen werden eher halbherzig und nicht systematisch beobachtet. Häufig beschränken sich Unternehmen auf die Messung der Kundenzufriedenheit und wiegen sich mit den Ergebnissen in Sicherheit. Zufriedenheitsstudien können aber nur Verhalten bestehender Kunden erklären. Die Meinung kritischer Kunden fällt dabei selten auf, weil kritische Kunden bereits das Unternehmen verlassen haben.

Es fehlt in vielen Unternehmen die Bereitschaft, Motive von Wechselkunden systematisch zu analysieren, Gründe für Kundenabwanderung zu verstehen, Stärken aufkommender Konkurrenten anzuerkennen oder die Innovationskraft des eigenen Unternehmens mit geeigneten Methoden zu tracken. Teilweise lässt sich sogar die Tendenz beobachten, unangenehme Marktstudien gänzlich zu streichen. So werden Kundenumfragen im Glauben, dass sich innerhalb der Jahresfrist sowieso nicht viel ändert, nur noch alle zwei Jahre durchgeführt. Außerdem sprechen die ausführenden Agenturen die Missstände oftmals nur sehr verhalten an. Unbequeme Dienstleister werden rasch aussortiert und ersetzt.

Aber auch die Suche nach neuen Ertragsmodellen lässt zu wünschen übrig. Welches Unternehmen sucht systematisch nach neuen Erlösquellen? Wer hält regelmäßig Ausschau nach der Achillesferse im eigenen Geschäftsmodell und beauftragt damit Experten? Und auch beim technologischen Wandel besteht in vielen Unternehmen ein weitverbreitetes Halbwissen. Welches Unternehmen betreibt ein eigenes Lab, welches mit Hilfe neuer Technologien versucht, neue Geschäftsfelder zu entwickeln und zu testen? Ein Lab, das nicht nur zu Marketingzwecken genutzt wird („Wir sind übrigens nun digital"), sondern tatsächlich als Quelle und Inspiration für neue Lösungsansätze, die dann den Weg in die Praxis finden. In der Regel handelt es sich um wenige, aber erfolgreiche Ausnahmen.

Wer nicht weiß, wo der Schuh zu drücken beginnt, kann keine geeigneten Gegenmaßnahmen einleiten. Wir empfehlen, die Gefahren disruptiver Veränderungen proaktiver, systematischer und insbesondere auch in benachbarten (technologieaffinen) Branchen zu analysieren.

Eine **erfolgreiche Vergangenheit** kann bekanntlich träge machen. Nach dem Motto ‚Was uns in der Vergangenheit groß gemacht hat, macht uns künftig noch stärker', halten Manager gerne an bewährten Konzepten fest und versuchen, diese so lange wie möglich zu verteidigen. Doch je länger diese Phase der Verteidigung anhält, desto größer ist die Gefahr, einer disruptiven Innovation zu unterliegen. Zwar sind Verteidiger in der Lage, bestehende Geschäftsmodelle inkrementell weiterzuentwickeln, disruptive Innovationen entstehen dabei aber höchst selten. Das ist auch nicht sonderlich verwunderlich. Das alte Erfolgsrezept soll möglichst lange funktionieren und wenn es weiterentwickelt wird, dann eher in kleinen Schritten, um die Investitionen aus der Vergangenheit möglichst lange nutzen zu können. Etablierte Anbieter suchen Innovationen, die das alte Erfolgsrezept möglichst lange erhalten sollen. Disruptive Innovationen widersprechen diesem Ansatz und konnten genau aus diesem Grunde in der Vergangenheit nur von neuen Anbietern hervorgebracht werden. Man fürchtet sich als etablierter Anbieter vor der Kannibalisierung des eigenen Geschäftsmodells.

Etablierte glauben an das Wiederbeleben sogenannter ‚Cashcows'. Getragen von der Überzeugung, reduzierte Gewinne seien immer noch besser als mit hohen Anfangsverlusten neue Geschäftsfelder aufzubauen, verpassen diese Unternehmen den frühzeitigen Einstieg bei disruptiven Veränderungen. Da viele Innovationen sich recht schnell zum Flop entwickeln, darf die Cashcow-Idee sicherlich nicht als grundsätzlich schlecht abgestempelt werden. Vielmehr fordern wir eine differenzierte Betrachtung. Drohen disruptive Veränderungen (siehe unser Modell zu den zentralen Treibern in Kapitel 2.1), sollten Manager eine Selbstdisruption bewusst initiieren, statt sich ausschließlich auf das Wiederbeleben rentabler Geschäftsfelder zu konzentrieren.

Für das Beharren auf vergangenen Erfolgen sorgt in Unternehmen die Finanzabteilung. Sie entscheidet, wann in neue Märkte investiert wird. In der Regel kommt dafür das Discounted-Cash-Flow-Verfahren (DCF-Verfahren) zum Einsatz. Es berücksichtigt neben den erzielbaren Umsätzen sämtliche Projektkosten und berechnet daraus die mögliche Rendite einer Investition. Investiert ein Unternehmen in neue Geschäftsfelder, fällt die berechnete Rendite nach dem DCF-Verfahren häufig sehr tief aus. Verantwortlich sind schleppende Umsätze zu Beginn bei gleichzeitig hohen Investitionen. Im Vergleich zu etablierten Geschäftsfeldern schneiden nach diesem Verfahren Innovationsprojekte weitaus schlechter ab. Die Finanzabteilung stuft aus diesem Grunde Innovationsprojekte kritisch ein. Sie bevorzugt sichere Erträge aus bestehenden Geschäftsfeldern. Doch sind diese Erträge wirklich sicher? Was unter stabilen Umweltbedingungen als sicher erscheint, wird in disruptiven Zeiten jedoch höchst unsicher. Denn die fälschlicherweise als stabil angenommenen Renditen aus etablierten Geschäftsfeldern gehen plötzlich zurück. Grund dafür sind Marktanteilsgewinne der Angreifer und der damit einhergehende Preiskampf und Renditezerfall. Die Berechnungsmethoden der Finanzabteilung sollten diesen möglichen Renditezerfall in etablierten Geschäftsfeldern mit einem Risikoaufschlag stärker berücksichtigen, ansonsten zementieren diese den Status Quo und verhindern einen frühzeitigen Richtungswechsel [13].

Fehlende **Ressourcen** behindern notwendige Veränderungen. Ohne fähige Mitarbeiter, State-of-the-art-Produktionstechnologien, eine geeignete Infrastruktur für die Erstellung von außergewöhnlichen Produkten und Services und die notwendigen finanziellen Mittel kann ein Wandel kaum gelingen. Auch fehlende immaterielle Ressourcen, wie z. B. gute Stammdaten, gut eingeführte Marken, gut etablierte Beziehungen zu Lieferanten und Partnern in der Distribution bremsen den notwendigen Wandel erheblich [14]. Zum dominanten Engpass vieler Unternehmen entwickelt sich die Ressource IT, da der Veränderungsbedarf schon lange die personellen Kapazitäten vieler IT-Abteilungen übersteigt.

Die Gestaltung **interner Prozesse** kann die Entwicklung von innovativen und marktfähigen Produkten und Services begünstigen, aber auch blockieren. Dazu zählen etwa Produktentwicklung, Logistik- und Produktionsprozesse oder beispielsweise auch Verkaufsprozesse. Disruption verlangt eine Beschleunigung dieser Prozesse: Was in der Vergangenheit formal geregelt war, muss künftig schneller und teilweise informal gelingen. Als hemmende Faktoren erweisen sich häufig immaterielle Prozesse: Wie werden Budgets abgestimmt und verabschiedet, wie lernen Unternehmen durch Marktforschung oder mit welcher Methodik priorisiert ein Unternehmen die zentralen Projekte und sorgt für einen fokussierten Mitteleinsatz? Oft sind diese Prozesse auf das Bewahren bestehender Systeme ausgerichtet und verhindern damit ein Aufbrechen herkömmlicher Denk- und Handlungsweisen.

Auch kann ein **fehlendes Leistungsversprechen** bremsen. Der Vorteil eines klar formulierten Leistungsversprechens liegt in der Orientierungsfunktion für das Management. Für Amazon bedeutet dies, die beste Kundenzentrierung auf diesem Planeten zu bieten („to be earth's most customer-centric company") [15] und Projekte zu vermeiden, die nicht diesem Leistungsversprechen folgen. Die Klarheit des Leistungsversprechens hat zwei Vorteile. Erstens konzentrieren sich Mitarbeiter auf Projekte, die den bestehenden Wettbewerbvorteil stärken und zweitens trägt die gemeinsam getragene Wertvorstellung dazu bei, sich nicht in zu vielen Projekten zu verzetteln.

Im Zuge disruptiver Veränderungen stellen Unternehmen bewährte Leistungsversprechen infrage. Sicherlich kann es manchmal unumgänglich sein, das eigene Leistungsversprechen anzupassen. Gefährlich kann diese Phase der Ungewissheit allerdings werden, wenn das Management zwar das alte Leistungsversprechen als nicht mehr zeitgemäß einstuft, aber kein neues festlegt. Dauert diese Phase ohne Leistungsversprechen zu lange, fehlt die fokussierende Wirkung gemeinsam getragener Wertvorstellungen und die Schockstarre setzt ein. Es entstehen sehr schnell Zentrifugalkräfte, die gemeinsam getragene Veränderungsprozesse behindern. Wir erkennen in fehlenden oder unscharf formulierten Leistungsversprechen einen Hauptgrund dafür, weshalb Unternehmen in eine Schockstarre verfallen. Daher empfehlen wir, diesen Erfolgsfaktor stärker zu berücksichtigen.

Eine Schockstarre kommt nicht von einem Faktor allein; erst das Zusammenspiel der Faktoren aus unserem Schockstarre-Modell (Vgl. Abbildung 2.3) führt zur Lethargie. Entsprechend ist die Bereitstellung guter und ausreichender Ressourcen zwar ein notwendiges Element, um den bevorstehenden Wandel zu bewältigen, sie reicht jedoch keinesfalls aus.

Learnings

Unser Schockstarre-Modell
– identifiziert einzelne Auslöser für ein lethargisches und zögerliches Managementverhalten,

- warnt vor konkreten Hindernissen auf dem Weg zu mehr Agilität in turbulenten Zeiten,
- erklärt, dass mit dem gleichzeitigen Auftreten dieser Hindernisse der Stillstand, die Paralyse bzw. eine Stockstarre eintreten kann.

2.4 Eine Selbstdisruption rechtzeitig einleiten

Wir glauben, etablierte Unternehmen haben die Chance, sich in disruptiven Prozessen aus eigener Kraft zu verändern. Vielleicht trifft das nicht für alle Unternehmen zu, aber ein Großteil kann durch ein proaktives, beherztes, aber vor allem angemessenes Agieren eine erfolgreiche Selbstdisruption im Kerngeschäft einleiten. Selbstdisruption bedeutet eine aus eigenen Kräften eingeleitete Transformation. Und sie muss am Kerngeschäft ansetzen, da sonst das Trennen von Alt und Neu eine Organisation in eine tiefe Krise stürzen kann. Ehemals rentable Geschäftsfelder werden immer unrentabler, während die neuen erst viel später als geplant Profit abwerfen. So entstehen unüberwindbare Konflikte zwischen den alten und neuen Unternehmensbereichen, die das Unternehmen spalten. Selbstdisruption muss deshalb im Kerngeschäft ansetzen. Dieses ist mit Augenmaß in die neue Welt zu führen und das bedeutet nichts anderes, als auf Marktveränderungen angemessen zu reagieren. Nicht zu schnell und nicht zu langsam, denn nur mit der richtigen Geschwindigkeit werden sich die erhofften Erfolge einstellen.

Wer zu viel zu schnell verändert, läuft Gefahr zu übertreiben. Wer nichts macht, wird von Disruptoren abgehängt. Die Leitidee des angemessenen Handelns in einem angemessenem Tempo teilen fast alle Manager, auch wenn die Balance zwischen Revolution und Evolution nicht einfach zu finden ist und von Branche zu Branche, von Unternehmen zu Unternehmen unterschiedlich ausfällt.

Radikale Veränderungen beobachten wir beispielsweise in der Musik-, Computer- und Medienindustrie. Nicht alle Industrien haben sich im gleichen Tempo verändert. Die Post, die Bahn oder die Bauindustrie zählen zur zweiten Kategorie. Noch vor fünfzehn Jahren gab es Prognosen, welche der Post mit dem Aufkommen von E-Mails einen dramatischen Einbruch im Briefgeschäft vorhersagten. Die Überkompensation durch die vielen im Online-Handel versendeten Pakete haben zu dieser Zeit nur wenige Experten erkannt. In der Bauindustrie liegen zwar die Effizienz- und Kostenvorteile von digitalen Plänen schon lange auf der Hand – aber im Verhalten der Bauingenieure hat sich bislang wenig verändert. Und auch die bald 200 Jahre alte Eisenbahn hat trotz eines massiven Ausbaus im Luft- und Straßenverkehr mit schnelleren und effizienteren Transportmitteln ihre Marktposition gehalten und in manchen Ländern oder Marktsegmenten sogar ausgebaut. Das könnte sich durch neue Technologien wie Drohnen, 3D-Druck oder Elektromobilität verändern – muss es aber nicht.

Neue Technologien verändern nur dann ganze Branchen, wenn Konsumenten im neuen Angebot Leistungsvorteile erkennen und ihr Kauf- und Konsumverhalten anpassen. Ist dem nicht so, bleibt alles wie es ist. Ein Beispiel hierfür ist der Do-it-Yourself-

Haarschneider von Philips. Er versprach einen professionellen und äußerst günstigen Haarschnitt. Der einzigartige, um 180° drehbare Scherkopf machte es leicht, sogar die schwierigsten Stellen zu erreichen. So konnte sich jeder gleichmäßig und präzise selbst die Haare schneiden. Warum schaffte diese Innovation nicht den Durchbruch und machte Friseure arbeitslos? Es lag neben der leicht eingeschränkten Funktionalität des Gerätes insbesondere am Bedürfnis vieler Menschen, sich in Sachen Schönheit beraten und verwöhnen zu lassen. Auch fehlte es an der nötigen Selbstsicherheit. Viele zweifelten an der eigenen Kompetenz, das Gerät richtig einzusetzen. Hätte Philips diese Bedürfnisse zusätzlich befriedigen wollen, hätte das Unternehmen in Haarstudios und Kursangebote investieren und vollkommen neue Kompetenzen aufbauen müssen. Dies hätte sehr hohe Investitionen erfordert, der Preisvorteil wäre dahin. Deshalb kam es zu keiner Disruption und der Beruf des Friseurs ist nicht vom Aussterben bedroht.

MAPS – ein Ansatz zum erfolgreichen Selbstdisruptionsmanagement

Ob ein Unternehmen nun Computer baut oder Wohnhäuser, ob seine Mitarbeiter Filme oder Haare schneiden, das Management steht jeweils vor der Herausforderung, die Veränderungsgeschwindigkeit richtig einzuschätzen und dafür angemessene und somit auch effektive Maßnahmen bzw. Projekte zu entwickeln. Für das Management besteht die große Kunst also darin, weder überhastet noch lethargisch auf disruptive Veränderungen zu reagieren. Genau an dieser Stelle setzt das MAPS-Konzept an. Es ermöglicht eine marktorientierte Vorgehensweise, welche das Kauf- und Wettbewerbsverhalten realitätsnah erfasst, um daraus die Geschwindigkeit möglicher Veränderungen abschätzen zu können. Es soll die Souveränität der Manager stärken, und ihnen dabei helfen, eine erfolgreiche Selbstdisruption voranzutreiben. Das vierstufige Modell orientiert sich konsequent am Markt und dessen Veränderungen. Es fordert das Management dazu auf,

1. die Kundenmotive bei der Unternehmens- und Produktwahl zu verstehen,
2. die Attraktivität potenzieller Angreifer zu bewerten,
3. die Potenziale einer möglichen Abwanderung für bestehende Kunden zu schätzen und
4. eine geeignete Verteidigungsstrategie zu entwickeln.

Wir illustrieren diesen Vorgehensprozess anhand von zwei Beispielen. In beiden wird eine Analyse der Kundenmotive vorgenommen, indem drei strategisch zentrale Kundensegmente im Fokus stehen: Erstens die Fans eines Unternehmens, zweitens die Wechselkunden und drittens die Abwanderer. Besonders wichtig ist die Motivanalyse für Wechselkunden und Abwanderer, weil diese Gruppen durch die drohende Abwanderung eine mögliche Disruption einleiten. Die fiktiven Beispiele stellen die Grundidee von MAPS dar und beschreiben den Einsatz unseres Ansatzes in der Praxis.

M – Motive

Zu den **Fans** zählt Hubert Gomez. Er ist 60 Jahre alt und wohnt auf dem Land. Sein Auto besitzt für ihn einen hohen Stellenwert. Hubert genießt es, jeden Tag mit dem Auto zur Arbeit zu fahren. Am Wochenende macht er mit seiner Frau gerne einen Ausflug, natürlich mit dem Auto. Selbstfahrende Autos empfindet er als Freiheitsberaubung. Öffentliche Verkehrsmittel meidet Hubert bis auf das Taxi gänzlich.

Peter Müller, ein **Wechselkunde**, ist 45 Jahre alt. Er nutzt unter der Woche die öffentlichen Verkehrsmittel. So steht er auf dem 40 Minuten langen Weg zur Arbeit nicht im Stau. Am Wochenende freut er sich über die Ausflüge mit seiner dreiköpfigen Familie. Auf sein Auto möchte er dafür (noch) nicht verzichten.

Grete Herwig zählt zu den **Abwanderern**. Die 36-jährige Juristin wohnt mit ihrem Lebenspartner in einer Großstadt. Beide glauben die Zukunft des Tauschens und Teilens und sehen darin mehr als einen Trend. Grete tauscht mit Freundinnen regelmäßig Kleider und leiht sich von ihnen ab und zu das Auto. Zudem nutzt sie alle paar Wochen Carsharing-Angebote. Ihr eigenes Auto hat sie vor drei Jahren verkauft.

Alle drei hier prototypisch dargestellten Kunden haben ein Grundbedürfnis nach Mobilität. Dieses Grundbedürfnis nimmt jedoch je nach Situation eine andere Gestalt an.

A – Attraktivität der Angreifer

Für Wechselkunden wie Peter sind Carsharing und Mobilitätsanbieter interessant. Die steigenden Parkgebühren und der bessere öffentliche Verkehr stellen langsam, aber sicher das eigene Auto auch am Wochenende infrage. Abwanderer wie Grete schätzen den Ausbau von alternativen Mobilitätsanageboten sehr. Der problemlose Wechsel des Fahrzeugtyps je nach Bedarf und die zahlreichen Elektrofahrzeuge machen das Angebot noch attraktiver. Zurück zum eigenen Auto zu gehen, kann sich dieses Kundensegment nicht mehr vorstellen. Einzig Hubert erkennt keine Alternative in den neuen Angeboten.

P – Potential einer Kundenabwanderung

Für jedes der drei Kundensegmente wird auf Grundlage von Marktanalysen die prozentuale Veränderung für die kommenden drei Jahre hochgerechnet. Dabei kommen die Marktforscher zu dem Ergebnis, dass die Gruppe der Fans, gemessen an allen Personen mit Führerschein, rund 5 % in den kommenden drei Jahren verlieren könnte. Hauptgrund ist die Überalterung in diesem Kundensegment. Die Gruppe der Wechselkunden könnte um 3 % und die der Abwanderer um 2 % Marktanteil zulegen. Das Unternehmen kann mit der Berechnung des Marktanteils auch die potenzielle Kaufkraftverschiebung zwischen den drei Gruppen abschätzen. Der Rückgang des Fan-Segmentes um 5 % innerhalb der nächsten drei Jahre deutet auf eine disruptive Veränderung hin, welche dazu auffordert, wirkungsvolle Gegenmaßnahmen mit der Auswahl geeigneter Transformationsprojekte zu entwickeln.

S – Strategie zur Verteidigung

Die Verteidigungsstrategie etablierter Autokonzerne konzentriert sich hauptsächlich auf die Gruppe der Abwanderer. Mit neuen Dienstleistungen könnten sie Angebote für das Wochenende bereitstellen, um rückläufige Umsätze aus dem Verkauf zu kompensieren. Dazu gehören Mietangebote mit einer beschränkten Dauer (für die Urlaubsreise oder am Wochenende, gekoppelt mit Wahlfreiheit zwischen unterschiedlichen Fahrzeugtypen). Die Rolle als Autovermieter, Mobility-Anbieter und Car-to-Go-Angebote sind zu prüfen. Allen diesen Ansätzen gemeinsam ist, dass sie Innovation in der Nische versuchen, das Kerngeschäft aber kaum antasten. Das wird vermutlich nicht ausreichen – an einer Selbstdisruption des Kerngeschäfts werden die Automobilbauer wohl kaum vorbeikommen.

MAPS am Beispiel der Bedrohung durch Online-Universitäten

Dem E-Learning und den Massive Open Online Courses, sogenannten MOOCs, werden große Chancen zugeschrieben, die traditionelle Universitätsausbildung nachhaltig zu verändern. Muss man an einer klassischen Universität studieren oder sollten Studierende nicht besser eine digitale Universität besuchen? Auch kommt immer öfter die Überlegung auf, Standardvorlesungen im Grundstudium online zu absolvieren und sich diese für ein Masterstudium an einer renommierten Uni anrechnen zu lassen. Das bringt viele Universitäten in große Schwierigkeiten, weil das Bachelorstudium stark an Bedeutung verlieren würde. Dozenten, Räumlichkeiten und viele Kursangebote würden überflüssig werden. Betrachten wir beispielsweise das BWL-Studium nach dem MAPS-Ansatz.

M – Motive

Zu den **Fans** der klassischen Universität zählt Anette. Sie glaubt an das alte Modell einer Präsenz-Universität. Eine gut gerankte Uni bürge für Qualität und gute Verbindungen in die Unternehmenswelt. Schon ihr Vater hat von einer Studentenverbindung enorm profitiert. Lediglich das Auslandsstudium habe an Bedeutung gewonnen, wobei ihr eine renommierte Universität helfen würde.

Ute ist **wechselbereit**. Sie sucht weniger den elitären Anspruch einer Top-Uni. Ihre Eltern sind beide Angestellte mit einem mittleren Schulabschluss. Sie könnte sich das Bachelorstudium gut online vorstellen. So muss sie nicht umziehen, spart Geld, kann ihrem Job weiter nachgehen und von den besten Kursen dieser Welt profitieren. Im Masterstudium würde sie dann im Ausland zu einer nicht so bekannten Uni gehen, um das Studentenleben zu genießen.

Karl als **Abwanderer** hat sich vom klassischen Modell ganz abgewendet. Er hat sich die Hochschulreife auf dem zweiten Bildungsweg erarbeitet und glaubt deshalb an Online-Universitäten. So kann er parallel seine Karriere vorantreiben und einen günstigen Bachelor-Abschluss an einer drittrangigen Online-Fachhochschule erhalten.

Damit hat er später die Möglichkeit, einen MBA an einer besseren Uni zu absolvieren, den dann das Unternehmen bezahlt. Der Bachelor-Abschluss reicht zur Aufnahme für den MBA. Wo dieser gemacht wurde, spiele keine Rolle.

A – Attraktivität der Angreifer

Für Ute kommen Universitäten infrage, welche sogenannte Micro-Degrees anbieten. Das sind keine klassischen Studiengänge, sondern eine bestimmte Anzahl an Online-Kursen in einem Fachbereich. Digitale Hochschulen wie z. B. Kiron in Berlin könnten sich auf bestimmte Fächer wie Buchführung, Marketing oder die vernetzte Wirtschaft spezialisieren. So könnten mehrere spezialisierte digitale Universitäten einen Bachelor oder Master in BWL anbieten. Auch sind Konkurrenten klassischer Universitäten denkbar, die ihre Kurse international nach dem Marktplatz-Prinzip von Amazon anbieten. Das wäre ein englischsprachiger Ansatz, der die Leistungen renommierter Anbieter zweitvermarkten könnte. Ein Anbieter aus den USA ist die Minerva-Universität in San Francisco. Die Studierenden studieren nicht dort, sondern an unterschiedlichen Orten auf der ganzen Welt, alle paar Monate ziehen sie um. Ihr Lehrstoff steht nur online bereit, für Seminare treffen sie sich per Videochat, ihre Professoren erreichen sie über das Netz. Karl findet dieses Modell sehr attraktiv. So kann er in seiner geplanten einjährigen Auszeit nicht nur studieren, sondern auch noch seine Sprachkenntnisse verbessern.

P – Potenzial einer Kundenabwanderung

Das Potenzial möglicher Wechselkunden im Sinne von Studierenden, die nicht an einer klassischen Universität studieren möchten, beträgt nach einer Befragung von mehreren Experten für das Jahr 2023 ca. 10 %. Das liegt insbesondere an der hohen Abbruchquote von 50 % im Bereich BWL an den renommierten Universitäten im DACH-Raum. Viele Studienanfänger beklagen ferner das verschulte und auf Auswendiglernen ausgerichtete Studium. Etablierte Universitäten sind aufgefordert, Gegenmaßnahmen zu ergreifen, auch wenn das digitale Angebot noch in den Kinderschuhen steckt und nach Anerkennung sucht. Vermutlich verbessert sich die Qualität der neuen Konkurrenten schnell und auch die Anerkennung der Abschlüsse nimmt zu.

S – Strategie zur Verteidigung

Die Verteidigungsstrategie etablierter Universitäten kann nicht in der Verteidigung des klassischen Modells bestehen. Die Vorteile von E-Learning, MOOCs und weiteren Innovationen sind in den Lehrbetrieb zu integrieren und einige liebgewonnene Angebote, wie ein breites Angebot im Bachelorstudium sowie viele neue große Hörsäle sind infrage zu stellen.

2.5 Angriffsstrategien von Disruptoren verstehen

Die erste wichtige Voraussetzung für den Erfolg von Disruptoren besteht nach den Erkenntnissen der Distributionsforschung in der Skepsis, die Verteidiger den Angreifern
zu Beginn entgegenbringen (Vgl. Kapitel 2.2). Etablierte Unternehmen können sich
nicht vorstellen, dass die neue Geschäftsidee funktioniert. Allerdings müssen die Angreifer diesen Spielraum geschickt nutzen, sonst kommt es nicht zum erhofften
Durchbruch. Dafür muss ein geeigneter Strategiepfad zur Eroberung des Marktes ge-
wählt werden. Altbekannt, aber immer noch relevant ist der Vorschlag von Porter.
Der Ansatz unterscheidet zwischen Kostenführerschaft, Differenzierung und der Nische als generische Wettbewerbsstrategien [16]. Nach den ersten empirischen Ergebnissen der Disruptionsforschung in den 90er Jahren, fördern die Kostenführerschaft
oder die Differenzierung den Durchbruch auf neuen Märkten (Vgl. Abbildung 2.4).

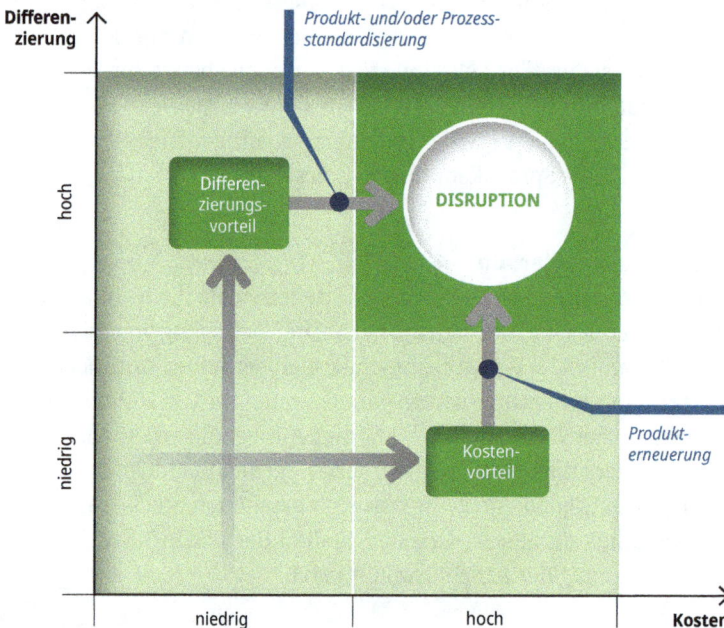

Abbildung 2.4: Strategisches Management in Unternehmen (Quelle: Eigene Darstellung in Anlehnung
an Hungenberg [2004]).

Strategiepfad 1: Kostenführer im Preiseinstiegssegment

Mit der Strategie der Kostenführerschaft können Angreifer **als Preisbrecher** den
Markt von unten aufrollen.

Das Möbelhaus IKEA hat sich schon immer als Preisführer verstanden. Konkurrenten waren bei der Expansion ins Ausland sehr skeptisch, ob sich die Idee des selbst Zusammenschraubens in der Schweiz, dem ersten Markt außerhalb Skandinaviens, durchsetzen könnte. Gerade in der Schweiz, wo der Service eine große Rolle spielt, war die Skepsis besonders hoch. Die ersten Erfolge erzielte das Unternehmen bei den unteren Einkommensschichten, was die Etablierten locker verkraften konnten. Sie gaben freiwillig das margenschwache Preiseinstiegssegment ab und konzentrierten sich fortan auf die Mittel- und Hochpreislagen. IKEA hat nachfolgend die Qualitäten sukzessive verbessert und damit die Mittelschicht erreicht und so die Marktführerschaft nach rund 30 Jahren in der Schweiz übernommen. Im Jahr 2019 hatte IKEA einen Umsatzanteil von 30 Prozent am Schweizer Möbelmarkt [17]. Im Vergleich zu Branchen, welche heute von der Digitalisierung erfasst werden, dauerte dieser Prozess in der Schweizer Möbelbranche relativ lange.

Auch in der Luftfahrtindustrie dauerte es einige Jahre, bis der Billigflieger Ryanair eine führende Marktposition einnehmen konnte. Die gebotene Servicequalität war sehr niedrig, was viele etablierte Top-Manager beruhigte: Soll doch Ryanair ab *Frankfurt-Hahn* im Hunsrück Flüge zu 12,99 Euro anbieten – Hahn ist mit dem Auto mehr als eine Stunde von Frankfurt entfernt und mit einem Ticketpreis von 12,99 Euro kann man eh kein Geld verdienen. Vielleicht ist es auch gut, wenn die preissensiblen Rucksack-Touristen mit dieser Airline fliegen. Sie stören dann weniger am eigentlichen Frankfurter Flughafen und machen dort bei dem dennoch stetigen Wachstum im Flugaufkommen zahlungswilligeren Kunden Platz, die zudem im Duty-Free etwas einkaufen.

Was ursprünglich sinnvoll klang, entpuppte sich im Nachhinein als die große Achillesferse für etablierte Fluggesellschaften. Denn die Leistungen der Angreifer wurden immer besser, ohne die Preise zu erhöhen. Allmählich interessierten sich auch Kunden mit gehobenen Einkommen und sogar Business-Kunden für das günstige Angebot. Der Markt wurde von unten aufgerollt und für die Etablierten blieb immer weniger vom Kuchen übrig. Ob die Gründung eigener Billigfluglinien den Etablierten wirklich helfen kann, bleibt zu bezweifeln. Mittlerweile fliegt nämlich Ryanair auch von Frankfurt am Main und der Unterschied in den Preis- und Kostenstrukturen ist immer noch erheblich. Hinzu kommt die toxische Wirkung andauernder Streiks bei etablierten Fluggesellschaften. Verständlich aus Sicht des Kabinenpersonals, wenn die Löhne kaum noch steigen, höchst gefährlich aus der Wettbewerbsperspektive: Streiks bei den Etablierten fluten die Jets der Billigflieger, und wenn diese ihren Job gut machen, kommen diese Kunden nur noch selten zu den Etablierten zurück.

Auch im deutschen Lebensmittelhandel kam es in den vergangenen Jahrzehnten zu einer Disruption. Die Gebrüder Albrecht wurden wegen des Verkaufs von Lebensmitteln aus Kartons in spartanisch eingerichteten Läden in schlechter Lage lange belächelt. Wer geht da schon hin und kauft sogenannte Eigenmarken, die keiner kennt? Nach einigen Jahren war man sich in der Branche immer noch einig, dass **Aldi** keine Gefahr darstelle. Im Sinne eines Trading-ups konzentrierten sich die Etablierten verstärkt auf die Mittelschicht. Läden und Angebot waren im Vergleich zu

Aldi deutlich hochwertiger. Das sahen jedoch immer weniger Kunden so. Das überschaubare, aber gute Aldi-Sortiment ermöglichte einen schnelleren und vor allem weit günstigeren Einkauf. Die wöchentlichen Non-Food Aktionen sorgten für eine enorme Frequenz in den Läden und die Marktanteilsgewinne erhöhten die Einkaufsmacht des Discounters, was sich in noch größeren Preisunterschieden bemerkbar machte. Die Konsequenz war die gleiche wie bei IKEA und Ryanair: Auch die Mittelschicht kaufte immer häufiger bei Aldi ein und schon bald ließ sich auch die Oberschicht dort blicken, denn die Qualitäten in den Sortimenten verbesserte sich stetig weiter. Mit einem Marktanteil von mehr als 10 % ist das Unternehmen schon lange in der Mitte der deutschen Gesellschaft angekommen.

Wir erkennen aus diesen Beispielen, dass es gar nicht so einfach ist, der Disruption erfolgreich zu begegnen. Die im Markt etablierten Unternehmen waren nicht untätig. Das Management der Verteidiger hat in aller Regel keine grob fahrlässigen Fehler gemacht. Die Disruptoren Aldi und Ryanair wurden – wie oben beschrieben – unterschätzt. Man wollte ihnen zunächst nichts entgegensetzen, konnte dann im weiteren Verlauf nicht mehr Paroli bieten. Edeka und Rewe haben zwar ein Aldi-ähnliches Discountformat aufgebaut, jedoch verdienen sie auch nach vielen Jahren der Optimierung damit kaum Geld. Auch Lufthansa, British Airways/Iberia, Air France/KLM usw. bemühten sich um den Aufbau einer Billig-Airline. Ebenfalls mit sehr überschaubaren Erfolgen. Vermutlich scheitern die Verteidiger an der notwendigen Transformation des bestehenden Geschäftsmodells. Zwar haben diese Unternehmen neue Geschäftsbereiche ins Leben gerufen, aber die Neuausrichtung des ursprünglich hochrentablen und immer noch umsatzmäßig sehr wichtigen Kerngeschäftes fällt enorm schwer. Ein weiterer Grund sind Konsumgewohnheiten. Ehemalige Kunden, die des Preises wegen zum Disruptor wechselten, kommen selten zurück. Sie tun dies nur, wenn die Preise bei angemessener Qualität nochmal erheblich sinken. Dazu sind aber höchstens neue Disruptoren in der Lage. Ehemalige Marktgrößen schaffen das in der Regel nicht.

Strategiepfad 2: Bessere Produkte und Services für einen neuen Markt entwickeln

Im Einklang mit der 2015 angepassten Disruptionstheorie von Christensen lässt sich der Ansatz beobachten, die Disruption für einen vollkommen neuen Markt zu starten. Apple gelang dieses Kunststück gleich zweimal in einem Jahrzehnt.

Das iPhone wurde von vielen Experten als ein teures Telefon mit zahlreichen zusätzlichen Funktionen wahrgenommen. Die Möglichkeiten der Apps, das Design und die Bedienerfreundlichkeit machten das iPhone aus Kundensicht schnell zu weit mehr als einem Telefon. Die sensationellen Verkaufszahlen hatten zunächst verheerende Folgen für die Wettbewerber im Markt Mobiltelefone. Nokia musste seine Rolle als Marktführer bereits vier Jahre nach der Lancierung des iPhones abgeben [18]. Die vollkommen neuartige Produktkategorie hat auch andere Märkte schwer getroffen: Diktiergeräte, Wecker, Uhren, Fotoapparate und der Laptop haben mit dem Aufkommen des Smartphones erhebliche Einbußen erlitten.

Ebenso schnell verlief der Durchbruch der iPads und aller nachfolgenden Tablets zulasten des PCs. Die Skepsis war auch hier zu Beginn riesig. Wieso sollte ein solches Gerät, das doch einiges weniger als ein PC kann, von den Kunden angenommen werden? [19] Die aus der Skepsis der Verteidiger resultierende Tatenlosigkeit gegenüber dem vollkommen neuen iPad half Apple, in kurzer Zeit nicht nur Marktführer für Tablets zu werden, sondern auch mit dem Tablet den Laptop als wichtigsten tragbaren Computer abzulösen [20]. Das iPad zielte auf einen Markt ab, den kaum ein Experte zu Beginn beschreiben konnte.

Nach unseren Erkenntnissen sind es also zwei Strategiepfade, welche eine Disruption beflügeln. Erstens die Konzentration auf das Preiseinstiegs-Marktsegment und zweitens der Ansatz, Produkte und Services für einen neuen Markt zu entwickeln.

Allerdings ist in der Unternehmenspraxis nicht entscheidend, ob eine neue Entwicklung nun begrifflich als Disruption einzuordnen ist oder nicht. Zumindest wäre es wahrscheinlich für Unternehmen gefährlich, Innovationen nur dann ernst zu nehmen, wenn diese günstiger angeboten werden oder einen neuen Markt ansprechen. Dann müsste die Automobilindustrie Tesla als vollkommen ungefährlich einstufen. Tesla ist teuer und versucht kein vollkommen anderes Produkt auf den Markt zu bringen, wobei das neue Model 3 preislich sehr attraktiv erscheint. Plötzlich könnte eine falsch eingestufte Unternehmung dann doch zu einer Kraft der großen Umbrüche werden.

Drei Lernimpulse sind in diesem Abschnitt für etablierte Unternehmen besonders wichtig:

1. Achten Sie auf Innovationen, die ähnliche Leistungen zu wesentlich tieferen Preisen anbieten als in Ihrer Branche üblich. Diese können Ihre Branche verändern.
2. Richten Sie Ihre Früherkennungssysteme auch auf Innovationen aus anderen Industrien aus. Mit der schnell voranschreitenden Digitalisierung könnten neue Wettbewerber aus anderen Märkten gefährlich werden. Google hat das Landkartengeschäft verändert, Uber das Taxigeschäft, Apple und Google führen das Konzept für das autonome Fahren ein und Airbnb veränderte die Hotelbranche.
3. Verlassen Sie sich nicht auf Ihre Fähigkeiten, alle Gefahren (siehe die Punkte 1 und 2) rechtzeitig zu erkennen. Es wird Angreifer geben, die den genannten Normstrategien nicht folgen. In diesem Moment müssen Sie in der Lage sein, das bestehende Geschäftsmodell rasch zu transformieren.

Dieses Buch versucht Ihnen insbesondere Hinweise zum dritten Schritt zu geben.

Literaturverzeichnis

[1]   Einen Überblick zu Trendmodellen und deren Herangehensweisen vermittelt Müller-Stewens, G. (2007), Früherkennungssysteme. In: Köhler, R. & Küpper, H. (Hrsg.): Handwörterbuch der Betriebswirtschaft, Stuttgart Schäffer-Poeschel, S. 558–570.

[2]   Vgl. Ulrich, H. (1987), Unternehmenspolitik, 2. Aufl., Bern/Stuttgart, S. 64 ff.

[3]   Vgl. Gilbert, C. (2003), The disruption opportunity, MIT Sloan Management Review, Vol. 44 (4), S. 27–33, sowie Christensen, C. (2013), The innovator's dilemma, a.a.O.

[4]   Vgl. Amazon.com Inc. (2018), 2017 annual report of Amazon.com Inc., Abgerufen von: http://phx.cor porate-ir.net/phoenix.zhtml?c=97664&p=irol-reportsannual/info/reports/2018-report.pdf

[5]   Vgl. Vontobel, Zugang zur gesamten Bandbreite unserer innovativen Plattformen, Abgerufen von: https://www.vontobel.com/de-ch/platforms/

[6]   Vgl. Online Doctor, Ihr OnlineDoctor für Hautprobleme – OnlineDoctor, Abgerufen von: https://www.onlinedoctor.ch/.

[7]   Vgl. Christensen, C. (1997), The Innovator's Dilemma: When New Technologies Cause Great Firms to Fail, Boston, in:Harvard Business School Press.

[8]   Vgl. Christensen, C./Overdorf, M. (2000), Meeting the Challenge of Disruptive Change, in: HBR, March-April, 2000, S. 67 ff.

[9]   Vgl. Christensen, C. (1997), The Innovator's Dilemma: When New Technologies Cause Great Firms to Fail, Boston, in:Harvard Business School Press.

[10] Christensen, C./Raynor M./McDonald, R. (2015), What is disruptive innovation?, in: Harvard Business Review, Vol 93 (12), S. 44–53.

[11] Vgl. Fortune.com, 01.05.2017.

[12] Vgl. Kozlowska, K./Walker, P./McLean, L. (2015), Fear and the Defense Cascade: Clinical Implications and Management, in: Harvard Review of Psychiatry, Vol. 23 (4), S. 263–287.

[13] Vgl. Christensen, C./Kaufman, S./Shih, W. (2010), Innovation killers: how financial tools destroy your capacity to do new things, in: HBR, No. 1 2008, S. 98 ff.

[14] Vgl. Christensen, C./Overdorf, M. (2000), Meeting the Challenge of Disruptive Change, in: HBR, March-April, 2000, S. 67 ff.

[15] Vortrag von Hauke Jansen (Amazon Europe), am 16. März 2018 an der Universität St. Gallen.

[16] Vgl. Porter, M. (2008), Wettbewerbsstrategie – Methoden zur Analyse von Branchen und Konkurrenten, Campus-Verlag, Frankfurt.

[17] Statista (2022), Marktanteile der größten Möbelhändler in der Schweiz 2019, 11.08.2022, Abgerufen von: https://de.statista.com/statistik/daten/studie/277871/umfrage/marktanteile-der-groessten-moebelhaendler-in-der-schweiz/

[18] Vgl. Monaghan, A. (2013). Nokia: the rise and fall of a mobile phone giant, Abgerufen von: https://www.theguardian.com/technology/2013/sep/03/nokia-rise-fall-mobile-phone-giant.

[19] Alexiou, J. (2011), One Year Later, Here Are 8 Naysayers Who Thought The iPad Would Fail, Business Insider, Abgerufen von: http://www.businessinsider.com/here-are-tk-dummkopfs-that-thought-the-ipad-would-fail-2011–1.

[20] IDC (2018), Despite Steady Commercial Uptake, Personal Computing Device Market Expected to Decline at a −1.8 % CAGR through 2022, According to IDC, IDC: The premier global market intelligence company, Abgerufen von: https://www.idc.com/getdoc.jsp?containerId=prUS43596418.

3 Der High 5 Ansatz zur Transformation von Geschäftsmodellen

Dieses Kapitel beschreibt das theoretische Fundament für unseren High 5 Ansatz der Geschäftsmodelltransformation. Um diesem Ziel gerecht zu werden, erklären wir in Kapitel 3.1 den Unterschied zwischen einer Geschäftsmodelltransformation, einem Geschäftsmodellwechsel, einem Strategiewechsel und einer Strategieanpassung. In Kapitel 3.2 befassen wir uns mit der Geschichte, der Definition und den konstitutiven Merkmalen von Geschäftsmodellen in der Managementliteratur. Kapitel 3.3 identifiziert fünf zentrale Handlungsfelder, welche im Zuge einer Geschäftsmodelltransformation zu berücksichtigen sind. Das koordinierte Zusammenspiel dieser Handlungsfelder bildet das Fundament für unseren High 5 Ansatz der Geschäftsmodelltransformation. Kapitel 3.4 plädiert für eine maßvolle Abstimmung der Handlungsfelder auf der Grundlage systemtheoretischer Überlegungen. Abschließend unterbreitet Kapitel 3.5 Vorschläge, wie die Konfiguration der Handlungsfelder in der Praxis erfolgen sollte. Abbildung 3.1 fasst die Ziele des dritten Kapitels zusammen.

Abbildung 3.1: Ziele des dritten Kapitels im Überblick (Quelle: Eigene Darstellung).

Anmerkung: Die dazugehörigen Quellennachweise finden Sie am Ende des Kapitels.

https://doi.org/10.1515/9783111292298-003

3.1 Grundlagen und Merkmale erfolgreicher Geschäftsmodelle

Bevor wir unseren Planungsansatz vorstellen, gilt es die Besonderheiten einer Geschäftsmodelltransformation zu verstehen und die Merkmale erfolgreicher Geschäftsmodelle
zu klären.

Grundlagen

Bei das Unternehmen betreffenden Umweltveränderungen empfahl die Managementliteratur in den 60er und 70er Jahren des 20. Jahrhunderts eine Strategieanpassung
vorzunehmen. In den damals doch recht stabilen Umweltsituationen genügten relativ
kleine Anpassungen. Wenn sich eine Bank in den 70er Jahren nur noch um vermögende Kunden bemühte, war das im Vergleich zu ihrer alten Ausrichtung auf Kunden
aller Einkommenssegmente lediglich eine Strategieanpassung. Die Bank fokussierte
auf ein bestehendes Kundensegment. Die **Strategieanpassung** leitete den Verzicht
des Privatkundengeschäftes mit schlecht verdienenden Kunden ein. Wenn Renditeüberlegungen diese Ausrichtung auf vermögende Kunden auslösten und nicht veränderte Kundenbedürfnisse, hatte das mit Disruption wenig zu tun.

Mit der durch die Globalisierung aufkommenden Marktdynamik der 80er und
90er Jahre etablierte sich allmählich der Begriff **Strategiewechsel** [1]. Insbesondere
das Internet hat in den späten 90er Jahren bei vielen Banken einen solchen Wechsel
ausgelöst. Das Ausmaß der Veränderung war in erster Linie auf den Vertrieb beschränkt. Es kam nicht in allen Wertschöpfungsdimensionen zu Veränderungen,
worin auch der entscheidende Unterschied zu einer Geschäftsmodelltransformation
liegt. Strategieanpassung und Strategiewechsel gehen zwar beide von Veränderungen
in der Unternehmensumwelt aus. Die Tragweite der Veränderung ist jedoch beschränkt (Vgl. Abbildung 3.2).

Abbildung 3.2 deutet das Ausmaß der Veränderung einer Geschäftsmodelltransformation an. Da die gesamte Wertschöpfung eine Neuausrichtung erfährt, sind Manager
aus allen Abteilungen betroffen. Aus diesem Grunde ist das Risiko des Scheiterns hoch
und der Veränderungsprozess ist nicht revidierbar: Wer eine Geschäftsmodelltransformation einleitet, kann nicht mehr in den ursprünglichen Zustand zurückkehren. Banken, welche sich heute erfolgreich um vermögende Privatkunden bemühen, stehen im
Wettbewerb mit sogenannten ‚Fin-Techs‘. Sie müssen veränderten Kundenwünschen
entsprechen, Serviceleistungen neu ausrichten, die Marketingstrategie über alle Kontaktpunkte – entlang der sogenannten ‚Customer Journey‘ – verbessern, teilweise ihre
IT auswechseln, die Anzahl stationärer Bankfilialen reduzieren und vieles mehr umstellen. Die Wertschöpfung steht insgesamt auf dem Prüfstand und daher ist das Geschäftsmodell als Ganzes zu transformieren.

Geschäftsmodellwechsel	▸ Verändert das Unternehmen als Ganzes ▸ Risiko: extrem hoch; erfordert Neubeginn ▸ Veränderungen nicht revidierbar
Geschäftsmodell-transformation	▸ Verändert das Unternehmen bis auf das Leistungsversprechen ▸ Risiko: hoch ▸ Veränderungen nicht revidierbar
Strategiewechsel	▸ Löst Umstrukturierungen weniger Geschäfts-felder oder Geschäftsereiche aus ▸ Risiko: mittel ▸ Veränderungen sind teilweise revidierbar
Strategieanpassung	▸ Löst eine Anpassung für einzelne Aktionen, Projekte oder Abteilungen aus ▸ Risiko: klein ▸ Veränderungen sind revidierbar

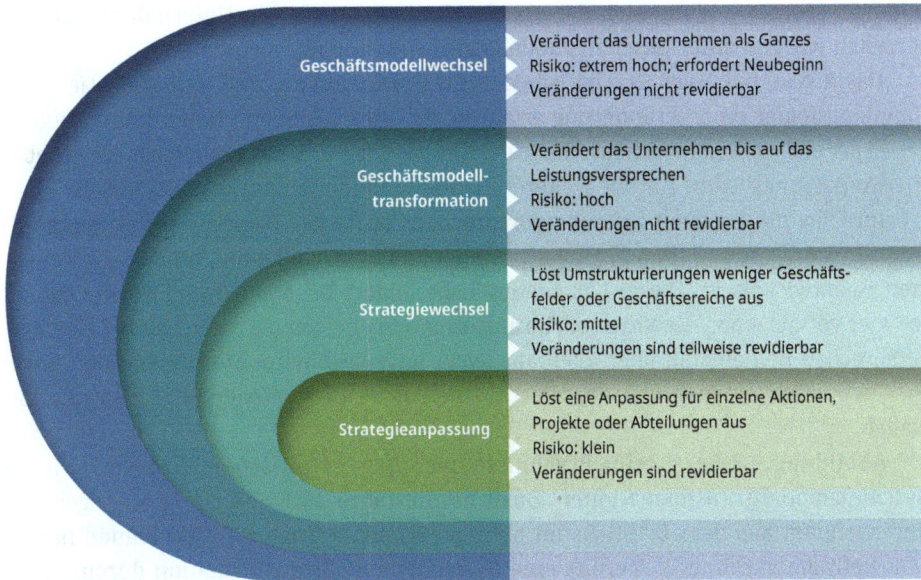

Abbildung 3.2: Strategieanpassung, Strategiewechsel, Geschäftsmodelltransformation und -wechsel (Quelle: Eigene Darstellung).

Disruptive Marktveränderungen fordern Unternehmen heraus, ganzheitlich und schnell zu handeln. Die Optimierung in Teilbereichen reicht in der Regel nicht aus. Und obwohl die Notwendigkeit einer umfassenden Anpassung unumgänglich erscheint, ist dieser Veränderungsprozess ein höchst schwieriges Unterfangen. Machiavelli erklärte schon vor 500 Jahren, woran das liegt:

> *Auch muss man bedenken, dass kein Vorhaben schwieriger in der Ausführung, unsicherer hinsichtlich seines Erfolges und gefährlicher bei seiner Verwirklichung ist, als eine neue Ordnung einzuführen; denn wer Neuerungen einführen will, hat alle zu Feinden, die aus der alten Ordnung Nutzen ziehen, und hat nur lasche Verteidiger an all denen, die von der neuen Ordnung Vorteile hätten* [2].

Diese neue Ordnung bedeutet, der Strategie, der Struktur, den Prozessen und vor allem den Mitarbeitern eines Unternehmens eine neue Richtung zu geben. Es ist die Wertschöpfung als Ganzes betroffen. Nicht nur Produktion und Warenangebot sind zu überdenken, auch Distribution und Vermarktung sind neu auszurichten. Eine Geschäftsmodelltransformation liegt dann vor, wenn unternehmensinterne und/oder unternehmensexterne Faktoren eine Veränderung mehrerer Komponenten eines Geschäftsmodells [3] verlangen und mit diesen Veränderungen das Ziel verfolgt wird, die Überlebensfähigkeit eines Unternehmens zu sichern [4]. Unternehmen gehen derart hohe Risiken nicht ein, würde nicht die wirtschaftliche Existenz auf dem Spiel stehen. Dies manifestiert sich oftmals in einer Kombination von Prognosen, die einen dramatischen Wandel vorhersagen, und einer erheblichen Verschlechterung der Geschäftsergebnisse. Wenn sich daraus ein Neuzustand für ein Unternehmen ergibt, sprechen wir von einer Geschäftsmodelltransformation [5].

Das Risiko, bei einer Geschäftsmodelltransformation zu scheitern, steigt, je mehr Handlungsfelder eine Veränderung erfahren. Für eine komplette Neuordnung sorgt in der Regel ein vollkommen neues Leistungsversprechen. Daraus ergibt sich ein erheblicher Anpassungsbedarf für alle weiteren Handlungsfelder eines Geschäftsmodells.

Im Falle eines neuen Leistungsversprechens sollte der Begriff **Geschäftsmodellwechsel** Verwendung finden, zumal in diesem Fall ein vollkommen neues Unternehmen zu entwickeln ist. Dieser Fall kommt insbesondere bei etablierten Firmen deutlich seltener vor als eine Geschäftsmodelltransformation , bei der das bestehende Leistungsversprechen beibehalten oder allenfalls leicht angepasst wird. Mit diesem Buch sprechen wir alle Unternehmen an, welche eine solche Geschäftsmodelltransformation planen.

Abbildung 3.3 beschreibt Ergebnisse aus einer empirischen Untersuchung zu Geschäftsmodelltransformationen. Dazu hat im Jahre 2016 Safaric 74 Manager von Unternehmen aus dem DACH-Raum befragt [6]. Die befragten Unternehmen hatten zum Befragungszeitpunkt bereits eine Geschäftsmodelltransformation durchlaufen. Der Datensatz wertvolle Hinweise, zumal alle befragten Unternehmen diese Veränderungen vor dem Hintergrund der Digitalisierung in Angriff genommen hatten.

Merkmale erfolgsversprechender Geschäftsmodelle

Während in der Literatur zum strategischen Management Ziele wie Kostensenkung, Wachstum und Innovation im Zentrum der Diskussion stehen, geht es bei der Diskussion über Geschäftsmodelle um mehr. Nach Müller-Stevens und Fontin stehen die Fragen, wie Unternehmen Wert schöpfen (Value Creation) und diese Wertschöpfung monetarisieren (Value Capturing) im Zentrum der Geschäftsmodelldiskussion, die eine wichtige Fortentwicklung der Strategielehre ausgelöst hat [7].

Erste Hinweise, welche die Entwicklung der modernen Geschäftsmodelldiskussion beeinflussten, gehen auf deutlich ältere Veröffentlichungen von Schumpeter aus dem Jahr 1934 [8] und Drucker aus dem Jahre 1954 [9] zurück. Druckers Sichtweise besteht nach Hinweisen von Markides [10] und Casadesus-Masanell & Ricart [11] aus zwei Betrachtungsperspektiven. Die Wertorientierung aus Kundensicht lässt sich als erste Perspektive mit der Frage „Who is the customer and what does the costumer value?" zusammenfassen. Die zweite Perspektive wendet sich der Leistungserstellung und den daraus resultierenden Kosten zu. Ihre Leitfrage: „What is the underlying economic logic that explains how we can deliver value to customers at an appropriate cost?" Ganzheitliches Denken zur Neuorganisation eines Geschäfts („new ways to organize business") ist knapp 70 Jahre alt und findet sich in jeder modernen Geschäftsmodelldefinition wieder.

In der jüngeren Management-Literatur entstanden zahlreiche Definitionen zum Geschäftsmodellansatz [12]. Die Diskussion über Geschäftsmodelle flammte mit der

Nur die Hälfte der Transformationen gilt als Erfolg

Lediglich 54 % der Befragten sprachen von einem erfolgreichen Ausgang der Transformation. Da in der Stichprobe überdurchschnittlich große und erfolgreiche Unternehmen antworteten, könnte die Erfolgsquote in der breiten Masse von Unternehmen noch niedriger ausfallen.

Eine Geschäftsmodelltransformation dauert meist 2-3 Jahre

Auch wenn jedes fünfte Unternehmen die Transformation in einem Jahr durchzog, so dauerte es bei den restlichen 80 % überwiegend zwei bis drei Jahre. Diese Zeitdauer hängt mit der Komplexität der Vorhaben zusammen.

Verändertes Konsumentenverhalten als häufigster Auslöser

Ein verändertes Konsumentenverhalten wurde von den Befragten am häufigsten als Auslöser einer GMT genannt. Auf den Plätzen folgen die hohe Wettbewerbsintensität, die schnelle Verbreitung neuer Technologien, ein Strategiewechsel, eine sinkende Kundennachfrage, unternehmensinterne Innovationen und schließlich die sinkende Ertragskraft. Das Ergebnis bestätigt eine starke Marktorientierung der befragten Unternehmen.

Das wichtigste Ziel der Transformation sind die Kunden

Interessanterweise steht das Gewinnziel erst auf dem siebten Platz im Ranking der wichtigsten GMT-Ziele. Wichtiger waren die Suche nach neuen Marktpotenzialen (Platz 6), die Umsatzsteigerung (Platz 5), die Verbesserung der Kundenzufriedenheit (Platz 4), die Bindung bestehender Kunden (Platz 3), die Erhöhung des Kundennutzens (Platz 2) und die Neukundengewinnung auf Platz 1. Offensichtlich ist den meisten Managern sehr wohl bewusst, dass eine Verbesserung in der Kundenwahrnehmung die Voraussetzung für bessere Geschäftsresultate darstellt.

Die meisten Unternehmen beurteilen ihr Vorgehen als proaktiv

Der Großteil der befragten Unternehmen hat nach eigener Aussage eine Gefahr abgewehrt und erkennt darin ein proaktives Vorgehen. Es sei gelungen, die bestehende Marktposition durch ein offensives Verhalten zu stärken und neue Chancen zu ergreifen.

Eine GMT wird vom Top-Management vorangetrieben

Das Top-Management löst eine Geschäftsmodelltransformation aus, so fast durchgängig die Aussage der befragten Manager. Die Tragweite der Veränderungen verlange nach einer Top-down getriebenen Vorgehensweise.

Die IT gilt als größte Barriere

Die höchste Relevanz unter den Barrieren für eine GMT sprechen die Befragten der verspäteten Bereitstellung der IT-Systeme zu, gefolgt von Konflikten mit anderen Konzerngesellschaften sowie einer übertriebenen Kundenorientierung zum Nachteil finanzieller Unternehmensziele. Es folgt Konflikte zwischen altem und neuem Geschäftsmodell, welche während der Transformation aufkamen. Eine ähnliche Bedeutung hatte die Missachtung der gestiegenen Logistikanforderungen. Knapp dahinter wurde eine falsche Kombination von Preispositionierung und Angebot sowie die Schwierigkeit des Aufbaus von Fähigkeiten für das neue Geschäftsmodell gesehen.

Abbildung 3.3: Ergebnisse der Managerbefragung (Quelle: Eigene Darstellung).

Gründerphase neuer Geschäftsideen im Internet auf [13]. So sehr die Auffassungen in den mittlerweile weit über 1 000 wissenschaftlichen Literaturbeiträgen zu dieser Thematik auseinander gehen, ist ihnen doch eines gemeinsam: der Systemcharakter. Managementaktivitäten sind so aufeinander abzustimmen, dass die daraus entstehende Gesamtwirkung den Nutzen einzelner Aktivitäten übersteigt [14]. Ein Geschäftsmodell ist mehr als die Summe seiner Einzelteile. Auch verorten die meisten Autoren taktische und operative Fragestellungen nicht als Gegenstand von Geschäftsmodellentscheidungen, sondern allenfalls als eine Konsequenz daraus. Mit Blick auf unsere nachfolgende Definition bleibt somit der strategische Charakter zu betonen.

Wir verstehen unter einem **Geschäftsmodell** die zeitpunktbezogene strategische Ausrichtung und Abstimmung sämtlicher Wertschöpfungsaktivitäten zur Erreichung eines kundenorientierten und rentablen Leistungsversprechens, unter Berücksichtigung der dazu erforderlichen Ressourcen [15].

Im Vergleich zu anderen Definitionen sprechen wir dem Leistungsversprechen eine ‚Primus inter pares Funktion' zu, mit der Aufgabe, eine Kohärenz zwischen sämtlichen Wertschöpfungsaktivitäten zu erzeugen. Die hervorgehobene und koordinierende Rolle des Leistungsversprechens erweist sich gerade in turbulenten Märkten als zentraler Vorteil. Ein fokussiertes Leistungsversprechen, welches eine überzeugende Marktpositionierung gegenüber Konkurrenten zum Ausdruck bringt, bietet zudem Mitarbeitenden eine hilfreiche Orientierung und ermöglicht eine gezielte und schnelle Umsetzung.

Mit unserer Geschäftsmodelldefinition werden die folgenden konstitutiven Merkmale eines Geschäftsmodells angesprochen [16]:

Kunden- und Marktorientierung: Dreh- und Angelpunkt der Geschäftsmodellplanung ist der Markt und dort im Besonderen die Kundenerwartung. Das Leistungsversprechen übertrifft Kundenerwartungen und legt damit den Grundstein für Markterfolge [17]. Die Fokussierung des Leistungsversprechens auf die Wertgenerierung für Kunden kann helfen, vorhandene Kräfte und Ressourcen marktorientiert zu bündeln.

Strategieorientierung: Die strategische Ausrichtung spricht die Umsetzung einer bestimmten Geschäftsstrategie an. Unternehmen legen im Zuge der Geschäftsmodellplanung die Positionierung im Wettbewerbsumfeld fest und entwickeln einen Strategie- bzw. Umsetzungsplan, der beschreibt, wie sie diese Position erreichen wollen [18].

Groborientierung: Mit der strategischen Ausrichtung legen Manager die grobe Richtung fest, ohne allzu sehr ins Detail zu gehen. So besteht weiterhin die Chance, auf Umweltveränderungen flexibel zu reagieren. Die operativen und taktischen Maßnahmen sind nicht Bestandteil eines Geschäftsmodells [19].

Ressourcenorientierung: Im Zuge der Marktorientierung sind die bestehenden Ressourcen optimal im Sinne einer Wertsteigerung einzusetzen und zukunftsorientiert weiterzuentwickeln [20]. Insbesondere im Zuge einer Geschäftsmodelltransformation kommt dieser Fähigkeit eine besonders wichtige Rolle zu.

Koordinationsorientierung: Ohne die Abstimmung von Bereichsstrategien, Organisationseinheiten und Menschen lassen sich Unternehmensziele nicht erreichen [21]. Koordination setzt Konsens im Denken und Handeln des Managements voraus. Die Formulierung eines gemeinsam getragenen Leistungsversprechens ist gerade bei einer Transformation des Geschäftsmodells sicherzustellen. Andernfalls dominieren Grabenkämpfe zwischen den Abteilungen, wodurch sich Entwicklungsprozesse verzögern und die Organisation gelähmt wird.

Zielorientierung: Geschäftsmodelle, egal, ob explizit formuliert oder implizit gelebt, sind im Kern darauf ausgerichtet, Gewinne zu erzielen. Sicherlich spielen noch andere Ziele eine Rolle, doch ohne Gewinn ist die Überlebensfähigkeit eines Unternehmens im privaten Sektor gefährdet [22].

Zeitpunktorientierung: Geschäftsmodelle lassen sich in der Vergangenheit, der Gegenwart und für die Zukunft beschreiben. Es handelt sich damit um einen Zustand, der einen statischen Charakter besitzt und immer wieder anzupassen ist [23].

3.2 Die Grundidee des High 5 Ansatzes

Geschäftsmodelle bieten eine umfassende Orientierung für unterschiedliche Anspruchsgruppen. Im Vordergrund stehen jedoch die Mitarbeiter. Sie sollen mit der Beschreibung eines Geschäftsmodells einen Orientierungsrahmen für ihr tägliches operatives und taktisches Verhalten erhalten. Doch stellt sich die Frage, ob die meist eher unscharf vorgetragenen Beschreibungen eines Geschäftsmodells und der dabei zu beachtenden Handlungsfelder tatsächlich ihren Zweck erfüllen – denn viele Mitarbeiter verstehen schlicht nicht, wie sich diese Beschreibung auf ihre Aufgabe auswirken soll.

Zu diesem Verständnisproblem kommt nun zusätzlich die Herausforderung der Geschäftsmodelltransformation hinzu. Es reicht schon lange nicht mehr, ein Geschäftsmodell zu konfigurieren und dann dabei zu bleiben. Disruptive Veränderungen zwingen Unternehmen immer häufiger dazu, eine Transformation ihres Geschäftsmodells vorzunehmen. Was früher ein absoluter Ausnahmezustand war, gehört heute zum Managementalltag.

Aus diesem Grund leiten wir nachfolgend aus unserer breit angelegten Geschäftsmodelldefinition konkret nachvollziehbare Handlungsfelder ab, die bei einer Transformation eine wesentliche Rolle für das Management spielen [24]. Diese fünf Handlungsfelder, samt den dazugehörigen Zielen, liefern im Vergleich zu den eher konzeptionellen Grobüberlegungen der Ideen von Value Creation und Value Capturing einen operativ gut nachvollziehbaren Ansatz. Wer sein Geschäftsmodell von einem Ist-Zustand in einen Soll-

Zustand überführen will oder muss, erhält mit unserem High 5 Ansatz der Geschäftsmodelltransformation ein Arbeitsinstrument, das eine erfolgreiche Selbstdisruption fördert.

Unternehmen beobachten disruptive Marktveränderungen und entscheiden sich irgendwann – oft allerdings recht spät – das Ruder herumzuwerfen und größere Veränderungen einzuleiten. Unterstützt von Beratern, die meist nach kurzem Engagement das Unternehmen wieder verlassen, steht das Management nach der Analyse- und Konzeptphase vor einer Herkulesaufgabe. Wie kann es gelingen, in kurzer Zeit umfassende Anpassungen vorzunehmen und häufig sogar eine neue Richtung einzuschlagen?

Unser High 5 Ansatz der Geschäftsmodelltransformation liefert Antworten auf diese Frage. Mit dem Begriff ‚High 5' regen wir das Management dazu an, fünf Handlungsfelder im Zuge einer Transformation des Geschäftsmodells aktiv zu bearbeiten. Darüber hinaus erklärt unser Ansatz, wie sich diese Handlungsfelder koordinieren lassen. Abbildung 3.4 fasst die Grundidee zusammen: Die Handlungsfelder Leistungserstellung, Leistungsangebot sowie Kosten- und Ertragsmodell sind im Einklang mit dem Leistungsversprechen zu konzipieren. Die vier erstgenannten Handlungsfelder sind dabei als ähnlich wichtig einzustufen, das Leistungsversprechen hingegen nimmt eine Sonderstellung ein – wie der Daumen an der Hand. Ohne den Daumen ist unsere Hand nur eingeschränkt brauchbar. Wir können keine schweren Gewichte tragen und die anderen Finger nicht koordiniert einsetzen. Genauso verhält es sich auch bei größeren Veränderungen in Unternehmen. Gerade dann braucht es eine verbindende Idee in den Köpfen der Manager, welche den ‚Umbau' gedanklich leitet und die neue Richtung beschreibt, die ein Unternehmen zu erschließen versucht.

Darüber hinaus spricht unser Ansatz für jedes dieser fünf Handlungsfelder typische Ziele an, welche Unternehmen prüfen sollten. So entsteht ein konzeptioneller Rahmen, der sowohl strategische Handlungsfelder vorschlägt und mit den Zielen charakterisiert als auch die operative Suche nach unternehmensspezifischen Projekten ermöglicht.

Die nachfolgenden Kapitel vertiefen die erwähnten Handlungsfelder und die damit idealtypisch verbundenen Ziele. Sie erklären deren Anwendung für Unternehmen in disruptiven Zeiten.

3.3 Handlungsfelder und damit verbundene Ziele

Wenn eine Geschäftsmodelltransformation ansteht, muss alles gleichzeitig passieren und bearbeitet werden. Die Komplexität ist dementsprechend hoch und die Umsetzung erscheint vielen Managern bei steigendem Zeitdruck unmöglich. Unsere Aufgliederung in fünf Handlungsfelder soll dabei helfen, einen Überblick zu verschaffen und Ansatzpunkte zum Verständnis der Situation und zum richtigen Handeln geben. Auf eine ausführliche Herleitung der fünf Handlungsfelder aus der Literatur verzichten wir an dieser Stelle, da die Lesbarkeit dieser praxisorientierten Publikation darunter

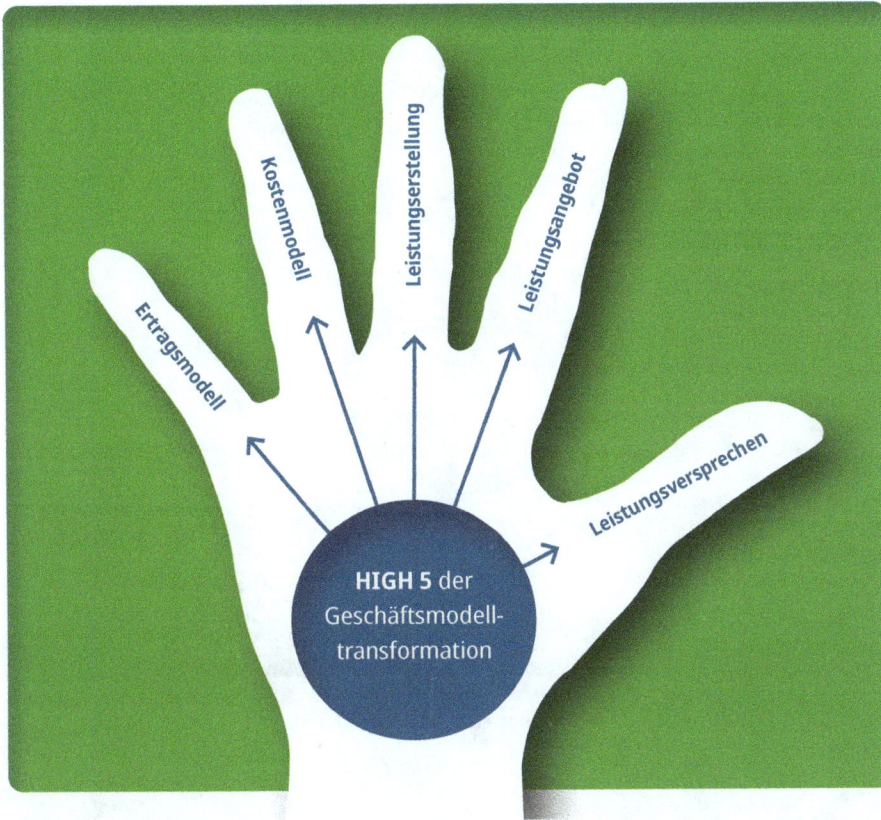

Abbildung 3.4: Der High 5 Ansatz der Geschäftsmodelltransformation (Quelle: Eigene Darstellung).

leiden würde. Den hieran interessierten Leser verweisen wir auf die umfassenden Analysen in der Dissertation von Alexander Safaric zu diesem Thema [25].

Zahllose Beiträge aus der Geschäftsmodellforschung raten zu einer holistischen Herangehensweise, welche im Zuge einer Geschäftsmodellplanung erstens die **Leistungserstellung** und zweitens das **Leistungsangebot** berücksichtigen sollte. Darüber hinaus fordern disruptive Marktveränderungen Manager dazu auf, drittens das **Kostenmodell** und viertens das **Ertragsmodell** einer Organisation auf den Prüfstand zu stellen. Verständlich erscheint jedem der Hinweis auf die Kosten: Neue Wettbewerber greifen häufig über den Preis an, was etablierte Anbieter auffordert, die Kosten zu reduzieren. Doch Kosten lassen sich nicht endlos reduzieren. Irgendwann kommt der Moment, in dem die alte Ertrags- bzw. Gewinnlogik erweitert oder gar ersetzt werden muss. Deshalb sprechen wir von zunächst einmal vier Handlungsfeldern mit strategischen Bezügen zum Tagesgeschäft.

Leistungserstellung

- Kernaktivitäten der Wertsteigerung bestimmen
- Ressourcen (z. B. Anlagen, Patente, Mitarbeiter etc.) stärken
- Fähigkeiten der Mitarbeiter entwickeln
- Arbeitsprozesse und Anreizsysteme optimiert
- Governance bzw. Regeln der Zusammenarbeit aufstellen
- Kooperationen prüfen
- Informationssysteme verbessern
- Organisationsstruktur anpassen
- Innovationskultur fördern

Leistungsangebot

- Relevanten Markt bestimmen
- Distributionswege optimieren
- Zielgruppen auswählen
- Begehrenswerte Leistungen (Produkte, Dienstleistungen etc.) entwickeln

LEISTUNGS-VERSPRECHEN
- ▶ Sinnstiftend
- ▶ Einzigartig
- ▶ Fokussiert
- ▶ Verständlich
- ▶ Bekannt
- ▶ Realisierbar

Kostenmodell

- Kostenstruktur optimieren (Aufteilung fixe und variable Kosten)
- Kosten senken (z. B. Material-, Miet-, Logistik-, Personalkosten etc.)
- Variantenvielfalt reduzieren

Ertragsmodell

- Bestehende Erlösquellen ersetzen
- Bestehende Erlösquellen ergänzen
- Ertragsmechanik für Erlösquellen optimieren

Abbildung 3.5: Beschreibung der fünf Handlungsfelder des High 5 Ansatzes mit Zielen (Quelle: Eigene Darstellung).

Abbildung 3.5 deutet auf eine Verbindung zwischen diesen vier Handlungsfeldern hin. Zusätzlich hebt unsere Geschäftsmodelldefinition auf eine Koordinationslogik ab und bringt hierfür als fünftes Handlungsfeld das **Leistungsversprechen** gegenüber den Kunden ins Spiel. Unternehmen müssen sich in wettbewerbsintensiven Märkten intensiv mit Bedürfnisveränderungen befassen. Kundenorientierung ist anerkanntermaßen der Schlüssel zum Erfolg. Aus diesem Grund übernimmt das Leistungsversprechen die Abstimmung zwischen den vier Handlungsfeldern. Im Gegensatz zu diesen handelt es sich beim Leistungsversprechen um ein übergeordnetes Handlungsfeld, das in seinem Kern höchst selten eine Veränderung erfährt. Es legt den Wettbewerbsvorteil fest und bestimmt damit längerfristig die Ausrichtung von Unternehmen. Dementsprechend wurde es in Abbildung 3.5 in der Mitte angeordnet: Das Leistungsversprechen leitet die anderen vier Handlungsfelder.

Mit der Geschäftsmodellplanung muss sich ein Unternehmen überlegen, wie es zunächst Wert generiert (Value Creation) und anschließend Wert materialisiert (Value Capturing). Dieser Logik entspricht der Aufbau von Abbildung 3.5. Auf der linken Hälfte geht es mit der Leistungserstellung und dem Kostenmodell um die Wertgenerierung. Die Handlungsfelder der rechten Seite sorgen für ausreichende Gewinne, indem ein attraktives Angebot sowie eine funktionierende Ertragslogik im Zentrum der Überlegungen stehen. Betrachten wir die oberen beiden Handlungsfelder Leitungserstellung und

Leistungsangebot, so stehen diese für die Relevanz des Angebotes. Das Kostenmodell und das Ertragsmodell schaffen hingegen die Voraussetzung für die Rentabilität.

Leistungsversprechen

„The most important attribute of a customer value proposition is its precision: how perfectly it nails the customer job to be done – and nothing else [26]."

Das Leistungsversprechen richtet sich an Kunden und Mitarbeiter gleichermaßen. Mit dem Leistungsversprechen sollte erstens der **Wettbewerbsvorteil eines Unternehmens aus Kundensicht** zum Ausdruck kommen [27]. Bei Zielkunden – das sind Konsumenten oder Kunden mit hoher Attraktivität für ein Unternehmen – sollte das Leistungsversprechen Begeisterung auslösen. Um begeistern zu können, muss die versprochene Leistung Konkurrenzangeboten überlegen sein und einen ausgesprochen hohen Kundenmehrwert erzeugen. Zweitens fungiert das Leistungsversprechen als Leitstern für Mitarbeiter, und hilft ihnen zu erkennen, wohin sich ein Unternehmen entwickeln möchte und wo ihr Arbeitseinsatz besonders gefragt ist. Das Leistungsversprechen übernimmt damit eine Orientierungsfunktion für Kunden und Mitarbeiter.

Viele Unternehmen sind der Meinung, ein gutes Leistungsversprechen zu geben. Unserer Erfahrung nach lässt sich diese Einschätzung oftmals nicht bestätigen. Es finden sich nur sehr wenige Beispiele, welche den nachfolgenden Anforderungen an ein überzeugendes Leistungsversprechen entsprechen. Die folgenden sechs Eigenschaften helfen, ein bestehendes Leistungsversprechen zu verbessern.

Sinnstiftend

Mit dem Leistungsversprechen soll der Kundennutzen zum Ausdruck kommen. Dieser lässt sich in drei Arten unterteilen (Vgl. Abbildung 3.6). Da ist zunächst der **funktionale Nutzen**, der sich an den Kaufmotiven orientiert. Ein funktional ausgerichtetes Leistungsversprechen betont Vorteile beim Preis, bei der Qualität und beim Service. Amazon verspricht einen sehr bequemen Einkauf – der Service macht den Unterschied. Doch der funktionale Nutzen allein ist meistens nicht ausreichend. Mit dem **emotionalen Nutzen** kommt die Begehrlichkeit einer Marke zum Tragen. Harley Davidson hat als Marke genau das geschafft, obwohl der funktionale Nutzen zeitweise zu wünschen übriglässt.

Neben diesen beiden Nutzenkategorien gewinnt seit einigen Jahren der **gesellschaftliche Nutzen** an Bedeutung [28]. Dahinter steht die Frage, wie ein Unternehmen unsere Gesellschaft zu einer besseren macht. Soziale Verantwortung, eine nachhaltige Ressourcenverwendung, Klimaschutz und andere Themen übernehmen eine wichtige Rolle für das unternehmerische Handeln. Beispielsweise versucht IKEA möglichst vielen Menschen auf der Welt ein schönes Wohnen zu ermöglichen. Mit diesem Leistungsversprechen übernimmt das Unternehmen eine gesellschaftliche Verantwortung und fokussiert dabei automatisch auf den Preis, denn nur so lässt sich dieser gesellschaftliche Auftrag umsetzen.

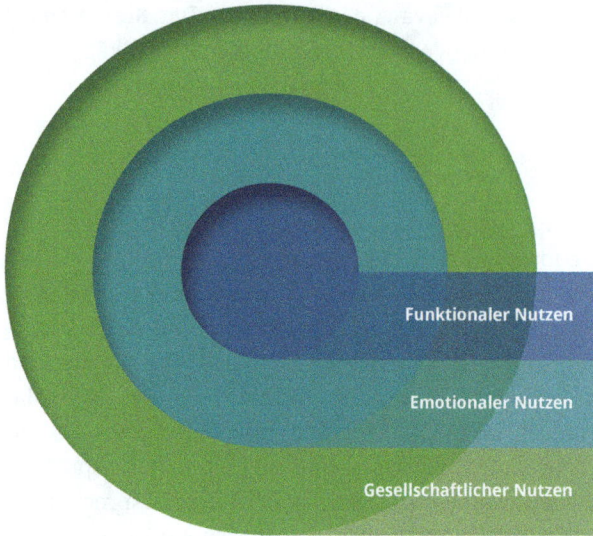

Abbildung 3.6: Nutzendimensionen eines Leistungsversprechens (Quelle: Eigene Darstellung).

Sinnstiftung gewinnt an Bedeutung. Sie kann den funktionalen und emotionalen Nutzen maßgeblich erweitern und die Attraktivität eines Leistungsversprechens erhöhen. So hat die Migros in der Schweiz über das Kulturprozent (das Unternehmen spendet 1 % des Umsatzes für kulturelle Veranstaltungen), den Verzicht auf Alkohol in den Supermarkt-regalen und Label-Programme wie z. B. Fair Trade (Kaffeebauern in Südamerika erhalten höhere Verkaufspreise) ein sehr hohes Kundenvertrauen aufbaut. Die Marke Migros steht für tiefe Preise mit vielen Eigenmarken (funktionaler Nutzen), gehört dank der Genossenschaftsstruktur ihren Kunden (emotionaler Nutzen) und engagiert sich für viele gesellschaftliche Belange mit dem Kulturprozent (gesellschaftlicher Nutzen). Der Migros gelingt Sinnstiftung. Konsumenten in der Schweiz belohnen dieses Engagement mit einer hohen Treue.

Einzigartig
Ist es die Absicht von Unternehmen, sich mit dem Leistungsangebot eindeutig von der Konkurrenz abzuheben und damit einzigartig am Markt zu positionieren? Viele Unternehmen haben dieses Ziel aufgegeben. In Gesprächen mit dem Management fällt häufig der Satz: Im Grunde bieten auch die Konkurrenten das Gleiche an. Wer diese Einstellung teilt, hat den Schritt in die Profillosigkeit bereits vollzogen. Erfolgreiche Unternehmen hegen gerade in dieser Hinsicht ehrgeizige Pläne. Sie legen fest, wo sie ‚best in class' sein möchten und überprüfen das regelmäßig. Ryanair verspricht Flüge zum tiefsten Preis, Nespresso den besten Kaffeegenuss und Ritz Carlton den besten Service. Leistungsversprechen müssen diesen' ‚best in class' Anspruch bedingungslos und mit Hilfe permanenter Innovation verfolgen. Ein Bekleidungshersteller, der das

austauschbare Leistungsversprechen „modische Bekleidung zu bezahlbaren Preisen" wählt, kann sich von der Konkurrenz nicht abheben. Es handelt sich bei diesem Leistungsversprechen um eine Selbstverständlichkeit, die jeder Fashion-Anbieter bieten muss. Dieses austauschbare Leistungsversprechen führt weder zu Wachstum noch zu einer guten Rendite, es sei denn, es handelt sich um ein Monopol.

Fokussiert

Fokussierung bei der Formulierung des Leistungsversprechens ist oft ungeliebt, weil man sich damit angeblich einschränkt. Die Nummer eins am Markt könne ja nur diese starke Marktposition halten, wenn sie in mehreren Dimensionen der Beste sei. Weit gefehlt! Aldi und Lidl beispielsweise erheben in keiner Weise den Anspruch, in Hinblick auf Service oder Ladengestaltung, Personal oder Sortiment die Besten der Branche zu sein. Nein, es sind ‚nur' die tiefen Preise, welche den Unterschied machen [29]. Allein der Fokus auf den Preis, das beständige Bemühen, gute Qualität zum tiefsten Preis zu bieten, macht Aldi und Lidl in vielen Ländern als Hard-Discounter so erfolgreich und hat es ihnen ermöglicht, die Weltmarktführerschaft im Discountsegment zu übernehmen.

Bekannt

Leistungsversprechen stehen häufig in Geschäftsberichten oder auf PowerPoint-Folien. Doch das reicht nicht aus, denn weder das eine noch das andere ist der Belegschaft bekannt. Unternehmen gehen irrtümlicherweise davon aus, jeder kenne das Leistungsversprechen – tun aber meist nichts dafür, es aktiv bekannt zu machen. Eine rühmliche Ausnahme ist erneut IKEA. Das Leistungsversprechen, möglichst vielen Menschen eine schöne Wohneinrichtung zu ermöglichen, begegnet den Mitarbeitern täglich am Arbeitsplatz. In Treppenhäusern, im Fahrstuhl oder sogar im Pausenraum erinnern große Plakate an diesen Satz. Auch in der täglichen Arbeit spielt das Leistungsversprechen eine wichtige Rolle. Viele Routinen in den Arbeitsprozessen stellen eine Stärkung des Leistungsversprechens sicher.

Verständlich

Ein Leistungsversprechen muss von den Mitarbeitern eindeutig verstanden werden. Die Belegschaft sollte erkennen, wie Marktanteile zu gewinnen sind. Leider zögern Unternehmen bei der Wahl der Worte. Zuviel Eindeutigkeit schränke ein und lege zu sehr fest. Mehrdeutigkeit eröffne doch gerade in turbulenten Zeiten die Chance, flexibel auf Veränderungen reagieren zu können. In dieser Einstellung liegt ein doppelter Denkfehler. Denn erstens fördert eine eindeutige Marktpositionierung, dass sich alle Mitarbeiter auf den gleichen Wettbewerbsvorteil konzentrieren. Daraus entstehen Synergien und positive Energie. Zentrifugalkräfte und negative Energie hingegen werden reduziert, weil jeder weiß, worauf es ankommt. Und zweitens ermöglicht auch ein klares Leistungsversprechen Vielfalt und Freiräume. Wenn also Mercedes „Das Beste oder Nichts" verspricht, dann fühlen sich alle Mitarbeiter – vom Auszubildenden bis zum CEO – dem verpflichtet. Alle Aktivitäten müssen in erster Linie auf die Qualität einzahlen. Natürlich muss diese Qualität auch bezahlbar sein, allerdings, und das ist zentral: Niemals dürfen Preisüberlegungen den Qualitätsfokus verdrängen. Aber „Das Beste oder Nichts" lässt eben auch viel Freiraum in der Ausgestaltung sämtlicher Aufgaben. Für das beste Auto reicht ein hochwertiger Motor allein nicht aus. Auch die Klimaanlage, der Werkstattservice, das Callcenter und der Fahrassistent müssen diesem Leistungsversprechen folgen.

Realisierbar

Wenn ein Leistungsversprechen Wirkung entfalten soll, müssen sowohl Mitarbeiter als auch Kunden an dessen Realisierbarkeit glauben. Vor allem zwei Stolpersteine verhindern dies häufig: fehlende Ressourcen und zu starke Konkurrenten. Wer als Qualitätsführer agieren will, aber keine geeigneten Ingenieure in der Entwicklung beschäftigt, kann dieses Versprechen nun einmal nicht einlösen. Ein ähnliches Problem tritt auf, wenn man sich Ziele vornimmt, die andere Unternehmen schon erreicht haben. Es lohnt sich daher, das anvisierte Leistungsversprechen aus Sicht potenzieller Kunden zu betrachten. Trauen Kunden dem Unternehmen das ausgewählte Leistungsversprechen zu? Und welche Konkurrenten könnten dieses auch für sich behaupten?

Das Leistungsversprechen konfiguriert alle weiteren Handlungsfelder. Es hat den Zweck, Ordnung und Orientierung in ein Geflecht von potenziellem Chaos zu bringen [30]. Disruptive Marktveränderungen provozieren chaotische Zustände in Unternehmen. Ein gutes Leistungsversprechen kann diesen fragilen Zustand wieder in geordnete Bahnen lenken. Daher empfehlen wir, sich im Zuge einer Geschäftsmodelltransformation, zunächst mit dem Leistungsversprechen zu befassen und dieses zu schärfen. Diese Ansicht teilen Manager, wie die Ergebnisse der in Kapitel 3.1 erwähnten Managerbefragung in der DACH-Region zeigen [31]. 96 % stimmten der Aussage zu, dass ohne ein überzeugendes Leistungsversprechen der eigenen Organisation die Orientierung zum digitalen Wandel fehle. 94 % unterstützten die Einschätzung, dass das Top-Management den digitalen Wandel vorantreiben und als Mentor und ‚Leader' des Wandels agieren müsse.

Leistungsangebot

Viele Literaturbeiträge, welche sich mit den zentralen Handlungsfeldern eines Geschäftsmodells befassen, sprechen dem Leistungsangebot eine wichtige Rolle zu [32]. Dieses Handlungsfeld stellt die Frage, was auf welchem Markt wem angeboten werden soll. Die Antworten auf diese drei Fragen stehen in einer gewissen Abhängigkeit zueinander, was auch in der nachfolgenden Abbildung 3.7 zum Ausdruck kommt.

Abbildung 3.7: Fragen zur Bestimmung des Leistungsangebotes (Quelle: Eigene Darstellung).

Im ersten Schritt sollte die Frage beantwortet werden, ob der bestehende **Markt** oder ein neuer Markt im Mittelpunkt der künftigen unternehmerischen Bemühungen stehen soll. In stabilen Märkten stellt sich diese Frage höchst selten, hingegen fordern disruptive Prozesse, sie zum Gegenstand der Geschäftsmodellplanung zu machen. Wer frühzeitig unüberwindbare Schwierigkeiten auf angestammten Märkten erkennt, sei es durch neu aufkommende Konkurrenten oder durch einen Technologiewechsel, sollte den Fokus rechtzeitig auf neue Märkte richten. Das Unternehmen Linde beispielsweise hat sich vor vielen Jahren entschieden, das Geschäft mit Gabelstablern zu verlassen und sich voll und ganz auf den Markt Industriegase zu konzentrieren. Rentabilitätsaussichten waren der Hauptgrund für diese Entscheidung. Noch deutlicher wird die Bedeutung der Marktabgrenzung am Beispiel der amerikanischen Eisenbahnen: Hätten diese vor über 100 Jahren ihren Markt nicht mit dem Transport von Personen und Gütern auf der Schiene definiert, sondern in diesem Satz einfach die Schiene weggelassen, hätten sie sich frühzeitig am Straßenbau und den ersten Fluggesellschaften beteiligt und überlebt.

Nachdem der Markt definiert wurde, stellt sich die Frage nach den potenziellen **Kunden und Leistungen der Zukunft**: Welche Zielgruppen eröffnen die Chance auf ein nachhaltiges Wachstum? Eine Kundensegmentierung ist in diesem zweiten Schritt unumgänglich, wobei die Frage nach dem *Was* in Form von Produkten und Dienstleistungen immer mitschwingt. Zielgruppen lassen sich nur identifizieren, wenn man die künftigen

Produkte und Dienstleistungen umschreiben kann. Vor diesem Hintergrund müssen bei einer bevorstehenden Geschäftsmodelltransformation die Fragen nach dem relevanten Markt, den Zielgruppen und dem Angebot an Dienstleitungen und Produkten beantwortet werden. Im Idealfall lassen sich erste Antworten aus dem Leistungsversprechen ableiten.

Leistungserstellung

Einzigartige Leistungsangebote beruhen auf einer Leistungserstellung, die sich von der Konkurrenz abhebt und die Grundlage von Wettbewerbsvorteilen begründet. Manager sollten die folgenden fünf Erfolgsfaktoren berücksichtigen.

Kernaktivitäten

Es fällt dem Management in der Regel schwer, zwischen Kern- und Unterstützungsaktivitäten zu unterscheiden [33]. Im Tagesgeschäft erscheint alles wichtig, und auch Mitarbeiter fühlen sich herabgestuft, wenn man diese nicht mit einer Aufgabe aus einer Kernaktivität betraut. Dennoch muss sich das Management – zumindest im kleinen Kreis – diese Frage stellen und fokussiert beantworten. Eine Kernaktivität stärkt das Leistungsversprechen maßgeblich. Bei Zara wäre das z. B. die sehr schnelle Produktion von Kollektionen in eigenen Fabriken, während der Customer Relationship Management (CRM)-Software Entwickler Salesforce.com die individuelle Beratung und maßgeschneiderte Konfiguration der Software für jeden Kunden als die Kernaktivität für ein ertragreiches Wachstum erkennt.

Ressourcen

Fünf unterschiedliche Arten von Ressourcen spielen eine Rolle. **Physische** Ressourcen im Sinne von ausgezeichneten Produktionsanlagen stellen bei Audi eine hohe Fertigungsqualität sicher. **Rechtsbasierte** Ressourcen wie beispielsweise Patente bilden für Pharmaunternehmen die Geschäftsgrundlage. Für alle Unternehmen gleichermaßen wichtig sind **Humanressourcen** und **Informationen**. Etablierte Unternehmen klagen häufig über die Herausforderung, in Zeiten des digitalen Wandels gut ausgebildete Mitarbeiter zu finden und zu halten. Zudem stellt sich das Problem der Motivation. Wenn ein gut ausgebildeter Mitarbeiter im Neuausrichtungsprojekt keinen Sinn sieht, kommt sein Know-how vermutlich nicht gebührend zur Geltung. Bei der Ressource Information geht es nicht nur um Hard- und Software in Form von IT-Technologie und Programmen, sondern auch um die Fähigkeit der sinnvollen Nutzung derselben – und gerade die Nutzung von Informationen, welche auf modernen Datenauswertungsmethoden beruht, stellt für viele Unternehmen einen Engpass dar [34]. **Finanzielle** Ressourcen dürfen ebenfalls nicht fehlen, sie bilden eine wesentliche Voraussetzung umfassender Reorganisationsprojekte.

Arbeitsprozesse und Anreizsysteme

Mit Arbeitsprozessen ist die sequenzielle Verknüpfung unterschiedlicher Wertschöpfungsaktivitäten gemeint [35]. Welche Aktivitäten tragen in welcher Reihenfolge beispielsweise bei Zara dazu bei, die Produktion von Eigenmarken optimal zu gestalten? Möglicherweise macht es für Zara Sinn, den auf Spanien ausgerichteten Produktionsprozess stärker zu internationalisieren, denn die asiatischen Märkte gewinnen immer stärker an Bedeutung. Mit einer solchen Entscheidung müsste Zara die Arbeitsprozesse seiner Supply Chain erheblich anpassen.

Einen wichtigen Einfluss auf die Anpassung von Arbeitsprozessen an neue Herausforderungen haben Anreizsysteme. Nach den Ergebnissen unserer Managerbefragung in der DACH-Region zum Thema Geschäftsmodelltransformation forderten 81 % für die eigene Organisation neue Anreizsysteme, damit unterschiedliche Abteilungen und Unternehmensbereiche gemeinsam an disruptiven Veränderungsprozessen arbeiten und somit neue Arbeitsprozesse entstehen [36].

Organisationsstruktur

Oftmals sieht die Aufbauorganisation der Herausforderer im Vergleich zu der Struktur der etablierten Anbieter völlig anders aus. Bei Zalando in Berlin etwa arbeiten mehr als 100 kleine Teams an zahllosen Softwareprojekten. Die Philosophie der geordneten und kontrollierten (und zugleich langsamen) Entwicklung findet sich bei diesem Unternehmen nicht. Es setzt vielmehr auf Geschwindigkeit, Eigeninitiative sowie Freiraum und damit auf eine vollkommen andere Organisationsstruktur. Das fordert etablierte Anbieter dazu auf, agiler vorzugehen. Hierarchien sind abzubauen, Entscheidungswege zu verkürzen und einige Entscheidungen an die Basis zu delegieren.

Governance

Governance beinhaltet sowohl die Steuerung und Kontrolle aller beteiligten Parteien im Leistungserstellungsprozess als auch die Gestaltung der Beziehungen zueinander. In diesem Zusammenhang stellen sich Fragen zu den Verträgen zwischen den Parteien sowie Incentive-Systemen und Kennzahlen, nach denen das Unternehmen geführt wird. Auch die Unternehmenskultur als nicht-formales Instrument zählt dazu [37].

Kostenmodell

„Clearly, though, the ability to translate value in the business into value for the shareholder requires the incorporation of the financial domain to the construct [38]."

Einen maßgeblichen Einfluss auf das Kostenmodell haben das Leistungsangebot und die dazu erforderliche Leistungserstellung. Je umfassender dieses Leistungsangebot ausfällt, desto komplexer ist es und dementsprechend höher fallen die Kosten aus [39]. In einer stabilen Unternehmensumwelt genügt es, das Kostenmodell zu optimieren. Disruptive Marktveränderungen zwingen etablierte Unternehmen jedoch dazu, im Hinblick auf ihr Kostenmodell radikale Veränderungen einzuleiten. Beispielsweise hat Amazon keine physischen Verkaufsstellen und entsprechend entfallen Kosten für die Miete von Verkaufsräumen und vor Ort Personal. Traditionelle Handelsunternehmen sind daher aufgefordert, ihr Leistungsangebot neu auszurichten und zugleich das Kostenmodell radikal zu vereinfachen. In diesem Zusammenhang sind die folgenden Erfolgsfaktoren bedeutsam:

Kostenstruktur

Angesprochen ist das Verhältnis von variablen und fixen Kosten. Je stärker der Absatz schwankt, desto tiefer sollten die Fixkosten ausfallen. Outsourcing oder Kooperationen können helfen, Fixkosten zu reduzieren. Auch stellt sich in turbulenten Märkten immer öfter die Frage, ob es nicht mit Hilfe einer ,dualen Strategie' möglich sein könnte, eine höhere Qualität bei tieferen Kosten zu realisieren. Singapore Airlines praktiziert diesen kontrovers anmutenden Denkansatz seit vielen Jahren [40]. Das Unternehmen gewinnt regelmäßig Preise für den besten Kabinenservice und dies bei einer im Vergleich zu anderen Fluggesellschaften wesentlich tieferen Kostenstruktur [41].

Kosteneinsparungen sind mithilfe der Digitalisierung in einem hohen Ausmaß möglich und sollten von jedem Unternehmen angestrebt werden. Als Beispiel seien die Marketingausgaben genannt. Wenn es gelingt, die Relevanz personalisierter Werbemails dank verbesserter Big Data-Algorithmen oder Künstlicher Intelligenz zu steigern, können Kosten für die klassische Streuwerbung und für Marketingmitarbeiter eingespart werden. Zalando kündigte vor dem Hintergrund dieser Überlegungen im März 2018 an, 250 Stellen im Marketing einsparen zu wollen. So soll es in den kommenden Jahren gelingen, die Marketingausgaben im Verhältnis zum Umsatz erheblich zu senken und die freiwerdenden Mittel rentabilitätssteigernd in bessere Logistikprozesse zu investieren [42].

Lieferantenkonditionen

In produzierenden Unternehmen mit einer geringen Wertschöpfungstiefe kann eine Senkung der Beschaffungskonditionen das Unternehmensergebnis nachhaltig verbessern. Mit der zunehmenden Vernetzung unserer Wirtschaft und den stark ansteigenden Kooperationen ergeben sich weitere Kosteneinsparungspotenziale, weit über die Beschaffungskonditionen hinaus. Walmart beispielsweise hat schon vor vielen Jahren einen automatischen Datenaustausch mit seinem Großlieferanten Procter & Gamble eingeführt und spart damit Arbeitsplätze im Bereich der Warendisposition ein.

Ertragsmodell

„Business models serve as a firm's organizing logic for value creation" (for its customers) and value appropriation (for itself and its partners) ... [43]"

Dieses Handlungsfeld fordert etablierte Anbieter besonders heraus. Haben sie es doch häufig mit Angreifern aus der digitalen Welt zu tun, welche einer anderen Ertragslogik folgen. Amazon, für viele Unternehmen der gefährlichste unter den Angreifern, verdient im traditionellen Warengeschäft kaum Geld. Nach Abzug der Kosten bleibt vom Umsatz fast nichts mehr übrig. Trotzdem ist der Konzern rentabel, unter anderem weil erhebliche Überschüsse im Geschäft mit sogenannten Webservices und durch Amazon Prime entstehen. Mit der jährlichen Einmalzahlung des Kunden für das Prime-Abonnement entfallen die Liefergebühren für bestellte Waren. Auch sind in dieser Jahresgebühr Leistungen enthalten, welche nichts mit dem Warenhandel zu tun haben. Dazu zählt z. B. das Streamen von Musik und Filmen. Aus Sicht der mittlerweile mehr als 200 Millionen Prime-Kunden weltweit [44] spielt die Jahresgebühr kaum eine Rolle – sie wird einmal pro Jahr bezahlt und ist schnell vergessen. Prime verkörpert demnach eine zusätzliche, rentable Erlösquelle, die das auf Transaktionen ausgerichtete etablierte Ertragsmodell im Handel ergänzt. Gepaart mit ununterbrochenem und schier unaufhaltsamem Wachstum belohnen Investoren dies mit günstigem Kapital, was den Vormarsch des Vorzeigeunternehmens nur noch weiter befeuert [45].

Mit Blick auf die Literatur zu Geschäftsmodellen [46] plädieren wir für eine erweiterte Betrachtung dieses Handlungsfeldes. Im Mittelpunkt der Diskussion um Erlösquellen standen lange Umsatzquellen. „Wie soll Umsatz generiert werden?", lautete dabei die zentrale Frage. Künftig stellt sich in Ergänzung dazu die Frage, welche Erlösquellen eine stabile (Gewinn-)Marge erwarten lassen. Mit einem besonders starken Fokus auf die Gewinne plädieren wir für die Entwicklung eines Ertragsmodells, das sich aus vielversprechenden Erlösquellen zusammensetzt und insgesamt einen ausreichenden Gewinn in Aussicht stellt.

Die nachfolgende Abbildung 3.8 beschreibt das Ertragsmodell von Amazon. Im Kern finden sich klassische transaktionsbasierte Erlösquellen. Sie basieren auf dem Verkauf von Produkten aus den Amazon-Sortimenten (von Amazon eingekauft) und auf der Vermittlung von Fremdprodukten (nicht von Amazon eingekauft), für die Amazon Kommissionen erhebt. Amazon betreibt für Fremdprodukte selten eigene Läger, weshalb diese Erlösquelle geringe Kosten und entsprechend ein hohes Ertragspotenzial verspricht. Zu den Erlösen aus Serviceleistungen, welche dem Kerngeschäft nahestehen, zählen beispielsweise das Abonnement Prime. Zu den Erlösquellen, welche nichts mit dem Kerngeschäft zu tun haben, zählen Amazon Webservices, also in erster Linie Cloud-Dienste. Weniger klar ist die Zuordnung bei Finanzdienstleistungen: Zählt Amazon Pay als ein weiterer Service zum Kerngeschäft oder handelt es sich um ein neues Geschäftsfeld? Wie wären Amazon-Bankkonten einzuordnen, über deren Einführung seit langem in der Branche spekuliert wird? Eine dritte Gruppe von Erlösquellen hat sich Amazon durch Kooperationen erschlossen, etwa beim Streaming oder dem Angebot von Werbeflächen.

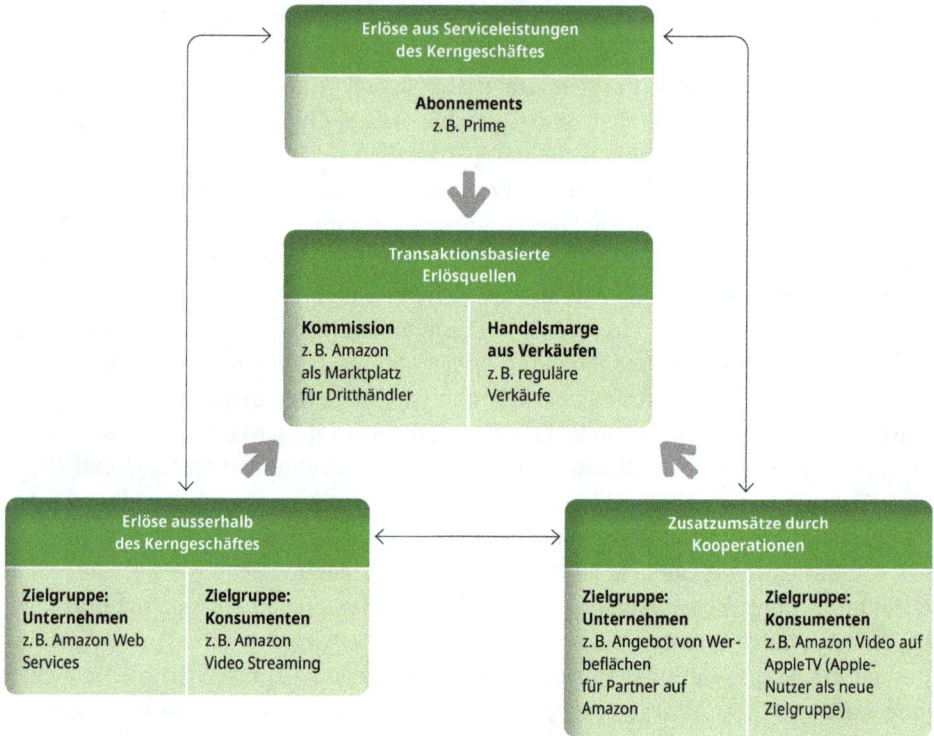

Abbildung 3.8: Das Ertragsmodell von Amazon und seine Erlösquellen (Quelle: eigene Darstellung in Anlehnung an Rudolph & Bischof [2017]).

Bei der folgenden Darstellung der Optionen des Managements, das eigene Ertragsmodell zu optimieren, konzentrieren wir uns der Einfachheit halber auf Maßnahmen bzw. Projekte im Rahmen des bestehenden Leistungsangebots. Gerade in Zeiten disruptiver Veränderung sollte es allerdings eine Selbstverständlichkeit sein, darüber hinaus eine Ausweitung der Geschäftstätigkeit mit neuen Erlösquellen in Betracht zu ziehen.

Erlösquellen ersetzen

Vor nicht allzu langer Zeit löste die Technologie Streaming den Musikdownload ab. Anbieter, die versuchten, weiterhin am Herunterladen von Musik zu verdienen, sind größtenteils aus dem Markt verschwunden oder verdienen wesentlich weniger. Unternehmen wie Spotify haben frühzeitig auf Abo-Modelle gesetzt und konnten damit erfolgreich wachsen. Auch in anderen Branchen kam es zu einem Ersatz von Erlösquellen – oft als Folge eines ruinösen Preiswettbewerbs.

Vielfältige Anregungen für alternative Erlösquellen finden sich bei den großen Internetfirmen. Alibaba wählte eine Erlösquelle, welche für Endkonsumenten gar nicht erkennbar ist: Bei jedem Kauf kassiert das Unternehmen eine Vermittlungsprovision vom Verkäufer. Da Alibabas Geschäftsmodell kein Warengeschäft mit teurer Logistik nutzt, sprudeln die Gewinne dank der tiefen Kostenstruktur in beträchtlichem Umfang. Bei Google basiert die Erlösquelle auf einer Gebühr pro Klick, bei Netflix auf einer monatlichen Abogebühr und bei Axel Springer auf Refinanzierung durch Werbekunden.

Die Axel-Springer-Konzern ist zwar seinem Kerngeschäft, den Printmedien, treu geblieben, baute jedoch die digitalen Medienkanäle zu Haupterlösquellen aus. Aufgrund der heute vorherrschenden ‚Gratis-Mentalität‘ ersetzte das Unternehmen transaktionsbasierte Umsatzquellen, bei welchen der Leser direkt für Artikel und Abonnements zahlt, gegen Umsatzquellen aus dem Vermarktungs- und Rubrikenangebot (z. B. idealo, zanox, Immowelt). Bei Letzteren zahlen nicht die Leser oder Nutzer, sondern die inserierenden Werbekunden.

Erlösquellen ergänzen

Transaktionsbasierte Erlösquellen generieren bei zunehmender Wettbewerbsintensität oft unrentable Umsätze. Aus diesem Grunde haben viele Hersteller neue Erlösquellen entwickelt, die im Kern wesentlich mehr Dienstleistungen umfassen, was die Marge dieser Erlösquellen erhöht und die Kundenbindung stärkt. General Electric vermietet heute Flugzeugtriebwerke ausschließlich mit langjährigen Wartungsverträgen, welche für hohe Renditen sorgen. Die Automobilindustrie schließt für Firmenwagen umfassende Flottenverträge mit vielen Dienstleistungen, wie Inspektion und Reifenwechsel bis hin zum Flottenmanagement ab. Hersteller von Druckern wie Hewlett-Packard tragen diesen Ansatz bis zum Endkunden: In einer ersten Runde wurde die Erlösquelle Druckerverkauf immer unwichtiger und durch die Erlösquelle Tintenpatronenverkauf substituiert. In einer zweiten Runde findet der Übergang zu einem Service-Abonnement statt, mit Fixkosten je gedruckte Seite.

Das Erlösmodell von Netflix fokussiert auf eine Monatsgebühr für die Nutzung. Neue Nutzer werden mit einem freien Test-Abo angelockt, welches sich nach einem kostenlosen Monat automatisch gebührenpflichtig verlängert. Analysten zufolge betrug 2011 die Konversionsrate der Gratisnutzer zu zahlenden Kunden beachtliche 93 % [47].

Der Warenhausbetreiber Karstadt will seine Erlösquellen aus dem Warenhausgeschäft mit Erträgen außerhalb des Kerngeschäftes ergänzen. Aufgrund sinkender Rendite des Warenhausgeschäfts erschließt das Unternehmen eine neue, vielversprechende Erlösquelle durch die Vermietung unrentabler Verkaufsfläche an Dritte. Sogar E-Commerce-Konkurrenten will Karstadt Einlass gewähren und eine Kommission für abholbereite Ware in den eigenen Häusern verlangen. Tesla begann ursprünglich als Hersteller von Elektroautos, hat sich aber inzwischen zusätzlich auf Solarzellen und Energiespeichersysteme für Haushalte und Unternehmen spezialisiert. Im Jahr 2021 konnte Tesla damit bereits knapp eine Milliarde US-Dollar umsetzen. Kreditinstitute kooperieren mit Versicherungsmarklern, um neue Erlösquellen zu generieren. War vor zwei Jahrzehnten noch ‚Allfinanz' das Zauberwort, um Bank und Versicherung unter ein Dach zu bringen, wird jetzt die Eigenständigkeit betont. In der Banking App der Deutschen Bank etwa findet sich ein sogenannter Versicherungsmanager: Kunden können damit ihre Sachversicherung verwalten und Neuverträge mit unterschiedlichen Drittanbietern abschließen – in Zeiten niedriger Zinsen eine willkommene zusätzliche Einkommensquelle. ING-Diba hat einen Robo-Advisor direkt in das eigene Online-Banking integriert und nach nicht einmal zwei Monaten lag die kommissionsbasierte Anlagesumme bereits bei 150 Millionen Euro [48].

In der Schweiz ist es vielen Unternehmen gelungen, Serviceverträge für die Gartenpflege, die Flachdachkontrolle oder die Hausverwaltung mit den Eigentümern abzuschließen und damit Erlösmodelle, welche sich auf die Einzeltransaktion konzentrieren, zu ergänzen.

Ertragsmodell optimieren

Ertragsmodelle bestehen aus unterschiedlichen Erlösquellen, die es zu rentabilisieren gilt. Zur Anpassung des Ertragsmodells an eine disruptive Situation macht es Sinn, in einem ersten Schritt die bestehenden Ertragsquellen genauer zu analysieren. Diese Analyse sollte für jede einzelne Ertragsquelle die erzielte Rentabilität berechnen. Sollten die erzielten Umsätze niedriger ausfallen als die zurechenbaren Kosten, ist diese Erlösquelle auf den Prüfstand zu stellen. Das gleiche gilt für Erlösquellen, bei denen die Chancen für eine Umsatzsteigerung gering ausfallen.

Als Resultat der Erlösquellenanalyse ergibt sich ein Erlösquellenportfolio – das auch wie ein Portfolio gemanagt werden kann. Wenn ein Unternehmen Erlösquellen neu gewichtet und damit Umsätze verschiebt, kann die Ertragssituation erheblich verbessert werden. Beispielsweise sorgen die bereits erwähnten Abonnements (siehe das Beispiel Amazon in Abbildung 3.8) im Vergleich zum Einzelverkauf in einigen Fällen für höhere Umsätze und eine höhere Kundenloyalität. Was beim Verkauf von Nachrichten und Mobilfunkabonnements schon lange der Fall ist, kommt so langsam beim Autoservice, bei der Fahrzeugnutzung, dem Saisonabonnement für Skigebiete, bei Kosmetikprodukten, Kinderspielzeug, Lebensmitteln, und Mode zum Tragen [49]. Oft läuft dies auf eine Ergänzung bestehender Erlösquellen hinaus. IT-Konzerne wie Adobe oder Cisco Systems setzen aus Rentabilitätsgründen immer stärker auf die Erlösquelle ‚Software als Service aus der Cloud'. Die alte Erlösquelle der ‚Softwarelizenzen auf Computern' wird systematisch durch das Cloud-Angebot ersetzt. Cisco-CEO Charles Robbins spricht der Erlösquelle aus der Cloud eine stabilere Umsatzentwicklung zu. Die Kundenloyalität falle höher aus und hänge nicht in erster Linie vom Preis ab. Im letzten Quartal 2017 entsprach das Cloud-Angebot bereits 13 % der gesamten Produkterlöse von Cisco Systems –mehr als eine Verdopplung gegenüber dem vorangegangenen Geschäftsjahr [50].

Praxistest

In den Fallbeispielen dieses Buches (Vgl. Kapitel 4) werden Geschäftsmodelltransformation von Unternehmen aus verschiedensten Branchen und Regionen analysiert. Dabei findet sich nicht nur eine Vielzahl von Übereinstimmungen mit unserem Rahmenmodell aus Abbildung 3.5, sondern auch Abweichungen, welche mit der jeweiligen Unternehmenssituation zusammenhängen. Aus diesem Grund verstehen wir unsere Handlungsfelder samt den daraus abgeleiteten Projekten nicht so sehr als ein Patentrezept, sondern vielmehr als eine Art Checkliste für das Management. Bei einer Transformation sind relevante Projekte unternehmensspezifisch zu bestimmen. Beispielsweise sollten Unternehmen aus der Handelsbranche in Bezug auf das Kostenmodell das Projekt ‚Verkaufsflächen optimieren' hinzufügen: Durch den Online-Handel geht die Nachfrage an stationären Verkaufsstellen zurück, weshalb das Kostenmodell im Handel mit Bezug auf das Verkaufsstellennetz eine Anpassung erfahren muss.

Die Vorteile unseres Rahmenmodells bestehen in
- einem **ganzheitlichen** Ansatz, der die Wertschöpfung in Unternehmen insgesamt berücksichtigt,
- der **Fokussierung** auf fünf Handlungsfelder mit ausgewählten Aufgaben
- dem Aufzeigen von Abhängigkeiten zwischen den Handlungsfeldern, die nach einer guten **Abstimmung** verlangen.

3.4 Die Abstimmung und Priorisierung von Handlungsfeldern

„Configuration ... can be defined as the degree to which an organization's elements are orchestrated and connected by a single theme [51]."

In vielen Lebenssituationen können wir unsere Ziele nur in guter Abstimmung mit anderen Menschen erreichen. Diese Feststellung trifft insbesondere dann zu, wenn wir in Teams agieren: Eine Fußballmannschaft, eine Segelcrew aber auch ein Studierendenteam muss das Verhalten der Teammitglieder zielkonform abstimmen. Diese Erkenntnis lässt sich auf das Management in Unternehmen übertragen und wird in Zeiten des Wandels erfolgsentscheidend – Manager müssen die fünf Handlungsfelder im Zuge einer Geschäftsmodelltransformation aufeinander abstimmen.

Dieser Abstimmungsprozess sollte drei Anforderungen entsprechen. Erstens sind die Inhalte und damit auch die Aufgaben einer Transformation gut aufeinander abzustimmen. Zweitens sind die Handlungsfelder in zeitlicher Hinsicht zu priorisieren und drittens sind alle operativen Aktivitäten so aufeinander abzustimmen, dass ein möglichst guter Fit entsteht.

Anforderung 1

Inhaltliche Abstimmung der Handlungsfelder untereinander

Begründen lässt sich diese Forderung nach Abstimmung bzw. Koordination mit der Systemtheorie, die Organisationen als interaktive Wertschöpfungsnetzwerke versteht. Nicht das Einzeloptimieren der fünf Handlungsfelder fördert den Erfolg, sondern erst das kybernetische Wirkungsverständnis aller Mitarbeiter und damit die Einsicht, nur abteilungsübergreifend eine Transformation bewältigen zu können. Vester fordert, dem Systemzusammenhang durch die Berücksichtigung sämtlicher Problemfelder Rechnung zu tragen [52]. Ackhoff erläutert diese Forderung am Beispiel Automobil. Nicht ein Bauteil allein vermag das Auto zu bewegen. Der Motor muss in der Karosserie verankert sein, die Bremsen montiert, das Lenkrad installiert und die Räder montiert sein. Das System Auto erfüllt seinen Zweck nur dann, wenn alle Aggregate eng aufeinander abgestimmt werden. Die isolierte Teiloptimierung dieser Aggregate bringt kein fahrendes Auto hervor [53].

Die Grundideen der Systemtheorie gelten auch für die Konfigurationstheorie. Letztere geht von einzigartigen Problemstellungen in der Wirtschaft aus, weshalb es keine allgemeingültigen Lösungsprinzipien geben kann [54]. Jede Transformation ist anders und nimmt niemals den genau gleichen Verlauf. Getreu der Redewendung „Viele Wege führen nach Rom", sollte jedes Unternehmen nicht nach einem idealtypischen Weg suchen, sondern die zur eigenen Situation passende Konfiguration wählen [55].

Das Zusammenspiel der Elemente muss aus diesem Grund situativ erfolgen, wofür die Konfigurationstheorie Vorschläge unterbreitet – unter anderem für eine bevorstehende Transformation vom Zustand einer Ist- hin zu einer Soll-Konfiguration [56]. bertragen wir diese Kernidee auf unseren High 5 Ansatz der Geschäftsmodelltransformation, entspricht jede Ausgestaltung der fünf Handlungsfelder einer unternehmensspezifischen Konfiguration. Ratiopharm verspricht seiner Kundschaft günstige Generika, was ein überschaubares Arzneimittelsortiment, tiefe Kostenstrukturen und günstige Produktionsmethoden voraussetzt. Die tiefen Margen verlangen hohe Verkaufsmengen pro Artikel, um eine auskömmliche Rendite zu erzielen. Die fünf Handlungsfelder sind insofern eng aufeinander abgestimmt, indem sie einer Konfiguration folgen, welche dem Leistungsversprechen nach günstigen Preisen entspricht. Ergo übernimmt das Leistungsversprechen eine Leitfunktion bei der inhaltlichen Abstimmung.

Anforderung 2

Zeitliche Priorisierung der einzelnen Handlungsfelder

Neben unserer Grundüberzeugung, dass nur eine ganzheitlich angelegte Vorgehensweise eine Unternehmenstransformation zum Erfolg führen kann, bringt die Anforderung nach einer zeitlichen Priorisierung der Handlungsfelder zusätzliche Vorteile.

Denn gerade in disruptiven Zeiten erscheint der notwendige Umbau eines Unternehmens als risikobehaftet, langwierig und ist häufig mit Rückschlägen verbunden. Managern, die ein Transformationsprojekt führen, gelingt dieses wesentlich besser, wenn erste Erfolge schnell auftreten und sich kontinuierlich über das Projekt hinweg einstellen. Kleine Erfolge sorgen für wirtschaftliche Stabilität, eine hohe Motivation in der Belegschaft und verhindern Gefühle der Überlastung und Überforderung. Dazu ist eine Priorisierung bei der Abarbeitung der Handlungsfelder und der damit einhergehenden Aktivitäten zentral. Ohne Fokus bzw. Priorisierung auf das Wesentliche droht dem Management die Gefahr, sich zu verzetteln, und damit ein Scheitern der Transformation. Die nachfolgende Typologie soll Unternehmen helfen, eine zeitliche Priorisierung vorzunehmen. Diese basiert auf Denkanstößen und Hinweisen aus verschiedenen Workshops mit Managern aus unterschiedlichen Unternehmen.

Alle fünf Handlungsfelder sind von großer Bedeutung und sind im Zuge einer Transformation zu bearbeiten. Dennoch stellt sich die Frage, ob es nicht Sinn macht, gewisse Handlungsfelder zu priorisieren. Als Gründe für diesen Vorschlag lassen sich vor allem begrenzte Ressourcen und der zeitliche Erfolgsdruck nennen. Haben alle Unternehmen die nötige Zeit, um sich im ersten Schritt einer Geschäftsmodelltransformation ausführlich mit dem eigenen Leistungsversprechen zu befassen oder laufen sie dabei Gefahr, den Konkurs zu riskieren, wenn in dieser Zeit die Kosten weiter aus dem Ruder laufen? Solche und ähnliche Fragen kamen in unseren Workshops immer wieder auf. Aus den Diskussionen mit zahlreichen Managern schlagen wir eine Typologie vor, welche die Unternehmenssituation im Markt beschreibt und dabei drei unterschiedliche Ausgangssituationen erfasst (Vgl. Abbildung 3.9).

Konkursgefahr in den kommenden 2 Jahren	Typ A: Hohe Konkursgefahr	Typ B: Geringe Konkursgefahr	Typ C: Keine Konkursgefahr
Gefährdete Geschäftsfelder in den kommenden 2 Jahren	Viele	Einige	Wenige
Fluktuation in der Belegschaft	Über-durchschnittlich	Durchschnittlich	Unter-durchschnittlich
Wettbewerbssituation aus Kundensicht	Schlecht	Mittel	Gut
Erfolgreiche Innovationen aus den vergangenen 2 Jahren	Wenige	Einige	Viele
Disruptionsgefahr durch neue Wettbewerber	Hoch	Mittel	Gering

Abbildung 3.9: Drei Ausgangssituationen einer Geschäftsmodelltransformation (Quelle: Eigene Darstellung).

Unternehmen des **Typs A** gehen von einer hohen Konkursgefahr in den nächsten zwei Jahren aus. Sie stehen vor einer sehr schwierigen Ausgangsituation, die insbesondere durch eine hohe Fluktuationsrate und eine hohe Disruptionsgefahr zum Ausdruck kommt. Inwiefern eine Unternehmenstransformation unter diesen Rahmenbedingungen überhaupt gelingen kann, ist fraglich und mit sehr viel Unsicherheit verbunden. Im Hinblick auf die Priorisierung der fünf Handlungsfelder fordert diese Ausgangssituation in einer ersten Transformationsphase ein straffes Kostenmanagement sowie eine effizientere Leistungserstellung. Es gilt, die Kosten nachhaltig zu senken, um die wirtschaftliche Überlebensfähigkeit zu sichern. Erst danach rücken die anderen Handlungsfelder in den Fokus. Das Leistungsangebot spielt in einer zweiten Transformationsphase eine wesentliche Rolle. Es ist schnell neu auszurichten, zumal mehrere Geschäftsbereiche infrage gestellt sind. Hier fehlt in der Regel die Zeit, um selbst Innovationen voranzutreiben. Der hohe Zeitdruck verlangt in diesem Fall eher nach einer Strategie, die Wettbewerber beobachtet und deren erfolgreiche Konzepte kopiert. So kann es gelingen, in kurzer Zeit neue Leistungsangebote mit hohem Ertragspotenzial zu erschließen. Idealtypischerweise kann bei Unternehmen des Typs A erst in der dritten Phase einer Transformation ein geordneter Neuaufbau mit einem gehaltvollen Leistungsversprechen und neuen Ertragsmodellen starten. Getreu dem Motto ‚Zuerst die Überlebensfähigkeit sichern und erst danach einen konzeptionellen Neuanfang wagen' braucht es hier ein Turnaround-Management, welches alte Glaubenssätze radikal infrage stellt und die Unternehmenskultur rasch verändert.

Je nachdem, wie prekär sich die finanzielle Lage eines Unternehmens des Typs A darstellt, können in der ersten Transformationsphase schmerzhafte Maßnahmen erforderlich sein. In extremen Fällen, bei einer bevorstehenden Insolvenz oder deren Eintritt, ist bestimmtes und radikales Handeln die einzige Option. Hier gilt das Mantra: „Sanieren, dann transformieren". Kostensenkungen haben in der Regel einen sehr großen Hebel auf die Profitabilität eines Unternehmens. Eine Optimierung der Kosten um einen Prozentpunkt verbessert die Profitabilität häufig um ein Vielfaches mehr als eine Umsatzsteigerung in gleicher Höhe. Um kurzfristig Kosten zu senken, können Unternehmen insbesondere an den operativen Kosten ansetzen. Da sich die Kostenstruktur allerdings von Branche zu Branche deutlich unterscheidet und stark vom Unternehmen selbst abhängig ist, lassen sich keine allgemeingültigen Empfehlungen geben.

Zweitens können Veränderungen der Kapitalstruktur eines Unternehmens dazu beitragen, die Zukunftsfähigkeit zu sichern. Das ‚Verkaufen des Tafelsilbers' kann jedoch nur eine kurzfristige Maßnahme sein, um andere Maßnahmen unterstützend zu flankieren. Veräußerungen können nur einmalig vorgenommen werden. Wenn notwendige Betriebsmittel oder Forderungen veräußert werden, geht damit eine Mehrbelastung auf lange Sicht einher. Es gilt daher, im Einzelfall abzuwägen, ob Veräußerungen zur Reduktion der Fixkosten führen oder zum Ziel, neue finanzielle Mittel zu akquirieren, positiv beitragen. Selbstverständlich werden diese Überlegungen im harten Sanierungsfall einem energischen Pragmatismus weichen müssen. Sofern noch vorhanden, können Typ A Unternehmen bestehende finanzielle Rücklagen auflösen. Dies dürfte für die meisten Unternehmen relativ unproblematisch und ohne negative Konsequenzen möglich sein. Auch kann es in manchen Fällen Sinn ergeben, langfristige Forderungen abzutreten (sog. Factoring), um gebundenes Kapital freizusetzen. Darüber hinaus können Vermögenswerte wie beispielsweise Immobilien veräußert und anschließend zurückgemietet werden (das sogenannte ‚sale and leaseback‘). Dies geht jedoch häufig zulasten der langfristigen Profitabilität, da sich dieses Arrangement für den Käufer der Vermögenswerte lohnen muss. Andererseits fallen für diese Vermögenswerte keine Abschreibungen mehr an und Kosten für deren Nutzung schmälern das Betriebsergebnis unmittelbar, was steuerliche Vorteile mit sich bringen kann. Die Sinnhaftigkeit muss daher im Einzelfall beurteilt werden. Ebenfalls kann das Veräußern von Unternehmensteilen außerhalb des Kerngeschäfts kurzfristige Linderung bringen. Es gilt jedoch, zunächst eine fundierte Grundsatzentscheidung zu treffen, was das zukünftige Kerngeschäft des Unternehmens ausmachen wird.

Bei alledem ist zentral, dass Unternehmen des Typs A erzielte Erfolge der Kostensparmaßnahmen dazu nutzen, bei Eigentümern und Finanzgebern neue finanzielle Mittel einzuwerben. Dies ist wichtig, um genügend Zeit zu gewinnen, die Zukunft des Unternehmens neugestalten zu können. Jörn Werner, ein Top-Manager, dem erfolgreiche Transformationen mit mehreren Krisen-Unternehmen gelang, bezeichnet diese Phase treffend: „Fund the Journey“. Damit dies gelingen kann, müssen Eigentümer, Aktionäre, Kapital- und Kreditgeber neues Vertrauen in die Zukunftsfähigkeit des Unternehmens gewinnen. Dieses Vertrauen wird durch ein überzeugendes Leistungsversprechen und eine darauf basierende Vision geschaffen. Unternehmen in Schieflage muss also das Kunststück gelingen, gleichzeitig Kosten zu senken und ein überzeugendes, zukunftsfähiges Leistungsversprechen zu entwickeln.

Hingegen stehen Unternehmen des **Typs B** noch nicht vor großen wirtschaftlichen Schwierigkeiten. Dennoch ist die mittelfristige Gefahr eines Konkurses nicht von der Hand zu weisen. Einige der bestehenden Geschäftsfelder werden bereits infrage gestellt und die Disruptionsgefahr durch neue Wettbewerber ist gegeben. Der nicht so große Zeitdruck erlaubt eine andere Priorisierung der Handlungsfelder. In einer solchen Ausgangssituation berichtete ein Unternehmen aus unseren Workshops, den Fokus zunächst auf neue Leistungsangebote gelenkt zu haben. Mit Unternehmenszukäufen und selbst initiierten Start-ups konnte die Gefahr von Umsatzverlusten aus schwächelnden Geschäftsbereichen teilweise ausgeglichen werden. Auch befasste sich das Unternehmen in dieser ersten Transformationsphase mit der Suche nach zusätzlichen Ertragsquellen und einer Schärfung des Leistungsversprechens. Kostenmodell und Leistungserstellung wurden erst in einer zweiten Phase in den Mittelpunkt der Bemühungen gestellt. Dabei ging es bei den Kosten nicht um radikale Einschnitte, sondern eher um Kostensenkungen im einstelligen Prozentbereich. Bei der Leistungserstellung prüfte das Unternehmen Kooperationen und die Auslagerung von unterstützenden Prozessen. Andere Unternehmen in unseren Workshops, die sich selbst in diese zweite Gruppe einstuften, wählten eine leicht andere Vorgehensweise. Allen gemeinsam war, im Vergleich zu Unternehmen des Typs A die weit geringere Priorisierung eines straffen Kostenmanagements und die Suche nach Innovationen aus eigener Kraft, ermöglicht durch die bessere wirtschaftliche Situation.

Unternehmen des **Typs C** stehen nicht unter Handlungsdruck. Die sehr gute Unternehmenskultur, die vielen Innovationen aus der Vergangenheit und die gute Wettbewerbssituation drängen nicht zur Eile. Stattdessen wird durch die gute Unternehmenssituation eine Mentalität im Management gefördert, den Status Quo möglichst lange zu bewahren. Auch fehlt in der Belegschaft die Bereitschaft, radikale Veränderungen zu unterstützen. Dementsprechend schwer fällt es diesen Unternehmen, eine Transformation einzuleiten. Ein Unternehmen berichtete in der ersten Phase von einer intensiven Auseinandersetzung mit dem Leistungsversprechen. Ziel des Projektes war es, Bereitschaft für Veränderung zu schaffen. So wurde das Unternehmensimage und das wahrgenommene Leistungsversprechen unter Kunden mit einer aufwändigen Marktforschung erhoben. Die Ergebnisse förderten den Veränderungswillen beim Personal erheblich. Das Unternehmen erkannte eine steigende Unzufriedenheit bei Schlüsselkunden, obwohl die Zahlen sehr gut waren. Dieser Blick ‚von Außen' war der Startschuss für die zweite Phase, in der das Leistungsangebot eine Erweiterung erfuhr. Der Ausbau von Dienstleistungen und der Aufbau eines Ökosystems mit anderen Anbietern standen im Mittelpunkt. Parallel dazu veränderte das Unternehmen die Leistungserstellung und das Ertragsmodell. Mit dem Ziel, bestimmte Leistungen künftig im Verbund mit anderen Unternehmen anzubieten, löste diese Priorisierung in der zweiten Transformationsphase eine Neuausrichtung vieler Supply-Chain Projekte aus. Aus neuen Dienstleistungen (z. B. Abo-Modell) entwickelte das Unternehmen neue Ertragsmodelle, die Serviceleistungen separat in Rechnung stellten. Das Kostenmodell wurde bei diesem Unternehmen erst nach dem Aufbau neuer Leistungsangebote angepasst. Von einer Priorisierung des Kostenmodells in der dritten Transformationsphase kann aber nicht gesprochen werden. Alle Unternehmen des Typs C folgten der Maxime, die Kosten den Leistungsangeboten und deren Erstellungsprozessen entsprechend anzupassen und nicht umgekehrt.

Wir haben für drei Ausgangssituationen eine idealtypische Vorgehensweise der Priorisierung vorgestellt. Selbstverständlich vereinfacht die vorgestellte Typologie die Realität. Nicht jedes Unternehmen lässt sich eindeutig einem Typ zuordnen und nicht jede Priorisierung kann den Anspruch der Allgemeingültigkeit beanspruchen. Deshalb wollen wir mit der Typologie auch keine Normstrategien zur Priorisierung vorstellen, sondern Anregungen und Ideen für die Suche nach einer unternehmensspezifischen Vorgehensweise bereitstellen. Jedes Unternehmen muss entsprechend seiner Ausgangssituation eine adäquate Priorisierung finden, welche die Rentabilität in einer Transformationsphase bestmöglich stabilisiert, Mitarbeitende motiviert und eine Überlastung im Management verhindert.

Anforderung 3

Abstimmung sämtlicher Aktivitäten zur Sicherung einer holistischen Vorgehensweise

Zur Beurteilung der Konfigurationsqualität wird das Fit-Konzept verwendet. Ackhof erläutert dessen Grundidee mit einem weiteren Beispiel aus der Autoindustrie. Würde man die besten Teile von verschiedenen Herstellern verwenden, den Motor von BMW, die Batterien von Tesla, die Sitze von Mercedes etc. und würde diese zusammensetzen, käme trotzdem nichts Gutes heraus, weil die Teile nicht zueinander passen [57]. Für die Leistung des Fahrzeugs spielt die Abstimmung der Komponenten – also der Fit – eine entscheidende Rolle. Doty, Glik und Huber fordern einen maximalen Fit zwischen Kontext, Strukturen und Strategie [58]. Wir versuchen mit unserem High 5 Ansatz der Geschäftsmodelltransformation, diesen Literaturhinweis zu konkretisieren.

Auch Porter spricht bei der Abstimmung von Aktivitäten vom sogenannten Aktivitäten-Fit [59]. Er unterscheidet drei unterschiedliche Fit-Typen. Beim **First-Order Fit** zahlen möglichst alle Aktivitäten auf ein übergeordnetes Leistungsversprechen ein. Tiefste Flugpreise sind das Credo bzw. das Leistungsversprechen der Fluggesellschaft Ryanair. Alle Aktivitäten sind diesem Ziel entsprechend gut aufeinander abgestimmt: Buchungen sind nur online möglich, Sitzplätze nur gegen Gebühr reservierbar, zudem sind nur wenige Flugbegleiter an Bord und aus Kostengründen gibt es weder Speisen noch Getränke kostenlos. Beim **Second-Order Fit** verstärken sich die Aktivitäten gegenseitig. Die geringe Anzahl von Flugbegleitern ist nur wegen der wenigen Aufgaben an Bord möglich. Speisen und Getränke werden gegen Aufpreis nur selten nachgefragt. Schließlich zielt der **Third-Order Fit** auf einen Informationsaustausch zwischen den Aktivitäten ab, mit dem Ziel, noch effektiver zu wirken. Ryanair weiß aus seiner vernetzten Datenbank, wie viele und welche Essen bereitgestellt werden müssen und kann en Personalbedarf entsprechend planen. Dank der Vernetzung stimmt die Anzahl mitgeführter Speisen mit den Bestellungen überein; Überbestände oder Verderb können so erst gar nicht entstehen, und die Preise bleiben tief.

Wir beschränken uns bei der nachfolgenden Beschreibung verschiedener Unternehmenstransformationen auf Konfigurationen, welche die orchestrierende Leitideen der Geschäftsmodelltransformation in den Mittelpunkt stellt.[86] In unserem High 5 Ansatz fungiert das Leistungsversprechen als orchestrierende Idee. Das Leistungsversprechen verkörpert idealtypischerweise die treibende Kraft jeder Geschäftsmodelltransformation . Alle nachfolgenden Fallbeispiele folgen dieser Koordinationslogik in Hinsicht auf den Grundaufbau. Je nach Unternehmenssituation – von einer guten Rendite verwöhnt bis hin zu einem drohenden Konkurs – spielt die Priorisierung wie oben beschrieben eine wichtige Rolle und erfordert eine gute Abstimmung. Zur kompakten Beschreibung unserer Fallbeispiele gehen wir auf die zeitliche Priorisierung nur am Rande ein.

3.5 Projektbewertung und Ressourcenplanung

Im Zuge der Planung einer Transformation sammeln Unternehmen viele Projektideen. Diese Projekte sollen helfen, eine Transformation wirkungsvoll und gleichzeitig finanziell vertretbar voranzutreiben. Insbesondere das zweite Ziel, eine möglichst rentable Umsetzung von großen Veränderungsprojekten, erweist sich jedoch häufig als Herkulesaufgabe. Das liegt unter anderem an den hohen Projektinvestitionen und der großen Anzahl an Projektvorhaben. Es erscheint daher zwingend notwendig, die gesammelten Projektideen auf deren Wirtschaftlichkeit und Ressourcenbelastung hin zu bewerten und Projekte mit einer ungewissen Rentabilitätserwartung nur dann zu starten, wenn die finanzielle Lage im Unternehmen dies erlaubt. Im Falle von Unternehmen mit einer hohen Konkursgefahr (Typ A) sind viele dieser Projektideen zu streichen, während Unternehmen mit einer hohen Eigenkapitalquote (Typ C) mehr Projekte umsetzen können.

Drei Fragen stehen bei der Projektbewertung im Vordergrund:
1. Machen einzelne Projekte aus wirtschaftlicher Sicht Sinn und lässt sich insgesamt ein positiver Kapitalwert erzielen?
2. Wie hoch fällt der Kapitalbedarf aus bzw. kann sich das Unternehmen die Projekte leisten?
3. Verfügt das Unternehmen über die notwendigen Ressourcen, um die Projekte durchzuführen?

Das Ziel der Projektbewertung ist es, eine fundierte Entscheidung darüber zu treffen, ob das Projekt umgesetzt werden soll oder nicht. In diesem Kapitel erläutern wir den Prozess der Projektbewertung am fiktiven Fallbeispiel des Händlers Women's Wear.

Der Textilhändler Women's Wear betreibt 100 Filialen in verschiedenen Städten und hat im vergangenen Jahr einen Umsatz von 2,5 Milliarden Schweizer Franken erzielt. Das Unternehmen leidet seit einiger Zeit unter der abnehmenden Kundenfrequenz in den Innenstädten, was zu einem massiven Umsatzrückgang geführt und seine Liquidität stark beeinträchtigt hat. Zudem hat Women's Wear in den vergangenen Jahren in den Online-Vertrieb investiert. Die erhofften Erfolge lassen aber hinsichtlich des Online-Handels auf sich warten. Das Unternehmen befindet sich in einer Krise und mittelfristig droht eine Insolvenz.

Um die Liquidität zu sichern, muss Geschäftsführer Michael möglichst rasch Projekte zur Rettung des Unternehmens einleiten. Corinne, die Strategieleiterin von Women's Wear, hat mit der Geschäftsleitung fünf Projekte entwickelt, welche zur Rettung des Unternehmens beitragen könnten. Die Finanzabteilung von Women's Wear schätzt, dass die Liquidität des Unternehmens noch für zwei Jahre ausreicht, falls Michael keine Maßnahmen ergreift. Diese Rahmenbedingungen sind bei der Bewertung der fünf entwickelten Projekte zu beachten. Zum aktuellen Zeitpunkt kann Women's Wear kein zusätzliches

Anmerkung: Dieses Kapitel entstand in Zusammenarbeit mit Nora Kralle (Universität St.Gallen) und wir danken Dr. Philipp Dautzenberg für seine Anregungen.

Fremdkapital für die Finanzierung der Projekte aufnehmen und muss die maximal 100 Millionen Schweizer Franken aus der ohnehin schon knappen Liquidität bereitstellen. Nun steht Michael vor der Entscheidung, welche der fünf Projekte er durchführt, um Women's Wear aus der bislang schwersten Unternehmenskrise zu führen.

Corinne stellt Michael die fünf Projekte vor. Drei der Projekte dienen der Kosteneinsparung. Beim ersten Projekt geht es darum, die Personalkosten um 10 % zu senken, indem Women's Wear einige Mitarbeiter von der Fläche und in der Firmenzentrale entlässt. Beim zweiten Projekt soll das Unternehmen bestehende Mietverträge mit den Vermietern neu verhandeln, um die Mietkosten um 10 % zu senken. Ein drittes Projekt zur Kostensenkung ist die Schließung von acht kleineren Läden. Außerdem schlägt Corinne zwei Projekte vor, von denen sie sich eine Umsatzsteigerung erhofft. Dies ist zum einen die Optimierung des Online-Shops. Das Unternehmen hat zwar bereits einen Online-Shop, jedoch ist dieser weder auf dem neusten technischen Stand noch mit anderen Distributions- und Marketingkanälen verzahnt. Corinne sieht hier den Grund, warum Women's Wear online bislang nur wenig Umsatz erzielt. Zuletzt schlägt sie noch vor, alle Filialen umzubauen, um den Umsatz zu erhöhen. Die letzte Modernisierung liegt viele Jahre zurück und das Layout der Läden ist stark veraltet.

Nach der Projektbeschreibung sind diese hinsichtlich ihrer wirtschaftlichen Auswirkungen zu bewerten. Im Zuge dieser Bewertung spielen einige Finanzkennzahlen eine wichtige Rolle, welche wir nachfolgend in Tabelle 3.1 beschreiben [60].

Tabelle 3.1: Wichtige Finanzkennzahlen für die Projektbewertung (Quelle: Higgins, R. [2018]).

Kennzahl	Beschreibung	Beispiel
Topline	Topline bezeichnet die Gesamtumsatzerlöse, also den Betrag, den ein Unternehmen mit dem Verkauf seiner Produkte erzielt. Die Auswirkung auf die Topline zeigt, ob ein Projekt dazu beiträgt, den Umsatz zu erhalten bzw. zu erhöhen.	Corinne prognostiziert, dass Women's Wear durch die Optimierung des Online-Shops im ersten Jahr nach Projektdurchführung einen zusätzlichen Umsatz von 40 Mio. CHF erzielt, sich also die Topline um 40 Mio. CHF erhöht.
Gross Margin	Gross Margin (Bruttomarge) ist die Topline abzgl. der Warenkosten, welche für den Einkauf der verkauften Produkte eingesetzt wurden. Sie ist ein Indikator, welchen Einfluss ein Projekt auf die Rentabilität hat.	Die übliche Bruttomarge von Women's Wear beträgt 50 %. Eine Erhöhung der Topline um 40 Mio. CHF durch die Optimierung des Online-Shops bedeutet daher eine Steigerung der Gross Margin um 20 Mio. CHF im ersten Jahr.
Opex	Opex steht für ‚Operating Expenses' (Betriebsausgaben) und umfasst alle Ausgaben für den operativen Geschäftsbetrieb (z. B. Miete, Personal, Werbung). Der Einfluss eines Projektes auf die Opex zeigt, wie stark das Projekt die Rentabilität des Unternehmens beeinträchtigt.	Corinne rechnet mit zusätzlichen laufenden Kosten von 15 Mio. CHF, welche in den Folgejahren durch die Optimierung des Online-Shops anfallen würden (für IT, zusätzliches Personal und Logistik). Die Opex würden sich daher künftig um 15 Mio. CHF erhöhen.

Tabelle 3.1 (fortgesetzt)

Kennzahl	Beschreibung	Beispiel
Bottomline	Bottomline bezeichnet die Differenz aus Gross Margin und Opex. Sie ist ein Indikator, welchen Einfluss ein Projekt auf die Rentabilität nach Abzug aller Ausgaben für den Einkauf der Ware und das operative Geschäft hat.	Das Projekt ‚Optimierung des Online-Shops' würde im ersten Jahr nach Durchführung zu einer Steigerung der Bottomline um 5 Mio. CHF (zusätzliche Gross Margin 20 Mio. CHF abzgl. der zusätzlichen Opex von 15 Mio. CHF) führen.
Capex	Capex steht für ‚Capital Expenditures' (Investitionsausgaben) und bezieht sich auf Ausgaben für Investitionen. Die Capex eines Projektes fallen meist zu Beginn eines Projektes an. Dies ist somit der Kapitalbedarf für ein Projekt, wenn es sofort rentabel ist (ansonsten müssen auch die Anlaufverluste aus dem Opex beachtet werden).	Corinne rechnet für das Projekt mit einer anfänglichen Investition in Software und Logistik i.H.v. 20 Mio. CHF. Somit würden die Capex sofort um 20 Mio. CHF ansteigen. Im Fall von Women's Wear soll die anfängliche Investition 100 Mio. CHF nicht überschreiten.
Free Cashflow (FCF)	Der Free Cashflow (FCF) ist der Geldfluss nach Abzug aller operativen Ausgaben und Investitionen von den Einnahmen eines Projektes. Er ist ein wichtiger Indikator für die finanzielle Gesundheit eines Unternehmens und zeigt, wie viel Geld ein Unternehmen zur Verfügung hat, um Schulden abzuzahlen, Dividenden zu zahlen oder weitere Investitionen zu tätigen. Der Einfluss eines Projektes auf den Free Cashflow gibt an, inwiefern ein Projekt die Liquidität beeinflusst.	Durch das Projekt zur Optimierung des Online-Shops müsste Womens's Wear zum heutigen Zeitpunkt 20 Mio. CHF ausgeben. Unmittelbar kommt es nicht zu zusätzlichen Einnahmen. Der FCF heute beträgt für dieses Projekt somit −20 Mio. CHF. Im Folgejahr nimmt das Unternehmen nach Abzug aller Ausgaben zusätzlich 5 Mio. CHF ein und würde somit einen zusätzlichen FCF von 5 Mio. CHF im ersten Jahr generieren.
Diskontierter FCF	Um den diskontierten Free Cashflow zu berechnen, werden die künftig zu erwartenden FCFs auf ihren heutigen Wert abgezinst. Abzinsung bedeutet, den zukünftigen Wert von Geldbeträgen auf den heutigen Wert umzurechnen. Dies geschieht, um den Zeitwert des Geldes zu berücksichtigen, da ein CHF heute mehr wert ist als ein CHF in der Zukunft. Die Höhe des Abschlags hängt von verschiedenen Faktoren ab, wie zum Beispiel der erwarteten Inflation oder dem Risiko der Investition.	Women's Wear rechnet mit einem Abzinsungsfaktor von 10 %. Der FCF heute von −20 Mio. muss nicht abgezinst werden, weil er sofort abfließt. Mit dem FCF von + 5 Mio. CHF rechnet Corinne erst in einem Jahr. Diesen zinst sie mit dem Abzinsungsfaktor von 10 % ab. Der diskontierte FCF beträgt dann 4,55 Mio. CHF (5 Mio. CHF/(1 + 10 %)).

Abschließend berechnet die Finanzabteilung für jedes Projekt den Kapitalwert bzw. Net Present Value (NPV). Zur Berechnung des NPV werden sämtliche anfallenden Ein- und Aus-zahlungen für ein Projekt auf den heutigen Zeitpunkt abgezinst. Die Abzinsung berücksichtigt den Zeitwert des Geldes und den Risikofaktor des Projekts. Der Zeitwert des Geldes bedeutet, dass ein Schweizer Franken heute mehr wert ist als ein Schweizer Franken in einem Jahr, weil er heute investiert werden und bis morgen eine Rendite abwerfen kann. Die Summe des diskontierten Free Cashflows ergibt den NPV.

$$NPV = -I_0 + \frac{FCF_1}{(1+i)} + \frac{FCF_2}{(1+i)^2}$$

Dabei bedeutet:
- I_0 = Investition, welche zum heutigen Zeitpunkt für das Projekt anfällt
- FCF_1 bzw. FCF_2 = durch das Projekt generierter FCF nach einem bzw. zwei Jahren
- i = Abzinsungsfaktor

Der NPV zeigt, ob ein Projekt voraussichtlich einen positiven oder negativen Wert für das Unternehmen generiert. Ein positiver NPV bedeutet, dass ein Projekt voraussichtlich mehr Einnahmen als Ausgaben über die angenommene Projektdauer generieren wird [61].

Projekt 1: Senkung der Personalkosten

Das erste Projekt ist die Senkung der Personalkosten um 10 %. Laut Corinne gibt es aktuell zu viel Personal auf den Flächen der stationären Läden, was mit hohen Kosten verbunden ist. Es gibt auch einige Stellen in der Logistik, die nicht zwingend benötigt werden. Dieses Projekt hätte keine negativen Auswirkungen auf den Umsatz. Die Personalkosten im vergangenen Geschäftsjahr betrugen 375 Millionen Schweizer Franken. Eine Senkung der Personalkosten um 10 % würde jährliche Einsparungen von 37,5 Millionen Schweizer Franken bringen (Abnahme der Opex um jährlich 37,5 Millionen Schweizer Franken in den Jahren 1 und 2). Allerdings erfordert dieses Projekt die Erstellung eines Sozialplans sowie eine einmalige Zahlung von Abfindungen an die entlassenen Mitarbeiter. Die Strategieabteilung rechnet dabei mit Kosten von 18,75 Millionen Schweizer Franken, die sofort anfallen (Zunahme der Opex um 18,75 Millionen Schweizer Franken heute).

Es gilt zu beachten, dass sich in Tabelle 3.2 die Vorzeichen auf den Einfluss beziehen, welchen die Veränderung der Position auf den FCF hat. Lesebeispiel: Heute erhöhen sich die Opex um 18,75 Millionen Schweizer Franken, was einen negativen Einfluss auf den FCF von −18,75 Millionen Schweizer Franken hat. In den Jahren 1 und 2 sinken die Opex um jeweils 37,5 Millionen Schweizer Franken, was einen positiven Einfluss auf den FCF von + 37,5 Millionen Schweizer Franken hat.

Tabelle 3.2: Projekt 1: Senkung der Personalkosten (Quelle: eigene Darstellung).

	Heute	Jahr 1	Jahr 2	Total
Topline	0	0	0	0
Gross Margin	0	0	0	0
Opex	−18.750.000	+37.500.000	+37.500.000	+56.250.000
Bottom Line	−18.750.000	+37.500.000	+37.500.000	+56.250.000
Capex	0	0	0	0
FCF	−18.750.000	+37'500'000	+37'500'000	+56.250.000
diskontierter FCF	*−18.750.000*	*+34.090.909*	*+30.991.736*	**NPV = 46.332.645,-**

Projekt 2: Senkung der Mietkosten

Des Weiteren schlägt Corinne Michael vor, die Mietverträge neu zu verhandeln, um die Mietkosten zu reduzieren. Women's Wear hat eine starke Verhandlungsposition, weil es für Vermieter schwierig sein könnte, einen Nachmieter in bestimmten Lagen zu finden. Im Rahmen dieses Projekts würden Anwaltskosten von zwei Millionen Schweizer Franken anfallen, welche das Unternehmen sofort zahlen müsste (Zunahme der Opex um zwei Millionen Schweizer Franken heute). Im vergangenen Geschäftsjahr betrugen die Mietkosten 175 Millionen Schweizer Franken. Corinne rechnet damit, dass Women's Wear für das erste Jahr eine Mietkostensenkung in der Höhe von 5 % durchsetzen kann, was einer Summe von 8,75 Millionen Schweizer Franken entspricht (Abnahme der Opex um 8,75 Millionen Schweizer Franken in Jahr 1). Ab dem zweiten Jahr und in den darauffolgenden Jahren erwartet sie sogar, dass eine Mietkostensenkung um 10 % durch eine Neuverhandlungen möglich wäre. Dies entspricht einer Ersparnis von 17,5 Millionen Schweizer Franken (Abnahme der Opex um 17,5 Millionen Schweizer Franken in Jahr 2; vgl. Tabelle 3.3).

Tabelle 3.3: Projekt 2: Senkung der Mietkosten (Quelle: eigene Darstellung).

	Heute	Jahr 1	Jahr 2	Total
Topline	0	0	0	0
Gross Margin	0	0	0	0
Opex	−2.000.000	+8.750.000	+17.500.000	+24.250.000
Bottom Line	−2.000.000	+8.750.000	+17.500.000	+24.250.000
Capex	0	0	0	0
FCF	−2.000.000	+8.750.000	+17'500'000	+24'250'000
diskontierter FCF	*−2.000.000*	*+7.954.545*	*+14.462.810*	**NPV = 20.417.355,-**

Projekt 3: Schließung von Filialen

Als nächstes schlägt Corinne vor, einige Filialen zu schließen. Konkret kommen hierfür acht kleine Läden infrage, die geringe Umsätze bei hohen Miet- und Personalkosten erzielen. Diese acht Filialen haben im vergangenen Geschäftsjahr 100 Millionen Schweizer Franken umgesetzt. Bei sofortiger Schließung würden diese 100 Millionen Schweizer Franken an Umsatz ab dem Folgejahr wegfallen. Corinne erwartet, dass 40 % des wegfallenden Umsatzes dieser acht Filialen, also 40 Millionen Schweizer Franken, auf andere Womens Wear Filialen oder den Online-Shop von Women's Wear entfallen (somit verbleibt eine Abnahme der Topline um 60 Millionen Schweizer Franken in den Jahren 1 und 2). Bei ihrer Planung rechnet sie mit der von Women's Wear üblichen Bruttomarge von 50 % (bei 60 Millionen Umsatz bedeutet dies eine Abnahme der Gross Margin um 30 Millionen Schweizer Franken in den Jahren 1 und 2).

Mit den Vermietern hat Corinne bereits gesprochen. Diese würden Women's Wear frühzeitig aus den Mietverträgen entlassen, weil diese sowieso in Kürze auslaufen. Somit würden die Mietkosten und sonstige Kosten für den Gebäudeunterhalt der acht Filialen in Höhe von 17 Millionen Schweizer Franken ab dem kommenden Jahr wegfallen (Abnahme der Opex um jährlich 17 Millionen Schweizer Franken in den Jahren 1 und 2). Dafür müsste Women's Wear an die Vermieter eine Abschlagszahlung von drei Monatsmieten bezahlen. Diese würde 1,75 Millionen Schweizer Franken betragen und sofort anfallen (Zunahme Opex um 1,75 Millionen Schweizer Franken heute).

Darüber hinaus müsste das Personal in den zu schließenden Filialen entlassen werden. Auch würden einige Stellen in der Firmenzentrale nicht mehr benötigt. Die geschätzte Einsparung von Personalkosten beträgt 20 Millionen Schweizer Franken (Abnahme der Opex um jährlich 20 Millionen Schweizer Franken in den Jahren 1 und 2. Insgesamt beträgt die Abnahme der Opex durch die Einsparungen aus Mietkostensenkung und Personaleinsparung 37 Millionen Schweizer Franken). Dies erfordert einen Sozialplan sowie eine einmalige Zahlung von Abfindungen. Hierfür müsste Women's Wear heute zehn Millionen Schweizer Franken zahlen (Zunahme der Opex um zehn Millionen Schweizer Franken heute. Insgesamt sinken die Opex heute um Millionen Schweizer Franken). Tabelle 3.4 fasst die Finanzkennzahlen für Projekt 3 zusammen.

Tabelle 3.4: Projekt 3: Schließung von Filialen (Quelle: eigene Darstellung).

	Heute	Jahr 1	Jahr 2	Total
Topline	0	−60.000.000	−60.000.000	−120.000.000
Gross Margin	0	−30.000.000	−30.000.000	−60.000.000
Opex	−11.750.000	+37.000.000	+37.000.000	+62.250.000
Bottom Line	−11.750.000	+7.000.000	+7.000.000	+2.250.000
Capex	0	0	0	0
FCF	−11.750.000	+ 7.000.000	+7.000.000	+2.250.000
diskontierter FCF	*−11.750.000*	*+6.363.636*	*+5.785.124*	**NPV = 398.760,-**

Projekt 4: Optimierung des Online-Shops

Women's Wear hat bereits einen Online-Shop, jedoch generiert dieser nur wenig Umsatz. Corinne schlägt ein Projekt zur Optimierung des Online-Shops vor, um die Online-Umsätze zu erhöhen und die Marktposition zu stärken. Dieses Projekt erfordert eine anfängliche Investition (insb. in Software und Logistik) i. H. v. 20 Millionen Schweizer Franken (Zunahme der Capex um Millionen Schweizer Franken heute). Corinne rechnet mit zusätzlichen Umsätzen durch den verbesserten Online-Shop von 40 Millionen Schweizer Franken im ersten Jahr und von 70 Millionen Schweizer Franken im zweiten Jahr nach Projektstart (Zunahme der Topline um 40 Millionen Schweizer Franken in Jahr 1 und um 70 Millionen Schweizer Franken in Jahr 2). Sie nimmt die übliche Bruttomarge von 50 % an (Zunahme der Gross Margin um 20 Millionen Schweizer Franken in Jahr 1 und um 35 Millionen Schweizer Franken in Jahr 2). Zudem rechnet sie in den Folgejahren mit zusätzlichen laufenden Kosten für IT sowie zusätzliches Personal und Logistik von 15 Millionen Schweizer Franken (Zunahme der Opex um 15 Millionen Schweizer Franken in den Jahren 1 und 2). Tabelle 3.5 fasst die Finanzkennzahlen für Projekt 4 zusammen.

Tabelle 3.5: Projekt 4: Optimierung des Online-Shops (Quelle: eigene Darstellung).

	Heute	Jahr 1	Jahr 2	Total
Topline	0	+40.000.000	+70.000.000	+110.000.000
Gross Margin	0	+20.000.000	+35.000.000	+ 55.000.000
Opex	0	−15'000.000	−15.000.000	−30.000.000
Bottom Line	0	+ 5.000.000	+ 20.000.000	+25.000.000
Capex	−20.000.000	0	0	0
FCF	−20.000.000	+5.000.000	+20.000.000	+5.000.000
diskontierter FCF	*−20.000.000*	*+4.545.455*	*+1.075.380*	**NPV = 1.074.380**

Projekt 5: Umbau der Filialen

Das Layout in den Filialen von Women.s Wear ist sehr altmodisch und die letzte Auffrischung liegt lange zurück. Um für Kunden attraktiver zu werden, schlägt Corinne vor, die Filialen zu modernisieren. Der Umbau der Filialen erfordert eine anfängliche Investition von 100 Millionen Schweizer Franken (Zunahme der Capex um 100 Millionen Schweizer Franken heute). Damit erfahren alle Filialen eine Layout-Auffrischung und einige wenige Filialen können mit den 100 Millionen Schweizer Franken saniert werden. Corinne erwartet durch den Umbau nach dem ersten Jahr eine Umsatzerhöhung in Höhe von 100 Millionen Schweizer Franken, weil der Umbau in den Filialen zwölf Monate benötigt (Zunahme der Topline um 100 Millionen Schweizer Franken in Jahr 2). In der Umbauzeit kommt es zu keinen Umsatzsteigerungen und auch keinen

Einbrüchen. Sie nimmt die übliche Bruttomarge von 50 % an (Zunahme der Gross Margin um 50 Millionen Schweizer Franken in Jahr 2). Die Umsatzsteigerung kann auch deshalb gelingen, weil ein wichtiger Wettbewerber Konkurs angemeldet hat. Tabelle 3.6 fasst die Finanzkennzahlen für Projekt 5 zusammen.

Tabelle 3.6: Projekt 5: Umbau der Filialen (Quelle: eigene Darstellung).

	Heute	Jahr 1	Jahr 2	Total
Topline	0	0	+100.000.000	+100.000.000
Gross Margin	0	0	+50.000.000	+50.000.000
Opex	0	0	0	0
Bottom Line	0	0	+ 50.000.000	+50.000.000
Capex	−100.000.000	0	0	−100.000.000
FCF	−100.000.000	0	+ 50.000.000	−50.000.000
diskontierter FCF	−100.000.000	0	+ 41.322.314	**NPV = − 58.677.686**

Um eine Entscheidung zu treffen, welche Projekte Women's Wear durchführt, beantworten Corinne und Michael die drei Fragen, welche wir zu Beginn des Kapitels vorgestellt haben.

1. Machen einzelne Projekte aus wirtschaftlicher Sicht Sinn und lässt sich insgesamt ein positiver Kapitalwert erzielen?
Die nachfolgende Tabelle 3.7 fasst für jedes der fünf Projekte das Ergebnis der Kapitalwertbetrachtung (NPV) zusammen.

Tabelle 3.7: Ergebnisse der Kapitalwertbetrachtung für jedes der fünf Projekte (Quelle: eigene Darstellung).

	Projekt 1 (Personalkosten senken)	Projekt 2 (Mietkosten senken)	Projekt 3 (Filialen schließen)	Projekt 4 (Ausbau des Online-Shops)	Projekt 5 (Umbau der Filialen)
NPV	+46.332.645	+20.417.355	+398.760	+1.074.380	−58.677.686

Da Projekt 5, der Umbau der Filialen, für die Projektdauer von zwei Jahren keinen positiven NPV hat, entschließt sich Michael gegen das Projekt. Die Projekte 1 bis 4 erzielen jedoch bei einer Projektdauer von zwei Jahren voraussichtlich einen positiven NPV und wären somit aus finanzieller Sicht sinnvoll.

Dabei ist zu berücksichtigen, dass der verkürzte Betrachtungszeitraum auf zwei Jahre die Nachvollziehbarkeit für den Leser in diesem Fallbeispiel vereinfacht. In der Realität wäre eine längere Mehrjahresbetrachtung sicherlich hilfreich. Zusätzlich zu unserer NPV-Betrachtung braucht es flankierend eine gute Liquiditätsplanung, um einen potenziellen Konkurs in den kommenden 24 Monaten zu vermeiden. Auch darauf konnte aus Platzgründen nicht eingegangen werden. Beide Anmerkungen sollten bei der Projektbewertung in der Praxis berücksichtigt werden.

2. Wie hoch fällt der Kapitalbedarf aus und können wir uns das Projekt leisten?
Die nachfolgende Tabelle 3.8 zeigt den Kapitalbedarf (Capex) zu Beginn der fünf Projekte.

Tabelle 3.8: Kapitalbedarf zu Beginn der Projekte (Quelle: eigene Darstellung).

	Projekt 1 (Personalkosten senken)	Projekt 2 (Mietkosten senken)	Projekt 3 (Filialen schließen)	Projekt 4 (Ausbau des Online-Shops)	Projekt 5 (Umbau der Filialen)
Capex	−18.750.000	−2.000.000	−11.750.000	−20.000.000	−100.000.000

In Summe benötigt das Unternehmen für die Umsetzung der verbleibenden vier Projekte (Projekt 1–4) 52,5 Millionen Schweizer Franken Capex und Opex (Projekt 1–3). Zum aktuellen Zeitpunkt kann Woman's Wear maximal 100 Mio. CHF investieren, somit wären die Projekte 1–4 aus finanzieller Sicht umsetzbar.

3. Verfügt das Unternehmen über die notwendigen Ressourcen, um die Projekte durchzuführen?
Neben den finanziellen Auswirkungen der verbleibenden vier Projekte, muss Michael prüfen, inwiefern diese vier Projekte mit den vorhandenen Ressourcen zu stemmen sind. Hierbei sollte er insbesondere IT- und Humanressourcen prüfen. Gerade in der IT fällt es vielen Unternehmen schwer, ausreichend Personal zu finden. Auf dem Arbeitsmarkt sind kaum Fachkräfte verfügbar und häufig sind bestehende IT-Abteilungen

Tabelle 3.9: Übersicht des Bedarfs an IT- und Humanressourcen (Quelle: eigene Darstellung).

	Projekt 1 (Personalkosten senken)	Projekt 2 (Mietkosten senken)	Projekt 3 (Filialen schließen)	Projekt 4 (Ausbau des Online-Shops)
HR	Keine zusätzlichen Ressourcen erforderlich	Für das Projekt wird ein Jurist benötigt	Keine zusätzlichen Ressourcen erforderlich	40 Programmierer (200.000 CHF/Jahr), 35 Marketing-FTEs (100.000 CHF/Jahr), 35 Logistik-FTEs (100.000 CHF/Jahr)
IT	Keine zusätzlichen Ressourcen erforderlich	Keine zusätzlichen Ressourcen erforderlich	Keine zusätzlichen Ressourcen erforderlich	Zusätzliche Server und auch Software

überlastet und haben wenig Zeit für neue Projekte. Tabelle 3.9 stellt den Bedarf an IT- und Humanressourcen der vier Projekte gegenüber.

Corinne und Michael kommen zu dem Ergebnis, dass die Projekte eins und drei ohne zusätz-liche Ressourcen umsetzbar sind. Für Projekt zwei benötigt Women's Wear einen Juristen, der alle Mietverträge neu verhandelt. Für solche Fälle besteht bereits eine langjährige Geschäftsbeziehung zu einer großen Anwaltskanzlei. Für Projekt vier, den Online-Shop, benötigt das Unternehmen dagegen zusätzliche Ressourcen. Aufgrund der aktuellen Lage auf dem Arbeitsmarkt ist es unwahrscheinlich, 40 Programmierer einstellen zu können. Hier kommt es zu einem Engpass. Das Projekt ist somit nicht so-fort umsetzbar. Michael entschließt sich, das Projekt für ein Jahr zu sistieren und dann erneut die Umsetzbarkeit des Projektes zu prüfen. Er könnte dann ggfs. das Program-mieren outsourcen, allerdings würden damit höhere Kosten entstehen.

Fazit

Die vorgestellte Beispielrechnung kommt zu dem Ergebnis, die Projekte eins und drei sofort umzusetzen. Mehr ist aufgrund der angespannten finanziellen Lage nicht drin. Mit den bei-den Projekten ‚Personalkosten reduzieren' und ‚Filialen schließen' sind die strategischen Probleme allerdings nicht gelöst. Um eine nachhaltige Wachstums-phase für das Unternehmen einzuleiten, beschließt die Unternehmensleitung daher, das Leistungsversprechen in den kommenden sechs Monaten zu konkretisieren und eine Schärfung des Profils einzuleiten.

Literaturverzeichnis

[1] Vgl. Burmann, C. (2002), Strategische Flexibilität und Strategiewechsel als Determinanten des Unternehmenswertes, in: neue betriebswirtschaftliche forschung, Band 292, Gabler Verlag, S. 100 ff.

[2] Vgl. Machiavelli (1995), Der Fürst, Insel Taschenbuch, Frankfurt am Main.

[3] Vgl. Levie, J./Lichtenstein, B. (2010), A Terminal Assessment of Stages Theory: Introducing a Dynamic States Approach to Entrepreneurship, in: Entrepreneurship Theory and Practice, Vol. 34 (2), S. 317–350.

[4] Vgl. Cavalcante, S./Kesting, P./Ulhøi, J. (2011), Business model dynamics and innovation: (re) establishing the missing linkages, in: Management Decision, Vol. 49 (8), S. 1327–1342.

[5] Vgl. Bieger, T./Reinhold, S. (2011), Das wertbasierte Geschäftsmodell – Ein aktualisierter Strukturierungsansatz, in: T. Bieger, D. zu Knyphausen-Aufseß/Krys (Hrsg.), Innovative Geschäftsmodelle, SpringerVerlag Berlin, Heidelberg.

[6] Vgl. Safaric, A. (2017), Geschäftsmodelltransformation im Kontext von Cross-Channel Management, Dissertation an der Universität St. Gallen.

[7] Vgl. Müller-Stewens, G./Fontin, M. (2003), Die Innovation des Geschäftsmodells – der unterschätzte vierte Weg, in: Frankfurter Allgemeine Zeitung, S. 18., Frankfurt.

[8] Vgl. Schumpeter, J. A. (1934), The theory of economic development: an inquiry into profits, capital, credit, interest and the business cycle, London, Oxford University Press.

[9] Vgl. Drucker, P. F. (1954), The practice of management, New York, Harper and Row.

[10]   Vgl. Markides, C. (2008), Game-changing strategies: how to create new market space in established industries by breaking the rules, San Francisco, Jossey-Bass.

[11]   Vgl. Casadesus-Masanell, R./Ricart, J. E. (2010), From Strategy to Business Models and onto Tactics, Long Range Planning, Vol. 43 (2–3), S. 195–215.

[12]   Einen ausführlichen Überblick vermittelt Safaric (2017), Geschäftsmodelltransformation im Handel im Kontext von Cross-Channel Management, Dissertation Nr. 4623 an der Universität St.Gallen, Difo-Druck GmbH, Bamberg, 2017.

[13]   Vgl. Amit, R./Zott, C. (2001), Value creation in E-business, Strategic Management Journal, Vol. 22 (6–7), S. 493–520.

[14]   Vgl. Magretta, J. (2002), Why Business Models Matter, Harvard Business Review, Vol. 80 (5), S. 86–92.

[15]   Vgl. Rudolph, T./Loock, M./Kleinschrodt, A. (2008), Strategisches Handelsmanagement – Grundlagen für den Erfolg auf internationalen Handelsmärkten, in: St.Galler Schriften zum Handelsmanagement, Band 1, S. 59.

[16]   Abgeleitet und gekürzt aus: Safaric, A. (2017), S. 80. Im Text weiter oben bereits zitiert.

[17]   Vgl. Sorescu, A./Frambach, R. T./ Singh, J./Rangaswamy, A./Bridges, C. (2011), Innovations in Retail Business Models, in: Journal of Retailing, Vol. 87 (1), S. 5.

[18]   Vgl. Teece, D. J. (2007), Explicating dynamic capabilities: the nature and microfoundations of (sustainable) enterprise performance, in: Strategic Management Journal, Vol. 28 (13), S. 1325.

[19]   Vgl. Casadesus-Masanell, R./Ricart, J. E. (2010), From Strategy to Business Models and onto Tactics, in: Long Range Planning, 43(2–3), S. 2002.

[20]   Vgl. Müller-Stewens, G./Lechner, C. (2011), Strategisches Management. Wie strategische Initiativen zum Wandel führen, Schäffer-Poeschel Verlag, Stuttgart, 4. Auflage, S. 388 ff.

[21]   Vgl. Zott, C./Amit, R. (2010), Business Model Design: An Activity System Perspective, in: Long Range Planning, Vol. 43(2–3), S. 217.

[22]   Vgl. ebd., S. 217.

[23]   Breuer, S. (2004), Beschreibung von Geschäftsmodellen internetbasierter Unternehmen. Konzeption – Umsetzung – Anwendung. Bamberg: Difo-Druck, S. 15.

[24]   Wir sprechen nachfolgend von fünf Handlungsfeldern, die Alexaneder Safaric, ehemaliger Doktorand an unserem Forschungszentrum, in seiner Dissertation aus der Literatur entwickelt hat. Vgl. Safaric, A. (2017), Geschäftsmodelltransformation im Kontext von Cross-Channel Management. Für diese fünf Handlungsfelder konnten in diesem Buch konkrete Aufgaben abgeleitet werden. Unser daraus resultierender High 5 Ansatz bietet einen konkreten Handlungsrahmen für das Management.

[25]   Siehe Fußnote 24.

[26]   Vgl. Johnson, M. W./Christensen, C. M./Kagermann, H. (2008), Reinventing your business model, in: Harvard Business Review, Vol. 86 (12), S. 54.

[27]   Vgl. Müller-Stewens, G./Lechner, C. (2011), Strategisches Management. Wie strategische Initiativen zum Wandel führen, Schäffer-Poeschel Verlag, Stuttgart, 4. Auflage, S. 376 ff.

[28]   Nach Vershofen sind soziale Verantwortung und nachhaltige Ressourcenverwendung eines Unternehmens nicht per se von gesellschaftlichem Nutzen. Es geht dabei eher um eine weitere Form des emotionalen Nutzens des Käufers. Mit dem Erwerb eines Produktes wächst die Anerkennung von anderen, sprich der Nutzen innerhalb der Gesellschaft. Vgl. Vershofen, Wilhelm, in: Handbuch der Verbrauchsforschung, Berlin 1940.

[29]   Vgl. Johnson, M. W./Christensen, C. M./Kagermann, H. (2008). Reinventing your business model, in: Harvard Business Review, Vol. 86 (12), S. 52.

[30]   Vgl. Müller-Stewens, G./Lechner, C. (2011), Strategisches Management. Wie strategische Initiativen zum Wandel führen, Schäffer-Poeschel Verlag, Stuttgart, 4. Auflage, S. 376 ff.

[31]   Vgl.Rudolph 2016, Vortrag am Handelstag 2016 in St. Gallen zum Thema Disruption im Handel, basierend auf der Befragung von 170 Manager in unterschiedlichen Branchen.

[32]   Vgl. Richardson, J. (2008), The business model: an integrative framework for strategy execution, in: Strategic Change, Vol. 17 (5–6), S. 139.

[33]   Chatterje unterscheidet zwischen Kern-, Unterstützungs- und Peripherieaktivitäten. Da die Kernidee eine Unterscheidung zwischen wichtig und weniger wichtig darstellt, vereinfachen wir diese Typologie auf nur zwei Kategorien. Vgl. Chatterjee, S. (2013), Simple Rules for Designing Business Models, in: California Management Review, Vol. 55(2), S. 97–124.

[34]   Vgl. Neslin, S.A./Grewal, D./Leghorn, R./Shankar, V./Teerling, M. L./Thomas, J. S./Verhoef, P. C. (2006), Challenges and Opportunities in Multichannel Customer Management, in: Journal of Service Research, Vol. 9 (2), S. 95–112.

[35]   Vgl. Zott, C./Amit, R. (2010), Business Model Design: An Activity System Perspective, in: Long Range Planning, Vol. 43 (2–3), S. 216 ff.

[36]   Vgl. Rudolph 2016, Vortrag am Handelstag 2016 in St.Gallen zum Thema Disruption im Handel, basierend auf der Befragung von 170 Managern aus unterschiedlichen Branchen.

[37]   Vgl. Müller-Stewens, G./Lechner, C. (2011), Strategisches Management. Wie strategische Initiativen zum Wandel führen, Schäffer-Poeschel Verlag, Stuttgart, 4. Auflage, S. 395 ff.

[38]   Vgl. Chesbrough, H./Rosenbloom, R. S. (2002), The role of the business model in capturing value from innovation: evidence from Xerox Corporation's technology spin-off companies, in: Industrial and Corporate Change, Vol. 11(3), S. 535.

[39]   Vgl. Osterwalder, A./Pigneur, Y. (2010), Business Model Generation: A Handbook for Visionaries, Game Changers, and Challengers, Hoboken, New Jersey, John Wiley & Sons, S. 5 ff.

[40]   Vgl. Heracleous, L./Wirtz, J. (2012), Strategy and organisation at Singapore Airlines: achieving sustainable advantage through dual strategy. In: Energy, Transport, & the Environment, S. 479–493. Springer, London.

[41]   Vgl. Heracleous, L. T./Wirtz, J./Pangarkar, N. (2006), Flying high in a competitive industry: cost-effective service excellence at Singapore Airlines, McGraw-Hill.

[42]   Vgl. Jansen, J. (2018), Zalando ersetzt Mitarbeiter durch Algorithmen, in: FAZ, Nr. 58, S. 24.

[43]   Vgl. Sorescu, A./Frambach, R. T./ Singh, J./Rangaswamy, A./Bridges, C. (2011), Innovations in Retail Business Models, in: Journal of Retailing, Vol. 87(1), S. 4.

[44]   Vgl. Imre, M. (19. April, 2018): Amazon nennt erstmals Zahlen: Mehr als 100 Millionen Prime-Kunden, handelsblatt.com, Abgerufen von: http://www.handelsblatt.com/unternehmen/handel-konsumgueter/aktionaersbrief-von-jeff-bezos-amazon-nennt-erstmals-zahlen-mehr-als-100-millionen-prime-kunden/21190388.html.

[45]   Vgl. Markman, J. (23. Mai, 2017), The Amazon Era: No Profits, No Problem, Forbes.com, Abgerufen von: https://www.forbes.com/sites/jonmarkman/2017/05/23/the-amazon-era-no-profits-no-problem/#1d7b2f6b437a.

[46]   Vgl. Morris, M./Schindehutte, M./Allen, J. (2005), The entrepreneur's business model: toward a unified perspective, in: Journal of Business Research, Vol. 58 (6), S. 726–735.

[47]   Vgl. Carr, A. (2011). Hulu Courts Buyers, While Netflix Streaming Surges, Abgerufen von https://www.fastcompany.com/1765434/hulu-courts-buyers-while-netflix-streaming-surges.

[48]   Vgl. o.V., Wenn die Versicherung von der Bank kommt, in: FAZ, Nr. 21, 25.1.2018, S. 23.

[49]   Abdollahi, G./Leimstoll, U. (2011), A Classification for Business Model Types in E-commerce, in: AMCIS.

[50]   Vgl.o.V. (2018), Wir bewegen 20 Millionen vernetzte Fahrzeuge, in: FAZ, Nr. 67, S. 24.

[51]   Zitiert aus: Miller, D. (1996), Configurations Revisited, in: Strategic Management Journal, Vol. 17 (7), S. 509.

[52]   Vgl. Vester, F (1999), Die Kunst vernetzt zu denken – Ideen und Werkzeuge für einen neuen Umgang mit Komplexität, Der neue Bericht an den Club of Rome, DVA und dtv, München, 1. Auflage 1999.

[53] Vgl. Ackoff, R.L. (1994), Systems Thinking and Thinking Systems, in: System Dynamics Review, Vol. 10 (2–3) Summer – Autumn (Fall), S. 175 ff.

[54] Vgl. Kumar, A./Sharma, R.(2000), Principles of Business Management, New Dehli.

[55] Vgl. Van de Ven, A./Drazin, R (1984), The Concept of Fit in Contingency Theory, Discussion Paper 19, Minnesota.

[56] Vgl. Mintzberg/H. Ahlstrand, B./Lampel, J. (1998), Strategy Safari – A guided Tour through the Wilds of Strategic Management, The free Press, New York.

[57] Vgl. Ackoff, R.L. (1994), Systems Thinking and Thinking Systems, in: System Dynamics Review, Vol. 10 (2–3) Summer – Autumn (Fall), S. 175 ff.

[58] Vgl. Doty, H./Glick, W./Huber, G.P. (1993), Fit, Equifinality and Organizational Effectiveness: A Test of Two Configurational Theories, in: Academy of Management, Vol. 36 (6), S. 1196–1250.

[59] Vgl. Porter, M.E. (1996), What is Strategy?, in: Harvard Business Review, Nov/Dez, S. 61–78.

[60] Vgl. Higgins, R. (2018), Analysis for Financial Management, McGraw Hill.

[61] Vgl. Volkart, R. (2011), Corporate Finance – Grundlagen von Finanzierung und Investition, Versus Verlag, Zürich.

4 Fallbeispiele der Transformation

Wie lässt sich der High 5 Ansatz in der Praxis anwenden? In zahlreichen Publikationen rund um die digitale Disruption finden oftmals die gleichen Unternehmen Erwähnung: Amazon, Tesla, Airbnb, Uber oder die jungen Wilden aus der Start-up-Szene. Allerdings können etablierte Unternehmen von diesen ‚Game Changern' nur bedingt lernen. Vorschnell führen sie Ideen-Labs, hierarchielose Teams, Fußballtische in den Kantinen oder die Du-Kultur ein, nur um ebenfalls auf der Silicon-Valley-Welle zu reiten. Diese isolierten Maßnahmen stellen jedoch meist Fremdkörper dar und zeigen kaum Wirkung.

Eine Transformation gründet vielmehr auf einem in sich geschlossenen Ökosystem: Sämtliche Handlungsfelder des High 5 Ansatzes sind systematisch zu bearbeiten und mit einem hohen Fit-Faktor aufeinander abzustimmen. Erfolgreiche Disruptoren helfen als Benchmark kaum, da deren Kultur, Struktur und Prozesse in einem vollkommen anderen Kontext und vor allem ohne Historie wirken. Benchmarks für etablierte Anbieter sind daher verstärkt in der Old Economy zu suchen. Für unsere Fallstudien haben wir diesen Unternehmenstyp überproportional stark gewichtet.

Beispiele aus unterschiedlichen Branchen stellen eine breite Auslegeordnung sicher. Sie zeigen auf, wie Unternehmen die fünf Handlungsfelder bearbeitet haben und welche Stellhebel zu Erfolg, aber auch Misserfolg führten. Die Fallbeispiele sollen Impulse vermitteln und verschiedene Wege für Transformation aufzeigen.

Wir haben unsere Fallbeispiele in drei Gruppen eingeteilt. In der ersten Gruppe beschreiben wir mit SHOULDICE und Flixbus zwei Unternehmen, die ihre Branche zu ganz unterschiedlichen Zeitpunkten grundlegend verändert haben und dabei der Grundidee unseres High 5 Ansatzes folgten. Beiden Unternehmen ist der Durchbruch gelungen, weil sie in allen fünf Handlungsfeldern neue Wege eingeschlagen haben. Der Leser erkennt anhand beider Fälle, was ein neues – der Konkurrenz überlegenes – Geschäftsmodell ausmacht und wie sich dieses aufbauen lässt.

In der zweiten Gruppe finden sich Unternehmen, denen eine erfolgreiche Geschäftsmodelltransformation gelang. Viele standen im Zuge der eigenen Transformation vor großen Herausforderungen, die wir zu Beginn umschreiben. In der Folge geht es um eine prägnante Beschreibung der ganzheitlichen Vorgehensweise anhand unseres High 5 Ansatzes. Durch Fallbeschreibungen aus unterschiedlichen Branchen erhalten Sie vielfältige Hinweise zur Anwendung unseres Ansatzes.

Die dritte Gruppe besteht aus Unternehmen, die gescheitert sind. Sie lernen aus diesen Fallstudien in kompakter Form, wo deren Fehler lagen. Teilweise ist das Management halbherzig vorgegangen, häufig war die Abstimmung zwischen den Handlungsfeldern mangelhaft. Gerade in dieser dritten Gruppe finden sich viele Unternehmen, die kein geeignetes Leistungsversprechen für ihre Transformation einsetzten. Dementsprechend

---

Anmerkung: Die dazugehörigen Quellennachweise finden Sie am Ende des jeweiligen Fallbeispiels.

https://doi.org/10.1515/9783111292298-004

hoch stufen wir die Lernimpulse aus der dritten Gruppe ein, zumal der kluge Leser am besten aus den Fehlern anderer lernen kann.

4.1 Durchschlagende Branchenveränderungen

Flixbus

Ausgangssituation und Zielsetzung der Fallstudie

Wie kann es einem Start-up in weniger als fünf Jahren gelingen, zum Monopolisten einer Branche aufzusteigen? „Keine Chance", werden Sie sagen. Flixbus ist aber genau dieses Kunststück gelungen. Das Unternehmen erreichte 2018 mehr als 90 % Marktanteil im Fernbusmarkt, obwohl das Unternehmen erst 2013 startete. Die Erfolgsgeschichte begann mit der Reform des Personenbeförderungsgesetzes in Deutschland und dem damit einhergehenden Wegfall des Wettbewerbsschutzes für die Bahn. Seit dem 1. Januar 2013 haben Unternehmen die Möglichkeit, Städteverbindungen mit Fernbussen anzubieten.

Hauptgrund für diesen kometenhaften Aufstieg war und ist zunächst der Preis, der sich von der Konkurrenz Bahn oder anderen Busanbietern äußerst positiv abhebt. Das Durchschnittsticket kostet – auch für mehrstündige Busfahrten – lediglich zehn bis zwanzig Euro. Bei der guten alten Eisenbahn müssen Kunden deutlich mehr bezahlen. Normalerweise dauert es bei solchen Dumpingpreisen nicht lange, bis der Konkurs eintritt, wird der betriebswirtschaftlich vorgebildete Leser einwenden. Denn nach den Regeln der Kostenrechnung sollten die Einnahmen gedeckt sein, um längerfristig überleben zu können. Zwar erzielt Flixbus gesamthaft noch keinen Gewinn, doch die Investoren stehen nach wie vor Schlange und glauben fest an den (Gewinn-)Durchbruch, was die Finanzierungsrunde um Juni 2021 von über 650 Millionen US-Dollar verdeutlicht. Mittlerweile hat Flixbus eine Unternehmensbewertung von über drei Milliarden US-Dollar [1]. Woher kommt diese Zuversicht? Die Antwort liefert der Co-Geschäftsführer Jochen Engert, der sagt: „Die Art und Weise, wie wir vorgehen, ist fundamental anders als bei etablierten Transportfirmen." Flixbus besitzt keine eigenen Busse, sondern arbeitet mit kleinen und mittelgroßen Busunternehmen zusammen. Die Münchener Firma entwickelt lediglich Fahrpläne und Servicestandards und wickelt den Onlineverkauf ab.

Diese Vorgehensweise bescherte dem Unternehmen im Jahr 2019 vor der COVID-19-Pandemie mehr als 62 Millionen Fahrgäste in mehr als 36 Ländern. Mit Flixtrain versucht das Unternehmen seine Städteverbindungen weiter zu diversifizieren und noch attraktiver zu machen. Die Expansion in den USA hat mit der Übernahme der US-Traditionsmarke Greyhound im Jahr 2021 mit ihren 2 400 Zielen und 16 Millionen Fahrgästen pro Jahr einen starken Schub erfahren. Mit einem Schlag wurde Flixbus in den USA von der Nummer zwei zum Quasimonopolisten [2]. Das Unternehmen, das neu unter FlixMobility GmbH firmiert, hat eine Disruption ausgelöst. Wir wollen mit dieser Fallstudie erklären, wie es dazu kommen konnte.

Leistungsversprechen

Flixbus beschreibt sich selbst als eine einzigartige Kombination aus Technologie-Start-up, Internetunternehmen und klassischem Verkehrsbetrieb. Das Leistungsversprechen deutet fokussiert den Wettbewerbsvorteil an. Es ist auf der Unternehmenswebseite zu finden und lautet: „Dank einfacher Buchung und einem täglich wachsenden Angebot bieten wir Millionen Reisenden die Möglichkeit, für wenig Geld die Welt zu entdecken" (Vgl. Tabelle 4.1). Dabei erfüllen die grünen Fernbusse und Fernzüge höchste Komfort-, Sicherheits- und Umweltstandards und bieten die ökologische und bequeme Alternative zum Individualverkehr [3]. Bezogen auf unser Kapitel zum Leistungsversprechen, erfüllt das Flixbus Leistungsversprechen alle drei Dimensionen. Neben dem Preisvorteil (Nutzendimension Funktion) und einem emotional in grün gehaltenen Marktauftritt (Nutzendimension Emotion), will das Unternehmen auch Umweltstandards setzen und berücksichtigt damit explizit gesellschaftliche Anliegen (Nutzendimension Gesellschaft).

Tabelle 4.1: Transformation des Flixbus-Geschäftsmodells (Quelle: eigene Darstellung).

Leistungsversprechen

Wir bieten Reisenden die Möglichkeit, für wenig Geld die Welt zu entdecken.

Leistungserstellung	Leistungsangebot	Kostenmodell	Ertragsmodell
IT-Plattform für die Buchung von Beförderungsleistungen mit mehr als 3.000 Bussen und wenigen Zügen	Flächendeckende Transportverbindungen zu Tiefstpreisen zwischen größeren Städten innerhalb von Europa und Nordamerika	No-Frills-Ansatz: Flixbus konzentriert sich auf die Vermarktung der Städteverbindungen über eine moderne IT-Infrastruktur	Dynamisches Preismodell zur optimalen Auslastung der Busse
Kooperation mit mehr als 500 regionalen Busunternehmen	Komfortable Busse mit Bord-WC sowie Verkauf von Snacks und Getränken, kostenloses WLAN	Kilometerabhängige Fahrkostenvergütung gegenüber Busbetrieben verhindert ungeplante Kostenüberschreitungen	Attraktives Provisionsmodell für angeschlossene Busunternehmen und Reisebüros
Umweltführerschaft mit der Einführung von Elektrobussen	Attraktives Entertainmentprogramm	Niedrige Fixkosten im Bereich Personal für Stellen in der IT und im Marketing garantieren tiefe Ticketpreise	Neue Erlösquellen für die Beförderung von Expresspaketen und der Paketvermietung von Bussen
Technologisch gut entwickeltes Delay-Management-System (Verspätungsmanagment-System)	Bequeme Buchung über App, Webseite oder im Reisebüro.		Innovative Serviceideen, die zusätzliche Erlöse generieren
	Informationen über Verspätungen, die Lage der Haltestellen und die nächsten Abfahrtszeiten		

Das Leistungsversprechen begeistert Kunden und vermittelt Mitarbeitern – auch in den Subunternehmen – Orientierung. So kann es gelingen, den Markenwert deutlich zu erhöhen.

Leistungsangebot

Disruption gelingt, wenn etablierte Unternehmen die neue Geschäftsidee nicht ernst nehmen. So war es bei Flixbus. Mit der Deregulierung des Bahnmonopols zeigte die Deutsche Bahn (DB) wenig Interesse, in den Fernbusmarkt einzusteigen. Zwar interessierten sich eine ganze Reihe von Wettbewerbern für das neue Marktsegment, doch nach weniger als drei Jahren setzte sich Flixbus durch. Das lag in erster Linie am überzeugenden Leistungsangebot. Das wichtigste Argument besteht im Preis. Zur Veranschaulichung dient ein Beispiel: Das Auto- und Verkehrsportal Stau.info hat im Jahr 2018 sechzehn Hin- und Rückfahrten zwischen Flixtrain und der Deutschen Bahn verglichen. Der Preisunterschied lag bei 75 % zugunsten von Flixtrain. Für eine Fahrt mit der Bahn zahlten Kunden durchschnittlich 70,78 Euro; bei einer Fahrt mit Flixtrain waren es nur 17,42 Euro [4]. Die Preisunterschiede zwischen Busreisen mit Flixbus und der Beförderung mit der Bahn lagen zwischen 30 und 50 %, zugunsten von Flixbus [5].

Über den Preisvorteil gelang es schnell, Marktanteile zu gewinnen und ein flächendeckendes Transportnetz in Europa aufzubauen. Dazu haben das komfortable Busangebot, kostenloses WLAN, der Verkauf von Snacks, die Möglichkeit, drei Gepäckstücke mitzunehmen sowie die einfache Buchung über die unternehmenseigene App beigetragen. Auch erhält der Fahrgast verlässliche Informationen über Verspätungen, Abfahrtszeiten oder die nächsten Haltestellen. Ein weiterer Wettbewerbsvorteil entsteht durch den Aufbau eines umfangreichen Entertainmentprogramms, das viele Serien und Filme zur Unterhaltung der Fahrgäste bereitstellt. Wer während der Fahrt einen Kinofilm sehen kann, fährt lieber mit Flixbus. Die preissensiblen Zielgruppen der Schüler, jungen Familien, Senioren und Singles sind davon angetan und schätzen diese Vorteile gegenüber dem Angebot der Bahn.

Leistungserstellung

Die Leistungserstellung von Flixbus begründet in erster Linie die disruptive Wirkung der neuen Geschäftsidee. Das innovative Konzept basiert auf einer engen Kooperation bestehender Busanbieter mit einem technologieaffinen Netzwerkentwickler, der bestehende Busanbieter marktplatzmäßig bündelt und marketingtechnisch mit einem überzeugenden Mehrwert vermarktet. Der Name Flixbus dient als Markendach für viele Busunternehmen, die gemeinsam ein flächendeckendes Transportnetz in den deutschsprachigen Ländern anstreben. Die Fahrtabwicklung übernehmen weltweit mehr als 500 lokale mittelständische Busunternehmen. Flixbus selbst entwickelt das Netz, organisiert den Betrieb und wickelt die Buchungen ab. Dabei spielt Technologie eine wichtige Rolle.

Mit Technologie-Innovationen, wie der FlixBus-App – einem modernen Buchungs- und Ticketing-System – baute das Unternehmen eine Buchungsplattform für weit mehr als 3 000 Fernbusse und auch erste Züge auf. Seit 2021 fahren die ersten FlixTrains in Schweden, als erstem Land nach Deutschland. Die angeschlossenen Busbetreiber erhalten über diese Plattform eine Auslastung, die der einzelne Busbetrieb nicht erzielen kann. Bei den Fernzügen von FlixTrain kooperiert das Unternehmen mit privaten Zugbetreibern in Europa.

Das für Fahrgäste kostenlose Wi-Fi und das GPS-Livetracking ermöglichen ein automatisiertes Delay-Management, das die Konkurrenz auf der Schiene in der bestehenden Prognosequalität nicht bieten kann. Auch das dynamische Preismanagement beruht auf technologischem Know-how. Je nach Auslastung werden die Preise angepasst. Zudem eröffnet das dynamische Preismanagement die Möglichkeit, Rentabilitätsziele zu erreichen. Als weitere Technologie-Innovation möchte die FlixMobility GmbH gemeinsam mit Freudenberg und ZF Europas ersten grünen Langstreckenbus mit Brennstoffzellen-Antrieb bauen, welcher bis 2024 auf den Straßen fahren soll [6].

Kostenmodell

Die Netzwerkidee in Kombination mit dem Prinzip, dass jeder Akteur im Netzwerk sich auf seine Kernkompetenzen konzentrieren soll, eröffnen einen erheblichen Kostenvorsprung. So war es aus Kostenüberlegungen vorteilhaft, den Transport erfahrenen Busunternehmen zu überlassen, statt diese Kompetenz selbst teuer aufzubauen. Wie bereits erwähnt, übernehmen diese Aufgabe mittelständische Busbetriebe, die auch für die Wartung der Busse verantwortlich sind. Zwar handelt es sich dabei um den größten Kostenblock in der Erfolgsrechnung von Flixbus, doch fallen die Transportkosten konkurrenzlos niedrig aus. Grund dafür sind tiefe Basispreise. Das illustrieren die folgenden Zahlen: 74 % der Ticketverkaufserlöse erhalten die kooperierenden Subunternehmen in Form einer Provision von Flixbus ausbezahlt. 26 % behält das Unternehmen für sich [7]. Da mittelständische Unternehmen auf eine kostendeckende Vergütung angewiesen sind, garantiert Flixbus den Busunternehmen pro gefahrenem Kilometer eine Vergütung von 1,10 Euro. Sollte die Minimalvergütung von 1.100 Euro auf einer 1 000-Kilometer-Strecke nicht durch den Ticketverkauf eingenommen werden, gewährt Flixbus dem Partnerunternehmen ein Liquiditätsdarlehen. Dieses verhindert finanzielle Engpässe bei den Subunternehmen und löst keine direkten Ausgaben bei Flixbus aus; denn sollten die Ticketverkäufe zu einem späteren Zeitpunkt sprudeln, wird das Liquiditätsdarlehen um den berschuss reduziert.

Die gefahrenen Kilometer entscheiden über den Verrechnungspreis. Die tatsächliche Fahrzeit zwischen zwei Standorten scheint in dem 2018 geltenden Vergütungskonzept keine Rolle zu spielen. Langwierige Staus gehen deshalb zulasten der Busbetriebe und führen zumindest für Flixbus zu keinen negativen berraschungen in der Kostenrechnung. Trotzdem sollte die Kilometerpauschale für beide Seiten – den Busunternehmern und Flixbus – ein überlebensfähiges Auskommen ermöglichen und hängt entscheidend von der Auslastung und der Preispolitik ab. Die beiden zuletzt genannten Faktoren kann

Flixbus über die zentralgesteuerten Marketingbemühungen selbst beeinflussen, womit die berlebensfähigkeit des Gesamtsystems in den eigenen Händen liegt.

Flixbus beschäftigt keine Busfahrer, Werkstattmitarbeiter oder Call-Center-Angestellte. Personalkosten entstehen bei Flixbus in erster Linie für Marketing- und IT-Aufgaben. Die FlixMobility GmbH hat inzwischen rund 3 000 Mitarbeiter weltweit, im Vergleich zu 10 000 Fahrerinnen [8]. Die Fixkosten fallen bezogen auf das Personal dementsprechend niedrig aus.

Je stärker die Marke Flixbus überzeugt, desto mehr Kunden interessieren sich für das Angebot. Das hohe Maß an Digitalisierung erlaubt es dem Unternehmen mit zunehmender Bekanntheit, Skaleneffekte in der Vermarktung zu nutzen. Der digitale Marktplatz für den Personentransport spielt seine tiefen Transaktionskosten bei der Vermittlung zwischen Nachfrage und Angebot mit zunehmender Größe bzw. ‚Traffic‘ erst richtig aus. Dazu tragen der Direktverkauf ohne Zwischenhändler, der vollautomatisierte Ticketverkauf und die kostengünstigen Social-Media-Aktivitäten bei.[1] Blogger erhalten kostenlose Tickets und posten im Gegenzug ihre Erfahrungen.

Ertragsmodell

Die wichtigste Erlösquelle besteht im Ticketverkauf. Dessen Rentabilität hängt dabei in erster Linie von der Ausgestaltung des dynamischen Preismodells ab. Dieses zielt wie bei der Bahn oder beim Verkauf von Flugtickets darauf ab, einen möglichst günstigen Preiseindruck zu erwecken, insgesamt aber dennoch kostendeckend zu arbeiten. Dazu werden die Preise ständig angepasst und für gewöhnlich die höchsten Preise für Restplätze kurz vor der Abfahrt erhoben. So zahlt der erste Fahrgast nur 9,90 Euro, während der Last-Minute-Kunde 49,90 Euro bezahlen muss. Bisher ist es Flixbus gesamthaft nicht gelungen, mit dem erzielten Durchschnittspreis die Kosten zu decken. Aus Sicht der Gründer steht das Ziel der Marktpenetration (noch) eindeutig vor dem Ziel, ein rentables Unternehmen zu führen. Ermöglicht wird diese Einstellung durch die Investoren, die mit der Priorisierung Wachstum vor Rentabilität einverstanden sind und diese sogar fordern.

Flixcharter ist ein weiteres, vorwiegend von Reisegruppen, Vereinen und Clubs genutztes Angebot, das jedoch bisher nur sehr geringe Einnahmen generiert. Der Leistungsvorteil im Vergleich zu traditionellen Busunternehmen könnte im Preis liegen, war aber bisher noch nicht klar erkennbar. Mit Flixcar stieg die FlixMobility GmbH in den Markt für Mitfahrgelegenheiten ein, bisher auf Frankreich beschränkt.

Inwiefern der Verkauf von Snacks und Getränken eine rentable Erlösquelle darstellt, bleibt offen. Sicherlich versucht das Unternehmen mit weiteren Dienstleistungen, wie z. B. der Wahl besserer Sitze mit größerer Neigefunktion oder Tischablagen für Computer, zusätzliche Attraktivität für die Kunden zu generieren. Auch die Einfüh-

---

1 Diese Aussage trifft für über 90 % der Einnahmen zu. Die restlichen 10 % werden über Reisebüros, an Busbahnhöfen oder im Bus verkauft.

rung einer Jahresgebühr, die bestimmten Leistungen wie Gratisgetränke, Sitzplatzreservierung oder aktuelle Kinofilme mit einschließt, könnte dabei helfen, die Rentabilität zu verbessern.

Das Ertragsmodell mit seinen unterschiedlichen Erlösquellen befindet sich in einer frühen Entwicklungsphase. Sobald das Rentabilitätsziel an Bedeutung gewinnt und die Wachstumsziele kleiner werden, bietet das Ertragsmodell weiteres Optimierungspotenzial.

Fazit

Flixbus hat nicht nur mit Fernbussen ein neues Reisesegment erschlossen, sondern den Personenverkehr mit mittlerweile mehr als 100 Millionen Fahrgästen disruptiv verändert. Etablierte Anbieter aus anderen Transportbereichen wie Bahn oder Flugzeug sind stark betroffen und reagieren mit Preissenkungen. Die Entwicklung fallender Transportpreise macht es für Flixbus schwieriger, die Gewinnschwelle zu erreichen. Die Zukunft bleibt ungewiss und hängt maßgeblich von der Fähigkeit ab, neue Chancen innovativ und zum Wohle der zahlreichen Stammkunden aufzugreifen.

Literaturverzeichnis

[1] Vgl. Flixbus (2021), FlixMobility raises over $650 M in Funding at $3B Valuation planning further global expansion, in: Flixbus-Website, 02.06.2021, https://corporate.flixbus.com/flixmobility-raises-over-650m-in-funding-at-3b-valuation-planning-further-global-expansion/.

[2] Vgl. Flixbus (2021), FlixMobility acquires Greyhound to Expand U.S. Intercity Bus Services, in: Flixbus-Website, 21.10.2021, https://corporate.flixbus.com/flixmobility-acquires-greyhound-to-expand-us-intercity-bus-services/.

[3] Vgl. Flixbus (2021), Klimaneutral reisen? Mit FlixBus und FlixTrain geht das!, in: Flixbus-Website, 03.12.2021, https://www.flixbus.de/unternehmen/umwelt.

[4] Vgl. Heiniger, B. (2018), Flixbus startet mit Kampfpreisen auf der Schiene, in: Handelszeitung am 23.3.2018, https://www.handelszeitung.ch/unternehmen/flixbus-startet-mit-kampfpreisen-auf-der-schiene.

[5] Vgl. Weimer, M. (2017), Ich habe lieber Flixbus als einen Doktortitel, in: Gründerszene, 21.2.2017, https://www.gruenderszene.de/allgemein/flixbus-vier-jahre-schwaemlein-interview/2.

[6] Vgl. Flixbus (2021), HyFleet: FlixMobility, Freudenberg and ZF to build Europe's first green hydrogen long distance bus, in: Flixbus-Website, 10.11.2021, https://corporate.flixbus.com/-hyfleet-flixmobility-freudenberg-and-zf-to-build-europes-first-green-hydrogen-long-distance-bus-/.

[7] Vgl. Herbstreith, A. (2017), FLIXBUS – DAS GESCHÄFTSMODELL DES FERNBUSGIGANTEN IM DETAIL, in: E-Business, 10 5.2017, https://ebusiness2020.wordpress.com/2017/05/10/flixbus-das-geschaeftsmodell-des-fernbusgiganten-im-detail/.

[8] Vgl. Götz, S. (2021), Das grüne Imperium, in: Die Zeit, 08.11.2021, https://www.zeit.de/mobilitaet/2021-11/flixbus-preis-tickets-konkurrenz-busfahrt-expansion-europa-greyhound/komplettansicht.

SHOULDICE

Ausgangssituation und Zielsetzung der Fallstudie

SHOULDICE Hospital ist eine Klinik in Toronto, die seit der Gründung 1945 durch den Mediziner Earle Shouldice ausschließlich Leistenbrüche operiert [1]. Von Beginn an, vor allem in seiner Blütezeit Ende des 20. Jahrhunderts, hat das Unternehmen den Markt für Leistenoperationen in Kanada verändert, obwohl es nur einen Umsatz im einstelligen Millionenbereich erzielt. Schon eine Woche nach der OP sind die Patienten wieder arbeitsfähig, in anderen Kliniken dauert das oftmals zwei Wochen. Die Operationsqualität ist sehr hoch: Nur 1 % der Patienten müssen sich später erneut einer Leistenoperation unterziehen; in anderen Kliniken ist eine Rückfallquote von 10 % üblich. Dazu überraschen die geringen Kosten – sie liegen pro Patient und Eingriff um 50 % niedriger als der Branchenschnitt. Auch das Personal ist sehr zufrieden. Fluktuation gibt es fast nicht. Die Marketingausgaben lagen lange bei null US-Dollar, weil aus gutem Grund befürchtet wurde, die Nachfrage nicht befriedigen zu können, die eine gute Marketingkampagne brächte [2].

Zu schön, um wahr zu sein? Nein, sondern ein Beispiel dafür, welche Erfolge Kleinunternehmen erzielen können, wenn sie ihren eigenen Weg konsistent, fokussiert und innovativ gehen. SHOULDICE hat intuitiv vor Jahrzehnten ein Geschäftsmodell aufgebaut, das viele disruptive Züge in sich trägt. Die Fallstudie zeigt, warum Kostenführerschaft und Qualitätsführerschaft keine Gegensätze sein müssen. Viele andere disruptive Geschäftsmodelle lösen diesen Gegensatz gezielt auf.

Diese Betrachtung bezieht sich auf die Blütezeit von SHOULDICE, die vor der Jahrtausendwende lag. Danach traten in Kanada neue gesetzliche Regeln für Privatkliniken in Kraft, und der Sohn des Gründers erreichte das Pensionsalter. 2012 hat die Familie das Unternehmen an einen Krankenhausbetreiber verkauft [3].

Leistungsversprechen

SHOULDICE verspricht seinen Patienten, bereits eine Woche nach der Leistenoperation wieder arbeiten zu können. Die medizinische Basis dafür ist eine vom Gründer Edward Earle Shouldice entwickelte Operationsmethodik für Leistenbrüche, die eine komplikationsfreie und schnelle Genesung ermöglicht. Hinzu kommen eine professionelle Pflege und eine Vorzugsbehandlung der Patienten: Sie laufen eigenständig vom Operationstisch weg und genießen danach die Atmosphäre eines Ferienressorts, wo sie sich mit Billard, Tisch-Shuffleboard, Minigolf oder Solarium weitere drei Tage erholen können. Zwölf Vollzeit- und sieben Teilzeitchirurgen, ein Anästhesist und 40 Pflegefachkräfte bilden das Team für täglich bis zu 36 Operationen, im Jahr werden bis zu 8 000 Patienten operiert. Tabelle 4.2 zeigt das Leistungsversprechen von SHOULDICE sowie die Transformationsmaßnahmen in den vier Handlungsfeldern.

Tabelle 4.2: Transformation des SHOULDICE-Geschäftsmodells (Quelle: eigene Darstellung).

Leistungsversprechen

Eine Woche nach Ihrer Leisten-OP arbeiten Sie ohne Schmerzen und Komplikationen wieder in Ihrem Beruf.

Leistungserstellung	Leistungsangebot	Kostenmodell	Ertragsmodell
Klinikarchitektur ermöglicht ein Ferienfeeling	Schnelles und effizientes Diagnosesystem für entfernt wohnende Patienten	Anmeldung per E-Mail und erste Untersuchung bei Einlieferung	Gesetzlich nur sehr kleiner Spielraum für eine Veränderung des Ertragsmodells
Fünf Operationsteams teilen sich einen Anästhesisten			
	Angenehmer Empfang in der Klinik und Kontakt zu anderen Patienten	Kleines, aber sehr erfahrenes Operationsteam	Kostenführerschaft und hohe Auslastung als Schlüsselfaktoren für hohe Profitabilität
Einzigartige Operationstechnik garantiert komplikationsfreie und schnelle Rekonvaleszenz		Effiziente Anordnung der Operationsräume	
	40 Minuten OP mit lokaler Narkose und schneller Regeneration		Nach 1997 Einstieg in Marketingmaßnahme, da per Gesetz die Behandlung US-amerikanischer Staatsbürger stark verteuert wurde
Standardisierte Prozesse ermöglichen effizientes Qualitätsmanagement	Gezieltes Pflege- und Übungsangebot zur schnellen Erholung	Eigene Wäscherei	
		Volle Wochenauslastung der Klinik bei fünf Operationstagen	
Angenehme Arbeitszeit und hohe Löhne fördern die Mitarbeiterzufriedenheit	Entlassung bereits am vierten Tag		

Leistungserstellung

Dem Leistungsversprechen folgend ist das Krankenhaus in einer untypischen Architektur gestaltet. Im Erdgeschoss befinden sich der Empfang und das Restaurant. Der erste Stock lädt zum Verweilen ein und beherbergt die Patientenzimmer. Die Operationen finden im zweiten Stock statt. Das gesamte Gebäude soll dazu animieren, sich viel zu bewegen und mit anderen Menschen in Kontakt zu kommen. Deshalb sind nirgendwo Fernseher anzutreffen. Verweilzonen und das gastronomische Angebot unterstützen dieses Ziel maßgeblich.

Die Arbeit in den Operationssälen startet morgens und endet am Nachmittag. Ein standardisierter und bis ins Detail optimierter Prozess ermöglicht einen effizienten Ablauf und gleichzeitig eine zehnmal höhere Erfolgsquote. In fünf Operationsteams operieren je ein Oberarzt, zwei Fachkräfte und teilweise ein Assistenzarzt in nur 40 Minuten einen Patienten. Den Anästhesisten teilen sich die fünf gleichzeitig operierenden Teams. Nur wenige Patienten erhalten eine Vollnarkose, was die Erholung des Patienten beschleunigt und die Kosten niedrig hält.

Die Shouldice-Operationsmethodik ermöglicht sofortiges Laufen nach der Operation. Die gut verkraftbare lokale Narkose schafft die Voraussetzung, bereits am selben Tag mit ersten Übungen zu beginnen. Um eine solch schnelle Erholung garantieren zu können, muss das Qualitätsmanagement einwandfrei funktionieren. Sichergestellt wird dies unter anderem durch ständig wechselnde Operationsteams. Da sich die Klinik nur mit der häufigsten Art von Leistenbrüchen befasst, befindet sich die Operationstechnik auf einem sehr hohen Qualitätsniveau. Komplikationen gibt es sehr selten; sie werden immer im Team gelöst, was den Erfahrungsaustausch zusätzlich fördert. Ärzte erhalten einen leicht überdurchschnittlichen Fixlohn und eine variable Entlohnung in Abhängigkeit vom Jahresgewinn. Besonders motivierend sind die Arbeitszeiten: Ärzte arbeiten von 7 Uhr morgens bis maximal 17 Uhr und nie an Wochenenden.

Leistungsangebot

Viele Patienten kommen aufgrund von Empfehlungen früherer Patienten oder ihres Hausarztes in die Klinik. Zusätzliche Marketingmaßnahmen gab es vor 1997 überhaupt nicht: Sie hätten die Wartezeiten für Patienten eher verlängert. Ein detailliertes Diagnosesystem, das im ersten Schritt aus einem kurzen Fragebogen für weiter entfernt wohnende Patienten besteht, selektiert relevante Patienten für SHOULDICE und schlägt diesen einen Operationstermin vor.

Die Aufnahme in die Klinik findet am Tag vor der Operation statt. Pflichttermin nach der Operationsvorbereitung ist das Abendessen, an dem auch die am Vortag eingetroffenen und schon operierten Patienten teilnehmen. Diese Begegnung entspannt die Neuankömmlinge – sie sehen, wie gut es den Patienten am Tag der Operation schon gehen kann. Am nächsten Tag holt der Arzt den Patienten im Zimmer ab, nach der OP bringt er ihn wieder zurück. Damit beginnt bereits das Bewegungs-, Trainings- und Pflegeprogramm, das eine schnelle Rekonvaleszenz sicherstellen soll. Am Abend geht es – zu Fuss – in den Speisesaal zum Essen mit den Neuzugängen. Der dritte Tag dient der Entspannung und falls notwendig der Wundpflege. Am vierten Tag werden die Patienten nach Hause entlassen und arbeiten bereits am siebten Tag wieder [4]. Das außergewöhnlich gute Essen, die schöne Cafeteria und die Freizeitmöglichkeiten tragen zur hohen Patientenzufriedenheit bei.

Kostenmodell

Verschiedene Maßnahmen bewirken niedrige Kosten, ohne die Qualität zu beeinträchtigen. Dazu zählt das sehr kostengünstige Diagnose- und Bewertungssystem. Die meisten potenziellen Patienten werden fast ohne Personaleinsatz werden identifiziert und mithilfe des Computers zu der Operation eingeladen. So fallen für Patienten, die nicht im Raum Toronto leben, keine kostenintensiven Voruntersuchungen an. Die tiefe Kostenstruktur für den viertägigen Krankenhausaufenthalt ermöglicht unter anderem die Vollauslastung der Kapazitäten mit maximal 36 neuen Patienten am Tag, kleine Operationsteams, welche sich einen Anästhesisten teilen, die geschickte Anordnung der Operationsräume sowie die sehr kurzen Operations- und nachfolgenden Untersuchungszeiten. Auch die Wäscherei mit nur zwei Vollzeitbeschäftigten oder die effiziente Bewirtschaftung der Küche sorgen für um insgesamt 50 % niedrigere Kosten im Vergleich zu anderen Krankenhäusern.

Ertragsmodell

Bis 1997 erzielte SHOULDICE eine weit überdurchschnittliche Rendite. Die überlegene Kostenstruktur und das hervorragende Image waren bis zu diesem Zeitpunkt die Erfolgsgaranten. Allerdings führten in jenem Jahr gesetzliche Veränderungen in Kanada zu einer erheblichen Verteuerung der Behandlung für US-amerikanische Staatsbürger. In der Konsequenz drohte ein Rückgang bei den Patientenzahlen von bis zu 40 %.

Da in der stark regulierten Klinikbranche der Spielraum, durch eigenständige Variation der Preise die Umsätze zu beeinflussen, bedeutend begrenzt ist, beschränkte sich SHOULDICE bei der Preisgestaltung auf eine Erhöhung des Übernachtungszuschlags für Privatpatienten. Weit wichtiger für das Ertragsmodell war jedoch der 1997 begonnene Einstieg in Marketingmaßnahmen in Kanada. Das Marketing konzentrierte sich dabei auf die Ansprache von Chiropraktikern und überweisenden Ärzten. Zusätzlich half die Bekanntmachung von Heilungserfolgen in TV-Sendungen, die Mitwirkung bei Fallstudien an Hochschulen zur Förderung der Bekanntheit und die Empfehlungen ehemaliger Patienten, einen Großteil des ausländischen Patientenrückgangs zu kompensieren [5].

Fazit

Shouldice hat ein Geschäftsmodell entwickelt, das der Konkurrenz in vielen Bereichen überlegen ist. Das Leistungsversprechen macht eine Dualstrategie erforderlich, die Porters Strategieempfehlungen infrage stellt. Die dabei ganzheitlich angelegte Vorgehensweise stellt Kostenführerschaft und Differenzierung gleichermaßen sicher. Bis auf das Ertragsmodell hebt sich SHOULDICE in allen Dimensionen von der Konkurrenz deutlich ab.

Literaturverzeichnis

[1]   Vgl. Video unter https://www.shouldice.com/about/.
[2]   Vgl. Haskett, J. (2003), Shouldice Hospital Limited, Fallstudie 9-683-068 der Harvard Business School.
[3]   Vgl. Haskett, J./Hallowell, R. (2013), Shouldice Hospital Limited (B), Fall der Harvard Business School 9-913-405.
[4]   Einen sehr guten Überblick vermittelt das Video https://www.youtube.com/watch?v=Yr1Jg9gC3QA.
[5]   Vgl. Pope, J./Stephenson, L. (1997), Shouldice Hospital Limited 1997, Fallstudie 9A98D015 der Richard Ivey School of Business.

N26

Ausgangssituation und Zielsetzung der Fallstudie

Im Jahr 2013 entschieden sich Valentin Stalf und Maximilian Tayenthal, ehemalige HSG-Alumni und langjährige Freunde, ihre Jobs aufzugeben und ein Start-up zu gründen. Angefangen mit einer Kreditkarte für Teenager, erkannten die beiden Mitgründer schnell den Kundenwunsch nach einem besseren Kundenerlebnis. So wurde aus ‚Papayer‘, dem Namen des Kreditkarten-Start-ups, schnell die heutige Neobank ‚N26‘. N26 ist Teil einer neuen Welle von Finanztechnologieunternehmen, wie zum Beispiel Revolut, die die traditionelle Bankenbranche herausfordern und verändern wollen. Neobanken unterscheiden sich von klassischen Banken insofern, als dass sie über keine Verkaufsstellen verfügen und nicht Teil einer traditionellen Bank sind. Die Dienstleistungen von Neobanken werden einzig und allein über Online-Kanäle angeboten. Im Jahr 2022 wurde N26 mit mehr als 7,7 Milliarden Euro [1] bewertet und war 2021 zwischenzeitlich mit 9 Milliarden US Dollar höher bewertet als die zweitgrößte börsennotierte Bank in Deutschland (Commerzbank) [2]. Mehr als 8 Millionen Kunden in 24 Ländern sowie 19 globale Investoren [3], darunter der deutsche Versicherungsriese Allianz und Valar Ventures, gegründet von der Silicon Valley-Legende Peter Thiel (Mitgründer von PayPal), vertrauen N26 bereits ihr Geld an [4]. Diese Investoren haben die Mission von N26, den Bankensektor zu verändern, mit 819 Millionen US-Dollar Risikokapital unterstützt [5]. Obwohl N26 derzeit Verluste verzeichnet, illustriert diese Fallstudie das disruptive Potenzial von sogenannten Neobanken. Diese Unternehmen setzen auf innovative Technologien und nutzen das Vertrauen ihrer Kunden, um traditionelle Bankdienstleistungen zu transformieren und den Bedürfnissen einer digital-affinen Generation gerecht zu werden.

Leistungsversprechen

N26 will eine Bank aufbauen, „die die Welt gerne nutzt" [6] und verspricht ein benutzerfreundliches und transparentes Bankerlebnis. Dabei steht das Kundenerlebnis im Mittelpunkt [7]. Die Idee zu N26 entstand, als die beiden Gründer erkannten, dass die digitalen Produkte vieler traditioneller Banken lediglich digitalisierte Versionen traditioneller Angebote waren, ohne die Anforderungen von Online-Nutzern in den Vordergrund zu stellen. Immerhin wollten 2015 noch mehr als 70 % aller Millennials (Menschen, die zwischen 1981 und 1997 geboren sind) lieber zu ihrem Zahnarzt als zu ihrer Hausbank gehen [8]. CEO Valentin Stalf führte die Unfähigkeit traditioneller Banken zur Innovation auf ihre Trägheit zurück, die aus dem Einsatz von Altsystemen und -technologien resultierte. Daher verfolgte N26 das Ziel, eine Bank von Grund auf neu zu gestalten und die Lücke mit einem kundenzentrierten Ansatz zu füllen. Ziel war

Anmerkung: Die Fallstudie entstand in Zusammenarbeit mit Michael Hoang und Christopher Schraml (Universität St.Gallen)

und ist es, den Kunden die beste Lösung mit dem größten Komfort und dem besten Angebot zu bieten. Funktionale und emotionale Vorteile stehen dabei im Vordergrund.

Die Covid-19-Pandemie hat das Wachstum von N26 weiter beschleunigt. Während der Pandemie konnte das Unternehmen nicht nur seine Nutzerbasis um 2 Millionen Kunden steigern (40 % Wachstum im Vergleich zu den Zahlen vor der Pandemie), sondern auch die Kundenanzahl, die das Girokonto von N26 als Hauptkonto nutzen. Das Durchschnittsalter stieg in den vergangenen fünf Jahren von Mitte 20 auf Mitte 30, weil Mobile Banking sich als Mainstream-Standard in allen Bevölkerungsschichten etabliert [9]. Tabelle 4.3 zeigt das Leistungsversprechen der N26 sowie die Transformationsmaßnahmen in den vier Handlungsfeldern.

Tabelle 4.3: Transformation des N26-Geschäftsmodells (Quelle: eigene Darstellung).

Leistungsversprechen

Wir wollen die erste weltweit digitale Bank aufbauen. Im Mittelpunkt steht eine benutzerfreundliche App, die dein Leben mit Hilfe von innovativer Technologie vereinfacht. N26 hilft dir, dein Banking und dein Leben so zu gestalten, wie du willst.

Leistungserstellung	Leistungsangebot	Kostenmodell	Ertragsmodell
Technologisch sehr gute State-of-the-Art Smartphone-App	Digitale Kontoeröffnung per Videochat	N26 betreibt keine stationären Filialen	Klassisches Provisionsgeschäft (Kontoführung, Zahlungsverkehr- und Abwicklungsgebühren)
Alle Services werden digital abgebildet	Vier verschiedene Girokonten, sowohl für Privat- als auch Geschäftskunden	Keine Geldautomaten vorhanden	Zinseinnahmen durch Kreditvergabe
Cloud-basierte Software-Anwendungen	Ratenzahlungsangebot		
Zusammenarbeit mit Partnerunternehmen zur Bereitstellung von Services (z. B. Auslandsüberweisungen mit Wise)	Abschluss von Versicherungen direkt in der App möglich	Positive Skaleneffekte bei steigender Nutzeranzahl	Kommission aus Auslandüberweisungen mit Wise
	Flexible Kreditoptionen verfügbar		Kommission aus Versicherungsgeschäften
	Innovative Verwaltungsmöglichkeiten von Budgets	Gegen Null tendierende Grenzkosten	
	MoneyBeam-Funktion		

Leistungsangebot

Durch den Einsatz von innovativer Technologie bietet N26 ein breites Spektrum an Bankdienstleistungen an, welches das komplexe Thema der Finanzverwaltung maßgeblich vereinfachen. N26 bietet Girokonten, die allein über das Smartphone oder den Computer verwaltet werden können. Nutzer können Girokonten von überall und jederzeit mit nur wenigen Klicks eröffnen, vorausgesetzt, sie haben Zugang zum Internet. N26 verspricht, dass Konten innerhalb von acht Minuten eröffnet werden können. Private Nutzer können zwischen vier Arten von Girokonten wählen:

1. Kostenloses N26-Girokonto Standard: Es stellt eine Debit Mastercard bereit. Enthalten sind ein Online-Banking-Zugang sowie Zahlungen und Auslandsüberweisungen zu deutlich günstigeren Konditionen als bei traditionellen Banken. Alle Konten gewähren kostenlose Abhebungen am Geldautomaten in der Landeswährung. Der Kundenservice ist lediglich über eine Chatbot erreichbar.

2. N26 Smart: Dieser Kontotyp kostet 4,90 Euro pro Monat und enthält zusätzlich zum ‚Standard' einen telefonischen Kundenservice, Spaces (Erstellung von Unterkonten bspw. zum Sparen) sowie Premium-Partnerangebote.

3. N26 You: Dieses Konto liegt bei 9,90 Euro pro Monat und verspricht zusätzlich unbegrenzte Gratisabhebungen im Ausland und schließt Reise- und Lifestyle-Versicherungen (z. B. beim Carsharing oder Wintersport) ein.

4. N26 Metal: Diese Variante kostet 16,90 Euro pro Monat und enthält u. a. unlimitierte Abhebungen in Fremdwährungen, Versicherungsdienstleistungen (z. B. Reise- oder Handyversicherung), telefonischen Kundenservice, Zugang zu exklusiven Angeboten (z. B. vergünstigter Zugang zu Co-Working-Spaces von WeWork) und Events.

Zudem bietet N26 die oben vorgestellten Konten für Geschäftskunden an, beispielsweise für Selbstständige. Das Hauptmerkmal bei den Geschäftskonten ist eine vereinfachte Aufteilung zwischen privaten und geschäftlichen Ausgaben. Alle Girokontoprodukte werden durch zusätzliche Finanzprodukte ergänzt, wie:
-   die Möglichkeit in Raten zu bezahlen und diese flexibel aufzuteilen,
-   die Möglichkeit Kryptowährungen zu handeln,
-   Versicherungen direkt in der N26 App abzuschließen,
-   ohne Wartezeit einen Kredit in Höhe von bis zu 25.000 Euro aufzunehmen,
-   flexible Dispositionskredite, falls das Konto überzogen wird, und die Eröffnung eines flexiblen Tagesgeldkontos.

Die Direktbank ist in 24 europäischen Ländern tätig und spricht vor allem junge Kunden an. Rund 60 % der Nutzer in Deutschland sind unter 35 Jahre alt [10], was auf die Affinität dieser Altersgruppe für digitale Lösungen zurückzuführen ist. Die international ausgerichteten Dienstleistungen sprechen eine Zielgruppe an, die beruflich und in der Freizeit häufig ins Ausland reist. Die Mobile Banking App hat bereits mehr als acht Millionen Nutzer [11].

Leistungserstellung

Die Mitarbeiter sind durch die Entwicklung und Bereitstellung wichtiger Dienstleistungsangebote ein zentraler Erfolgsfaktor. Alle Produkte sind papierlos und mit nur wenigen Klicks zugänglich. N26 beschäftigt mehr als 1 500 Mitarbeiter an zehn Standorten mit Büros in Berlin, New York und Barcelona, verfügt allerdings nicht über physische Filialen [12]. Seit seiner Gründung hat sich N26 zunehmend vom Anbieter einzelner Produkte zum Plattformanbieter entwickelt. Heute können die Kunden auf eine Vielzahl von Dienstleistungen von Partnerunternehmen zugreifen. So werden beispielsweise Auslandsüberweisungen über das Unternehmen Wise abgewickelt und das Produkt N26 Savings ermöglicht das europäische Zinsportal WeltSparen, über das Kunden bei fünf bis zehn verschiedenen Banken in Europa zu attraktiven Zinsen anlegen können [13]. Hintergrund der Plattformidee ist die Vision der Kundenzentrierung entlang des gesamten Angebots: Dem Kunden soll das bestmögliche Angebot zu den günstigsten Konditionen geboten werden. Um dieses Ziel zu erreichen, ist N26 bereit, Partner in seine Plattform einzubinden, behält dabei die Kontrolle über die Kerninfrastruktur und fungiert als zentrale Anlaufstelle (,One-Stop-Shop') für seine Kunden. Der Kunde hat somit einen Ansprechpartner und muss sich nicht mit verschiedenen Dienstleistern auseinandersetzen. Im Zuge der Entwicklung zum Plattformanbieter werden Beziehungen zu Partnerunternehmen für N26 immer wichtiger, da nur so das volle Leistungsversprechen für Kunden realisiert werden kann. Seit 2016 besitzt N26 offiziell eine Banklizenz, was Glaubwürdigkeit und Vertrauen gegenüber Kunden stärkt.

Kostenmodell

Im Gegensatz zu traditionellen Banken fallen bei N26 keine Filialkosten an, da alle Produkte und Dienstleistungen ausschließlich digital angeboten werden. Das softwarebasierte Geschäftsmodell hat den entscheidenden Vorteil, dass kaum variable Kosten anfallen. So beschränken sich die wichtigsten produktbezogenen Kostenfaktoren auf die Produktentwicklung oder ,First-Copy-Kosten' [14]. Da das Unternehmen jedoch noch relativ jung ist und sich in der Wachstumsphase befindet, entstehen hohe Markterschließungskosten. Wie viele junge Digitalunternehmen, verfolgt N26 eine recht aggressive Expansionspolitik. Der Fokus liegt primär auf einer schnellen Skalierung, um einen möglichst breiten Markt abzudecken, und weniger darauf, möglichst schnell profitabel zu werden. Im Idealfall erweist sich das Geschäftsmodell aufgrund seiner geringen Grenzkosten mittelfristig als profitabel [15]. Eine schnelle Kundenakquise ermöglicht das Erreichen einer kritischen Masse, die wiederum eine kontinuierliche Ausweitung des Produkt- und Dienstleistungsportfolios ermöglicht. Die aggressive Kundenakquise zahlt sich für N26 aus: Von 2020 auf 2022 konnte die Plattform drei Millionen neue Nutzer begrüßen [16]. Die Gewinnung jedes neuen Nutzers kostete im Durchschnitt 22 Euro, was zu Marketingausgaben von 66 Millionen Euro führte. In diesem Zusammenhang verfolgt N26 das Ziel, die durch die Skalierung erzielten Vorteile an die Kunden weiterzugeben [17]. Durch die steigenden Nutzerzahlen wird die

N26-Plattform immer attraktiver für potenzielle Partnerunternehmen. Mit dieser Strategie profitiert N26 von den entstehenden indirekten Netzwerkeffekten: Je mehr Nutzer auf der Plattform sind, desto attraktiver wird die Plattform für andere Finanzdienstleister. N26 erweitert sein Angebot und spart gleichzeitig Entwicklungskosten ein.

Ertragsmodell

Das Ertragsmodell traditioneller Banken besteht hauptsächlich aus Kontoführungs- und Servicegebühren sowie Ergebnissen aus der Differenz zwischen Anlage- und Schuldzinsen [18]. Im Gegensatz dazu bieten viele junge FinTech-Unternehmen, darunter auch N26, ihr Basisprodukt kostenlos an. Laut dem Jahresbericht 2021 hat N26 3,7 Millionen ertragsrelevante Kunden, welche Bruttoerträge von über 182 Millionen Euro generieren. Dabei erwirtschaftet N26 den Großteil ihrer Umsätze durch das Provisionsgeschäft. Im Jahr 2021 konnte N26 einen Provisionsüberschuss (Saldo aus Provisionserträgen und Provisionsaufwendungen) in Höhe von 90 Millionen Euro generieren, was einer Steigerung von fast 60 % im Vergleich zu 2020 entspricht. Zum Vergleich: Der Zinsüberschuss belief sich 2021 auf rund 30 Millionen. Somit machen die Provisionserträge den Großteil des Gesamtumsatzes aus [19]. Zudem bietet N26 in ausgewählten Märkten (z. B. Deutschland, Frankreich) Kredite zwischen 1.000 Euro und 50.000 Euro bei einem effektiven Kreditzinssatz ab 1,99 % p. a. und einer Laufzeit zwischen sechs und 84 Monaten an. Ebenso generiert N26 Umsatz, indem sie Kunden die Möglichkeit bietet, vergangene Zahlungen bis 1.000 Euro in mehrere Raten (drei bis sechs Monate) aufzuteilen. In Zusammenarbeit mit dem Versicherungsunternehmen simplesurance bietet N26 ihren Kunden zusätzlich Elektronikversicherungen und zukünftig Haftpflicht- und Käuferschutzversicherungen an, über welche die Provisionserträge weiter gesteigert werden sollen [20].

Im Vergleich zu den Erträgen traditioneller Banken sind die Einnahmen von N26 noch gering, und aufgrund der schnellen Expansion und der Einstellungsstrategie wird für das Geschäftsjahr 2021 ein Verlust von 172,4 Millionen Euro ausgewiesen, trotz 50 % höherem Umsatz. Doch die vermeintlich höheren Einnahmen der traditionellen Banken versprechen nicht zwingend wirtschaftlichen Erfolg. Die seit Jahren anhaltenden Forderungen nach Erhöhungen der Eigenkapitalquote deuten auf die kritische Verfassung des Bankensektors hin und der Fall Credit Suisse zeigt, dass auch eine traditionelle Geschäftsbank vor dem Konkurs nicht gefeit ist [21]. N26 konzentriert sich, trotz Defiziten, auf die Expansion in neue Märkte. Das Unternehmen will weltweit 100 Millionen Kunden überzeugen. Es bleibt abzuwarten, ob N26 die kritische Masse an Kunden erreicht, um profitabel zu wirtschaften. Viele Neukunden sind zwar bereit Neobanken auszuprobieren, jedoch wird ihnen das Hauptkonto selten übertragen [22].

Fazit

N26 verfolgt die große Vision, den Bankensektor durch ein hervorragendes Kundenerlebnis zu verändern. Ohne sich auf veraltete Technologien zu verlassen, bietet N26 Finanzprodukte an, die auf die Bedürfnisse der Kunden zugeschnitten sind. Der Online-Only Ansatz gewährleistet im Vergleich zu traditionellen Banken eine Kostenführerschaft. Gleichzeitig schafft es N26 sich im Bereich der digitalen Dienstleistungen von den klassischen Anbietern zu differenzieren. Einzig das Ertragsmodell ist noch nicht vollständig ausgereift, um etablierte Banken vom Markt zu verdrängen. Es stellt sich die Frage, ob N26 als Hauptbank vieler Konsumenten durchsetzen kann oder traditionelle Banken den Vorsprung im digitalen Dienstleistungsangebot von N26 wettmachen können. Das Rennen ist offen. Auch die Credit Suisse konnte 2023 die Schieflage trotz ihrer langen Unternehmensgeschichte nicht abwenden.

Literaturverzeichnis

[1]   Vgl. Martschin, M. (2023), Neue Geschäftszahlen: N26 verdient mehr – und macht trotzdem höhere Verluste, Gründerszene, https://www.businessinsider.de/gruenderszene/fintech/neue-geschaeftszahlen-n26-verdient-mehr-und-macht-trotzdem-hoehere-verluste/.
[2]   Vgl. Browne, R. (2021), Fintech firm N26 is now worth more than Germany's second-largest bank, CNBC, https://www.cnbc.com/2021/10/18/n26-triples-valuation-to-9-billion-now-worth-more-than-commerzbank.html.
[3]   Vgl. N26 (2023), Über N26, https://n26.com/de-de/ueber-n26.
[4]   Vgl.Crunchbase (2023), N26, https://www.crunchbase.com/organization/n26.
[5]   Vgl. CBInsights (2021), Berlin-Based Mobile-First Challenger Bank N26 Raises $900 M To Break Into The Cryptocurrency Market, https://www.cbinsights.com/research/n26-series-e-funding/.
[6]   Vgl. N26 (2023), Abgerufen von: https://n26.com/en-eu.
[7]   Vgl. VentureTV (2017), N26 – Das Geschäftsmodell der Online-Bank ist anders als du denkst, https://venturetv.de/n26-das-geschaeftsmodell-der-online-bank-ist-anders-als-du-denkst/.
[8]   Vgl. BBVA (2015), The Millennial Disruption Index, Abgerufen von: https://www.bbva.com/wp-content/uploads/2015/08/millenials.pdf.
[9]   Vgl. W&V (2021), N26 rüstet sich für Nach-Corona-Zeit, https://www.wuv.de/Archiv/N26-rüstet-sich-für-Nach-Corona-Zeit.
[10] Vgl. Statista (2017), Share of N26 customers in Germany in 2017, by age group, https://www.statista.com/statistics/922408/customers-n26-by-age-germany/.
[11] Vgl.N26 (2023), Über N26, https://n26.com/de-de/ueber-n26.
[12] Vgl. Mesch, S. et al. (2018). Digitalisierung in Industrie-, Handels- und Dienstleistungsunternehmen. Bewegung in der Bankenbranche: FinTechs als Disruptoren und Hoffnungsträger, S. 391, Springer Gabler.
[13] Vgl. VentureTV (2017), N26 – Das Geschäftsmodell der Online-Bank ist anders als du denkst, https://venturetv.de/n26-das-geschaeftsmodell-der-online-bank-ist-anders-als-du-denkst/.
[14] Vgl. Gabler Wirtschaftslexikon (2023), First-Copy-Cost-Effekt, https://wirtschaftslexikon.gabler.de/definition/first-copy-cost-effekt-52629.
[15] Vgl. DerStandard (2020), Wie viel Bank in Online-Anbietern wie N26 steckt, https://www.derstandard.at/story/2000122246324/wie-viel-bank-in-online-anbietern-wie-n26-steckt.

[16] Vgl. N26 (2022), N26 gibt Konzernergebnis für 2021 bekannt – Fokus auf Kundenaktivität führt zu starkem Ertragswachstum, https://n26.com/de-de/presse/pressemitteilung/n26-gibt-konzernergebnis-fuer-2021-bekannt-fokus-auf-kundenaktivitaet-fuehrt-zu-starkem-ertragswachstum.

[17] Vgl. VentureTV (2017), N26 – Das Geschäftsmodell der Online-Bank ist anders als du denkst, https://venturetv.de/n26-das-geschaeftsmodell-der-online-bank-ist-anders-als-du-denkst/.

[18] Vgl. Dimler, N. et al. (2018), Unternehmensfinanzierung im Mittelstand. Lösungsansätze für eine maßgeschneiderte Finanzierung. Springer Gabler.

[19] Vgl. N26 (2022), N26 gibt Konzernergebnis für 2021 bekannt – Fokus auf Kundenaktivität führt zu starkem Ertragswachstum, https://n26.com/de-de/presse/pressemitteilung/n26-gibt-konzernergebnis-fuer-2021-bekannt-fokus-auf-kundenaktivitaet-fuehrt-zu-starkem-ertragswachstum.

[20] Vgl. N26 (2023), https://n26.com/en-eu.

[21] Vgl. Büsser, H. (2022), Die sichersten Banken der Welt, https://www.handelszeitung.ch/geld/kon kurs-der-credit-suisse-mit-hohen-eigenkapitalquoten-wurden-geruchte-keine-bank-erschuttern-537139.

[22] Vgl. Ballard, B. (2018), The unstoppable rise of neobanks, https://www.worldfinance.com/banking/the-unstoppable-rise-of-neobanks.

4.2 Erfolgreiche Geschäftsmodelltransformationen

LEGO

Ausgangssituation und Zielsetzung der Fallstudie

Die aufkommende Krise in der Spielwarenbranche zeichnete sich 1998 in den Geschäftszahlen ab: Zum ersten Mal in der Firmengeschichte wurden Verluste geschrieben (rund 40 Millionen Euro). Auch die Folgejahre brachten keine signifikante Erholung. In nur drei von sechs Jahren zwischen 1998 und 2003 konnten Gewinne ausgewiesen werden. 2003 erreichte die LEGO-Gruppe einen Tiefpunkt und steuerte auf den sicher scheinenden Bankrott zu. Der Nettoumsatz fiel um 26 % tiefer aus als im Jahr zuvor; der Verkauf von Spielzeug ging sogar um erdrutschartige 29 % zurück. Das Jahresergebnis von Steuern wies einen Verlust von umgerechnet 188 Millionen Euro aus [1].

Insbesondere mit dem Aufkommen der Spielekonsole für Computerspiele und anderen digitalen Spielen verdrängte die virtuelle Welt immer mehr traditionelle Spielwaren. Von digitale Spielen ging plötzlich eine hohe Faszination aus. Beispielsweise verbesserten ‚Sim City' oder ‚RollerCoaster Tycoon' Konstruktionserlebnisse mit digitalen Spezialeffekten. Dagegen wirkten die guten alten LEGO-Bausteine wie ein Relikt aus der Vergangenheit [2]. Auf diese Krise reagierte der Spielzeughersteller LEGO mit diversen Maßnahmen:

- Einerseits wurde ein Effizienzprogramm geschaffen, um sinkende Margen ausgleichen zu können. Dem Programm ‚Fitness Plan' fiel fast ein Zehntel der Belegschaft zum Opfer.
- Andererseits versuchte man mit einer drastischen Erhöhung der Kadenz an neuen Produkten, Spieletrends frühzeitig aufzugreifen. Die neu eingeführten Produkte machten schnell 75 % des jährlichen Umsatzes aus. Die Liebe zum Detail

war jedoch ein tief verwurzelter Teil der Firmenkultur, mit negativen Auswirkungen auf stark ansteigende Material- und Produktionskosten. Diese Kultur machte die Effekte aus den Bestrebungen des ‚Fitness Plan' zunichte.

– Daneben wurde die Marke LEGO zusätzlich auf neue Sortimente ausgeweitet (u. a. Bücher, Kleider, Uhren, Filme, Computerspiele). Es entstanden zusätzliche Produktlinien, wie die Primo-Reihe für Babys oder die Scala-Reihe mit Barbie artigen Puppen. LEGO erschloss neue Vertriebswege, neue Kundensegmente und vollständig neue Produktkategorien.

Das Unternehmen reagierte auf den Marktdruck an zu vielen Fronten. Es kam zu einer Überforderung der Organisation bei gleichzeitig explodierenden Kosten. Beispielsweise gab es LEGO-Bausteine anfangs nur in den Grundfarben rot, blau, grün und gelb. Nach der Innovationsoffensive waren es über 100 verschiedene Farbtöne. Auch die Produktvarianten erlebten eine deutliche Expansion. Das Ergebnis war eine drastische Erhöhung der Komplexität. Innerhalb von sieben Jahren verdoppelte sich die Komponentenanzahl von 6 000 auf über 14 000 Stück. Da rund 90 % der neuen Teile nur für ein einziges Produktset verwendet wurde, stiegen die Produktions- und Lagerkosten stetig an.

Immerhin erhöhte sich der Umsatz im ersten Halbjahr 2001 erheblich, dank der steigenden Nachfrage nach lizenzierten Produkten sowie Kooperationen mit Disney und Blockbuster-Produktionen wie Star Wars und Harry Potter. Zudem kürte die amerikanische Zeitschrift Fortune den klassischen LEGO-Baustein in dieser Zeit zum Spielzeug des Jahrhunderts. LEGO war zu diesem Zeitpunkt der viertgrößte Spielwarenhersteller der Welt, mit einem Umsatz von einer Milliarden Euro. Dies konnte jedoch nicht darüber hinwegtäuschen, dass das aktuelle Geschäftsmodell vor einer grundlegenden Transformation stand. Schlechte Finanzkennzahlen und ausbleibende Erträge aus dem Lizenzgeschäft machten grundlegende Veränderungen erforderlich.

Kjeld Kirk Kristiansen, Enkel des Firmengründers und seit 25 Jahren Lenker des Geschäfts, leitete die Geschäftsmodelltransformation ein. Er übergab das Zepter an den erst 34-jährigen Jorgen Vig Knudstorp, einem ehemaligen McKinsey-Berater, der im Unternehmen seit 2001 als Leiter für strategische Entwicklung und seit 2003 als Chief-Financial-Officer tätig war. Knudstorp übernahm im Herbst 2004 die Gesamtleitung.

Leistungsversprechen

Bei LEGO sicherten Kosteneinsparungen die Zukunftsfähigkeit, die dank eines starken Leistungsversprechens und eines Top-down-Ansatzes effektiv umgesetzt werden konnten. Der harte Einschnitt ging einher mit einer starken Wertehaltung im Top-Management. LEGO war überzeugt, dass Spielen ein wesentlicher Bestandteil in der Entwicklung eines Kindes ist und LEGO den Anspruch besitzt, das Leben dieser Kinder zu bereichern, indem wunderbare Spielerlebnisse kreiert werden. Die damit ausgelöste Stärkung seines Leistungsversprechens hat dem Unternehmen geholfen, die Tragfähigkeit der strukturellen Einschnitte zu sichern. Veränderung ohne Sinnhaftigkeit führt meist zu Widerständen, innerer Kündigung und zu einem Aderlass guter Fachkräfte.

Fehlt eine starke innere Überzeugung, kann eine systematische Kundenanalytik helfen, das Leistungsversprechen auf Grundlage der Bedürfnisse der Zielkunden zu skizzieren. Bei LEGO haben sich Kundenanalytik und die Suche nach einem Leistungsversprechen gegenseitig ergänzt. Tabelle 4.4 zeigt das Leistungsversprechen von LEGO sowie die Transformationsmaßnahmen in den vier Handlungsfeldern.

Tabelle 4.4: Transformation des LEGO-Geschäftsmodells (Quelle: eigene Darstellung).

Leistungsversprechen

- Wir fördern das Kind in jedem von uns als Weltführer von qualitativen Produkten und Erlebnissen, die zu Kreativität, Fantasie, Spaß und Lernen anregen.
- Selbst das Beste ist nicht gut genug.

Leistungserstellung	Leistungsangebot	Kostenmodell	Ertragsmodell
Auslagerung der Produktion nach Osteuropa	Konsumentenstudie zur Identifizierung des typischen LEGO-Kindes	Auslagerung der Produktion nach Osteuropa	Vernachlässigte Einzelhändler wurden mit mehr Marge vergütet
Reorganisation und Vereinfachung der Vorstandsstrukturen	Installation eines Botschafter-Programmes und einem Kids-Inner-Circle zur Integration der Kunden in den Entwicklungsprozess und zum besseren Verständnis der Kundenbedürfnisse	Reorganisation und Vereinfachung der Vorstandsstrukturen	Multi-Channel-Strategie mit mehreren Kooperationspartnern zur Inszenierung der Markenwelt
Teams wurden mit einer Dreiecksfunktion aus Design, Konstruktion und Marketing zur Erlangung einer ganzheitlichen Perspektive versehen		Teams wurden mit einer Dreiecksverantwortung in Bezug auf Design, Konstruktion und Marketing ausgestattet	Lizenzgeschäft mit hoher Strahlkraft
	Bifokale Sichtweise einerseits auf die Pflege der Basis-Produktlinie und andererseits auf Innovationen		
	Neue Fähigkeiten der Mitarbeiter (breites Wissen und tiefes Fachwissen)		

Kostenmodell

Knudstorp beschreibt in einem Interview, dass einer der Gründe für die Krise der langanhaltende Erfolg war mit dem ein Gefühl der Unverwundbarkeit entstand. Selbst auf dem Höhepunkt der Krise waren viele Manager überzeugt, dass das „Unwetter vorbeigehe und bessere Tage folgen werden". Um die Transformation durchführen zu können, musste also zuerst das Bewusstsein für die Krise geschaffen werden. Knudstorp entschied deshalb, zunächst eine Dosis der harten Realität zu liefern, um, wie er es ausdrückte, „das Rückgrat der bestehenden Kultur zu brechen". Die Manager sollten die bestehenden Visionen für den Moment vergessen und sich stattdessen den operativen und ausführenden Aufgaben widmen [3]. In der ersten Phase von 2004 bis 2005 wurden ‚must-win battles' definiert, um den Konkurs abzuwenden und unmittelbar das Unternehmen zu stabilisieren. Dazu gehörte insbesondere die Basisarbeit am Kostenmodell:

2004 wurde ein striktes Kostenlimit eingeführt, das jedem Entwicklungsprojekt ein Kostenlimit zuwies, dessen Höhe nicht überschritten werden durfte. Durch diesen Kostenrahmen wurden Designer gezwungen, ‚inside the box' zu innovieren. Anstatt Produkte durch möglichst viele Spezialteile hervorzuheben, mussten Designer bestehende Standardteile kreativ nutzen. LEGO-Designer entdeckten, dass sie mit diesen Einschränkungen trotzdem sehr kreativ sein konnten [4]. Dies führte zu einer Reduzierung der unterschiedlichen Steine von 13 000 auf knapp die Hälfte. Und da für jeden Stein eine teure Spritzgussform notwendig ist, konnte signifikant an den Produktionskosten gespart werden. Heute besteht jedes LEGO-Set zu mindestens 70 % aus standardisierten Bausteinen, die auch in anderen Sets verwendet werden können.

LEGO hatte weder die Expertise noch die notwendigen Ressourcen, um den Erfolg der Themenparks sicherzustellen. Der Verkauf der LEGOLAND-Themenparks gehörte dementsprechend im Herbst 2004 zu einer der ersten Maßnahmen der Transformation, auch um die notwendige Liquidität für weitere Restrukturierungen zu erhalten. LEGOLAND wurde in ein neu gegründetes Unternehmen ausgelagert, an dem LEGO einen Anteil von 30 % behielt [5].

Leistungserstellung

2005 entschied das Management von LEGO, die Produktion weitgehend nach Osteuropa auszulagern sowie die Distributionszentren für Europa in einem Standort nahe Prag zu bündeln. LEGO war damit das erste große Unternehmen, das seine Distribution vollständig nach Osteuropa verlagerte. Insgesamt konnte LEGO dadurch bis 2009 40 % der Distributionskosten einsparen [6, 7].

Die Unternehmensleitung, bestehend aus zwölf Vorständen, die sechs Marktregionen sowie zusätzliche zentrale Funktionen wie das Direktkundengeschäft und die weltweite Lieferkette direkt leiteten, arbeiteten mehrheitlich in Silostrukturen. Das Management wurde als distanziert wahrgenommen und Entscheidungsstaus lähmten die Entwicklung. Im Zuge der Transformation wurde der Vorstand auf neun Mitglieder und die Marktregionen auf drei reduziert und es wurden klare Entscheidungswege eingeführt.

Nach dieser Bereinigung konnte der Blick in die Zukunft gerichtet werden. Um die Transformation voranzutreiben, involvierte Knudstorp Mitarbeiter aus unterschiedlichen Abteilungen in einem Zweistufenansatz: Das Führungsteam, bestehend aus der Geschäftsleitung, entwickelte auf der einen Seite die Strategie, während ein größeres Team von Managern aus Verkauf, Logistik, IT und Produktion den Wandel auf der operativen Ebene koordinierte. Für das operative Team wurde ein ‚war room‘ eingerichtet, wo tagtäglich Entscheidungen ausdiskutiert wurden [8]. Dies stellte sicher, dass das Silodenken umgangen wurde und schnelle und koordinierte Entscheidungen getroffen werden konnten.

Zur ganzheitlichen Leistungserstellung wurde jedem Team eine Dreiecksverantwortung in Bezug auf Design, Konstruktion und Marketing zugeteilt. So wurden zum Beispiel mit der Bionicle-Serie neue Figuren geschaffen, die sich in eine Geschichte einbetten ließen und zum Sammeln animierten. Mit einer flankierenden Buchreihe, Comics und Einnahmen aus Lizenzen ist eine Erfolgsgeschichte entstanden. Die Kinder wurden in den Fortgang der Erzählung miteinbezogen.

Für die ganzheitliche Arbeitsweise wurden Mitarbeiter mit vielseitigen Fähigkeiten (‚T-förmig‘) angeworben. Gleichzeitig wurde eine hohe Disziplin für das Erreichen eines gemeinsamen und profitablen Ziels vorausgesetzt.

Leistungsangebot

Der Weg zu den Kunden musste neu gefunden werden. Bisher agierten die Designer mehr oder weniger isoliert und es erwies sich als fast unmöglich, die zahlreichen kreativen Köpfe im Unternehmen effizient einzusetzen. Es fehlte ein gemeinsames Zukunftsbild und ein gemeinsames Verständnis über die Zielgruppe(n). Knudstorp führte eine breit angelegte Konsumentenstudie durch und definierte mit dem fünf- bis neunjährigen Jungen, der Konstruktionsspielzeug mag, das typische LEGO-Kind. Jedes Team erhielt eine Werkzeugkiste, die u. a. aus der Beschreibung des Zielkunden, der Strategie (weniger ist mehr: zurück zu den Kerngütern, Kernprodukten und Kernkunden) und einem Finanztool, das die finanziellen Auswirkungen berechnete, bestand. Diese Maßnahme sicherte ein gemeinsames Bild und eine gemeinsame Sprache.

Zusätzlich wurde ein Botschafter-Programm für Erwachsene und ein Kids-Inner-Circle für Kinder ins Leben gerufen, die dazu dienten, Kunden in den Entwicklungsprozess zu integrieren und ihre Bedürfnisse besser zu verstehen. Kinder wurden dabei nicht nach ihren Wünschen gefragt, sondern man testete mit ihnen neue Designvorschläge vor der Markteinführung.

Eine bifokale Sichtweise garantierte einerseits die Pflege klassischer Produktlinien (z. B. LEGO City) und andererseits die Weiterentwickelung neuer Spiele (z. B. LEGO Games). Mit der Frage, wie das LEGO-Spielzeug noch spannender gemacht werden kann, wurde der Nährboden für Innovationen und die unprätentiöse Verabschiedung von Routinen gelegt.

Ertragsmodell

Die hohe Innovationsrate der vergangenen Jahre führte dazu, dass der Warenumschlag einbrach und neue Serien sich nur schleppend verkauften. Das Resultat waren Ladenhüter, die preislich – zulasten der Händlermarge – reduziert werden mussten.

Dieses verspielte Vertrauen galt es von den Händlern zurückzugewinnen. Höhere Margen bildeten in diesem Zusammenhang einen ersten wichtigen Schritt.

Anstatt den Fokus auf einen eigenen Online-Kanal zu setzen, initiierte LEGO Kooperationen mit Verkaufsplattformen. So ist LEGO z. B. seit 2017 mit einer eigenen LEGO-Markenwelt auf dem Online-Marktplatz eBay vertreten. Die Produkte können entweder direkt nach Hause gesendet werden oder per Click & Collect bei einem lokalen LEGO-Händler abgeholt werden. Damit bietet LEGO eine Vielzahl von Funktionalitäten, die erstmals bei eBay in einer Markenwelt umgesetzt wurden. Mit dieser Multi-Channel-Strategie erschließt sich LEGO neue Kundengruppen und ist überall dort anzutreffen, wo gespielt wird.

Vorstöße, das LEGO-Universum in die virtuelle Welt zu transferieren, sind u. a. mit dem Projekt ‚LEGO Universe‘ gescheitert. 2010 wurde die Plattform im Abo-Modell für Massen-Mehrspieler-Online-Games aufgebaut. Die Akzeptanz des virtuellen Bauens von Welten mit LEGO-Steinen war (noch) nicht vorhanden. Im Jahr 2022 unternahm LEGO einen erneuten Versuch, in Richtung Videogames zu expandieren, indem Kirkbi, die familiengeführte Holdinggesellschaft hinter der LEGO-Gruppe, eine Milliarde Dollar in die US-Firma Epic Games investierte [9].

Mit dem Lizenzgeschäft besitzt LEGO ein interessantes Modell, um seine Themenwelten zusätzlich zu vermarkten. Die Produktion von beispielsweise LEGO-Uhren, Pullover und Computerspielen hat das Unternehmen ausgelagert und verdient an den Lizenzgebühren.

Fazit

Heute ist LEGO wieder eine bunte Welt für Kinder und Kind gebliebene Erwachsene, die das fantasievolle Spielen lieben. Die Krise wurde in erster Linie überwunden, indem die Kontrolle über die vielfältigen Innovationen zurückgewonnen werden konnte und die organisch gewachsenen Aktivitäten in ein steuerbares System zurückgeholt wurden.

Kritisch in der Krise war, dass kurzfristige Erfolge (u. a. Star Wars und Harry Potter) die operativen Unzulänglichkeiten verdeckten und die Notwendigkeit für eine Neuausrichtung kaum erkennbar war. Diese Trägheit zu überwinden, gehört zu den zentralen Erfolgsfaktoren traditioneller Unternehmen und gelingt nur dann, wenn der Status quo kontinuierlich hinterfragt wird und ein Streben nach Exzellenz in der Firmenkultur verankert ist. Ansonsten entsteht die Tendenz, die eigenen Errungenschaften möglichst zu verteidigen und Veränderungen zu vermeiden. Schließlich – und darauf beruht der Erfolg – braucht es eine kohärente und konsequente Umsetzung der Strategie mit einem starken CEO an der Spitze.

Literaturverzeichnis

[1]   Vgl. Oliver, K./Samakh, E./Heckmann, P. (2007), Rebuilding LEGO, Brick by Brick, in: strategy & business magazine, 48, Autumn 2007, S. 1–10.

[2]   Vgl. Robertson, D./Breen, B. (2014), Das Imperium der Steine: Wie LEGO den Kampf ums Kinderzimmer gewann, Campus Verlag: Frankfurt/New York.

[3]   Vgl. ebd.

[4]   Vgl. ebd.

[5]   Vgl. LEGO. (2005), Annual Report 2005. LEGO Group, 2005.

[6]   Cooke, J. A. (2009), Lego's game-changing move, in: CSCMP's Supply Chain Quarterly, Quarter 3, S. 38–41.

[7]   Vgl. LEGO. (2005), Annual Report 2005. LEGO Group, 2005.

[8]   Vgl. Oliver, K./Samakh, E./Heckmann, P. (2007), Rebuilding LEGO, Brick by Brick, in: strategy & business magazine, 48, Autumn 2007, S. 1–10.

[9]   Vgl. Hollenstein, E. (2022), Lego investiert Milliarden in einen virtuellen Spielplatz, in: Tagesanzeiger, 13.04.2022, von: https://www.tagesanzeiger.ch/lego-investiert-milliarden-in-einen-virtuellen-spielplatz-185401356871.

FC Bayern München AG

Ausgangssituation und Zielsetzung der Fallstudie

Hochleistungen auf dem Platz zu erbringen, liegt in der DNA des FC Bayern München. Mit 28 Titeln ist der 1900 gegründete Fußballclub nicht nur deutscher Rekordmeister, sondern darf sich mit rund 295 000 Mitgliedern auch den weltweit mitgliederstärksten Verein nennen. Die jüngste Neuausrichtung zum Unterhaltungsunternehmen beschreibt eine zentrale Weichenstellung, welche die exponierte Stellung dieses Vereins nicht nur manifestiert, sondern bis über die Grenzen von Deutschlands und Europa hinaus erweitert hat.

Die Transformation des FC Bayern München zu einem digitalen Pionier im Sportbereich beschreibt, wie die digitale Transformation das Leistungsversprechen eines Unternehmens signifikant erweitern kann und damit das Geschäftsmodell als Ganzes maßgeblich beeinflusst. Der FC Bayern München verkörpert mittlerweile weit mehr als nur einen Sportverein – er ist ein multimedialer Unterhaltungskonzern, der für Menschen auf der ganzen Welt ein Gefühl der Zugehörigkeit schafft.

Die digitale Transformation bot Institutionen wie Sportvereinen eine neue Spielwiese, für deren Bedienung sich der Verein neue Kompetenzen aneignen musste. Diese haben das Kosten- und Ertragsmodell des Vereins entscheidend verändert. Auch das Leistungsangebot mit dem vielfältigen Entertainmentangebot für Fans auf der ganzen Welt erfuhr eine Ergänzung. Gleiches geschah mit der Leistungserstellung, die sich noch vor wenigen Jahren ausschließlich mit der Rekrutierung von Spielern

Anmerkung: Die Fallstudie entstand in Zusammenarbeit mit Severin F. Bischof (Universität St.Gallen)

und dem Training befasst hatte. Digitale Inhalte kamen in den vergangenen Jahren ebenfalls hinzu.

Der FC Bayern München ist nicht mehr nur vom reinen sportlichen Erfolg angetrieben, sondern durch den globalen Wettbewerb im Fußballgeschäft zusätzlich auf den Aufbau seiner medialen Präsenz bedacht. Die digitale Transformation bescherte Menschen zusätzlich ein beispielloses Angebot an Entertainmentinhalten (beispielsweise YouTube, Netflix, Spotify, Apps sowie weitere digitale Inhalte) und arrangierte das Schachbrett des FC Bayern München neu. Fortan waren nicht mehr nur Fußballvereine die Konkurrenten, sondern jedwedes Entertainmentangebot, dem Menschen Zeit und Aufmerksamkeit widmen.

Das neue Leistungsversprechen, multimedial relevante Inhalte über die reinen Fußballbegegnungen hinaus zu kommunizieren, veränderte zudem das Selbstverständnis des Fußballspielens und der Spieler. Nicht nur die sportlichen Fähigkeiten eines Spielers prägten fortan Transferentscheidungen, sondern auch deren Bekanntheit in den sozialen Medien.

Es ist sicherlich fraglich, ob der FC Bayern München auch ohne fußballerischen Erfolg die gleiche Relevanz in den sozialen Medien haben würde. Daher ist der hier vorgetragene Fall eher als eine Strategieergänzung dargestellt anstatt als komplette Transformation des Geschäftsmodells. Nichtsdestotrotz hat die Digitalisierung das Leistungsversprechen nachhaltig verändert, sodass nicht nur der sportliche Erfolg, sondern darüber hinaus der Entertainmentfaktor einen zentralen Stellenwert eingenommen hat.

Leistungsversprechen

Das frühere Leistungsversprechen des FC Bayern München war klar der sportliche Erfolg, doch dieser war nicht immer ohne Weiteres garantiert. Von 2001 bis 2009 befand sich der FC Bayern München in einer Krise. Der Verfall der internationalen Klasse nagte stark an dem Traditionsverein. Verstärkt wurde diese Situation durch ein gnadenloses Wettrüsten der internationalen Fußballligen. So lag der Bundesligaumsatz im Vergleich zu anderen Ligen 1996/1997 mit 444 Millionen Euro um ca. 11 % unter dem Schnitt der fünf größten Fußballligen Europas [1].

Um wieder an die internationale Spitze anschließen zu können, benötigte der Verein viel Geld für Zukäufe von internationalen Spielern. In dieser Zeit veränderte die Digitalisierung das Leben der Menschen. Während sie immer schon auf der Suche nach Ablenkung vom Alltag waren, nutzen Menschen seit der Jahrtausendwende verstärkt digitale Endgeräte und halten sich in den sogenannten sozialen Medien immer öfter auf. Die Digitalisierung absorbiert zunehmend die Aufmerksamkeit der Menschen im 21. Jahrhundert. Klassische Medien wie beispielsweise Zeitungen und Zeitschriften, die bis dato das Mekka für alle Sportinteressierten waren, verlieren an Einfluss.

Um sich in dieses neue Wirkungsgefüge einer allumfassenden Entertainmentkultur einzugliedern, musste der FC Bayern München sein Selbstverständnis ändern: vom bisherigen Sportverein zum Unterhaltungsunternehmen. Dazu gehörte es, den Verein nicht nur einmal die Woche, sondern sieben Tage die Woche den Fans darzubieten. Der Verein änderte ergo sein Leistungsversprechen. Neben dem sportlichen Erfolg als Seriensieger diverser Wettbewerbe soll das *Gefühl* FC Bayern München für jeden Fan weltweit zu jeder Zeit zugänglich gemacht werden.

Für 150 Millionen Fans weltweit soll der Community-Gedanke und das Zugehörigkeitsgefühl noch stärker hervorgehoben werden. Das vormalige Leistungsversprechen, sportlichen Erfolg zu erreichen, ist also einem ergänzten Leistungsversprechen gewichen. Es setzt den sportlichen Erfolg zwar voraus, betont darüber hinaus den Entertainmentfaktor. Das neue Leistungsversprechen nimmt diese Zielsetzung auf: Das Erfolgsgefühl FC Bayern München für jeden Fan weltweit und zu jeder Zeit kommunizieren (Vgl. Tabelle 4.5).

Leistungsangebot

Die motivierende Botschaft eines erfolgreichen FC Bayern München sprach die Menschen seit jeher an. Der Erfolg der Mannschaft ist Garant dafür, dass die Entertainmentangebote, welche die Fans zwischen den Spielen kommunizieren können, mit positiven Inhalten gefüllt werden können. Zur Bewerkstelligung einer umfassenden Kommunikation hat der FC Bayern München ein vielschichtiges Angebot an Entertainmentstrukturen geschaffen.

Durch die digitale Transformation beschränkte sich das Leistungsangebot des FC Bayern München nun nicht mehr auf die Sportveranstaltungen im Stadion. Der Verein bot fortan unterhaltsame und informative Inhalte auf digitalen Kanälen an, die die Leere zwischen den wöchentlichen Sportveranstaltungen füllen sollten. So sendet der Verein individuelle Berichterstattungen in mehreren Sprachen über digitale Kanäle wie z. B. Facebook, Twitter, Instagram, Snapchat, Periscope, Soundcloud etc. Im Dezember 2017 besaß der Verein bereits 32 verschiedene internationale Facebook-Accounts mit über 60 Millionen Fans. Interessanterweise kamen davon weniger als 10 % aus dem deutschsprachigen Raum. Die neue Multimedia-Strategie des FC Bayern hat den Verein zum weltweit populärsten Fußballverein gemacht (gemessen an der Zahl der Mitglieder: 295.000) [2]. Der Verein ist zudem mit 1,1 Milliarden Euro die sechstwertvollste Fußballmarke der Welt [3]. Ferner ist die deutsche Bundesliga heute die drittstärkste Fußballliga Europas, mit 3,1 Milliarden Euro Umsatz in der Saison 2021/2022 [4].

Das neu geformte Leistungsversprechen forderte neben dem Halten bestehender Zielgruppen die Erschließung neuer Zielgruppen und die Suche nach neuen Absatzpotenzialen für das Merchandising eigener Produkte sowie die Vermarktung der Produkte von Sponsoren. Der digitale Medienkonsum machte es erforderlich, zu den Konsumenten zu kommen. Felix Lösner, damaliger Leiter Social Media, bestätigte,

Tabelle 4.5: Transformation des FC Bayern-Geschäftsmodells (Quelle: eigene Darstellung).

Leistungsversprechen

Das Erfolgsgefühl FC Bayern München für jeden Fan weltweit und zu jeder Zeit kommunizieren.

Leistungserstellung	Leistungsangebot	Kostenmodell	Ertragsmodell
27 Feldspieler und ein mehrköpfiges Trainergespann schaffen sportliche Erfolge und damit die Grundlage für kommerzialisierbare Inhalte	Erfolgreiche Teilnahme an nationalen und internationalen Sportwettbewerben	Gestiegene Personalkosten aufgrund des Anspruchs, als Entertainmentunternehmen zu gelten, führen zu höherem Bedarf an Personal, das sich um das Management und die Erstellung der multimedialen Inhalte kümmert (höhere Personalkosten)	Erträge durch höhere mediale Reichweite, Werbeeinnahmen und Sponsoring
	Rundum-Entertainment mit Content des FC Bayern auf allen Kanälen		Erhöhte Attraktivität des FC Bayern München als Plattform für Unternehmen nährt sich aus dem Leistungsversprechen, als Entertainmentunternehmen einen zentralen Platz im Leben der Fans einzunehmen
Über 1 000 Mitarbeiter im Management und Marketing des FC Bayern verwerten die auf dem Fußballplatz erreichte Leistungserstellung zu kommerzialisierbaren Inhalten	Erreichbarkeit auf Social-Media-Kanälen mit lokalisiertem Content	Kosten für Spieler sind gestiegen. Spielerleihe (Ausleihe von Real Madrid für eine Saison) von James Rodriguez im Jahr 2017 gilt als teuerste Spielerleihe der deutschen Fußballgeschichte	
	Das Leistungsangebot verfolgt als Ziel die gleichzeitige Erreichung beider Leistungserstellungen: Erfolg auf dem Fußballplatz bei gleichzeitigem Ausbau der globalen medialen Präsenz durch Reichweitenerhöhung		Höhere Einnahmen durch Tickets und Merchandise, die zusätzlich durch Spieler mit größerer Bekanntheit und Reichweite getrieben werden. Umsatz (2020/2021) i. H. v. 643,9 Mio. Euro und Gewinn (EBT) i. H. v. 5 Mio. Euro
Mediale Inhalte, vor und nach Spielen. Unterhält Standpunkte und Büros auf drei Kontinenten (Europa, USA, China) zur Gewährleistung von lokalisierten Inhalten		Kosten eines Spielers amortisieren sich nicht nur durch sportlichen Erfolg, sondern auch durch positive Effekte auf die Reichweite des FC Bayern München (Followers der Spieler auf verschiedenen Kontinenten)	

dass der Verein nicht davon ausgehen dürfe, dass die Fans von allein kommen. Im Gegenteil, der FC Bayern müsse zu den Fans gehen [5].

Leistungserstellung

Die Leistung eines Fußballvereins wird in erster Linie auf dem Rasen erbracht. Etwa 27 Feldspieler bilden das Herz der Leistungserstellung. Doch um das Leistungsangebot eines weltumspannenden Entertainmentunternehmens aufzubauen, bedurfte es weiterer Mitarbeiter abseits des Platzes. Etwa 1 000 Mitarbeiter steuern die Prozesse und Abläufe innerhalb des Unternehmens und kommunizieren die Leistung der Spieler in alle Welt. Zusammen ermöglichen die 27 Spieler und die 1 000 weiteren Mitarbeiter die außergewöhnliche mediale Präsenz des FC Bayern München.

Der Verein kombiniert die Fähigkeiten und Stärken der verpflichteten Spieler und Mitarbeiter in Management und Marketing zur Erhöhung der medialen Präsenz. Die diesbezügliche Leistungserstellung äußert sich in einer weltweiten, professionellen medialen Inszenierung. So konnte sich aus einer Einbahnstraßenkommunikation über die Medien ein sogenannter ‚**Kommunikationsloop**' bilden, der die Fans aktiv in die Diskussion um den FC Bayern miteinbezog [6]. Die Fans waren von nun an nicht mehr nur die Empfänger von Nachrichten und Werbebotschaften, sondern standen in regem Austausch mit der Marke. Die 2010 begonnene Präsenz auf Studi-VZ, welches heute nicht mehr aktiv ist, bildete damals einen fruchtbaren Nährboden für die Kommunikation mit den Fans. 2012 erfreute sich der Verein bereits an drei Millionen Fans auf Facebook.

Kostenmodell

Die Transformation zu einem Entertainmentunternehmen hat das Kostenmodell des FC Bayern München wesentlich verändert. Waren früher nur die Leistungen auf dem Platz bei der Rekrutierung eines neuen Spielers entscheidend, sind heute zusätzliche Faktoren bedeutend. Diese Einstellung rührt daher, dass ein Fußballspieler mit Blick auf die zweigleisige Strategie des FC Bayern München nicht nur als Leistungserbringer im Stadion wirkt, sondern auch als Social-Media-Influencer und Entertainer im Rahmen der digitalen Kommunikationsinitiativen des Vereins. Während die Leistungserstellung scheinbar gleichgeblieben ist, lässt sich ein Trend erkennen, verstärkt solche Spieler zu verpflichten, die gleichzeitig auf die Kommunikations- und Internationalisierungsstrategie einzahlen.

Das Kostenmodell hat sich insofern verändert, dass sich teure Investitionen in Spieler heute eher lohnen als früher, als Trikotverkäufe die einzige Einnahmequelle neben dem Ticketverkauf waren. Die Kosten für 22 Lizenzspieler in der Saison 2021/ 2022 beliefen sich auf ca. 275 Millionen Euro [7]. Doch die Vermarktung des Teams sowie die damit verbundene Kostenrechnung orientiert sich nicht nur an der sportlichen Performance, sondern auch an ihrer marketingbezogenen Attraktivität. Daher gilt die insgesamt teuerste Spielerleihe eines deutschen Clubs, im Falle des von Real

Madrid für zehn Millionen Euro in der Saison 2017/2018 ausgeliehenen James Rodríguez, auf einmal als gewinnbringende Investition, wenn der kommunikationstechnische Einfluss auf die Internationalisierung des Vereins miteinbezogen wird [8].

Die Rekrutierung von James Rodríguez, einem zweifelsohne exzellenten Spieler, verfolgt neben der sportlichen Unterstützung das Ziel, die Bekanntheit des FC Bayern München insbesondere in Südamerika voranzutreiben. Mit 76 Millionen Followern bei Facebook, Instagram und Twitter war der Kolumbianer damals die Nummer fünf der weltweit populärsten Sportler. Professor Haupt vom Institut für Fußballmanagement bezifferte den wöchentlichen Werbewert der Facebook-Posts von James Rodriguez auf etwa 600.000 Euro. Durch die Verpflichtung des kolumbianischen Spielers stieg die Bekanntheit des Vereins in Südamerika erheblich. Rodriguez' Posts und mediale Präsenz riefen den FC Bayern ins Gedächtnis hunderttausender Fans aus diesem Teil der Welt [9]. So zahlt die individuelle Präsenz eines jeden Spielers heutzutage direkt in die mediale Präsenz des Vereins ein und unterstützt seine Bekanntheit in den neuen Medien. Seit dem Start von James Rodriguez vermeldet der Vorstandsvorsitzende Karl-Heinz Rummenigge sechsstellige Zuwachszahlen bei den Social-Media-Accounts des Vereins, die vor allem aus Südamerika stammen sollen [10]. Mit zwei Repräsentanzen in Form von Managementteams in China, dem zweitgrößten Wachstumsmarkt im Fußball, und in den USA unterstreicht der Verein zusätzlich das Leistungsversprechen, das *Gefühl* des FC Bayern München weltweit auszustrahlen [11, 12]. Diese mediale Reichweite erhöht zum einen die Bekanntheit des FC Bayern München, zum anderen die Attraktivität des Vereins für Sponsoren. Dadurch wird es möglich, das Ertragsmodell wesentlich auszubauen.

Ertragsmodell

Der Ausbau des Ertragsmodells basiert wesentlich auf der größeren Reichweite des FC Bayern in digitalen Medien und den damit verbundenen höheren Sponsoringeinnahmen. Andreas Jung, Marketingleiter des FC Bayern München, unterstrich die Fähigkeit des Vereins, durch die Leistungserstellung im Bereich der medialen Inhalte mehr Reichweite zu generieren und so für Sponsoren noch interessanter zu werden: „Wir können die Marke [FC Bayern München] über soziale Kanäle stärken und selbst positionieren." [13] Sponsoren können hiervon profitieren, indem ihre individualisierten Inhalte auf dedizierten Kanälen kommuniziert werden.

Zusätzlich zu den klassischen Kommunikationskanälen bietet das digitalisierte Stadion Sponsoren einen Mehrwert, sodass ein Teil des Leistungsversprechens, nämlich der sportliche Erfolg, direkt mit den Sponsoren in Verbindung gebracht wird. So eröffnet eine Vielzahl an Digital-Signage-Lösungen, beispielsweise über den Eingängen zum Stadion, die Möglichkeit, die besonderen Momente der Vorfreude direkt mit Sponsoren in Verbindung zu bringen. Gerade Lufthansa, deren Produkt ‚Reisen' in hohem Maße auf der Vorfreude vor einem Urlaub basiert, nutzt diese Gelegenheit rege. Die vor einer Sportveranstaltung bestehende Vorfreude kann sich durch geschickte Maßnahmen auf den Anbieter übertragen. Die allumfassende Digitalisierung des FC Bayern München ermöglicht damit ein außergewöhnliches Mehrwertprodukt für Sponsoren, das potenzielle Kunden in jedweden Situationen ansprechen kann.

Zudem profitieren bisherige Erlösquellen wie der Trikotverkauf von der höheren medialen Präsenz des FC Bayern München. Allein in der Saison 2015/2016 wurden mehr als eine Million Trikots mit der Rückennummer und dem Namen von James Rodriguez verkauft, was nur mit dem Trikot von Lionel Messi (1,6 Millionen) übertroffen wurde. Die 600 Millionen Euro Umsatz des FC Bayern München werden daher in Zukunft noch deutlich steigen und weitere Investitionen in Spieler und sportliche Erfolge ermöglichen [14].

Die gestiegenen Einnahmen erlauben es dem Verein zudem, mehr Geld für potenzielle Spielerverpflichtungen in die Hand zu nehmen und so das Team mit starken Spielern auszustatten. Dies erhöht nach und nach die Kompetitivität des Teams und führt zu weiteren Triumphen in diversen Fußballwettbewerben. Das Erreichen der Finalrunden der Champions League ist beispielsweise mit einem höheren Auszahlungsbetrag der Fernseheinnahmen verbunden. Sportlicher Erfolg führt zu vermehrten Einnahmen und treibt die positive Aufwärtsspirale an. Die 360-Grad-Kommunikation des FC Bayern München ist somit nicht nur Selbstzweck, sondern bietet auch einen Mehrwert für das Ökosystem von Sponsoren, Fans und Spielern und sichert so den zukünftigen Erfolg des Vereins.

Fazit

Der FC Bayern München hat die digitale Transformation erfolgreich beschritten. Die One-Way-Kommunikation aus dem Jahr 2006, über FCB.de, FCB-Magazine, SMS-Service und Pressemitteilungen, hat sich zu einer ‚**Loop**'-Kommunikation im Jahr 2017 (FCB.com, SOM-Kanäle, Apps, Matchday-Show, E-Magazine, CRM-Data-Base etc.) entwickelt. Die Ausweitung des Leistungsversprechens hat das Geschäftsmodell des erfolgreichsten Fußballvereins in Deutschland nicht auf den Kopf gestellt, aber in wesentlichen Teilen ergänzt. Die großen Chancen der Digitalisierung hat der Verein zum Wohle seiner Bekanntheit und seiner wirtschaftlichen Prosperität genutzt. Laut einer Studie der nexum AG und kicker business solutions wurde der FC Bayern München im März/April 2022 zum digitalen Champion gekürt, da er in den Kategorien ‚Onlineshop' und ‚Professional Networks' die Spitzenposition belegte, die Silbermedaille in den Bereichen ‚Website' und ‚Social Media' erhielt und insgesamt fast zehn Prozentpunkte Vorsprung vor dem zweitplatzierten FC Barcelona erreichte, was den Erfolg des Clubs bei der digitalen Transformation und Internationalisierungsstrategie unterstreicht [15].

Literaturverzeichnis

[1] Vgl. Deloitte (2017), Annual Review of Football Finance 2017, in: Deloitte, 13.2.2018, https://www2.de loitte.com/uk/en/pages/sports-business-group/articles/annual-review-of-football-finance.html.

[2] Vgl. FC Bayern München AG (2017), Jahresabschluss der FC Bayern München AG 2016/2017 – Einzelabschluss, in: FC Bayern, 18.2.2018, https://fcbayern.com/binaries/content/assets/downloads/homepage/jhv/jahresabschluss_ag_16-17.pdf.

[3] Vgl. Statista (2022), Top 10 der wertvollsten Marken im internationalen Fußball im Jahr 2022, in: Statista, 01.06.2022, https://de.statista.com/statistik/daten/studie/511008/umfrage/die-wertvollsten-marken-im-fussball/#:~:text=Wertvollste%20Marken%20im%20weltweiten%20Fu%C3%9Fball%20in%202022&text=Im%20Jahr%202022%20wurde%20der,1%2C1%20Milliarden%20Euro%20gesch%C3%A4tzt.

[4] Vgl. Statista (2022), Revenue of the Big Five soccer leagues in Europe from 2011/12 to 2020/21, with a forecast to 2022/23, by country, in: Statista, 05.10.2022, https://www.statista.com/statistics/261218/big-five-european-soccer-leagues-revenue/.

[5] Vgl. Ansorge, K. (2016), FC Bayern München – der deutsche (Social-Media) Meister, in: Horizont, 10.11.2016, http://www.horizont.net/medien/nachrichten/HORIZONT-Bewegtbildgipfel-FC-Bayern-Muenchen—der-deutsche-Social-Media-Meister–144030.

[6] Vgl. ebd.

[7] Vgl. fcbinside.de(2022), Die neue Gehaltstabelle des FC Bayern – So viel verdienen Mané, de Ligt, Gnabry & Co., in: fcbinside.de, 05.08.2022, https://fcbinside.de/2022/08/05/die-gehaltstabelle-des-fc-bayern-so-viel-verdienen-mane-de-ligt-gnabry-co/.

[8] Vgl. Fischer, J. (2017), James: Bayerns neue Gelddruckmaschine, in: Sport1.de, 13.7.2017, http://www.sport1.de/fussball/bundesliga/2017/07/fc-bayern-transfer-von-james-rodriguez-loest-social-media-ansturm-aus.

[9] Vgl. ebd.

[10] Vgl. Kessler, P./ Verhoff D. (2017), Mit James erobert Bayern die Welt, in: Bild, 12 7.2017 https://www.bild.de/sport/fussball/transfer/mit-james-erobert-bayern-die-welt-52528582.bild.html.

[11] Vgl. Rentz, I. (2014), Rudolf Vidal leitet Büro in New York, in: Horizont, 25.2.2014, http://www.horizont.net/marketing/nachrichten/FC-Bayern-Muenchen-Rudolf-Vidal-leitet-Buero-in-New-York–119385.

[12] Vgl. Rentz, I. (2016), Fussball-Bundesliga behauptet Platz 2 unter Europas Top-Ligen, in: Horizont, 2 6.2016, http://www.horizont.net/marketing/nachrichten/Deloitte-Umsatzranking-Fussball-Bundesliga-behauptet-Platz-2-unter-Europas-Top-Ligen–140573.

[13] Vgl. Rondinella, G. (2017), Wie sich der FC Bayern München über Social Media vermarktet, in: Horizont, 18.1.2017, http://www.horizont.net/marketing/nachrichten/Marketingvorstand-Andreas-Jung-Wie-sich-der-FC-Bayern-Muenchen-ueber-Social-Media-vermarktet–145470.

[14] Vgl. FC Bayern (2017), Die Miglieder-Entwicklung des FC Bayern München e.V., in: FC Bayern, 23.11.2017, https://fcbayern.com/binaries/content/assets/downloads/homepage/jhv/mitglieder_fanclubs_kidsclub_16-17.pdf.

[15] Vgl. FC Bayern (2022), FC Bayern holt Platz 1 in der „Digitalen Champions League", 23.05.2022, https://fcbayern.com/de/news/2022/05/studie-der-nexum-ag-und-kicker-fc-bayern-holt-platz-1-in-der-digitalen-champions-league.

Netflix

Ausgangssituation und Zielsetzung der Fallstudie

In Europa ist Netflix vor allem als erfolgreiche Video-on-Demand-Plattform bekannt, auf der durch die Zahlung einer monatlichen Gebühr unlimitiert Filme, Dokumentationen und Serien konsumiert werden können. Doch das war nicht immer so. Die Erfolgsgeschichte von Netflix hat ihren Ursprung im klassischen Filmverleihgeschäft. Im Jahr der Gründung von Netflix, 1997, wurde der Markt für den Filmverleih klar von der Franchisekette Blockbuster Inc. dominiert. Doch während Blockbuster Inc. im September 2010 Insolvenz anmelden musste, ist Netflix heute international erfolgreich. Das Unternehmen Netflix hat die neuen Kundenbedürfnisse im Videoverleih rasch erkannt und sein Geschäftsmodell frühzeitig angepasst. Der Konkurrent Blockbuster hatte hingegen zu lange das Potenzial des Online-Kanals unterschätzt und deshalb den Online-Filmverleih als Nischenmarkt betrachtet – ein folgenschwerer Fehler, wie sich nachträglich herausstellte.

Leistungsversprechen

Einer der Hauptgründe für die erfolgreiche Geschäftsmodelltransformation vom DVD-Verleih in den USA hin zum weltweit beliebten Streamingdienst ist das sinnstiftende Leistungsversprechen von Netflix. Bereits in den frühen Jahren der Unternehmensgeschichte, als der DVD-Verleih noch boomte, erklärte Mitgründer Reed Hastings wiederholt, dass Netflix nicht nur für die Vermietung von DVDs über das Internet stehe. Vielmehr möge er mit seinem Unternehmen den Kunden die beste Videowiedergabe ermöglichen [1]. Ein Leistungsversprechen, mit dem Netflix heute weltweit Millionen von Nutzern überzeugt.

Dieses kundenzentrierte Leistungsversprechen führte dazu, dass das Unternehmen stetig nach innovativen Möglichkeiten zur Verbesserung des Kundenerlebnisses suchte. Der ,best in class'-Anspruch wurde in aller Konsequenz verfolgt: Hastings und sein Team hatten die Vision, den Kunden die Filme ohne Zusatzgerät direkt auf den Fernseher zu liefern. Sie waren davon überzeugt, dass dies durch die fortschreitende Digitalisierung eines Tages möglich sein wird. Dementsprechend begannen sie, Netflix auf den fundamentalen Wandel auszurichten. Sich mit einer erprobten Lösung für ihre Kunden zufriedenzugeben, entsprach nicht ihrem Leistungsversprechen. Die Unternehmensführung erkannte rechtzeitig das Bedürfnis der Konsumenten nach einem zeitunabhängigen Medienkonsum. Sie passte das Geschäftsmodell basierend auf dem Leistungsversprechen an. Am 23. Januar 2013, als Netflix bereits ein beliebter Streaminganbieter war, drückte das Unternehmen in einem Brief an die Investoren treffend das Kundenbedürfnis aus, das sie erfolgreich erkannt und mit ihrem Streamingdienst abdecken konnten: „Stellen Sie sich vor, wenn Bücher immer nur in einem Kapitel pro

---

Anmerkung: Die Fallstudie entstand in Zusammenarbeit mit Gianluca Scheidegger (Universität St.Gallen)

Woche veröffentlicht würden und nur kurzzeitig am Donnerstag um 20.00 Uhr zum Lesen zur Verfügung stünden. Und dann hat jemand die Regeln geändert und den Leuten plötzlich erlaubt, ein ganzes Buch zu lesen – alles in ihrem eigenen Tempo. Das ist die Veränderung, die wir herbeiführen. Das ist die Zukunft des Fernsehens. Das ist Internet-TV." [2] Tabelle 4.6 zeigt das Leistungsversprechen von Netflix sowie die Transformationsmaßnahmen in den vier Handlungsfeldern.

Tabelle 4.6: Transformation des Netflix-Geschäftsmodells (Quelle: eigene Darstellung).

Leistungsversprechen

Den Kunden die beste Videowiedergabe ermöglichen.

Leistungserstellung	Leistungsangebot	Kostenmodell	Ertragsmodell
Empfehlungsalgorithmus	Technologielösung für den zeitunabhängigen Filmkonsum	Reduktion der Kosten durch innovative Technologielösungen (bspw. Empfehlungsalgorithmus)	Erhöhung der Abonnementgebühren
Erwerben von nötigem Know-how durch Neueinstellungen	Abonnement für die Wiedergabe tausender Serien,		Expansion ins Ausland zahlt sich langsam aus
Kauf von Exklusivlizenzen	Dokumentationen und Filme	Umwandeln von fixen Kosten zu variablen Kosten beim Erwerb der DVDs für den Verleih	
Produzieren von eigenem Content Unbürokratische Unternehmensstruktur	Reduktion und qualitativer Ausbau der Videothek	Zunehmende Produktion von eigenem Content, anstatt sich auf teure Bieterkämpfe einzulassen	
	Lokale Produktionen für internationale Märkte		

Leistungsangebot

Anfang 2007 kündigte Netflix an, dass die Abonnenten neuerdings auch eine reduzierte Auswahl von 1 000 Titeln direkt via Internet am PC abrufen könnten. Anders als beim unlimitierten DVD-Verleih war die Wiedergabe auf 6–18 Stunden pro Monat limitiert – je nach Abo-Modell [3]. Nach einer Partnerschaft mit Samsung war es dann möglich, den erweiterten Internet-Content von 12 000 Titeln via Samsung Blu-Ray-Box direkt auf dem Fernseher zu streamen [4, 5]. Immer mehr Partnerschaften, beispielsweise mit der Xbox 360 oder der Sony Playstation, führten zu einer größeren Verbreitung des Streamings direkt am Fernseher mithilfe von Netflix-fähigen Endgeräten. Für den endgültigen Durchbruch sorgten schließlich die Smart-TVs, auf denen Netflix ohne Zusatzgerät installiert werden konnte.

Entgegen den Erwartungen bietet Netflix seinen Abonnenten heute eine immer reduziertere und sorgfältig kuratierte Auswahl an Titeln. Die Anzahl an verfügbaren

TV-Shows ist in den USA von 1 609 (2014) auf 1 197 (2016) gesunken. Die Filmauswahl reduzierte sich in der gleichen Zeitperiode von 6 494 auf 4 335 Titel [6]. Während die Konkurrenten Amazon und Hulu deutlich mehr Titel anbieten, scheint die Strategie dennoch aufzugehen. Netflix setzt mit seinem Leistungsangebot eher auf Qualität als auf Quantität und zeichnet sich vor allem durch die im nachfolgenden Abschnitt zur Leistungserstellung beschriebenen Eigenproduktionen aus. Die Qualität von Netflix überzeugt: Ihre Produktionen werden immer wieder mit internationalen Film- und Serienpreisen ausgezeichnet. Im Jahr 2022 führte Netflix die Liste der Nominierungen für die Golden Globe Awards 2022 mit 17 Nominierungen an [7].

Für den ausländischen Markt investiert Netflix vermehrt in lokale Produktionen. Am 1. Dezember 2017 ist beispielsweise die erste, komplett in Deutschland entwickelte, produzierte und gefilmte TV-Serie ‚Dark‘ gestartet. Insgesamt soll Netflix im Jahr 2017 zwei Milliarden US-Dollar in die Produktion von Filmen und Serien für den europäischen Markt investiert haben – ein klares Zeichen für die internationale Strategie des Konzerns [8]. Ende 2018 überraschte Netflix seine Nutzer mit einem aufwändig produzierten interaktiven Film. In ‚Bandersnatch‘ werden die Zuschauer Teil des Geschehens und müssen immer wieder eigene Entscheidungen treffen, die den weiteren Verlauf des Films beeinflussen. Das innovative neue Angebot überzeugte die Nutzer und machte international Schlagzeilen.

Leistungserstellung

Um das zuvor beschriebene Kostenproblem durch die schwankende Nachfrage nach DVDs zu lösen, entwickelte Netflix ein bei den Konsumenten beliebtes Empfehlungssystem. Basierend auf den zuvor ausgeliehenen Filmen werden den Kunden personalisierte Vorschläge gemacht. Der Clou dabei ist: Es werden keine Neuerscheinungen, sondern weniger stark nachgefragte Filme in den Vordergrund gerückt. Im Zuge dessen konnten so auch weniger bekannte und günstig erworbene Produktionen von unabhängigen Filmstudios häufiger verliehen werden. Damit wurde die Nachfrage auf das gesamte Sortiment ausgedehnt und ärgerliche Lieferengpässe minimiert. Die Empfehlungstechnologie wurde stetig weiterentwickelt. Sie erfreut sich auch im Streamingdienst von Netflix einer großen Beliebtheit.

Schon Monate bevor Video-on-Demand auf den Fernsehgeräten technologisch möglich war, investierte Netflix erhebliche Summen in den Aufbau eines Online-Streaming-Kanals: zehn Millionen US-Dollar im Jahr 2006, 2007 bereits 40 Millionen US-Dollar [9]. Zusätzlich wurde durch die Rekrutierung von Experten das nötige technische Know-how ins Unternehmen geholt. Beispielsweise wurde 2007 Anthony Wood eingestellt. Er ist der Gründer von ReplayTV, einer Technologie, mit der Fernsehprogramme auf die interne Festplatte übertragen werden und später angesehen werden können. Sein Wissen konnte bei der Entwicklung einer eigenen Software für TV-Boxen von Drittanbietern eingesetzt werden.

2002 war Netflix plötzlich mit einem Engpass an Mitarbeitern konfrontiert: Nach dem Platzen der Dotcom-Blase und den 9/11-Anschlägen war die Situation bei Netflix prekär. Der geplante Börsengang musste verschoben werden und die Belegschaft wurde um ein Drittel reduziert. Noch im selben Jahr zur Weihnachtszeit begann die Nachfrage nach DVD-Geräten rasant zu steigen. Netflix, damals noch auf den DVD-Verleih spezialisiert, gewann zahlreiche Neukunden. Weniger Mitarbeiter mussten infolgedessen mehr Arbeit verrichten. Während dieser Zeit realisierte die Führung von Netflix, dass talentierte Mitarbeiter die bedeutendste Ressource ihres Unternehmens sind. Zusammen mit Patty McCord erstellte Hastings 2009 eines der heute bedeutungsvollsten Dokumente der Organisation. Die PowerPoint-Präsentation mit dem Titel ‚Netflix Culture' hat die HR-Aktivitäten von Netflix neu definiert. Die beiden beschreiben in ihrer Präsentation, dass das Wachstum einer Unternehmung zumeist eine erhöhte Komplexität und eine abnehmende Dichte an talentierten Mitarbeitern mit sich bringt. Wird die Dichte an Talenten nicht proportional zur zunehmenden Komplexität erhöht, droht Chaos. Deshalb führte Netflix eine strikte ‚Hire & Fire'-Regelung ein, um passende Mitarbeiter stetig durch Talente zu ersetzen. Was sehr verwerflich klingt, ist laut Netflix für beide Parteien die beste Option. Es sei besser, Mitarbeitern, die mit der neuen Technologie überfordert seien, eine gute, überdurchschnittlich hohe Abfindung zu bezahlen, als sie ressourcenraubend umzuschulen oder unzufrieden in der Firma zu behalten. Gleichzeitig wurde der Bürokratieaufwand für die Mitarbeiter minimiert, um die Produktivität und Arbeitszufriedenheit zu steigern: Ferientage konnten nach Belieben genommen werden, ein kompliziertes und zeitraubendes Spesenreglement wurde schlicht durch folgenden Satz abgelöst: „Act in Netflix's best interests." Die standardisierten Mitarbeitergespräche mit dem Vorgesetzten wurden durch informale Face-to-Face-Meetings im Team ersetzt [10].

Nebst einem innovativen Ansatz zur Organisation der Mitarbeiter setzte Netflix auch inhaltlich auf Eigeninitiative: Der Streamingmarkt ist heute vor allem in den USA stark umkämpft. Nicht mehr Blockbuster Inc., sondern Amazon, HBO, Walt Disney, YouTube und Hulu zählen aktuell zu den größten Konkurrenten von Netflix. Um sich bei dem breiten Angebot an Streaminganbietern von der Masse abzuheben und nicht austauschbar zu werden, reicht es nicht mehr, Lizenzen für Fremdproduktionen einzukaufen. Deshalb ging Netflix ein erhöhtes Wagnis ein. Das Unternehmen brachte im Januar 2013 mit dem Polit-Drama ‚House of Cards' zwei Staffeln seiner ersten, für 100 Millionen US-Dollar eigens produzierten Serie auf den Markt.

Befeuert durch den enormen Erfolg dieser Eigenproduktion und dem zunehmenden Druck der Konkurrenz – auch Amazon und HBO produzieren heute erfolgreich eigenen Content – investiert der Chief-Content-Officer von Netflix, Ted Sarandos, immer größere Summen in die Produktion der sogenannten ‚Netflix Originals'. Bereits für das Jahr 2018 wurden Netflix' Ausgaben für eigenen Content auf zwölf bis dreizehn Milliarden US-Dollar geschätzt – mehr als jedes Filmstudio oder Fernsehsender für Content ausgab. Im Jahr 2022 beliefen sich die Ausgaben auf nunmehr siebzehn Milliarden US-Dollar [11].

Ziel sei es, den Anteil an exklusiven Inhalten der Netflix-Videothek in naher Zukunft auf 50 % zu steigern und sich dadurch deutlich von den Mitbewerbern abzuheben [12].

Kostenmodell

Der physische Video- und DVD-Verleih ist ein kapitalintensives Geschäft. Da Kunden mehrheitlich Neuerscheinungen nachfragen, muss sich ein Verleiher in den ersten Tagen nach dem Erscheinen eines Titels mit möglichst vielen Kopien eindecken. Die Nachfrage nach dem betreffenden Titel flacht nach nur wenigen Monaten wieder ab, die kostspielig angeschafften DVDs und Videos verstauben dann in den Regalen. Diesem Umstand verdankt Netflix die Inspiration für viele der heute noch bedeutenden Features der Leistungserstellung: Der intelligente Empfehlungsalgorithmus, die Eigenproduktion von Content und die große Auswahl an Filmen von unabhängigen Filmproduktionen.

Anders als klassische Filmverleiher wie Blockbuster verzichtete Netflix von Anfang an auf eine physische Präsenz. Während der Zeit des DVD-Verleihs wurden DVDs direkt vom Verteilzentrum zu den Kunden gesandt. So konnten Miet- und Personalkosten eingespart werden, die bei einem Verleiher mit einem landesweiten und dichten Filialnetz stark ins Gewicht fallen. Blockbuster betrieb zu seinen besten Zeiten rund 4 500 Filialen. Netflix konnte gleichzeitig mit landesweit 44 Distributionszentren innerhalb von nur einem Tag die DVDs an die Kunden versenden [13].

Netflix litt lange unter seiner eher unbedeutenden Stellung im Markt. Durch diese schlechte Verhandlungsposition musste das Unternehmen den Filmstudios meist höhere Preise für neue DVDs bezahlen als die Konkurrenz. Um gegen dieses Problem vorzugehen, handelte der neu eingestellte Chief-Content-Officer, Ted Sarandos, mit den großen Filmstudios neue variable Verträge aus. Demnach musste Netflix nicht fix für jede DVD bezahlen, sondern bei jedem Verleih des entsprechenden Titels einen Anteil abgeben. Fixe Kosten konnten so in variable Kosten umgewandelt werden. Dies verschaffte dem Unternehmen mehr Flexibilität in einem Markt, der erheblichen Nachfrageschwankungen unterlag.

In den USA betreibt Netflix neben dem Streamingdienst weiterhin einen DVD-Verleih. Der Erwerb von Lizenzen für das neue Kerngeschäft des Streamings dominiert seit der Geschäftsmodelltransformation die Kosten. Die Exklusivrechte für die Online-Inhalte werden unter dem hohen Konkurrenzdruck im Streamingmarkt immer teurer. Meist müssen Exklusivrechte in Bieterkämpfen mit den Mitbewerbern (z. B. HBO oder Hulu) erworben werden. Immer mehr wird bei Netflix deshalb auf Eigenproduktionen gesetzt, um sich exklusive Inhalte zu sichern.

Ertragsmodell

Das zu Zeiten des DVD-Verleihs eingeführte Ertragsmodell wird auch nach dem Aufbau des Streamingdienstes beibehalten. Gegen eine monatliche Gebühr können die Nutzer von Netflix unlimitiert Serien, Dokumentationen, Filme und Stand-up-Comedy direkt auf ihren Fernseher streamen. Ursprünglich zahlten die Abonnenten 7,99 US-Dollar pro Monat für das Standardabonnement. Im Mai 2014 und im Oktober 2015 wurde dieser Betrag um je einen US-Dollar auf 9,99 US-Dollar für neue Abonnenten erhöht. Während dies zu einem leichten Rückgang der Wachstumszahlen führte, konnten hingegen die Deckungsbeiträge deutlich verbessert werden: von 22,6 % (2013) auf 38,0 % (2017) [14].

Je nach Abo-Modell erlaubt Netflix seinen Nutzern, den Account innerhalb desselben Haushalts zu teilen und auf mehreren Geräten parallel zu nutzen. Dies führt jedoch dazu, dass viele Abonnenten das Passwort auch an Freunde oder Bekannte weitergeben. Analysten der Citi Bank gehen davon aus, dass ca. 65 % der Nutzer in den USA und Großbritannien Netflix über einen ‚geteilten' Account außerhalb des Haushalts nutzen, um so die Gebühr zu umgehen [15]. Während dies von Netflix zurzeit stillschweigend geduldet wird, könnten neue Technologien diese unerwünschte Praktik in Zukunft unterbinden. Die Firma Synamedia hat sich auf Streaminganbieter spezialisiert und spürt geteilte Accounts mit Hilfe einer Künstlichen Intelligenz auf [16].

Der Auslandsmarkt gewinnt für Netflix zunehmend an Bedeutung. Im ersten Quartal 2017 schaffte es das Unternehmen nach einer Expansion in mehr als hundert neue Märkte, mit seinem internationalen Streaminggeschäft einen positiven Deckungsbeitrag von 4,1 % (42,7 Millionen US-Dollar) zu erzielen [17]. Dieses positive Ergebnis ließ so lange auf sich warten, weil jeder Eintritt in einen neuen Markt erhebliche Kosten auslöste. In jedem Land mussten die Rechte an Fremdinhalten neu erworben und massiv in Marketing investiert werden – Kosten, die sich erst ab einer gewissen Nutzerzahl pro Markt auszahlen. Netflix sieht im internationalen Geschäft erhebliches Wachstumspotenzial und strebt für die Jahre 2022 und 2023 zusammengefasst eine operative Marge von 19 – 20 % an [18].

Fazit

Die Geschichte von Netflix ist ein erfolgreiches Beispiel der disruptiven Geschäftsmodelltransformation im Zeitalter der Digitalisierung. Für die Umstellung vom Nischenverleiher für DVDs zum dominierenden Video-on-Demand-Anbieter musste Netflix alle vier Dimensionen (Leistungserstellung und -angebot, Ertrags- und Kostenmodell) unter Berücksichtigung des zeitlosen Leistungsversprechens anpassen. Die Transformation fand dabei nicht in allen Dimensionen gleichzeitig statt, sondern Schritt für Schritt. Zunächst wurde das Kostenmodell angepasst, bevor im zweiten Schritt die Leistungserstellung ausgebaut wurde. Um den Kunden die bestmögliche Videowiedergabe zu ermöglichen, wurde anschließend das Leistungsangebot stetig erweitert. Erst im letzten Schritt hat Netflix das Ertragsmodell verändert. Der gesamte Wandel wurde von einer unbürokratischen Unternehmensstruktur mit hoch qualifizierten Mitarbeitern zusätzlich begünstigt.

Literaturverzeichnis

[1]   Vgl. Netflix (2007), Netflix Offers Subscribers the Option of Instantly Watching Movies on Their PCs, 16.1.2017, https://media.netflix.com/en/press-releases/netflix-offers-subscribers-the-option-of-instantly-watching-movies-on-their-pcs-migration–1.

[2]   Netflix (2013), Netflix 4Q 2012 Investor Letter, 23.1.2013, https://de.scribd.com/document/121853053/Netflix-4Q-2012-Investor-Letter?ad_group=35871X943606Xcadf4064821386ac440ec8cf4ad fe2b3&campaign=Skimbit%2C+Ltd.&content=10079&irgwc=1&keyword=ft750noi&medium=affiliate& source=impactradius.

[3]   Vgl. Netflix (2007), Netflix Offers Subscribers the Option of Instantly Watching Movies on Their PCs, 16.1.2017, https://media.netflix.com/en/press-releases/netflix-offers-subscribers-the-option-of-instantly-watching-movies-on-their-pcs-migration–1.

[4]   Vgl. Netflix (2008), Netflix and Samsung Partner to Instantly Stream Movies on Next Generation Blu-ray Disc Players, 22.10.2008, https://media.netflix.com/en/press-releases/netflix-and-samsung-partner-to-instantly-stream-movies-on-next-generation-blu-ray-disc-players-migration–1.

[5]   Vgl. Netflix (2008), Netflix Begins Roll-Out of 2nd Generation Media Player for Instant Streaming on Windows PCs and Intel Macs, 27.10.2008, https://media.netflix.com/en/press-releases/netflix-begins-roll-out-of-2nd-generation-media-player-for-instant-streaming-on-windows-pcs-and-intel-macs-migration–1.

[6]   Vgl. Van Voorhis, G. (2016), Everything You Always Wondered About Netflix But They Refuse To Tell You, https://moviepilot.com/posts/3932999.

[7]   Vgl. Golden Globes. (2022). Golden Globes 2023: Nominations for the 80th Golden Globes Have Been Announced, 12.12.2022, https://www.goldenglobes.com/articles/golden-globes-2023-nominations-80th-golden-globes-have-been-announced.

[8]   Vgl. Feldman, D. (2017), Why Netflix Is Investing Nearly $2 Billion Into More Than 90 European Productions, in: Forbes, 2.3.2017, https://www.forbes.com/sites/danafeldman/2017/03/02/why-netflix-is-investing-billions-into-more-than-90-european-productions/#2e2f1dfd6b82.

[9]   Vgl. Netflix (2007), Netflix Annual Report 2007.

[10] McCord, P. (2014), How Netflix Reinvented HR. In: Harvard Business Review, Januar/Februar 2014, https://hbr.org/2014/01/how-netflix-reinvented-hr.

[11] Vgl. Variety, (2022), Netflix's Ted Sarandos Is Feeling ‚Better and Better' About $17 Billion Content Budget: ‚We're Spending at About the Right Level', in: https://variety.com/2022/tv/news/netflix-content-spend-17-billion-subscriber-growth–1235407818/.

[12] Vgl. McCormick, R. (2016), Netflix planning to fill half of its catalog with originals in the next few years, in: The Verge, 21.9.2016, https://www.theverge.com/2016/9/21/12997058/netflix-originals-half-catalog-streaming.

[13] Vgl. Shih, W./Kaufman, S./Spinola, D. (2009), Netflix, Harvard Business School Case.

[14] Vgl. Netflix (2017), Consolidated Segment Information, https://ir.netflix.com/static-files/37587286-62c8-4621-a39e-cc1e303a8159.

[15] Vgl. Stern, C. (2015). Wall Street doesn't think using your friend's Netflix account is a problem, in Business Insider, 25.7.2015.

[16] Vgl. Synamedia. (2018). Synamedia launches Credentials Sharing Insight – turns casual passowrd sharing into incremental revenues for service providers, 17.12.2018, https://www.synamedia.com/synamedia-launches-credentials-sharing-insight-turns-casual-password-sharing-into-incremental-revenues-for-service-providers/.

[17] Vgl. Netflix (2017), Consolidated Segment Information, https://ir.netflix.com/static-files/37587286-62c8-4621-a39e-cc1e303a8159.

[18] Vgl. Netflix (2022), Top Investor Questions, 18.01.2023, https://ir.netflix.net/ir-overview/top-investor-questions/default.aspx.

DELL

Ausgangssituation und Zielsetzung der Fallstudie

Als Michel Dell 1984 an der Universität von Texas als Student begann, die ersten Computer zu verkaufen, agierte er als Disruptor. Er umging die Zwischenhändler, indem er direkt an Einzel- und Großkunden herantrat. Sein Vorteil lag unter anderem in der kostengünstigen Lagerhaltung, da er die Computer erst nach Bestelleingang bauen ließ. Diese Kostenführerstrategie funktionierte mithilfe einer Kombination aus Auftragsvergabe an externe Dienstleister und kundenindividueller Massenfertigung von preiswerten PCs mit hochwertigen Komponenten. Trotz dieser Just-in-Time-Produktion gelang es dem Unternehmen DELL – dank der Umgehung des Zwischenhandels – die Produkte innerhalb von sieben Tagen zu liefern. Dies hatte zudem den Vorteil, dass dem Kunden technologische Neuerungen ohne Zeitverzögerungen zum Kauf angeboten werden konnten.

Die traditionellen Computerhersteller blieben bei ihrem angestammten Geschäftsmodell. Sie bauten die Computer entsprechend der Bestellungen von Kunden aus dem Einzelhandel und den eigenen Absatzprognosen. Die produzierten Computer lagen in der Regel zunächst im Lager. Die Kapitalbindungskosten waren im Vergleich zum DELL-Geschäftsmodell wesentlich höher. DELL erzielte bereits im ersten Jahr seiner Geschäftstätigkeit, aufgrund seiner kostenbedingt wesentlich tieferen Verkaufspreise, einen Jahresumsatz von mehr als 70 Millionen US-Dollar.

1988 erfolgte die Umwandlung in eine Aktiengesellschaft und damit begann der internationale Siegeszug, der sich bis 2004 fortsetzte. Insbesondere der Direktvertrieb von PCs und später auch Notebooks trug entscheidend dazu bei, dass DELL lange Jahre als Marktführer galt. DELL hat im Laufe der Zeit das Produktportfolio stark erweitert: Peripheriegeräte wie Drucker und Bildschirme gehörten ebenso zum Standardangebot wie PDAs und Serviceangebote. Trotz dieser erhöhten Komplexität konnte der Dienstleistungsgrad – die Lieferung innerhalb von zwei Wochen – aufrechterhalten werden. Die Prozesse dafür wurden kontinuierlich weiter optimiert und die Anzahl der Zulieferer stark begrenzt und strukturiert.

Der Trend zu Smartphones und Tablets führte zum abrupten Ende der DELL-Erfolgsstory. Es gelang dem Unternehmen nicht, sich in diesem neuen Marktsegment zu etablieren. Der ehemalige Disruptor lief nun Gefahr, selbst Opfer einer disruptiven Veränderung zu werden. 2005 verlor die Aktie rund 25 % ihres Wertes. Nach einer dreijährigen Auszeit von der operativen Geschäftsführung holte der Verwaltungsrat den Dell-Gründer 2007 als CEO zurück. Obwohl das Denken über die lange Frist, die Diversifizierung hin zu mehr Serviceleistungen (auch mit umfangreichen Zukäufen) und die Stärkung des konsequenten Kundenfokus forciert wurde, verlief der Transformationsprozess nur sehr träge [1]. Erschwerend kam hinzu, dass 2013 der PC-Verkauf wiederum einbrach. Die Privatkunden griffen weltweit lieber zu Tablet-Rechnern oder sie begnügten sich mit ihrem Smartphone, um ins Internet zu gelangen. In diesen Gerätekategorien konnte DELL immer noch kaum konkurrieren. Die Verkäufe für Notebooks fielen um 25 % und die der Desktop-Rechner um 13 %. In der Folge schrumpfte der Gewinn um 31 %. DELL verlor seinen Rang als größter Computerhersteller der Welt an Hewlett-Packard und fiel sogar hinter den chinesischen Rivalen Lenovo zurück.

Firmenchef Michael Dell kündigte 2013 an, die 1984 gegründete Firma mithilfe von Investoren zurückzukaufen und von der Börse zu nehmen. Ohne Rücksicht auf andere Aktionäre nehmen zu müssen, könne er den laufenden Umbau beschleunigen. Der Deal war 24,4 Milliarden US-Dollar schwer.

Gerade die Privatisierung der Firma war ein starker Schachzug, um die kostenintensive Transformation ohne Druck von außen durchführen zu können. Die oft kurzsichtigen Befindlichkeiten von Anteilseignern sind nicht zu berücksichtigen und eine langfristige Planung wird möglich. Die Transformation hat zum Ziel, das Unternehmen zu einem End-to-End-Anbieter für IT-Fragen zu wandeln.

Leistungsversprechen

Mit der digitalen Transformation gewinnen Disziplinen wie Künstliche Intelligenz und selbstlernende Maschinen an Bedeutung. Damit einhergehend wird eine enorme Menge an Daten produziert, die irgendwo gespeichert, geschützt und insbesondere auch analysiert sowie in einen Mehrwert umgewandelt werden muss [2]. Hier setzt Dell mit einem breit diversifizierten Unternehmensportfolio an. Michel Dell statuierte, dass die Bereitstellung neuer und immer leistungsfähigerer Server heute nicht mehr ausreicht. Der Kunde hat eine spezifische Herausforderung in seiner Geschäftstätigkeit, die gelöst werden soll. DELL soll zukünftig Partner in dieser Lösungssuche werden. Nicht die IT-Komponenten stehen im Fokus, sondern die nutzenstiftende Anwendung im firmenspezifischen Umfeld. Tabelle 4.7 zeigt das Leistungsversprechen von DELL sowie die Transformationsmaßnahmen in den vier Handlungsfeldern.

Leistungserstellung

DELL rückte von seinem Direktvertriebsmodell ab und begann, neue Kundengruppen über den Einzelhandel zu erschließen – so z. B. über den Verkauf bei Walmart. Im B2B-Bereich positionierte sich DELL immer stärker als Enabler für die digitale Transformation, beispielsweise bei Volkswagen, Mercedes oder BMW durch die Entwicklung von Connected-Car-Plattformen.

Insbesondere mit der Übernahme der Electric Membership Corporation (EMC) für 67 Milliarden US-Dollar – die bisher größte Übernahme in der Technologiebranche – hat DELL diese Transformation hin zu einem Dienstleistungsunternehmen für anspruchsvolle ‚End-to-End'-IT-Projekte stark beschleunigt. In Kombination mit dem Virtualisierungs- und Cloudspezialisten VM-Ware und Pivotal sowie der Cybersecurity-Anbieter RSA und Secureworks ist ein Marktführer für die Infrastruktur zur Begleitung von Unternehmen in der digitalen Transformation geschaffen worden. Im Konzern sind nun etwa 160 000 Mitarbeiter beschäftigt. Damit sind die Voraussetzun-

Tabelle 4.7: Transformation des DELL-Geschäftsmodells (Quelle: eigene Darstellung).

Leistungsversprechen

- Wir bieten eine End-to-End-Abdeckung der IT-Fragen unserer Kunden.
- Dies bewerkstelligen wir sowohl durch Hardware- als auch durch Software-Kompetenz, gepaart mit unserem unbedingten Kundenfokus.
- Transformation und das ständige Hinterfragen unseres Produktangebots liegen uns im Blut, weshalb unsere Kunden immer mit den neuesten und besten Lösungen rechnen dürfen.

Leistungserstellung	Leistungsangebot	Kostenmodell	Ertragsmodell
Ausweitung der weltweiten Kooperation mit dem Einzelhandel Stärkung des eigenen Produktportfolios im Bereich der ‚End-to-End-IT-Projekte' durch Zukäufe (u. a. Übernahme der EMC für 67 Mrd. US-Dollar)	Stärkere Fokussierung auf kleine und mittelständische Unternehmen Stärkerer Fokus auf Server, Speicher und Sicherheit – insbesondere im Bereich des Gesundheitswesens und der öffentlichen Hand Ausweitung der Aktivitäten außerhalb der USA. Insbesondere in den wachsenden Märkten von Ghana, Kasachstan, Elfenbeinküste, Kroatien und Nigeria	Einleitung einer langfristigen Kostensenkung durch die Entlassung von 8 800 Mitarbeitern Verkauf von Eigenfabriken und schrittweise Verlagerung der Produktion zu noch günstigeren Anbietern	Kontinuierliche Expansion in neue Geschäftsfelder, die Technologiekompetenz bedürfen (z. B. Künstliche Intelligenz). Dieser Schritt federt die Performance schwächerer Sparten ab

gen geschaffen worden, auch längerfristige und lukrative Servicekontrakte mit größeren Firmen wie Hotelketten oder Krankenhäuser zu bewältigen.

Trotzdem bleibt DELL neben den neuen Standbeinen als Cloud-, Analyse-, Sicherheits- und Mobilitätsanbieter in seinem Stammgeschäft als PC-Anbieter aktiv. Das Unternehmen gewinnt in einem sich konsolidierenden Markt weiter Marktanteile. Man könne, so Michael Dell, auch in einem Bereich, in dem man schrumpfe, durchaus erfolgreich sein. Eine Erkenntnis, die für die Selbstdisruption zentral ist. Oft scheitert die eigene Transformation daran, dass am alten Geschäftsmodell krampfhaft festgehalten wird und die Kannibalisierung durch das neue Geschäftsmodell als Gefahr für den Erfolg empfunden wird. Durch diese Hemmung entsteht eine Schockstarre und der Fokus bleibt beim ursprünglichen Geschäftsmodell.

Leistungsangebot

Mit der Versorgung von kleinen und mittelständischen Betrieben hat DELL im schrumpfenden Markt ein Wachstumspotenzial ausfindig gemacht. Insbesondere mit dem Ausbau des Service- und Software-Geschäfts für sogenannte Relationship-Kunden (Mindestumsatz von einer Millionen US-Dollar pro Jahr) ist der Technologiekonzern unabhängiger von den PC-Verkäufen geworden. Bisher wurden Privatkunden und kleine Firmen mit der gleichen Produktlinie bedient. Dies wurde geändert, da erkannt wurde, dass diese zwei Kundengruppen unterschiedliche Bedürfnisse besitzen. Die Produktlinien wurden differenziert, die Produktentwicklung und das Marketing neu aufgestellt. Insbesondere die Dienstleistung ‚PC as a Service' (PCaaS) hat sich für mittelständische Unternehmen zu einem attraktiven Mehrwert entwickelt. Hardware, Software, Lebenszyklusservices und Finanzierung werden in einer umfassenden Lösung zu einem planbaren monatlichen Komplettpreis pro Arbeitsplatz angeboten. Unternehmen haben somit einen Ansprechpartner für das gesamte IT-Management und können sich auf ihr Kerngeschäft fokussieren.

Die Hälfte seines Umsatzes erwirtschaftet das Unternehmen außerhalb der USA. Mit der Stärkung wachstumsstarker Regionen will DELL vor allem Ämter, Behörden, Regierungseinrichtungen und Telekommunikationsanbieter mit moderner IT ausstatten, beispielsweise in Ghana, Kasachstan, Elfenbeinküste, Kroatien und Nigeria.

Neben dem Hardware- und Software-Service versucht DELL, immer stärker in der Beratung Fuß zu fassen. Dabei werden Firmen bei der Entwicklung und Implementierung ihrer IT-Strategie unterstützt. Dazu gehört insbesondere auch das ‚IoT-Solutions-Partner-Programm' als Ökosystem mit bislang 90 Partnern, darunter Intel, SAP und Microsoft. An dem Programm sind auch Start-ups beteiligt. Mit diesem Service werden mittelständische Unternehmen dabei unterstützt, in der fragmentierten IoT-Landschaft die passenden Technologien für ihre Lösungen zu finden; so z. B. im Bereich der Predictive Maintenance. Die Business-Kunden können so unter anderem von der Marktkenntnis eines weltweit führenden Technologieanbieters profitieren. Für DELL als Plattform-Besitzer eröffnet sich damit ein Lock-in-Modell.

DELL hat erkannt, dass es für Unternehmen immer schwieriger wird, qualifizierte IT-Fachkräfte zu finden und zu halten. Deshalb wurde die unternehmensinterne Personalpolitik auf vier Säulen aufgesetzt, sodass der eigene Konzern Kompetenzen anziehen, halten und auch Dritten zur Verfügung stellen kann:

1. Entwicklung von Führungskräften, die inspirieren.
2. Engagement für Teammitglieder
3. Zuhören und Weitergeben von Informationen.
4. Ein bevorzugter Arbeitgeber sein.

Was in der einfachen Übersetzung als Aufzählung von Trivialitäten erscheint, gehört zu den Grundregeln eines erfolgreichen Personalmanagements – Regeln, die vielfach nicht ausreichend beachtet werden.

Kostenmodell

Im Nachgang der Reprivatisierung erfolgte eine Verschlankung aller Bereiche weltweit. Die Eigenfabrikation wurde reduziert und die Produktion zu kostengünstigen Anbietern verlagert. Mit der Übernahme der EMC ist nochmals eine größere Welle an Entlassungen einhergegangen, um die Doppelspurigkeit zu bereinigen und die Vertriebsstruktur zusammenzuführen und neu aufzustellen.

Ertragsmodell

In den Anfängen des Direktvertriebs basierte das Ertragsmodell auf der innovativen Finanzstruktur des Unternehmens. Die Kunden bezahlten ihre PCs, noch bevor DELL seine Lieferanten bezahlen musste. Anstatt ein Umlaufvermögen finanzieren zu müssen, konnte DELL die flüssigen Mittel günstig zur Finanzierung anderer Bereiche einsetzen.

Mit der Dienstleistung PCaaS und dem umfassenden IoT-Ökosystem hat DELL zwei Geschäftsmodelle für sich entdeckt, die das Unternehmen von den PC-Verkäufen unabhängig machen und eine langfristige Bindung zu den Kunden ermöglichen. Im Fall des IoT-Ökosystems kann von einem Lock-in-System ausgegangen werden, da die Kunden die Plattform nur noch mit erhöhtem Aufwand wechseln können (siehe auch Amazon Prime im B2C-Bereich).

Fazit

Der Erfolg von DELL basiert insbesondere auf der Agilität der Strategie: im Erkennen und Nutzen der Chancen aufgrund der sich ändernden Rahmenbedingungen. Vor der Internetära nutzte DELL Telefonmarketing und Direktmailing als Hauptvertriebskanäle. Als sich 1993 das Internet als Vertriebskanal zu etablieren begann, investierte DELL stark in diese Technologie. Bereits 1995 wurden über 50 % des Umsatzes über diesen Kanal abgewickelt. Im Weiteren wurde DELLs Internetseite von einer Warenkorblösung für Standardkomponenten zu einem Konfigurationssystem weiterentwickelt, d. h., jeder Kunde kann seinen PC selbst, seinen Bedürfnissen entsprechend zusammenstellen. So wird jeder PC individualisiert bestellt. Ein Kundenbindungseffekt und die Optimierung der Produktion sind die Folgen dieser Differenzierungsstrategie. Und schließlich erfolgte als vorläufig letzter Entwicklungsschritt die Wandlung zum umfassenden IT-Serviceanbieter. Unternehmen werden mit den nötigen Systemen ausgestattet und während deren kompletten Lebenszyklus betreut.

In der starken Wachstumsphase, so Michael Dell, sei das Denken über die lange Frist vernachlässigt worden. Gerade dieser Umstand holt viele erfolgreiche Firmen ein. Der Blick in die Zukunft mag unter Umständen institutionalisiert sein, allein die Bereitschaft am aktuell erfolgreichen Geschäftsmodell etwas zu ändern, fehlt jedoch vielfach. Das Verändern der Erfolgsformel wird als zu riskant eingestuft. Es entsteht eine Strategie der kleinen Anpassungen, die jedoch in disruptiven Phasen nicht mehr ausreichend ist.

Literaturverzeichnis

[1] Vgl. Jahn, T. (2010), Dem alten Erfolg hinterher, in: Die Zeit, Nr. 42, 14.10.10.
[2] Vgl. Heeg, T. (2017), Der Glaube an den Computer bleibt, in: Frankfurter Allgemeine Zeitung, Nr. 19, 23.01.17, S. 22.

Amazon Web Services

Ausgangssituation und Zielsetzung

Amazon ist heute eines der wertvollsten Unternehmen der Welt. Es wurde unter dem Namen ‚Cadabra' gegründet und erreichte im März 2018 eine Marktkapitalisierung von fast 800 Milliarden US-Dollar. Nach Apple war dies zum damaligen Zeitpunkt die weltweit zweithöchste Börsenbewertung [1]. Amazon hat sich über die Jahre immer wieder neu erfunden und erschloss im Zuge dieses Wandels weitere Geschäftsfelder neben dem Handel. Cloud-Infrastruktur-Lösungen für Endverbraucher und Geschäftskunden – kurz ‚Amazon Web Services' (AWS) – steuerten den Löwenanteil zum Free-Cashflow des Unternehmens bei. Amazon hat seine Wandlungsfähigkeit unter Beweis gestellt: Mit AWS ist es in kurzer Zeit gelungen, eine rentable Erlösquelle zu erschließen und das margenschwache Handelsgeschäft abzusichern.

Das Unternehmen setzte die häufig geforderte Selbstdisruption erfolgreich um, indem das einseitig auf den Handel ausgerichtete Geschäftsmodell eine maßgebliche Erweiterung erfuhr. Die vorliegende Fallstudie beschreibt, wie Amazon seine Position im Markt für Cloud-Services durch die Öffnung der selbst genutzten Infrastruktur für andere Unternehmen stärken konnte. Der Fall erklärt, wie ein nach Disruption strebendes Unternehmen ein neues, hochprofitables Geschäftsfeld erschloss. So erwirtschaftete AWS im Jahr 2021 einen Umsatz von 62,2 Milliarden US-Dollar, der operative Gewinn lag bei bemerkenswerten 18,5 Milliarden US-Dollar [2]. Diese äußerst ertragsstarke Marktposition basierte auf einer tiefen Kostenstruktur und einem rentablen Ertragsmodell, das eine hohe Auslastung der zur Verfügung stehenden Serverkapazitäten sicherstellte. Der Fall illustriert, wie ein sehr großes Unternehmen aus der Not eine Tugend machte: Dank der erfolgreichen Selbstdisruption entstand das profitabelste Geschäftsfeld im Konzern.

Leistungsversprechen

Jeff Bezos gründete Amazon 1995. Im Mittelpunkt stand der Online-Versandhandel für Bücher. Amazon veränderte den Buchmarkt radikal und sorgte für eine Disruption in der Branche. Seit der Gründung setzte das Unternehmen mit der Erschließung zusätzlicher Geschäftsfelder immer wieder neue Akzente. Es hat sich dabei kontinuierlich neu erfunden. Allein die Öffnung der eigenen Verkaufsplattform für Drittanbieter

---

Anmerkung: Die Fallstudie entstand in Zusammenarbeit mit Tim Lersch (Universität St.Gallen).

über den sogenannten ‚Amazon Marketplace' zeigt, dass Amazon nicht davor zurückschreckt, unkonventionelle Wege zu gehen und sogar der Konkurrenz die Vorteile der eigenen Plattform zur Verfügung stellt.

Amazon ging im Jahr 2006 mit AWS als erster Anbieter für dezentralisierte, Cloud-basierte Serverinfrastruktur-Lösungen auf den Markt. ‚Infrastructure as a Service' (IaaS) war bis dato ausschließlich für Großunternehmen rentabel und wurde von Anbietern wie HP oder IBM nur über lokalinstallierte Lösungen (unternehmenseigene Serverfarmen) angeboten. Mit AWS konnten Unternehmen nun beliebig Rechenleistung hinzufügen und mussten keine eigenen Serverfarmen mehr errichten. Dies machte den Service auch für kleinere Unternehmen attraktiv, die sich eigene Rechenzentren nicht leisten konnten. Außerdem wartete Amazon mit einem unschlagbaren Preis (0,15 US-Dollar pro Gigabyte/Monat) auf, der 70 – 80 % unter den Kosten für lokalinstallierte Lösungen lag. Dies machte AWS zusätzlich zu einer kosteneffizienten Lösung, selbst für große Unternehmen. Verlässlichkeit und Sicherheit der Cloud-Infrastruktur von Amazon tragen ihren Teil dazu bei, dass AWS heute ein Rundum-sorglos-Paket für Unternehmen jeglicher Größe zur Verfügung stellen kann. AWS verspricht „Beliebig skalierbare, sichere und verlässliche Cloud-Infrastrukturen für Unternehmen jeglicher Größe zum besten Preis". Dieses Leistungsversprechen war in den vergangenen Jahren der Treiber einer sehr erfolgreichen Geschäftsmodelltransformation (Vgl. Tabelle 4.8).

Leistungserstellung

AWS ist ein aus der Not geborener Service. IT-Prozesse waren bei Amazon zur Jahrtausendwende nicht sonderlich effizient. Die Entwicklung von IT-Applikationen verlief eher träge und zum Teil auch unvorhersehbar. Die Marktplatz-Entwicklung hätte schneller voranschreiten können und auch beim Projektmanagement kam es immer wieder zu Problemen. Amazon ging diese Probleme im Zuge eines Transformationsprozesses systematisch und grundlegend an. Aus unorganisierten und verworrenen Entwicklungsplattformen baute der Konzern dezentralisierte und verlässliche Infrastrukturen. Diese ermöglichten die effiziente Entwicklung von IT-Lösungen, die schneller zu skalieren waren. Während der Startphase des Projektes hatten die Amazon-Verantwortlichen einen visionären Einfall, der sich in der Zukunft auch für andere Unternehmen als äußerst bedeutsam herausstellen sollte. Da lokale Serverlösungen (IaaS) aufgrund der hohen Kosten nur für Großunternehmen infrage kamen, entstand besonders für kleinere Unternehmen (z. B. Händler, die ihre Ware auf dem Amazon Marketplace anbieten) ein Nachteil. Für sie gab es eine solche bezahlbare IT-Infrastruktur-Lösung nicht. Amazon eröffnete mit seinen beliebig zuschaltbaren, Cloud-basierten und kosteneffizienten Serverlösungen die Möglichkeit, die nicht selbstgenutzte Infrastruktur an andere Unternehmen zu vermieten und somit die eigene IT-Infrastruktur zu skalieren.

Unternehmen mit einem kleinen Umsatz schätzten AWS von Beginn an in besonderem Maße. Der erwähnte Nachteil gegenüber Großunternehmen war vom Tisch und der Umsatz von AWS begann zu sprudeln. Der Ausbau der Serverfarmen schaffte

Tabelle 4.8: Transformation des AWS-Geschäftsmodells (Quelle: eigene Darstellung).

Leistungsversprechen

Beliebig skalierbare, sichere und verlässliche Cloud-Infrastrukturen für Unternehmen jeglicher Größe zum besten Preis zur Verfügung stellen.

Leistungserstellung	Leistungsangebot	Kostenmodell	Ertragsmodell
Ständiger Ausbau der ‚Serverfarmen' ermöglicht eine schier unendliche Rechenkapazität	Cafeteria-Modell: AWS bietet mehr als 70 verschiedene IT-Services, die Kunden nach Bedarf konfigurieren können	Handelsgeschäft von Amazon sorgt für hohe Grundauslastung der Serverparks sowie für permanente Weiterentwicklung	Marktplatz-Eigengeschäft erwirtschaftet Einnahmen auf Basis des klassischen, transaktionsbasierten Ertragsmodells
Dezentralisierter, Cloud-basierter Service erleichtert Wartungsteams die effiziente Instandhaltung der Server	Verschiedene Preismodelle geben dem Kunden die Möglichkeit, sich das kosteneffizienteste Paket zusammenzustellen	Vermietung der nicht genutzten Kapazitäten an andere Unternehmen	Drittanbieter zahlen eine Verkaufsprovision pro verkauftem Artikel
AWS erweitert und verbessert kontinuierlich die Palette an globalen, Cloud-basierten Produkten wie Datenverarbeitungs-, Speicher-, Datenbank-, Analyse-, Netzwerk-, mobile, Entwickler-, Verwaltungs-, IoT-, Sicherheits- und Unternehmensanwendungen		Durchschnittskosten pro Rechenleistung werden durch Synergien gesenkt	AWS-Kunden zahlen nach dem Pay-as-you-go-Prinzip nur für die genutzten Leistungen
		Dezentralisierung des Angebots führt zu Kostensenkungen aufgrund von Einsparungen bei der Serverwartung	Zusätzliche Einnahmen durch Angebote wie ‚Amazon Sponsored Products' oder ‚Amazon Pay'

eine immer größere Rechenkapazität, die an Kunden vermietet werden konnte. Somit war es nur eine Frage der Zeit, bis auch große Konzerne mit überdurchschnittlichem Kapazitätsbedarf zu AWS wechselten. Ein hohes Maß an Sicherheit sowie die hohe Leistungsfähigkeit der AWS-Serverfarmen sprachen ebenfalls dafür.

Leistungsangebot
Amazon schuf mit den angebotenen Web-Serviceleistungen für Unternehmen jeder Größe eine besonders kostengünstige Möglichkeit, Rechenleistung und Speicherplatz in die Cloud auszulagern. Dem Leistungsversprechen folgend reichen die Kunden von AWS vom einfachen Endverbraucher, der seine persönlichen Daten wie Fotos, Videos und Dokumente in der Amazon-Cloud sicher verwahrt, über kleine und mittelständische Unternehmen bis hin zu Großkonzernen wie General Electric. Selbst Netflix, der größte Konkurrent von Amazon im Bereich des Video-Streamings, nutzt die AWS-

Server, um seine Filme und Serien einzulagern [3]. Dieses breite Portfolio an Kunden spiegelt sich auch in der Produktvielfalt von AWS wider. Kunden können zwischen knapp 240 verschiedenen Cloud-Produkten von AWS wählen und diese nach Belieben zusammenstellen[4]. Vergessen sind die Zeiten, in denen jede neue Applikation mühsam auf den eigenen Servern installiert und gewartet werden musste. Das Leistungsangebot ist vielfältig und reicht von einfacher Rechenkapazität über die Bereitstellung von Speicherplatz bis hin zur Erstellung von Datenbanken, Analyse-Tools und Anwendungen für das maschinelle Lernen. Außerdem zeichnet sich AWS zusätzlich durch die beliebige Skalierbarkeit seiner Anwendungen aus. Gerade im Bereich der angebotenen Services kann das Leistungsversprechen seine Leuchtturmfunktion ausspielen. Es wirkt über alle Bereiche als Koordinationsinstrument. Sämtliche verfügbaren Services dienen stets der Stärkung des Leistungsversprechens – etwa durch Kostenminimierung. Unternehmen können praktisch nach Bedarf (kurz- oder langfristig) weitere Serverkapazitäten hinzuschalten, was einen effizienten Arbeitsablauf gewährleistet. Darüber hinaus entwickelt Amazon die Plattform stetig weiter, wodurch ständig neue Anwendungsmöglichkeiten (z. B. Internet-of-Things-Lösungen) hinzugefügt werden. Kunden können folglich einen immer größeren Teil ihres Bedarfs an Cloud-Services über AWS abdecken. Vorbei sind die Zeiten, in denen sie aufgrund der hohen Vorab-Installationskosten der eigenen Server gezwungen waren, dem Anbieter treu zu bleiben. Amazon erreicht durch die einfache Skalierbarkeit, den unschlagbaren Preis und das globale Angebot ein hohes Maß an Kundenbindung.

Kostenmodell
Seit ihrer Einführung im Jahr 2006 stiegen die Umsätze der AWS kontinuierlich. Die Services erreichten im ersten Quartal 2022 einen Marktanteil von 33 % bei Cloud-basierten Web-Serviceleistungen. Microsoft Azure lag auf Platz zwei und erzielte einen Marktanteil von 21 % [5]. Wie war es möglich, einen derart hohen Anteil in so kurzer Zeit zu erreichen und gleichzeitig eine Umsatzrendite von mehr als 20 % zu realisieren? Amazon ist dieses Kunststück aufgrund einzigartiger Synergien gelungen. Das Handelsgeschäft von Amazon sorgte erstens für eine hohe Grundauslastung der Serverparks und zweitens für eine permanente Weiterentwicklung. So konnte Amazon den nicht genutzten Teil seiner Infrastruktur für gutes Geld an fremde Unternehmen vermieten. Eine ausgetüftelte Kapazitätsplanung vermied potenzielle Engpässe und ermöglichte es AWS, die Durchschnittskosten pro Rechenleistung permanent zu senken. Das Eigengeschäft mit der Fremdvermietung zu kombinieren, schaffte kein Handelskonkurrent. Es erklärt, warum Amazon die Nase so weit vorne hat. Die einmalige Synergie ermöglichten Amazon und Fremdunternehmen konkurrenzlos niedrige IT-Kosten.

Wettbewerber wie IBM und HP mussten ihre Serverfarmen ausschließlich zur Vermietung an andere Unternehmen aufbauen. Eine optimale Kapazitätsauslastung, so wie bei AWS, war nicht realisierbar.

Zusätzlich hob sich Amazon mit seiner Cloud-Infrastruktur von allen lokalinstallierten Lösungen ab. Das dezentralisierte AWS-Angebot senkte die Kosten, da keine Wartungstechniker vor Ort beim Kunden eingesetzt werden mussten. Lediglich der reibungslose Ablauf auf den eigenen Serverfarmen war zu gewährleisten. Der Personalaufwand fiel somit im Vergleich zu lokalinstallierten Lösungen wesentlich niedriger aus.

Vor diesem Hintergrund lässt sich die disruptive Wirkung nachvollziehen, die AWS in dieser Industrie auslöste. Auch hier hat sich die Regel bewahrheitet, dass es nur demjenigen gelingt, schnell Marktanteile zu gewinnen, der preislich günstiger anbietet und Kostenvorteile nutzt.

Ertragsmodell

Bis zur Einführung von AWS erzielte Amazon vor allem in zwei Bereichen Gewinne. Auf der einen Seite stand das Eigengeschäft auf der Amazon-Webseite. In diesem traditionellen, transaktionsbasierten Konzept generiert Amazon wie jeder andere Händler Erlöse über die Marge. Auch wenn Amazon als der Disruptor im Buchhandel gilt, sieht sich selbst der Konzern von Jeff Bezos dem Problem stetig schrumpfender Margen im klassischen Retail-Geschäft ausgesetzt. Außer im Heimatmarkt USA erwirtschaftet das Eigengeschäft teilweise sogar Verluste. Auf der anderen Seite stand das Marktplatz-Geschäft mit Produkten von Dritthändlern. Amazon erhält bei jedem Kauf eine prozentuale Kommission auf den Verkaufspreis. Dieser Prozentsatz variiert zwischen unterschiedlichen Produktkategorien und reicht von 6 % im Bereich PCs bis hin zu 45 % bei Accessoires für Amazon-Geräte (z. B. Kindle) [6]. Die Einführung des Marktplatzes im Jahr 2000 war ein erster Schritt weg von der totalen Abhängigkeit vom Retail-Bereich.

Jedoch muss den Amazon-Verantwortlichen die Notwendigkeit der Erschließung von neuen Geschäftsmodellen bereits bewusst gewesen sein. Ganz nach einem der ‚Amazon Leadership Principles‘, das von den Mitarbeitern ‚Frugality‘, also sparsame Innovation verlangt, wurde aus der Not ein neues Ertragsmodell geboren [7]. Amazon transformierte die eigene Cloud-Infrastruktur in ein Geschäftsmodell für kleine und mittelständische Unternehmen (kurzfristig). Mittelfristig konnten sogar Lösungen für Großkonzerne angeboten werden. Kunden zahlen für verschiedene Services wie Rechenleistung, Speicherkapazität oder Analyse-Tools nach dem ausgesuchten, nutzungsabhängigen Preismodell [8]. Anstatt monatliche Grundgebühren zu berechnen, werden jedem Kunden nur die Leistungen in Rechnung gestellt, die er tatsächlich in Anspruch genommen hat [9]. Durch preisliche Attraktivität, gepaart mit dem Angebot verschiedener Abrechnungsmodelle, gelingt es AWS, für praktisch jedes Unternehmen jeglicher Größe (und sogar für Privatpersonen) interessant zu sein. Amazon maximiert dadurch sein Marktpotenzial. Erkennbar ist das, neben dem bereits erwähnten Marktanteil von AWS, vor allem an den rasant wachsenden Einnahmen. Während AWS im Jahr 2014 noch Einnahmen von 3,1 Milliarden US-Dollar erwirtschaftete, hat sich dieser Betrag innerhalb von sieben Jahren fast verzwanzigfacht. 2021 lagen die Einnahmen schon bei 62,2 Milliarden US-Dollar [10].

Hinzu kommen weitere Erlösquellen wie ‚Amazon Sponsored Products‘ oder ‚Amazon Pay‘. Diese neuen Quellen helfen, die Rentabilität erheblich zu steigern, zumal es fraglich ist, ob das Marktplatz-Eigengeschäft auch künftig über die USA hinaus Gewinne abwerfen kann. Gründe dafür sind insbesondere der starke Preiswettbewerb hinsichtlich der gehandelten Produkte und die hohen Investitionen, wie beispielsweise in die Logistik, die für das jährliche Wachstum von bis zu 30 % verantwortlich sind. Vor diesem Hintergrund gelingt Amazon eine bemerkenswerte Ergänzung seines Ertragsmodells um zusätzliche und vor allem besonders rentable Erlösquellen.

Fazit

Amazon hat mit AWS einen Markt erobert, der vor wenigen Jahren noch nicht existierte.

Der frühe Einstieg in dieses rasch wachsende Marktsegment der Cloud-basierten Internetdienstleistungen war die erste Voraussetzung für den erreichten Marktanteil. Darüber hinaus verhalf die Kombination aus Kostenführerschaft und Serviceexzellenz dem Unternehmen zum Durchbruch. Dieser Wettbewerbsvorteil konnte in den vergangenen Jahren weiter ausgebaut werden. Amazon kann, wie kein zweites Unternehmen, die für das Kerngeschäft sehr relevanten Serverdienstleistungen mit fremden Unternehmen optimal auslasten und aufgrund von Skaleneffekten immer leistungsfähiger machen. AWS bietet nutzungsabhängige Gebühren für mehr als 90 Cloud-Services. Bei AWS bezahlen Kunden nur für die Services, die sie tatsächlich benötigen, solange sie sie nutzen und ohne langfristige Verpflichtung oder komplexe Lizenzierung. Das beständige Leistungsversprechen gab dem Management in den vergangenen Jahren die Richtung vor. In den vier Handlungsfeldern verkörperte das Leistungsversprechen die Richtschnur für den Ausbau und die Eroberung des Marktes.

Dieses für Amazon noch recht junge Geschäftsfeld erweitert das Marktplatz-Geschäft der ersten Stunde. Weniger strategisch geplant als vielleicht angenommen, entwickelte sich diese eher zufällig entstandene Idee zur Cashcow. Amazon hat damit eindrücklich seine Fähigkeit unter Beweis gestellt, neben dem Kerngeschäft Retail weitere Disruptionen in ebenfalls internetgetriebenen Geschäftsfeldern erfolgreich zu initiieren. Besonders erfreulich für das Unternehmen ist die hohe Rentabilität seiner Cloud-basierten Dienstleistungen, welche die Explosion des Börsenkurses maßgeblich beflügelte.

Literaturverzeichnis

[1] Vgl.Finance.yahoo.com (2018), AMZN: Summary for Amazon.com, Inc. – Yahoo Finance, 1.4.2018, https://finance.yahoo.com/quote/AMZN/.

[2] Vgl. Amazon (2022), Amazon Annual Report 2021, 18.01.2023, von: https://s2.q4cdn.com/299287126/files/doc_financials/2022/ar/Amazon-2021-Annual-Report.pdf

[3] Vgl. Amazon Web Services, Inc. (2018), Fallstudien und Kundenerfolge – Amazon Web Services, 4.4.2018, von: https://aws.amazon.com/de/solutions/case-studies/all/.

[4] Vgl. Amazon Web Services, Inc. (2023), Cloud-Produkte von AWS, 18.01.2023, von: https://aws.amazon.com/de/products.

[5] Vgl.Statista (2022), Cloud infrastructure services vendor market share worldwide from 4th quarter 2017 to 1st quarter 2022, in: Statista, 05.08.2022, https://www.statista.com/statistics/967365/worldwide-cloud-infrastructure-services-market-share-vendor/.

[6] Vgl. Sellercentral.amazon.com (2018), Selling on Amazon Fee Schedule – Amazon Seller Central, 4.4.2018, https://sellercentral.amazon.com/gp/help/external/200336920/ref=asus_soa_p_reffees?ld=NSGoogle.

[7] Vgl. Amazon.com (2018), About Amazon – Working at Amazon – Our Leadership Principles, 5.4.2018, https://www.amazon.com/p/feature/p34qgjcv93n37yd.

[8] Vgl. Amazon Web Services, Inc. (2018), Preisprinzipien für AWS Cloud – Amazon Web Services (AWS), 4.4.2018, https://aws.amazon.com/de/pricing/?nc2=h_ql_pr&awsm=ql–3.

[9] Vgl. Amazon Web Services, Inc. (2018), AWS-Fakturierung und Kostenmanagment, 4.4.2018, https://aws.amazon.com/de/documentation/account-billing/.

[10] Vgl. Amazon Inc. (2022), Amazon.com Annual Report 2021, von: https://s2.q4cdn.com/299287126/files/doc_financials/2022/ar/Amazon-2021-Annual-Report.pdf.

IBM

Ausgangssituation und Zielsetzung der Fallstudie

Einer Legende zufolge sagte der einstige CEO von IBM, Thomas J. Watson Jr., Mitte des 20. Jahrhunderts, dass sich die weltweite Nachfrage nach Computern auf je fünf Abnehmer und Stück beschränken würde [1]. Obgleich diese Legende einer aus dem Zusammenhang gerissenen Fehlinterpretation entstammt, hat sie bis heute als beliebte Anekdote für misslungene Marktanalysen überdauert. Sie gilt als Mahnmal für eine solide und fundierte Kunden- und Marktkenntnis, die für eine zukunftsorientierte Unternehmensführung unabdingbar ist.

Trotzdem hat sich IBM in den vergangenen Jahrzehnten fundamental verändert. Von einem anfänglichen Hardware-Produzenten hat sich das Unternehmen zu einem integrierten Dienstleister entwickelt, der seine Kunden durch eine vertikalisierte Wertschöpfungskette in allen Fragen hinsichtlich der IT unterstützt.

Anmerkung: Die Fallstudie entstand in Zusammenarbeit mit Severin F. Bischof (Universität St.Gallen).

IBM hat in den vergangenen Dekaden eine Transformation durchlaufen, die nicht direkt ersichtlich sein mag. Das Unternehmen ist nach wie vor damit betraut, Firmenkunden in IT-Fragen zur Seite zu stehen. Doch die Art und Weise, wie IBM dieses Leistungsversprechen ins 21. Jahrhundert getragen hat, unterlag einem fundamentalen Wandel.

Leistungsversprechen

Die in den 90er Jahren begonnene Transformation hat das Leistungsversprechen von IBM grundlegend verändert. Während IBM ursprünglich ausschließlich Maschinen zum Datenmanagement herstellte, hat sich die Firma heute zum Partner und Berater ihrer Kunden entwickelt. Das neue Leistungsversprechen lautet daher: IBM ermöglicht Unternehmen, die Grenzen der IT zu durchbrechen und deren Möglichkeiten zu nutzen, bevor sie zum Industriestandard werden (Vgl. Tabelle 4.9).

Ein essenzieller Erfolgsfaktor der Transformation von IBM bestand darin, das Potenzial des Internets seit Mitte der 90er Jahre zu erkennen und den Kunden zugänglich zu machen. Während 1995 nur etwa sechzehn Millionen Menschen im Internet surften, stieg die Zahl der Internetnutzer bis 2021 weltweit auf knapp 4,9 Milliarden. IBM richtete das Unternehmen konsequent auf das wachsende Potenzial dieser Technologie aus und verzahnte den Verkauf von Hardware mit Dienstleistungen, Stichwort ‚Consultative Sales‘. Die Neuausrichtung auf Dienstleistungen, Beratung und Services half IBM, weitere Umsatz- und Margeneinbrüche im Rahmen der voranschreitenden Commoditisierung im IT-Sektor zu vermeiden. Seit 1998 übertreffen die Umsätze mit Dienstleistungen und Software diejenigen aus dem Hardwaregeschäft [2].

Leistungsangebot

IBM sieht sich als Partner seiner Kunden in der Nutzung neuer Technologien. Das Unternehmen bietet Hardware, Software und Beratungsdienstleistungen aus einer Hand. Auf Basis dieses dreifaltigen Leistungsangebots kann IBM maßgeschneiderte, hoch innovative Lösungen für jeden Bedarf anbieten, die dem aktuellen Industriestandard weit voraus sind. So können Quantencomputer und Künstliche Intelligenz (z. B. Watson) die Daten von Unternehmen autonom analysieren und grundlegende Zusammenhänge zwischen einzelnen Datenpunkten herstellen. Der Einsatz derartiger Big-Data-Lösungen ist derzeit noch nicht weit verbreitet. Dies ermöglicht den Kunden von IBM einen Wettbewerbsvorteil.

Diese Angebotsstruktur entwuchs einem Leistungsangebot, das sich die Technologieführerschaft von IBM zunutze machte. Die Geschichte von IBM liest sich daher bis in die jüngere Vergangenheit wie eine Dokumentation über den American Dream. Seit den aus heutiger Sicht bescheidenen Anfängen im Jahr 1911 strebte die erst 1924 in ‚International Business Machines‘ (IBM) umbenannte Firma nach der Technologieführerschaft. Durch den Fokus auf industrielle Großrechner (Mainframes) war IBM durchwegs als erfolgreicher Hersteller von Komponenten und Geräten bekannt. Mitte

Tabelle 4.9: Transformation des IBM-Geschäftsmodells (Quelle: eigene Darstellung).

Leistungsversprechen

IBM ermöglicht Unternehmen, die Grenzen der IT zu durchbrechen und deren Möglichkeiten zu nutzen, bevor sie zum Industriestandard werden.

Leistungserstellung	Leistungsangebot	Kostenmodell	Ertragsmodell
Technisch versierte Mitarbeiter (19 Forschungslabors mit 3 000 Forschern auf sechs Kontinenten; 2020 mehr als 9 000 Patente)	IBM sieht sich als Partner seiner Kunden bei der Nutzung von IT und der Umsetzung neuer Technologien	Schlanke Prozesse ohne unnötige Redundanzen und Komplexität (Shared Services, die aus dem Backoffice nach	Konsequenter Fokus auf Unternehmensbereiche mit hoher Profitabilität, speziell auf Beratungsdienstleistungen
Vermehrt wirtschaftlich orientierte Mitarbeiter (Betriebswirtschaftler, Strategy, Consultative Sales)	Verknüpfung von Hardware, Software und Beratungsdienstleistungen	Bedarf von Länderorganisationen bezogen werden können)	Kaum reiner Vertrieb von Hardware ohne Beratungsdienstleistungen
Konsequentes Abstoßen unprofitabler Unternehmensbereiche, auch bei Marktdominanz	Maßgeschneiderte hoch innovative Lösungen für jeden Bedarf (IBM Cognitive Solutions, Watson, Quantum Computing)	Hocheffiziente Auslastung (neun von zehn Mitarbeitern sind mit der Weiterentwicklung, Bearbeitung und dem Verkauf von Produkten betraut; nur eine von zehn Stellen ist im Backoffice)	

der 80er Jahre zählte IBM zu den bei Investoren beliebtesten Firmen [3]. Das Unternehmen unterstützte sogar die Mondmission unter John F. Kennedy und darf diverse Nobelpreisträger zu seinen ehemaligen Mitarbeitern zählen.

Doch wie auf jeden Berggipfel ein Tal folgt, rauschte IBM nach einer langen Erfolgsphase schnurstracks in eine Krise. Als sich das Großrechnergeschäft der Commoditisierung näherte und die Margen stetig kleiner wurden, fuhr IBM Ende 1993 mit acht Milliarden US-Dollar den bis dato größten Verlust in der Geschichte amerikanischer Unternehmen ein. Damit war IBM als quasi abgeschrieben [4]. Doch statt in eine Schockstarre zu verfallen, widmete sich IBM einem grundlegenden Transformationsprozess, der einen kulturellen Wandel sowie ein neues Selbstverständnis hinsichtlich des Leistungsversprechens mit sich brachte. Die Firma erkannte die Notwendigkeit, Kunden im IT-Dschungel an die Hand zu nehmen. Sie transformierte das Leistungsangebot vom reinen Vertrieb der IT-Infrastruktur zu einem ausgedehnten Feld an technologiebezogenen Beratungsdienstleistungen. IBM gilt heute als eines der größten Beratungsunternehmen und einer der größten Servicedienstleister der Welt.

Leistungserstellung

Um die Transformation des Leistungsangebots professionell durchführen zu können, nahm das Unternehmen konsequente Anpassungen der Leistungserstellung vor. Seit Beginn der Transformation in den 90er Jahren kaufte IBM kontinuierlich Ressourcen hinzu. IBM akquirierte über die Jahre 200 Firmen für 30 Milliarden US-Dollar. Außerdem trennte sich das Unternehmen von Segmenten mit geringem Wachstum und geringen Margen, darunter Computerbildschirme und Drucker, auch wenn diese zum Teil von IBM erfunden wurden und von entsprechend hohem ideellem Wert sind.

Basierend auf der Transformation passte das Management die Zusammensetzung der Belegschaft an. Um den Dienstleistungscharakter von IBM zu stärken, wurden fortan vermehrt wissenschaftlich orientierte Mitarbeiter eingestellt [5]. So nahmen Betriebswirtschaftler und Strategieberater bei IBM Einzug, die im Rahmen von Beratungsdienstleistungen die passende Hardware verkaufen konnten. Um das Leistungsangebot einer vollumfänglichen Technologieberatung offerieren zu können, durfte IBM seine Vorreiterrolle hinsichtlich der IT nicht verlieren. Um diese fortan zu gewährleisten, wurden technisch versierte Mitarbeiter in Forschungseinrichtungen als Hauptleistungserbringer gefördert. Heute betreibt IBM neunzehn Forschungslabors auf sechs Kontinenten mit insgesamt 3 000 Forschern. Allein im Jahr 2020 meldeten diese über 9 000 Patente an und sicherten damit die Technologieführerschaft von IBM.

Kostenmodell

Neben der Überarbeitung des Leistungsangebots veränderte IBM sein Kostenmodell. Das Unternehmen fokussierte sich fortan auf die Reduktion von Redundanzen und Komplexität [6]. Zur Erreichung von ‚Economies of Scale' setzte das Unternehmen ein sogenanntes ‚Shared-Services-Model"ein, das eine gemeinschaftliche Nutzung diverser Backoffice-Tätigkeiten zwischen Ländereinheiten und Divisionen beinhaltet. So teilen sich diverse geografische Regionen die Kosten der HR- und Buchhaltungsdepartments. Standardprozesse wurden für alle internen Funktionen in Zentren konsolidiert, sodass beispielsweise sämtliche Humankapitalanforderungen nun aus einem globalen Talentpool bedient werden. Diese Effizienzsteigerung reduzierte die Kosten der betroffenen Backoffice-Bereiche zwischen 2005 und 2010 um 25 % [7]. Gleichsam erreichte die Gesamtproduktivität des Konzerns ein effizienteres Niveau, sodass neun von zehn Mitarbeitern mit der Weiterentwicklung oder dem Verkauf des IBM-Produktportfolios betraut waren. Eine schlanke Zentralverwaltung und die Abschaffung von Redundanzen führten insgesamt zu einer hocheffizienten Auslastung, die die Entwicklung des Leistungsangebots maßgeblich unterstützte.

Ertragsmodell

Die Transformation von IBM führte zu einem drastischen Wandel im Ertragsmodell. Der konsequente Fokus auf Unternehmensbereiche mit hoher Profitabilität, speziell auf Beratungsdienstleistungen, ließ das Jahr 1993 mit dem größten Verlust der Unternehmensgeschichte zunehmend in Vergessenheit geraten. Die Profitabilität des Unternehmens stieg mit dem steigenden Anteil der Beratungsdienstleistungen am Gesamtumsatz. Beinahe jeder Hardwarevertrieb war an einen Service gekoppelt, der die Vertriebsbemühungen von IBM zunehmend profitabler machte.

Dieser Wechsel hin zu Dienstleistungen wurde durch diverse Zukäufe beschleunigt. So erwarb die Firma im Jahr 2002 nach dem Buchhaltungsskandal bei der Firma Enron und dem daraus entstandenen Sarbanes-Oxley Act die Consulting-Sparte von PricewaterhouseCoopers für 3,9 Milliarden US-Dollar. Mit einem Schlag verdoppelte sich die Anzahl der damals bei IBM tätigen Berater auf 60 000 Beschäftigte in 52 Ländern. Heute gliedert sich die Beratung in die Bereiche Strategie (IBM Global Business Services), Infrastruktur (IBM Global Technology Services) und Cloud.

Fazit

IBM bietet heute End-to-End-Serviceangebote, die Firmen bei ihrer Geschäftstätigkeit unterstützen. Mit einem Umsatz von 57 Milliarden US-Dollar (2021) ist IBM heute eines der größten IT- und Dienstleistungsunternehmen der Welt. Das Motto des Wandels steckt nach wie vor im Rückenmark des Weltkonzerns. So beschrieb Bridget van Kralingen, ehemalige General-Managerin von IBM Nordamerika, dass die Fähigkeit zur Veränderung Ausdruck des Selbstverständnisses sei, in Zukunft nicht nur zu überleben, sondern die Zukunft aktiv mitzugestalten: „You must accept that complacency is a business killer and banish it from your thinking. You must understand that transformation is a constant and continuous process that can never end. And you must embrace the notion that when faced with tough times your goal must be not merely to survive but to succeed, and success comes through leadership." [8]

Literaturverzeichnis

[1]   Vgl. Shapiro, F. R. (Ed.). (2006),The Yale book of quotations, Yale University Press.
[2]   Vgl. Applegate, L., Austin, R., & Collins, E. (2009), IBM's decade of transformation: Turnaround to growth, in: Harvard Business School Case, 9–805–130.
[3]   Vgl. Forbes (2010) IBM's Transformation – From Survival to Success, in: Forbes, 7.7.2010, https://www.forbes.com/2010/07/07/ibm-transformation-lessons-leadership-managing-change.html#5bb836043afb.
[4]   Vgl. IBM (2018), Chronological History of IBM, in: IBM Archives, 25.1.2018, https://www-03.ibm.com/ibm/history/history/history_intro.html.
[5]   Vgl. Forbes (2010), IBM's Transformation – From Survival to Success, in: Forbes, 7.7.2010, https://www.forbes.com/2010/07/07/ibm-transformation-lessons-leadership-managing-change.html#5bb836043afb.
[6]   Vgl. ebd.
[7]   Vgl. ebd.
[8]   Vgl. ebd.

Nordstrom

Ausgangssituation und Zielsetzung der Fallstudie

Als der 16-jährige John W. Nordstrom 1887 ohne Geld und ohne ein Wort Englisch zu sprechen, von Schweden nach New York reiste, hätte wohl kaum jemand gedacht, dass er einmal der Gründer einer der erfolgreichsten Warenhausketten der Welt werden würde. In den ersten Jahren nach seiner Ankunft in den USA arbeitete John W. Nordstrom zunächst als Holzfäller und Minenarbeiter in Washington und Kalifornien. Im Zuge des Goldrauschs der 1890er Jahre reiste er in den hohen Norden nach Klondike in Kanada. Tatsächlich fand er zwei Jahre später Gold und kehrte mit 13.000 US-Dollar im Gepäck in die USA zurück, um dieses neu erlangte Vermögen zu investieren. Nur kurze Zeit später eröffnete er zusammen mit dem Schuhmacher Carl F. Wallin ein Schuhgeschäft unter dem Namen ‚Wallin & Nordstrom‘ in Seattle. Das Geschäft lief gut und so eröffneten sie 1923 eine zweite Filiale. 1929 gingen beide Gründer in Rente und verkauften ihre Anteile an Everett und Elmer Nordstrom, John W. Nordstroms Söhne. Das Unternehmen firmierte fortan unter dem Namen ‚Nordstrom‘ [1]. Nach einigen erfolgreichen Jahrzehnten stand die vierte Generation- der Nordstroms Ende der 90er Jahre des 20. Jahrhunderts vor massiven Problemen: Während der Umsatz auf Konzernebene dank zahlreicher neuer Filialöffnungen stetig anstieg, wurde auf Filialebene immer weniger eingenommen. Der Umsatz pro Quadratmeter nahm zwischen 1995 und 2001 um 13 % ab [2]. Preisreduktionen drückten auf die Marge und die Verschuldungsquote erreichte im Jahr 2000 49 % [3]. Zugleich wandten sich immer mehr Langzeitkunden unzufrieden von der Warenhauskette ab. Nachdem das Unternehmen Nordstrom von 1999 auf 2000 rund die Hälfte seines Börsenwerts verloren hatte, schritt der Verwaltungsrat im August 2000 ein: Der bisherige CEO John Whitacre wurde entlassen und durch Blake Nordstrom ersetzt. Gleichzeitig wurde der bereits 66-jährige ehemalige CEO Bruce Nordstrom zum Verwaltungsratsvorsitzenden ernannt. Um sich aus der Abwärtsspirale zu befreien, mussten Blake und Bruce Nordstrom zusammen mit dem restlichen Führungsteam eine ganzheitliche Transformation aller Handlungsfelder vollziehen. Im Mittelpunkt standen dabei ihre Mitarbeiter. In den folgenden Abschnitten dieser Fallstudie wird die erfolgreiche Transformation der Jahre 2000 bis 2005 näher betrachtet.

Leistungsversprechen

Nachdem Blake und Bruce Nordstrom die Führung des Unternehmens übernommen hatten, reisten sie zunächst durch das gesamte Land, um mit den Menschen zu sprechen, die die Kunden des Unternehmens am besten kennen: die Nordstrom-Mitarbeiter auf der Verkaufsfläche [4]. Seit der Unternehmensgründung durch John W. Nordstrom standen nach den Kunden die Mitarbeiter auf der Verkaufsfläche immer im Zentrum der

---

Anmerkung: Die Fallstudie entstand in Zusammenarbeit mit Gianluca Scheidegger (Universität St.Gallen).

Unternehmung. Grund dafür ist sein Leistungsversprechen, das nur durch engagierte Mitarbeiter zu erfüllen ist: „Wir möchten unseren Kunden den bestmöglichen Service bieten, um so ihr Leben zu erleichtern" (Vgl.Tabelle 4.10).

Nordstrom ist heute unbestritten das Vorzeigeunternehmen für einen guten Kundendienst. Im Laufe der Unternehmensgeschichte hat Nordstrom gelernt, dass sich ein auf exzellenten Kundendienst fokussiertes Leistungsversprechen auszahlt. Der Servicegedanke ist bei Nordstrom deshalb tief in der DNA des Unternehmens verankert. Er wird von jedem einzelnen Mitarbeiter gelebt. Jede Unternehmenstätigkeit wird vom Leistungsversprechen koordiniert. So sollen alle Entscheidungen aus Sicht der Kunden betrachtet und beurteilt werden. Trotz Börsennotierung kommen die Bedürfnisse der Aktionäre erst an zweiter Stelle. Nur so kann Nordstrom den bestmöglichen Kundenservice anbieten.

Tabelle 4.10: Transformation des Nordstrom-Geschäftsmodells (Quelle: eigene Darstellung).

Leistungsversprechen

Unseren Kunden den bestmöglichen Service bieten, um so ihr Leben zu erleichtern.

Leistungserstellung	Leistungsangebot	Kostenmodell	Ertragsmodell
Empowerment der Mitarbeiter	Attraktive und übersichtliche Ladengestaltung und modisches Sortiment zu kompetitiven Preisen	Zentralisierung von Backoffice und Einkaufprozess führt zur Realisierung von Skaleneffekten und der Reduktion von Kosten	Keine reduzierte Ware. Verkauf zum regulären Preis
Häufiger Informations- und Erfahrungsaustausch von Unternehmensführung und Belegschaft	Exzellenter Kundendienst – bspw. sehr kulant bei Retouren. Das Rückgaberecht wird situativ beurteilt	Installation eines Inventar-Tools zur Erstellung von Nachfrageprognosen	Einführung der Kennzahl GMROI, um die wesentlichen Treiber des Ertrags zu erklären
Einführung eines Service-Tools ‚Personal Book' auf der Fläche			
Einbezug der Filialmitarbeiter in den Einkaufsprozess			

Leistungsangebot

Während der Reise von Blake und Bruce Nordstrom fanden Gespräche mit mehr als 2 000 Mitarbeitern in 77 Filialen statt. Viele der Angestellten schilderten, dass das Sortiment nicht mehr den Wünschen der Kunden entspräche. Darüber hinaus hatten langjährige und meist ältere Kunden das Gefühl, im Laden nicht mehr erwünscht zu sein. Grund dafür war unter anderem die groß angelegte ‚Reinvent Yourself'-Kampagne von

Nordstrom, die vor allem auf eine jüngere Zielgruppe ausgerichtet war. Nordstrom inszenierte sich dort mit poppiger Musik, knalligen Farben, trendiger Bekleidung und jungen Models. Anstatt neue Kunden anzulocken, verwirrte die 40 Millionen US-Dollar teure Kampagne die alteingesessenen Kunden [5]. Sie wurde beendet. Nordstrom investierte daraufhin in eine zielgruppengerechtere Store-Experience. 2005 wurde jeder Kunde von sanften Pianoklängen und einem luxuriösen Interieur begrüßt.

Nachdem sich viele loyale Kunden in den Filialen nicht mehr gut zurechtgefunden hatten, legte das neue Nordstrom-Team großen Wert auf eine einfache Navigation im Laden. In der riesigen Abteilung für Frauenschuhe wurde das Angebot an High Heels beispielsweise nach Absatzhöhe und Farbe sortiert. Während heute die meisten Modehäuser ihr Sortiment noch in klassische Kategorien einteilen (nach Marke oder demografischen Kriterien), verfolgte Nordstrom das Ziel, die Kunden durch individuelle Kategorien zu inspirieren. Basierend auf verschiedenen Preislevels (moderat – Designer) und Stilen (klassisch – kontemporär) wurden einzigartige Kategorien wie ‚Studio 121‘ oder ‚Narrative‘ geschaffen [6]. Diese Einteilung animierte die Kunden dazu, neue Produkte zu entdecken und sich vom Sortiment inspirieren zu lassen.

Trotz des guten Kundendienstes ist es Nordstrom wichtig, den Kunden einen möglichst kompetitiven Preis anzubieten. Das Unternehmen verspricht deshalb auf seiner Webseite, dass es den Preis für ein Produkt an den eines Konkurrenten angleichen werde, wenn Kunden dasselbe Produkt woanders zu einem günstigeren Preis finden [7].

Leistungserstellung

Seit jeher haben die Nordstrom-Mitarbeiter in den Filialen große Freiräume. Sie tragen gleichzeitig die Verantwortung, dass ihre Kunden den Laden zufrieden verlassen. Es gibt beispielsweise keine klare Regelung für Retouren. Die Mitarbeiter sind angehalten, jeden Fall situativ zu beurteilen und selbst zu entscheiden. Diese Autonomie führt zu einem hohen Grad an Mitarbeitermotivation – eine wesentliche Voraussetzung für eine servicezentrierte Unternehmung wie Nordstrom.

Während der Filialbesuche spürten Bruce und Blake Nordstrom jedoch, dass die Arbeitsmoral der Mitarbeiter stark gesunken war. Die Mitarbeiter fühlten sich vom Management hintergangen. Bedeutende Entscheidungen hinsichtlich Sortiment und Ladenlayout wurden ohne Einbeziehung der Filialmitarbeiter vorgenommen. Blake entschied sich, fortan häufiger den Dialog mit den Mitarbeitern zu suchen. Sie wurden stärker in die Prozesse mi einbezogen und Blake verbrachte rund 50 % seiner Zeit in der Filiale und im Gespräch mit Mitarbeitern. Vor allem seine bodenständige Art – er begrüßte jeden Mitarbeiter grundsätzlich mit einem simplen „Hi I'm Blake", kam bei der Belegschaft gut an [8].

Die schnelle Expansion in den 90er Jahren führte dazu, dass den neuen Filialen nicht genug Beachtung geschenkt werden konnte. Darunter litt das Serviceniveau. Nordstrom begann damit, erheblich in den Ausbau des Servicelevels zu investieren.

2004 kam eine eigens entwickelte Software namens ‚Personal Book' in den Verkaufsflächen zum Einsatz [9]. Damit speichern die Verkäufer Präferenzen von Kunden ab,
um auf individuelle Kundenbedürfnisse besser eingehen zu können. Die Kunden werden hierbei über ihren Namen oder die Loyalitätskarten-Nummer identifiziert. Über
das Personal Book können die Verkäufer zudem in der Filiale nicht verfügbare Größen und Farben nachbestellen oder den Status eines Kundenauftrags in der Ände-
rungsschneiderei einsehen. Die Daten werden zentralisiert gespeichert und können
von jedem Nordstrom-Verkäufer eingesehen werden.

Eine bedeutende Änderung hinsichtlich des Einkaufsprozesses neuer Kleidung ermöglichte den Mitarbeitern auf der Fläche ein Mitspracherecht bei der Auswahl der
Produkte. Die neu geschaffene Position des ‚Regional Merchandiser' war in jeder regionalen Einkaufsabteilung von Nordstrom dafür verantwortlich, die Einkäufer mit
den Flächenmitarbeitern zu verbinden [10]. Den Einkäufern wurden die Kundenbedürfnisse klarer, die Verkäufer konnten den Kunden die Ware besser erklären und
präsentieren.

Kostenmodell

Die Kundenzentriertheit Nordstroms resultierte daraus, dass alle Entscheidungen
möglichst nahe am Kunden getroffen werden sollten. In den frühen Jahren von Nordstrom, als erst einige wenige Filialen vorhanden waren, war dies ein einfaches Unterfangen. Über die Jahre hinweg führte die lokale Ausrichtung zu einer dezentralen
Organisationsstruktur mit großer Doppelspurigkeit und fehlender Vernetzung.

Die Vertriebsgemeinkosten (Vertriebs-, Allgemein- und Administrationskosten)
betrugen im Jahr 2000 31,6 % vom Umsatz [11]. Beispielsweise hatte jeder Unterneh-
mensbereich (Private Label, Internet etc.) seine eigene HR- und Finanzabteilung. Von
2000 bis 2003 wurden die Backoffices der Unternehmensbereiche zusammengelegt,
was neben Kosteneinsparungen einen weiteren positiven Nebeneffekt hatte: Filiallei-
ter hatten nun mehr Zeit, sich auf einen guten Kundendienst zu fokussieren, anstatt
administrativen Tätigkeiten nachgehen zu müssen.

Eine der bedeutendsten Maßnahmen der neuen Führung von Nordstrom war die
bereits angesprochene Umstrukturierung des dezentralen Einkaufsprozesses. 1999 beschäftigte Nordstrom 730 Einkäufer – mehr als viermal so viele wie die Konkurrenz
[12]. Das war nicht nur sehr teuer, sondern schwächte die Verhandlungsmacht von
Nordstrom gegenüber Lieferanten. Anstatt große Mengen in einem Vorgang zu bestellen, wurden die Bestellungen auf mehrere Dutzend Einkäufer verteilt. Da eine dezent-
ral organisierte Einkaufsabteilung schneller und flexibler auf Kundenbedürfnisse
eingehen kann, wurden bei der Umstrukturierung nicht alle Bereiche zusammengelegt. Vielmehr wurde analysiert, welche Warengruppen für einen zentralen Einkauf
infrage kommen: Schmuck, Strümpfe, Socken und Haushaltswaren wurden in einem
ersten Schritt zentralisiert eingekauft. Diese Warengruppen wurden als geeignet betrachtet, da sich die Kundenpräferenzen an den einzelnen Standorten nicht wesent-

lich voneinander unterschieden. In anderen Kategorien, wie beispielsweise bei der Damenmode, wollte das Unternehmen weiterhin lokale, nachfragebedingte Sortimentsanpassungen vornehmen können.

Zusammen mit der Umstrukturierung wurde im Jahr 2000 ein Inventur-Tool installiert, mit dem sich die Einkäufer einen Überblick über die täglichen Inventurzahlen pro Filiale und Produkt verschaffen konnten. So konnten Nachfrageschätzungen vorgenommen werden, um Lagerbestände und Lieferengpässe zu minimieren. Ebenfalls wurden mit dem Tool die umsatzstärksten und umsatzschwächeren Produkte identifiziert und letztere aus dem Sortiment genommen. Durch diese Maßnahme sank das Inventar pro Quadratmeter binnen vier Jahren von 5,85 US-Dollar auf 4,74 US-Dollar [13].

Ertragsmodell

In den Jahren des Umbruchs hielt Nordstrom trotzdem an dem alten Ertragsmodell fest. Das Unternehmen wusste, dass nicht das Ertragsmodell, sondern eher die dezentrale Unternehmensstruktur für die missliche Lage verantwortlich war. Nach wie vor wurden ein attraktives Sortiment und ein exzellenter Service zu kompetitiven Preisen angeboten. Ebenfalls wurde, im Gegensatz zur Strategie der Konkurrenz, auf Preisaktionen verzichtet.

CFO Michael Koppel und sein Team führten nach 2000 eine neue Kennzahl ein, die dem Management verständlicher machte, wie es die Kapitalrendite (ROIC = return on invested capital) beeinflussen konnte. Bruttomarge und Lagerumschlag sind beliebte KPIs, um Kaufhäuser zu analysieren, doch isoliert betrachtet hat diese Analyse große Schwächen. Eine hohe Marge allein bedeutet wenig, wenn die Kleidung monatelang im Regal liegt oder hängt. Gleichzeitig können hohe Umsätze erzielt werden, während der Laden kaum Gewinn abwirft. Der GMROI (= gross margin return on investment) berücksichtigt sowohl die Marge als auch den Umsatz. Er wird berechnet, indem die Marge (in US-Dollar) durch das durchschnittliche Inventar geteilt wird. Laut Koppel sei es nach der Einführung des GMROI zu einer Art ‚Aha-Erlebnis‘ in der Führungsebene gekommen. Die Manager wussten nun, wo sie ansetzen müssen, um die Kapitalrendite zu erhöhen: am Inventar und an der Marge [14]. Eine bedeutende Erkenntnis, die die zukünftigen Entscheidungen von Nordstrom maßgeblich beeinflusst hat. Vermutlich führte die erhöhte ‚Management Attention‘ durch den GMROI dazu, dass Nordstrom das Kostenmodell durch die Reduktion von Inventar optimieren konnte und, im Gegensatz zur Konkurrenz, keine Preisreduktionen gewährte.

Fazit

Eine alte deutsche Volksweisheit zu Familienunternehmen besagt: „Der Vater erstellt's, der Sohn erhält's, beim Enkel zerfällt's." Ende der 90erJahre drohte dem in der vierten Generation geführten Familienunternehmen Nordstrom beinahe dasselbe Schicksal. Die schnelle Expansion, zusammen mit einer dezentralen Struktur, hatte die Komplexität im Unternehmen enorm erhöht. Die Kosten und die Verschuldungs-quote stiegen und Investoren sowie Kunden verloren das Vertrauen in Nordstrom. Gerade noch rechtzeitig erkannte der Verwaltungsrat das Bedürfnis einer ganzheitlichen Transformation. Basierend auf Mitarbeitergesprächen wurden das Sortiment und das Ladenlayout attraktiver gestaltet. Zudem wurde die Kommunikation zwischen Angestellten und Führungsmannschaft verbessert. Ausgewählte Prozesse wurden zentralisiert, um Kosten einzusparen. Gleichzeitig wurden neue technische Hilfsmittel installiert, um das Inventar zu verschlanken und den Bedarf zu prognostizieren. Auch der Kundendienst wurde mithilfe der Software Personal Book persönlicher. Die Maßnahmen zeigten schnell ihre erhoffte Wirkung. Der Umsatz stieg von 5,6 Milliarden US-Dollar im Jahr 2001 auf 7,1 Milliarden im Jahr 2004 an. Auch der Quadratmeter-Umsatz auf Filialebene erhöhte sich im gleichen Zeitraum um 8 % [15]. Im Jahr 2022 erreichten die Gesamteinnahmen von Nordstrom 15,53 Milliarden US-Dollar, was ein deutliches Wachstum von 8,43 Milliarden US-Dollar im Vergleich zu 2004 darstellt. Dieser beträchtliche Anstieg verdeutlicht die bemerkenswerte Umsatzentwicklung des Unternehmens im Laufe der Jahre [16].

Literaturverzeichnis

[1] Vgl. Nordstrom, (2017), Nordstrom Company History,27.2.2018, https://shop.nordstrom.com/c/company-history .

[2] Vgl. Nordstrom, (2001), 2001 Annual Report.

[3] Vgl. Lal, R./Arar, H, (2005), Nordstrom: The Turnaround. Harvard Business School Case.

[4] Vgl. Mulady, K., (2001), Back in the family: The Nordstroms reassume control after a brief change in leadership, in: The Seattle Post-Intelligencer Reporter, 26.6.2001, https://www.seattlepi.com/business/article/Back-in-the-family-1058196.php.

[5] Vgl. Ouchi, M.S., (2007), Nordstrom: A fashion-forward future, in: The Seattle Times, 23 5.207, https://www.seattletimes.com/business/nordstrom-a-fashion-forward-future/.

[6] Vgl. Nordstrom, (2000), Press releases: Nordstrom to Begin Construction of Its New Store at Fashion Show, 6.8.2000, http://press.nordstrom.com/phoenix.zhtml?c=211996&p=irol-newsarticle&ID=1022608.

[7] Vgl. Nordstrom, (2018), Pricing Policy, 23.3.2018, https://shop.nordstrom.com/c/pricing-policy.

[8] Vgl. Lal, R./Arar, H, (2005), Nordstrom: The Turnaround. Harvard Business School Case.

[9] Vgl. Ross, J.W./Beath, C.M./Sebastian, I., (2015), Why Nordstrom's Digital Strategy Works (and Yours Probably Doesn't), in: Harvard Business Review, 14.1.2015, https://hbr.org/2015/01/why-nordstroms-digital-strategy-works-and-yours-probably-doesnt .

[10] Vgl. Lal, R./Arar, H, (2005), Nordstrom: The Turnaround. Harvard Business School Case.

[11] Vgl.Nordstrom, (2000), Annual Report 2000.

[12] Vgl. Lal, R./Arar, H, (2005), Nordstrom: The Turnaround. Harvard Business School Case.

[13] Vgl. ebd.

[14] Vgl. ebd.

[15] Vgl.Nordstrom, (2004), Annual Report 2004.

[16] Vgl.Nordstrom (2023), Quarterly Results Q4 2022, 02.03.23, https://investor.nordstrom.com/static-files/373ef026-7361-4c47-b171-90c52c9646d3.

Best Buy

Ausgangssituation und Zielsetzung der Fallstudie
Obwohl Best Buy mit einem Marktanteil von 23,7 % in 2011 immer noch der Branchen-
primus des amerikanischen Elektrohandels war, herrschte Unruhe in der Chefetage
des Unternehmens [1]. Ein Blick in die Bilanz erklärt diese Unruhe. Seit 2008 hatte
sich das operative Ergebnis trotz des steigenden Umsatzes halbiert. Als Konsequenz
war das Unternehmen in die roten Zahlen gerutscht.

Auch löste die Digitalisierung Veränderungen im Kundenverhalten aus. Die Custo-
mer-Journey begann für viele Kunden nicht mehr im Laden, sondern online. Phänomene wie ‚Showrooming‘ oder der ‚Ropo‘-Effekt (research online, purchase offline)
waren Ausdruck dieser Entwicklung [2]. Als Konsequenz gewann der Online-Handel,
symbolisiert durch Amazon, Marktanteile und drückte die Margen der etablierten
Händler. Im Jahr 2010 konnte das Unternehmen noch 10 % Umsatzwachstum verzeichnen. 2011 lag der Wert bei nur noch 1 % [3]. Der Marktanteil von Amazon war hingegen
in kürzester Zeit auf 4 % gewachsen, während der Online-Absatz von Best Buy bei 7 %
stagnierte. Diese Entwicklung war für Best Buy dramatisch, da sich der Online-Absatz
von Elektronikartikeln von 2008 bis 2012 verdoppelte. Aus Investorensicht ging dieses
Wachstum an Best Buy vorbei. Die Befürchtungen schlugen sich negativ auf den Aktienkurs nieder. Dieser fiel im Jahr 2010 von 49 US-Dollar auf nur noch 31 US-Dollar [4].
In dieser angespannten Situation ernannte das Unternehmen Hubert Joly zum CEO.
Seine Ernennung wurde von Anlegern und Analysten zunächst negativ aufgenommen.
Der Franzose Joly brachte keine Branchenerfahrung mit, entsprechend wurden seine
Handlungen kritisch und intensiv beobachtet. Seine Turnaround-Strategie ‚Renew Blue‘
konzentrierte sich auf die folgenden Herausforderungen.

Die übergeordneten Probleme von Best Buy waren der stagnierende Marktanteil
und die dramatisch gesunkenen Margen. Das veränderte Kundeninteresse am Online-
Handel löste die Ergebnisverschlechterung aus. Viele Konsumenten kamen zu Best
Buy, um sich beraten zu lassen, kauften danach jedoch online bei der Konkurrenz
(Phänomen Showrooming). Entsprechend negativ entwickelten sich bei Best Buy das
Preisimage und die Kundenzufriedenheit.

Um diese Situation in den Griff zu bekommen, setzte die Turnaround-Strategie
zwei Schwerpunkte. Eine bessere ‚Customer Experience‘ im Hinblick auf das Omni-
channel-Kaufverhalten sowie das Serviceangebot standen im Mittelpunkt der Diffe-
renzierungsbemühungen [5].

Hinsichtlich der erfolgten Geschäftsmodelltransformation setzte die Strategie
‚Renew Blue‘ zunächst am Leistungsversprechen an, danach am Leistungsangebot
und an der Leistungserstellung. Retrospektiv zahlten sich insbesondere die Verände-

---

Anmerkung: Die Fallstudie entstand in Zusammenarbeit mit Elias Barth (Universität St.Gallen) und Mar-
cus Tengler (MediaMarktSaturn Retail Cooperation).

rungen im Ertragsmodell aus, die im ursprünglichen Turnaround-Plan nicht vorgesehen waren.

Leistungsversprechen

Im alten Leistungsversprechen von Best Buy stand im Mittelpunkt die breite Auswahl an Elektronikprodukten zu fairen Preisen. In Zeiten des Online-Handels gerieten beide Aspekte unter Druck. Online-Händler wie Amazon können durch die Einbeziehung von Drittanbietern ein viel größeres Sortiment anbieten. Zusätzlich können sie durch geringere Fixkosten (kein Verkaufspersonal und keine Filialen) niedrigere Preise als Best Buy realisieren. Daher wurde das neue Leistungsversprechen zur Abgrenzung gegenüber anderen Elektronikhändlern präzisiert. Zum einen musste das Unternehmen Best Buy seine Preispolitik im Leistungsversprechen expliziter formulieren. Zum anderen galt es, den Servicecharakter zu betonen, da Amazon einen solchen nicht bieten konnte. Drittens setzte Best Buy auf eine kuratierte Auswahl an Produkten, d. h. auf Produkte, die Best Buys Qualitätsansprüche erfüllten. Diese drei Aspekte mündeten im präzisierten Leistungsversprechen: „Die beste Auswahl an kuratierten Elektroprodukten/-services zu unschlagbaren Preisen." (Vgl. Tabelle 4.11).

Tabelle 4.11: Transformation des Best Buy-Geschäftsmodells (Quelle: eigene Darstellung).

Leistungsversprechen			
Die beste Auswahl an kuratierten Elektroprodukten/-services zu unschlagbaren Preisen.			
Leistungserstellung	**Leistungsangebot**	**Kostenmodell**	**Ertragsmodell**
Bestehende Filialen zu Logistikzentren ausgebaut	Neues Ladenlayout eingeführt, um Produkt -/ Serviceangebot zu betonen	Schließung unrentabler Filialen in den USA und Kanada	Einführung von ‚Price Matching‘
Produkt-/ Serviceschulungen für Mitarbeiter eingeführt ‚Net Promoter Score‘ eingeführt, um Kundenfokussierung zu kontrollieren	Produktmix mit Fokus auf Eigen- und Premiummarken angepasst	Rückzug aus unrentablen Märkten (China und Europa)	Servicebasierte Ertragsmodelle aufgebaut (kostenpflichtige Beratungen)
	Neue Serviceleistungen eingeführt (Handytarif, Beratung etc.)	Personalabbau im mittleren Management	Neue Ertragsquelle erschlossen durch Vermietung von Retail-Fläche
		Kostenumverteilung durch Shop-in-Shop-Konzepte	

Das angepasste Leistungsversprechen fasst den Turnaround-Plan ‚Renew Blue' von Hubert Joly zusammen und verdeutlicht das Vorgehen bei der Geschäftsmodelltransformation.

Leistungsangebot

Best Buy wollte sich insbesondere durch eine Kombination aus Online und Brick & Mortar gegenüber der Konkurrenz differenzieren. Daher fokussierte sich das Unternehmen auf Ansätze, die ein reiner Online-Händler wie Amazon nicht erbringen konnte: Customer-Experience und Serviceleistungen.

Ein zentraler Punkt war die Neugestaltung der Ladenlayouts. Best Buy verabschiedete sich von der bisherigen Strategie, möglichst viele Produkte zu präsentieren. Stattdessen kommunizierte das Ladenlayout den Servicegedanken und die Customer-Experience. Die Fläche teilte sich in klare Produkt-/Servicebereiche auf und ermöglichte eine leichte Orientierung. Ein ‚Solution Central Help Desk' erinnerte an Apples ‚Genius Bar' und förderte den Austausch zwischen Kunden und Verkäufern [6]. Dem Serviceaspekt folgend konnten Kunden ihre Bestellungen auch in den Filialen abholen (Click and Collect).

Im Rahmen der ‚Renew Blue'-Strategie passte Best Buy den Produktmix an. Produktkategorien, die kein Wachstum verzeichneten oder tiefe Margen erwirtschafteten (z. B. CDs, DVDs etc.) wurden aus dem Sortiment eliminiert. Stattdessen setzte das Unternehmen auf Premium- und Eigenmarken, die bisherige Produkte ersetzten. Sie stellten im neuen Sortiment den Schwerpunkt dar. Im Jahr 2009 stieg der Absatz der Eigenmarke von Best Buy um 40 % [7]. Zudem baute Best Buy auf eine bessere Kundenberatung in den Filialen. Das Unternehmen unterstützte bspw. Kunden beim Abschluss von Mobilfunkverträgen. Bereits 2015 profitierten mehr als 1 Millionen Kunden von diesem Angebot und konnten dadurch durchschnittlich 35 US-Dollar pro Vertrag sparen [8]. Diese Entwicklung spiegelte sich auch im Umsatzanteil von beratungsintensiven Produkten wie Mobiltelefonen (inkl. Vertrag) oder größeren Haushaltsgeräten (Waschmaschinen etc.) wider. 2018 betrug der Umsatzanteil der beiden Kategorien zusammen 55 %, während er 2010 lediglich bei 38 % gelegen hatte [9]. Diesen Trend verfolgt das Unternehmen Best Buy auch für die Zukunft und bietet Beratungsleistungen wie themenspezifische Weiterbildungen oder personalisierte Technologielösungen in seinen Filialen an.

Leistungserstellung

Um einen besseren Lieferservice zu gewährleisten, nutzte Best Buy seine Läden zugleich als ‚Fulfilment'-Zentren. Die Läden agierten als Versandstation (‚Ship from Store'), damit Kunden ihre Produkte noch am selben Tag erhalten konnten [10]. Um die Serviceorientierung konsequent umzusetzen, setzte das Unternehmen auf hohe Personalkompetenzen. Mitarbeiter, insbesondere Frontline-Employees, sollten die Rolle eines Concierge einnehmen und den Kunden fachlich unterstützen. Mitarbeiter erhielten Schulungen, um die Vorteile neuer Produkte besser erklären zu können. Für die Markteinführung von Windows 8 erhielten alle Best-Buy-Berater zusammen ca. 50 000 Stunden Produkttraining [11]. Damit verschob sich der Leistungserstellungsprozess. Die Leistung entstand nicht mehr durch ein breites Sortiment, sondern durch Produktberatung (Serviceleistung) und eine kuratierte Produktauswahl.

Durch die Einführung der Kennzahl ‚Net Promoter Score' kontrollierte und steuerte Best Buy die Kundenfokussierung. Die Kennzahl misst die Kundenloyalität und kann als die abhängige Variable aller Faktoren verstanden werden, die zur Erhöhung der Kundenbindung führen.

Kostenmodell

Im Rahmen der ‚Renew Blue'-Strategie setzte Best Buy ebenfalls ein Kosteneinsparungsprogramm auf. Zunächst konsolidierte der Händler das schwache internationale Geschäft und beendete 2013 das Joint Venture mit Carphone Warehouse in Europa [12]. In Kanada wurden 66 Filialen geschlossen und die Marke ‚Future Shop' eingestampft [13]. Im Jahr 2014 verließ Best Buy den chinesischen Markt und veräußerte seine dort vorhandenen 184 Filialen [14]. Auch auf dem Heimatmarkt schloss das Unternehmen 50 Big-Box-Filialen und reduzierte die durchschnittliche Ladenfläche um 20 % [15]. Zusätzlich entschloss sich Joly, das mittlere Management zu reduzieren und ließ 2 000 Managerstellen streichen [16].

Durch die Shop-in-Shop-Konzepte konnte Best Buy einen Teil der HR-Kosten externalisieren. Die eingemieteten Partner beteiligten sich zum einen finanziell an den neuen Ladenkonzepten, zum anderen stellten sie häufig selbst das Verkaufspersonal. Somit wurde ein Teil der Kosten an externe Partner übertragen. Die Höhe der Kosteneinsparungen durch ‚Renew Blue' lag bereits 2014 bei 860 Millionen US-Dollar [17].

Ertragsmodell

Aus Kundenperspektive kristallisierte sich die Preispolitik von Best Buy als Achillesverse gegenüber dem Online-Handel heraus. Nur 23 % der Kunden gaben in Befragungen an, dass Best Buy attraktive Preise anbieten würde (im Vergleich zu 71 % bei Walmart und 56 % bei Amazon) [18]. Im Durchschnitt lagen die Preise des Elektronikhändlers ca. 8 % über den Preisen bei Amazon [19]. Nach kontroversen Diskussionen führte Best Buy eine neue Preispolitik ein. Der Händler bot seinen Kunden eine ‚Price Matching'-Option an, d. h., Kunden wurde der tiefste Preis garantiert, falls ein anderer Anbieter günstiger war als Best Buy. Damit begrenzte Best Buy die Anreize, Produkte lediglich zu ‚showroomen' und bei günstigeren Anbietern zu kaufen. Natürlich ging diese Preispolitik zulasten des bisherigen Ertragsmodells. Best Buy musste sich nach Alternativen umschauen, um die Margen zu sichern.

Die Antwort lag im Servicegedanken. Durch die Verstärkung des Serviceangebots (z. B. In-Store-Technologieweiterbildung, Handyvertrag-Beratung, Reparaturen etc.) entfernte sich das Unternehmen vom transaktionsbasierten Ertragsmodell. Es generierte Ertrag durch zusätzliche kostenlose und kostenpflichtige Serviceleistungen. Das Unternehmen setzte zudem auf ‚Shop-in-Shop'-Konzepte. Durch die Vermietung von Retail-Flächen an Unternehmen (z. B. AT&T, Samsung, Microsoft) steigerte Best Buy die Flächenauslastung und erschloss eine neue Erlösquelle (Vermietung von Retail-Flächen). Das Unternehmen profitierte von regelmäßigen und konstanten Erträgen [20]. Bereits 2014 hatten Samsung 1 600 und Microsoft mehr als 600 ‚Shop-in-Shop'-Konzepte in Läden von Best Buy eröffnet [21].

Fazit

Im August 2015 kommentierte der CEO von Best Buy, Hubert Joly, die Finanzlage des Unternehmens: „Our strategy of offering advice, service and convenience at competitive prices is paying off" [22]. Die im Jahr 2015 angedeutete finanzielle Entwicklung hat sich bis heute bestätigt. Der Aktienkurs verdoppelte sich zwischen Januar 2011 und Januar 2018 von 35 US-Dollar auf 78 US-Dollar. Der ROIC[2] war 2017 mit 18,9 % erneut auf einem kompetitiven Niveau angelangt (2013 = 10,85 %). Seit 2014 erzielt Best Buy auf dem Heimatmarkt wieder ein jährliches Umsatzwachstum. Die ebenfalls im Rahmen von ‚Renew Blue' eingeführte Kennzahl ‚Net Promotor Score' zur Messung der Kundenloyalität verbesserte sich im Jahr 2017 erneut um 350 Basispunkte auf 35[3]. Damit liegt das Unternehmen weiter über dem Durchschnittswert der Retail-Branche (NPS Retail = 7) [23]. Dies zeigt, dass Best Buys Kundenfokussierung Früchte trägt [24].

Die Befürchtung vieler Experten und Analysten, Best Buy sei dem Online-Handel nicht gewachsen, hat sich bisher nicht bestätigt. Im Gegenteil: Best Buy geht aus der Krise gestärkt hervor und beweist, dass der stationäre Handel trotz Amazon und anderen Online-Playern eine Zukunft hat. Wer die Stärken seines bisherigen Geschäftsmodells erkennt und ausbaut, kann auch im Zeitalter von Amazon erfolgreich sein. Die positive Umsatzentwicklung von Best Buy von 2017 bis 2022 mit einem Anstieg des Umsatzes von 39,4 Milliarden DU-Dollar auf 51,8 Milliarden US-Dollar im Geschäftsjahr 2022 ist ein Beleg für die erfolgreichen Transformationsbemühungen des Unternehmens [25]. Diese Anstrengungen haben es Best Buy ermöglicht, sich in einer sich ständig verändernden Einzelhandelslandschaft anzupassen und zu gedeihen, sich als führendes Unternehmen in der Branche zu positionieren und seinen Kunden einen Mehrwert zu bieten.

---

2 Der Return on Invested Capital (ROIC) ist eine Rentabilitätskennzahl. Sie misst die Rendite, die eine Investition für die Kapitalgeber erzielt. Der ROIC erklärt, wie gut ein Unternehmen darin ist, Kapital in Gewinn zu verwandeln.

3 Ein Net Promoter Score ab 30 gilt als hoch. Der Durchschnitt im Retail lag 2017 bei 7.

Literaturverzeichnis

[1]   Vgl. Rosenberg, A. (2013), Deutsche Bank Doubles Down on Best Buy, in: CNBC, 31.3.2013, https://www.cnbc.com/id/100780675.

[2]   Vgl. Teixeira, T./Watikins, E. (2015), Showrooming at Best Buy, Fallstudie 9-515-019 der Harvard Business School.

[3]   Vgl. Best Buy (2012), 10-K Report 2012, in: Best Buy, 1.5.2012, http://s2.q4cdn.com/785564492/files/doc_financials/2012/annual/FY12-Annual-Report-on-Form-10-K.PDF.

[4]   Vgl. Yahoo! Finance (2018), Best Buy Co., Inc. (BBY), in: Yahoo! Finance, 26.4.2018, https://finance.yahoo.com/quote/BBY/?guccounter=1.

[5]   Vgl. Wells, J./Ellsworth, G. (2017), Reinventing Best Buy, Fallstudie 9-716-455 der Harvard Business School.

[6]   Vgl. Zimmermann, A. (2012), Can Retailers Halt „Showrooming", in: The Wall Street Journal, 11.4.2012, https://www.wsj.com/articles/SB10001424052702304587704577334370670243032.

[7]   Vgl. Bustillo, M./Lawton, C. (2009), Best Buy Expands Private-Label Brands, in: The Wall Street Journal, 27.4.2009, https://www.wsj.com/articles/SB124078866665357525.

[8]   Vgl. Vomhof, J. (2016), Half Of People Are On The Wrong Mobile Plan, Best Buy Data Shows, in: Best Buy Blog, 29.1.2016, https://corporate.bestbuy.com/half-of-people-are-on-the-wrong-mobile-plan-best-buy-data-shows/.

[9]   Vgl. Best Buy (2018), 10-K Report 2018, in: Best Buy, 02.04.2018, http://d18rn0p25nwr6d.cloudfront.net/CIK-0000764478/853fa6b6-72de-4529-8ccb-9469780df3e2.pdf.

[10] Vgl. Wells, J./Ellsworth, G. (2017), Reinventing Best Buy, Fallstudie 9-716-455 der Harvard Business School.

[11] Vgl. Gallo, C. (2012), Best Buy Invests 50000 Hours of Employee Training To Attract Windows 8 Customers, in: Forbes, 09.11.2012, https://www.forbes.com/sites/carminegallo/2012/11/09/best-buy-invests-50000-hours-of-employee-training-to-attract-windows-8-customers/#66391e112fd.

[12] Vgl. Thompson, M. (2013), Best Buy quits Europe, in: CNN Money, 30.04.2013, http://money.cnn.com/2013/04/30/news/companies/best-buy-europe/index.html.

[13] Vgl. Chain Store Age (2015), Best Buy eyes a different „future" in Canada, in: Chain Store Age, 30.03.2015, https://www.chainstoreage.com/article/best-buy-eyes-different-future-canada/.

[14] Vgl. Reuters (2014), Best Buy Co Inc to exit China, sells 184 stores as it seeks to focus on North America, in: Financial Post, 04.12.2014, http://business.financialpost.com/news/retail-marketing/best-buy-co-inc-to-exit-china-sells-184-stores-as-it-seeks-to-focus-on-north-america.

[15] Vgl. Zimmermann, A. (2012), Can Retailers Halt „Showrooming", in: The Wall Street Journal, 11.4.2012, https://www.wsj.com/articles/SB10001424052702304587704577334370670243032.

[16] Vgl. Covert, J. (2014), Best Buy cutting 2000 managers, in: New York Post, 26.02.2014, https://nypost.com/2014/02/26/best-buy-cutting-2000-managers/.

[17] Vgl. Trefis, (2014), Best Buy suffers from lower electronic sales, but cost savings improve profits, in: Forbes, 23.5.2014, https://www.forbes.com/sites/greatspeculations/2014/05/23/best-buy-suffers-from-lower-electronic-sales-but-cost-savings-improve-profits/#75ceaae56062.

[18] Vgl. Stewart, J. (2013), Underdog Against Amazon, Best Buy Charges Ahead, in: New York Times, 13.12.2013, https://www.nytimes.com/2013/12/14/business/fast-rise-of-best-buy-in-the-face-of-amazon.html.

[19] Vgl. Zimmermann, A. (2012), Can Retailers Halt „Showrooming", in: The Wall Street Journal, 11.4.2012, https://www.wsj.com/articles/SB10001424052702304587704577334370670243032.

[20] Vgl. Loeb, W. (2016), Best Buy Focuses On Shop-In-Shop Sales and Makes Changes For Growth, in: Forbes, 8.8.2016, https://www.forbes.com/sites/walterloeb/2016/08/08/best-buy-focuses-on-shop-in-shop-sales-and-is-making-changes-for-growth/#1d72f3b15bca.

[21] Vgl. MarketWatch (2014), Best Buy Reports Fourth Quarter Results, in: MarketWatch, 27.02.2014, https://www.marketwatch.com/story/western-gas-announces-marcellus-acquisitions-and-fourth-quarter-and-full-year-2012-resultsprovides-outlook-for-2013-2013-02-27.

[22] Vgl. Kilgore, T. (2018), Best Buy's stock surges after blow out earnings, upbeat outlook and raised dividend, in: MarketWatch, 01.03.2018, https://www.marketwatch.com/story/best-buys-stock-surges-after-blow-out-earnings-upbeat-outlook-and-raised-dividend-2018-03-01.

[23] Vgl. Index NPS (2018), Best Buy Net Promoter Score (NPS), in: Index NPS, 2018, http://indexnps.com/company/best-buy.

[24] Vgl. Best Buy (2017), Annual Report 2017, in: Best Buy, 24.03.2017, http://s2.q4cdn.com/785564492/files/doc_financials/2017/annual/BestBuy-2017-AnnualReport.pdf.

[25] Vgl. Best Buy (2023), Best Buy Reports Fourth Quarter Results, https://s2.q4cdn.com/785564492/files/doc_financials/2023/q4/Best-Buy-Reports-Fiscal-Fourth-Quarter-Results.pdf.

Waterstones

Ausgangssituation und Zielsetzung der Fallstudie

Als Waterstones 2011 von HMV an den russischen Geschäftsmann und Investor Alexander Mamut verkauft wurde, war die Lage für Großbritanniens letzte reine Buchhandelskette ernst [1]. Der stationäre Buchhandel litt immer deutlicher unter dem Erfolg des Versandhändlers Amazon, der immensen Preisdruck ausübte. Auch war das E-Book in dieser Zeit zu einer ernstzunehmenden Bedrohung für das gedruckte Buch geworden. Das Lesen von Büchern auf elektronischen Lesegeräten, sogenannten E-Book-Readern, lag im Trend [2]. Rund ein Viertel aller unabhängigen britischen Buchhändler mussten aufgrund der Entwicklungen im Buchmarkt zwischen 2010 und 2015 ihr Geschäft aufgeben [3]. Auch Waterstones geriet in eine prekäre Lage und wurde vom Eigentümer HMV zum Verkauf angeboten. Die einzige Alternative wäre die Geschäftsaufgabe gewesen, wie der heutige Geschäftsführer James Daunt in einem Interview zugab [4]. Daunt, ehemaliger Investmentbanker und selbst Inhaber einer kleinen Buchhandelskette in London, übernahm das Ruder nach dem Inhaberwechsel. Ihm gelang das Unmögliche. Anfang 2018 steigerte Waterstones den jährlichen Gewinn um 80 % [5]. Wie konnte das erreicht werden?

Leistungsversprechen

In den 90er Jahren galt Waterstones als Bücherkaufhaus mit unübertroffener Vielfalt. Zum Verweilen und Stöbern einladende Buchläden mit außergewöhnlichen Büchern waren das Markenzeichen, sie machten das Unternehmen erfolgreich [6]. Mit dem Fall der Buchpreisbindung in Großbritannien strebte das Unternehmen dann peu à peu die Preisführerschaft an und konkurrierte mit Supermärkten sowie Schreibwarengeschäf-

---

Anmerkung: Die Fallstudie entstand in Zusammenarbeit mit Benjamin D. Klink (Universität St.Gallen).

ten um Gelegenheitsleser. Bald waren höchstmögliche Absatzmengen zur Maxime geworden. Als die preisbrechende Konkurrenz in Form von Amazon den Markt aufrollte, wurde die Tiefpreisstrategie für Waterstones umso bedeutender. Dies jedoch ohne ein klares Bekenntnis zum Discount-Prinzip oder gar zur Serviceführerschaft und so steckte der britische Buchhändler auf einem diffusen Mittelweg fest. Die Rechnung, unter diesen Voraussetzungen mit Amazon und Supermärkten hinsichtlich der Preisgestaltung zu konkurrieren, ging letztendlich nicht auf. Literarisch fragwürdige Massenware, Drei-zum-Preis-von-zwei-Aktionen und eine nüchterne Ladenatmosphäre prägten in der Folge das Einkaufserlebnis [7], nicht zuletzt zum Ärgernis der Stammkundschaft. Waterstones hatte seine Identität und zugleich seinen Charme verloren.

Der Umschwung begann mit einer Rückbesinnung. Unter Daunts Führung kehrte das Unternehmen zu den Tugenden zurück, die es einst groß gemacht hatten. Im Zentrum standen von nun an die Prinzipien klassischer Buchhandelsfachgeschäfte, die die Herzen anspruchsvoller Bibliophiler höherschlagen lassen. Diesen Anspruch destillierte die Geschäftsführung um Daunt zu Waterstones neuem Leistungsversprechen: „Your Local Bookshop" (Vgl. Tabelle 4.12) [8]. Das auf Differenzierung von Amazon ausgerichtete Leistungsverspechen zeigte schnell Wirkung. Es markierte die radikale Gegenposition zu Amazon – Kundennähe, einzigartigen Service und Inspiration statt Massenoutlet mit Dumpingpreisen.

Leistungsangebot

Das Leistungsversprechen wurde im Leistungsangebot konsequent umgesetzt. Dem neuen Leitstern folgend wurde das Geschäftsmodell transformiert. Im Zentrum der Bemühungen standen von nun an die anspruchsvollen, kultivierten Buchleser. Eine Kundengruppe, die das Ambiente eines Buchladens wertschätzt, dort gerne verweilt, um zu stöbern oder zu arbeiten, und die ihren literarischen Horizont erweitert, ohne den Preis in den Mittelpunkt zu stellen. Der preissensitive Gelegenheitsleser stand von nun an nicht mehr im Fokus [9].

Konsequenterweise verstärkte das Unternehmen Waterstones seine Serviceleistungen, die Kundenberatung und die Inspiration. In den Schaufenstern der Filialen fand sich von nun an nicht mehr nur Populärliteratur, die von Verlagshäusern für hohe Summen dort platziert wurde, sondern von Mitarbeitern ausgewählte Titel [10]. Teils gab es wieder inspirierende Themeninstallationen zu Literaturklassikern oder literarische Statements zu aktuellen gesellschaftlichen Themen. Auch das Innere der Buchläden wurde vom Diktat der bezahlten Produktplatzierung befreit. Durch die neu gewonnene Autonomie konnte einerseits das Sortiment gestrafft werden, andererseits ermöglichte dies eine an lokale Besonderheiten angepasste und angenehmere Verkaufsflächengestaltung. So glich bald kein Waterstones Geschäft mehr dem anderen, was den Läden Individualität und eine lokale Note verlieh [11].

Viele Läden wurden renoviert und ihr Ambiente wurde verbessert, etliche in schlechten Lagen mussten schließen. Waterstones entwickelte sich zur ‚Bücherboutique der briti-

Tabelle 4.12: Transformation des Waterstones-Geschäftsmodells (Quelle: eigene Darstellung).

Leistungsversprechen

,Der lokale Buchladen': Einzigartiger, individueller Service und Inspiration durch Kundennähe.

Leistungserstellung	Leistungsangebot	Kostenmodell	Ertragsmodell
Flachere Hierarchien und Mitarbeiter-Empowerment durch Delegation von Kernaktivitäten wie Sortimentsbildung und Verkaufsförderung an dem Point-of-Sale	Konzentration auf den kultivierten Buchleser	Durch dezentralisierte Beschaffungsplanung: verringerte Logistikkosten und geringere Kapitalbindung	Verabschiedung von Listungsgebühren und dadurch Gewinnung von Selbstbestimmung im Sortiment
,Aufwertung' der Verkaufsmitarbeiter: Verantwortung und Personalentwicklungsmaßnahmen	Die Bücherboutique der ,High Street': Kundennähe und Kundeninspiration Beratungsleistungen	Sortimentsbereinigungen eliminieren margenarme Langsamdreher	Internalisierung von Shop-in-Shop-Angeboten, bspw. dem Café
Ear-to-the-Street: Informationen zu Trends werden direkt vor Ort eingeholt	Literaturbezogene Events Ladenambiente, das zum Lesen, Entdecken und Austauschen einlädt	Fixkostenreduktion durch günstigere Ladenmieten	Cross-Selling: Stärkung zielgruppenrelevanter Komplementärprodukte

schen High-Street'. Es entstand ein Treffpunkt für Literaturbegeisterte mit – nun wieder – eigenem gemütlichen Café, das zum Verweilen einlud. Inspirierendes Erlebnisshopping angereichert mit literaturbezogenen Events, wie Autorenabenden mit Autogrammstunden oder Themenveranstaltungen, begeisterte die Kundschaft [12].

Leistungserstellung

Möglich wurde all dies durch eine gänzlich neue Herangehensweise an die Leistungserstellung und – es soll nicht verschwiegen werden – einer Finanzspritze des neuen Eigentümers Mamut, die dem Unternehmen Durchhaltevermögen ermöglichte. So konnte es sich etwas mehr Zeit für eine erfolgreiche Geschäftsmodelltransformation nehmen [13].

Im Kern der neuen Strategie lag die Dezentralisierung der Leistungserstellung. Dies war als Kehrtwende zu den Bestrebungen der vorangegangenen Jahre zu sehen, die zu Uniformität und Austauschbarkeit geführt hatten. CEO Daunt reduzierte das mittlere Managements um knapp die Hälfte der Manager und führte flache Hierarchien ein. Von nun an übernahmen das Ladenmanagement und -personal deutlich mehr Verantwortung, die Mitarbeiter erhielten weitreichende Gestaltungsfreiräume [14].

Die Angestellten rückten ins Zentrum der Leistungserstellung. So entwarfen sie beispielsweise die Schaufenstergestaltung und entwickelten Verkaufsfördermaßnahmen. Die Sortiments- und Verkaufsflächengestaltung lag nun wieder beinahe gänzlich in den Händen des lokalen Managements. Es war somit in der Lage, auf lokale Eigenheiten und Besonderheiten einzugehen, was dem Versprechen der Kundennähe Authentizität verlieh. Die Beratungs- und Fachkompetenz der Angestellten wurde durch ein deutlich aufgewertetes und verbessertes Schulungssystem gezielt gestärkt. Des Weiteren konnten die Mitarbeiter vor Ort ihr wertvolles Kundenwissen in die Leistungserstellung einbringen. Gefragte Bücher und Genres, besondere Kundenwünsche, all dies wurde berücksichtigt und verschaffte Waterstones einen Informationsvorteil – insbesondere gegenüber der zentralisierten Konkurrenz [15].

Kostenmodell

Auch im Kostenmodell kam die konsequente Fokussierung auf die Wünsche der lokalen Kundschaft in den Filialen zum Tragen. In der Buchhandelsbranche war es üblich, die Beschaffung zu zentralisieren. Entscheidungen zu Produktplatzierung, Sortiment und Großbestellungen wurden vielfach danach ausgerichtet, wieviel ein Verlag gewillt war, einem Buchhändler zu bezahlen. Von dieser Praxis wendete sich Waterstones ab. Die Verabschiedung von bezahlter Produktplatzierung kostete das Unternehmen zunächst jährlich rund 27 Millionen britische Pfund an Einnahmen von den Verlagen [16].

Allerdings wurde so einerseits Laden- und Regalfläche frei, die mit gefragten und margenträchtigen Produkten bestückt werden konnte und für höheren Umsatz sorgte. Andererseits konnten Kosten, die durch die Rücksendung nicht verkaufter Exemplare an die Verlage verursacht wurden, eingespart werden. Zusätzlich bereinigte das Management die Sortimente. Der Lagerumschlag stieg und das gebundene Kapital sank erheblich. Die ladenspezifische Beschaffungsplanung reduzierte Überbestände und Retourkosten. Im Zuge der Maßnahmen verringerte sich die Retourquote an die Verlage von rund 20 % auf 2 bis 3 % [17].

Fixkosten konnten durch Nachverhandlungen der Mieten für die Ladengeschäfte erheblich gesenkt werden. Auch gelang es, die Personalkosten mithilfe einer verbesserten Personalplanung zu senken. Vertrauen, Sinnstiftung und individuelle Unterstützung motivierten das Verkaufspersonal [18].

Ertragsmodell

Die Ertragslogik wurde größtenteils beibehalten. Noch immer verdient die Buchhandelskette primär durch den Verkauf von gedruckten Büchern. Es wurde lediglich an kleinen Stellschrauben gedreht. Lohnend war die Entscheidung, sich von der Fremdbestimmung durch die Verlage zu befreien. Anstelle auf Gebühren von Verlagen zu setzen, stellte Waterstones die Kunden und deren Kaufbereitschaft ins Zentrum. Auch die Internalisierung von Ertragsquellen, wie dem In-Store-Café, wurden diesem Credo folgend vorangetrieben. An anderer Stelle forcierte das Unternehmen gezielt Cross-Selling-Potenziale, da mit Komplementärprodukten, wie Schreibwaren, Kalendern und Merchandising-Artikeln, höhere Margen möglich wurden [19].

Natürlich betreibt auch Waterstones einen Online-Shop, der allerdings im Sinne des Cross-Channel-Leitsatzes eng auf die Unternehmensphilosophie und die stationären Geschäfte abgestimmt ist. Entsprechend verbindet das Unternehmen Online-Shopping mit Inspiration und Information. Kunden finden Informationen zu lokalen Events sowie die Möglichkeit, Bücher mittels Click & Collect online zu bestellen und im örtlichen Laden abzuholen sowie signierte Editionen zu erwerben. Insbesondere der integrierte unternehmenseigene Buch-Blog, der Neuerscheinungen sowie literarische Klassiker vorstellt und bespricht, verdeutlicht dabei die Unterschiede zu dem Angebot von Amazon.

Fazit

Waterstones gelang eine Geschäftsmodelltransformation durch konsequente Ausrichtung auf den Markt und durch Differenzierung von der Konkurrenz. Das Management stärkte die Tugenden des Fachgeschäftes, ohne die damit verbundenen Kostenstrukturen weiter zu tolerieren. Viele Maßnahmen führten zum Empowerment der Mitarbeiter und verliehen dem neuen Leistungsangebot einen starken Auftrieb [20]. Sicherlich halfen auch die finanzielle Stärke des neuen Eigentümers und die rückläufige Beliebtheit von E-Books [21, 22]. Mit der Trendwende erfuhr der stationäre Fachbuchhandel im Vereinigten Königreich einen nicht mehr für möglich gehaltenen Aufschwung [23]. Nach den jüngsten Geschäftsberichten erreichte der Gewinn im Jahr 2021 mit 60 Millionen britische Pfund den mit Abstand höchsten Wert seit der Rückkehr in die schwarzen Zahlen im Jahr 2015, und der Umsatz erreichte 400 Millionen britische Pfund [24].

Literaturverzeichnis

[1]   Vgl. McCrum, R. (2010), Waterstone's has forgotten what bookselling is about, in: The Guardian, 6.9.2010, https://www.theguardian.com/books/booksblog/2010/sep/06/waterstones-bookselling.

[2]   Vgl. Sweney, M. (2017), ‚Screen fatigue‘ sees UK ebook sales plunge 17% as readers return to print, in: The Guardian, 27.4.2017, https://www.theguardian.com/books/2017/apr/27/screen-fatigue-sees-uk-ebook-sales-plunge-17-as-readers-return-to-print.

[3]   Vgl. Heyman, S. (2015), Bix-Box Bookstores Don't Have to Die, in: Slate, 15.12.2015, http://www.slate.com/articles/business/moneybox/2015/12/barnes_noble_is_dying_waterstones_in_the_u_k_is_thriving.html.

[4]   Vgl. Top Drawer (2017), How I turned Waterstones' (mis)fortunes around, 7.2.2018, https://www.topdrawer.co.uk/academy-library/how-i-turned-waterstones-fortunes-around.

[5]   Vgl. Wood, Z. (2018), Waterstones' annual profits jump 80% as buyers loom, in: The Guardian, 18.1.2018, https://www.theguardian.com/books/2018/jan/18/waterstones-annual-profits-jump-80-percent-books-sale.

[6]   Vgl. Löhndorf, M. (2015), Die Rückkehr eines Büchergiganten, in: Neue Züricher Zeitung, 27.2.2015, https://www.nzz.ch/feuilleton/die-rueckkehr-eines-buechergiganten-1.18491360.

[7]   Vgl. Jeffries, S. (2009), How Waterstone's killed bookselling, in The Guardian, 10.11.2009, https://www.theguardian.com/books/2009/nov/10/waterstones-high-street-bookselling.

[8]   Vgl.Waterstones (2018), About us, 15.2.2018, https://www.waterstones.com/help/about-us/44 .

[9]   Vgl. Campbell, L. (2013), Daunt: ‚Two years‘ to transform Waterstones, in: The Bookseller, 4.2.2013, https://www.thebookseller.com/news/daunt-two-years-transform-waterstones.

[10] Vgl. Hall, J. (2010), Waterstone's lets its stores choose the books again, in: The Telegraph, 19 5.2010, http://www.telegraph.co.uk/finance/newsbysector/retailandconsumer/7738346/Waterstones-lets-its-stores-choose-the-books-again.html.

[11] Vgl. Heyman, S. (2015), Bix-Box Bookstores Don't Have to Die, in: Slate, 15.12.2015, http://www.slate.com/articles/business/moneybox/2015/12/barnes_noble_is_dying_waterstones_in_the_u_k_is_thriving.html .

[12] Vgl. Armitstead, C. (2017), Balancing the books: how Waterstones came back from the dead, in: The Guardian, 3.2.2017, https://www.theguardian.com/books/2017/feb/03/balancing-the-books-how-waterstones-returned-to-profit.

[13] Vgl. Fortado, L. (2018), Activist hedge fund Elliot in talks to buy Waterstones, in: Financial Times, 30.1.2018, https://www.ft.com/content/9781ac6a-051d-11e8-9650-9c0ad2d7c5b5.

[14] Vgl. Dunn, W. (2017), How a new attitude to work saved Britain's bookshops, in: NewStatesman, 10 7.2017, https://www.newstatesman.com/microsites/skills/2017/07/how-new-attitude-work-saved-britain-s-bookshops.

[15] Vgl. Top Drawer (2017), How I turned Waterstones' (mis)fortunes around, 7.2.2018, https://www.topdrawer.co.uk/academy-library/how-i-turned-waterstones-fortunes-around.

[16] Vgl. Dunn, W. (2017), How a new attitude to work saved Britain's bookshops, in: NewStatesman, 10 7..2017, https://www.newstatesman.com/microsites/skills/2017/07/how-new-attitude-work-saved-britain-s-bookshops.

[17] Vgl. Top Drawer (2017), How I turned Waterstones' (mis)fortunes around, 7.2.2018, https://www.topdrawer.co.uk/academy-library/how-i-turned-waterstones-fortunes-around.

[18] Vgl. Armitstead, C. (2017), Balancing the books: how Waterstones came back from the dead, in: The Guardian, 3.2.2017, https://www.theguardian.com/books/2017/feb/03/balancing-the-books-how-waterstones-returned-to-profit.

[19] Vgl. Wood, Z. (2018), Waterstones' annual profits jump 80% as buyers loom, in: The Guardian, 18.1.2018, https://www.theguardian.com/books/2018/jan/18/waterstones-annual-profits-jump-80-percent-books-sale.

[20]   Vgl.BBC (2017), Waterstones under fire for secret shops, in: BBC, 27.2.2017, http://www.bbc.com/news/business-39101186.

[21]   Vgl. Armitage, J. (2017), Business focus: A tale of troubles for Russian owner of Waterstones, in: Evening Standard, 25.10.2017, https://www.standard.co.uk/business/business-focus-a-tale-of-troubles-for-russian-owner-of-the-quintessentially-british-waterstones-a3667596.html.

[22]   Vgl. Pohlisch, O. (2015), Kindle kommt nicht mehr gut, in: taz, 7.10.2015, http://www.taz.de/E-Reader-Verkauf-gestoppt/!5240179/.

[23]   Vgl. Wood, Z. (2018), Waterstones' annual profits jump 80% as buyers loom, in: The Guardian, 18.1.2018, https://www.theguardian.com/books/2018/jan/18/waterstones-annual-profits-jump-80-percent-books-sale.

[24]   Vgl. Craven, N. (2023), Waterstones chief James Daunt: Covid was brilliant for us – it made people pick up books again, in: Thisismoney.co.uk, 09.04.2023, https://www.thisismoney.co.uk/money/markets/article-11952075/Waterstones-chief-James-Daunt-Covid-people-pick-books-again.html.

Washington Post

„When you're writing, be riveting, be right, and ask people to pay." (Jeff Bezos)

Ausgangssituation und Zielsetzung der Fallstudie

Seit langem gilt die Washington Post (WP) als das Flaggschiff der amerikanischen Medienlandschaft. Doch zwischen dem ruhmreichen Glanz des letzten Jahrhunderts und dem jetzigen Höhenflug lag eine schwindelerregende Talfahrt.

Die 1877 vom Demokraten Stilson Hutchins gegründete Hauptstadtzeitung ging im Chaos der Großen Depression bankrott [1]. Damals erwarb der Financier Eugene Meyer das Blatt. Es sollte von dort an acht Jahrzehnte im Besitz der Familiendynastie Graham bleiben [2]. Berühmt wurde das Blatt durch die Enthüllungen im Watergate-Skandal. Diese führten schließlich 1974 zum Rücktritt des damaligen US-Präsidenten Nixon [3]. Unter Führung von Donald Graham, dem vierten Nachfahren in der Dynastie, wurde das Blatt mit Pulitzer-Preisen und Profiten reich beschenkt [4].

Das goldene Zeitalter der WP wurde mit dem Siegeszug des Internets Ende der 90er Jahre vorerst abrupt beendet. Mit der Digitalisierung veränderten sich die Distributionskanäle und Ertragsmodelle der Zeitungen. Der Takt, in dem Nachrichten veröffentlicht wurden, verkürzte sich. Gleichzeitig wuchs der Wettbewerb um Leser und Anzeigenkunden.

Die Reaktion darauf war eine stärkere regionale Ausrichtung unter dem Motto: „For and about Washington". Doch mit diesem Anspruch war die WP nicht allein. POLITICO und das National Journal konkurrierten ebenfalls um die Hauptstadtleser und brachten der WP einen Umsatz- und Auflageneinbruch [5]. Zwanzig Jahre nach ihrem

---

Anmerkung: Die Fallstudie entstand in Zusammenarbeit mit Kathrin M. Neumüller (Universität St.Gallen).

Höhepunkt in 1993 war die tägliche Printauflage um 40 % gesunken. Das einstige Vorzeigeblatt der amerikanischen Presse war zum Provinzblatt verkommen. Es hatte die digitale Wende verpasst und 2012 einen Verlust von 53,7 Millionen US-Dollar erlitten [6].

Als der Amazon-Gründer Jeff Bezos die WP im August 2013 für 250 Millionen US-Dollar übernahm, lagen Befürchtungen zu Kapitulation und Bangen in der Luft. Doch schon bald nach der Übernahme wendete sich das Schicksal des Blattes. Im Oktober 2015 zählte Washingtonpost.com zum ersten Mal mehr Unique Visitors als die Homepage der New York Times (Unique Visitors ist die Gesamtzahl der Besucher auf einer Webseite innerhalb eines bestimmten Zeitraums. Jeder Besucher wird nur einmal erfasst). Die Seitenabrufe in jenem Monat stiegen um 95 % im Vergleich zum Vorjahr [7].

Der Fall der WP macht deutlich, dass eine ständige Veränderungsbereitschaft und Experimentierkultur Halt und Orientierung brauchen. Mit seinem Charisma und seiner starken Vision begeisterte Jeff Bezos die Mitarbeiter nicht nur von Anfang an, sondern gab ihnen auch den Rückhalt, um neu zu experimentieren. Ein eindeutiges, kundenorientiertes Leistungsversprechen stand dabei im Mittelpunkt. Bedeutend war, dass das Leistungsversprechen nicht nur sämtliche Wertschöpfungsaktivitäten zielgerichtet orchestrierte, sondern auch rentable Erlösquellen miteinbezog. Bezos erkannte, dass es nicht ausreicht, Leistungen an Kundenbedürfnissen zu orientieren. Vielmehr sollte das Ziel darin bestehen, den Leser in Zeiten der Gratismentalität so zu begeistern, dass er bereit war, für Inhalte zu bezahlen. Damit sollte eine Sogwirkung erzeugt werden.

Leistungsversprechen

Als Jeff Bezos die WP kaufte, hatte er keinerlei Erfahrung im Zeitungsgewerbe. Doch als Gründer des über 170 Milliarden US-Dollar schweren Unternehmens Amazon brachte er erstklassige Voraussetzungen mit: einen starken Kundenfokus und eine Vorliebe für Technologie [8]. Bezos sah die WP nicht als heruntergewirtschaftete Hauptstadtzeitung, sondern als potenzialreiches Technologieunternehmen, das den Kundenfokus aus den Augen verloren hatte.

Zunächst rief er die Mitarbeiter in einem Brief dazu auf, die WP neu zu erfinden und sich auf Leser, nicht auf Anzeigenkunden zu konzentrieren. Qualitätsjournalismus und Flexibilität standen nun im Zentrum des Leistungsversprechens. Die WP versprach ihren Lesern hochkarätigen Journalismus. Sie sollten eine nahtlose Customer-Experience genießen und die journalistischen Inhalte unabhängig von ihrem Endgerät in verschiedenen Situationen genießen können (Vgl. Tabelle 4.13). Der hohe Qualitätsanspruch und die starke Kundenorientierung schlugen sich auch in der Unternehmenskultur nieder: Bezos veranlasste den Umzug der Zentrale von einem grauen Gebäude auf der 15. Avenue in Washington in einen futuristisch anmutenden Prachtbau auf der K-Street [9].

Tabelle 4.13: Transformation des Washington Post-Geschäftsmodells (Quelle: eigene Darstellung).

Leistungsversprechen

Wir verpflichten uns dazu, unseren Best-in-Class-Journalismus in einem Format anzubieten, das sich den Bedürfnissen unserer Leser anpasst.

Leistungserstellung	Leistungsangebot	Kostenmodell	Ertragsmodell
Erstellung sämtlicher Content-Management-Tools inhouse	Relevanter, investigativer Qualitätsjournalismus mit nationaler und internationaler Berichterstattung	Wachstumsstrategie Kosteneinsparungen durch Insourcing der IT-Abteilung	Digitale Bezahlabonnements mit einem Metered Model (eine bestimmte Anzahl eigentlich kostenpflichtiger Inhalte sind kostenlos zugänglich)
Einstellung von internetversierten Journalisten und IT-Spezialisten	Fokussierung auf eine junge, digitale Leserschaft als zukünftige Hauptzielgruppe	Nutzung von Synergien zu Amazon	
Förderung einer experimentierfreudigen Kultur	Webseite mit erhöhter Ladegeschwindigkeit und ansprechendem Design		Premium Abo-Modell mit zusätzlichen Services, wie dem kostenlosen Zugriff auf ausgewählte E-Books
Generierung von journalistischem Inhalt durch die Auswertung von Big Data	Bereitstellung von journalistischem Inhalt auf Facebook		

Leistungsangebot

Die WP bietet gemäß dem Motto „Journalism that matters" relevanten, investigativen Qualitätsjournalismus. Die Berichterstattung ist sowohl international als auch national orientiert. Für die Zukunft setzt das Blatt vor allem auf Wachstum. Dabei richtet sich die WP an eine digitale, jüngere Leserschaft als künftige Hauptzielgruppe – kein leichtes Ziel aufgrund deren geringer Loyalität. Um diese junge Leserschaft für sich zu begeistern, drehte die WP an verschiedenen Stellschrauben: Sie erhöhte die Webseitengeschwindigkeit, verbesserte das Layout für digitale Formate, führte ein personalisiertes Empfehlungssystem ein und verknüpfte die Webseite mit sozialen Medien.

Im Vordergrund der Digitalstrategie steht eine große Auswahl an verschiedenen Apps. Der Nutzer hat die Wahl zwischen vier Apps – je nachdem, ob ihn lokale Sonderberichte interessieren, er zügig Texte auf seinem Smartphone überfliegen möchte, Videos auf seinem Apple TV anschaut oder die klassische Auflage auf seinem Tablet am Frühstückstisch bevorzugt. Um weiter auf eine jüngere Leserschaft einzugehen, bedient sich die WP einer Multikanalstrategie: Viele Social-Media-Nutzer konsumieren journalistische Inhalte direkt bei Facebook. Durch das Gratisangebot ‚Instant Articles' müssen sie die Webseite der WP nicht laden und für Artikel nicht bezahlen. Im Gegensatz zu anderen Zeitungen wie beispielsweise Bild oder Spiegel Online stellt die WP den Social-Media-Nutzern alle Artikel als ‚Instant Articles' zur Verfügung. Sie öffnet somit ihr Angebot für ein breiteres Publikum.

Leistungserstellung

Der Einsatz von Technologie und eine ausgeprägte Experimentierkultur nehmen eine wesentliche Rolle während des gesamten Wertschöpfungsprozesses ein. Im Mittelpunkt dieser Experimentierfreude steht immer die Frage: Wie kann eine Geschichte noch spannender und interessanter sein?

Die rund 1 000 Journalisten der WP sind nicht nur dazu aufgefordert, interessante und relevante Inhalte zu genieren, sondern auch datengetrieben zu arbeiten, gestützt durch die Analyse von Big Data und Algorithmen. Dafür laufen Newsstreams der washingtonpost.com sowie anderer Zeitungen (z. B. politico.com, nytimes.com, wsj.com) in einem Rechenzentrum zusammen. Dort angekommen werden sie von der Software Clavis kategorisiert und analysiert, um sie anschließend als Empfehlungen zu verwerten. In Anlehnung an den Empfehlungsmechanismus von Amazon schlägt das Programm Clavis den Lesern Geschichten basierend auf deren Webseitennutzung und deren Internetaktivitäten vor. Wo ist der Leser gerade? Befindet er sich auf der Arbeit oder zuhause? Kommt der Nutzer über Twitter oder Google? Welches Gerät nutzt er? Welche Bedürfnisse hat der Leser je nach Tageszeit? Clavis berücksichtigt alle diese Faktoren und gibt den Journalisten der WP Hinweise, welche Geschichten gerade gefragt sind. Im nächsten Schritt wird eine Story im hauseigenen Content-Tool erstellt. Bevor diese schließlich publiziert wird, muss jeder Redakteur mindestens vier unterschiedliche Titel zur Auswahl liefern. Das A/B-Testing-Programm Darwin überprüft nun, welche Texte oder Videos die Testleser bevorzugen. Die Geschichte mit den häufigsten Clicks wird dann veröffentlicht.

Um diese ideale Verzahnung zwischen IT und Inhalt zu ermöglichen, lässt die WP als eine von wenigen Zeitungen weltweit ihre IT inhouse entwickeln – seien es Apps, Algorithmen oder Redaktionssysteme [10]. Dazu stellte Bezos neben 140 Journalisten 35 Software-Ingenieure ein. Im Newsroom arbeiten Entwickler Hand in Hand mit Analysten, Produktmanagern, Videojournalisten, Redakteuren und Webdesignern, um auf die Bedürfnisse der Leser einzugehen. Dies hat den entscheidenden Vorteil, dass die Tools nicht nur aus einer technischen Sicht hochwertig sind, sondern auch für die Redakteure ein benutzerfreundliches Frontend bieten. Damit entwickelte sich die WP von einer Traditionszeitung hin zu einem journalistischen High-Tech-Unternehmen.

Kostenmodell

Bis zur Übernahme durch Bezos standen Kosteneinsparungen im Zentrum der Strategie der WP. Dadurch konnte der Auflagenschwund Ende der 90er Jahre und Anfang des 21. Jahrhunderts zwar zum Teil ausgeglichen werden, jedoch litten darunter die journalistische Qualität und die Firmenkultur. Unter den Journalisten verbreitete sich das Gefühl, in einer aussterbenden Industrie zu arbeiten, in der es nur noch eine Frage der Zeit war, bis auch sie das Schicksal der Kündigung traf. Der Newsroom wurde ausgedünnt. Ausgaben wurden gekürzt. Diese Maßnahmen befriedigten zwar kurzfristig die Gewinnvorstellungen der Aktionäre, trieben die WP trotzdem nach und nach in den finanziellen Abgrund.

Bezos erkannte, dass Kosteneinsparungen nicht zulasten der Qualität gehen durften. Der Qualitätsjournalismus sollte von nun an als entscheidender Differenzierungsfaktor im Mittelpunkt stehen. Um seine Digitalstrategie erfolgreich voranzutreiben, scheute Bezos daher keine Kosten – vor allem nicht bei der Einstellung von internetaffinen Journalisten und IT-Spezialisten [11].

Ganz oben auf Bezos Agenda steht eine aggressive Wachstumsstrategie unter dem Motto „Get Big Fast". Profite sind in dieser Phase zweitrangig. Stattdessen zielt diese Strategie auf die Akquise von möglichst vielen Lesern ab. Dabei werden Verluste in Kauf genommen. Inzwischen hängt die Vergütung von der Eigeninitiative der Mitarbeiter, deren Experimentierfreude und deren Engagement ab, anstatt an den Unternehmensgewinn gekoppelt zu sein. Auch Bezos setzt auf Kosteneinsparungen, jedoch an anderen Stellen: Durch die interne IT-Abteilung können hochwertige Redaktionstools und Content-Management-Programme kostengünstiger und maßgeschneidert entwickelt werden. Auch nutzt Bezos Synergien. Beispielsweise können Amazon-Prime-Kunden sechs Monate lang kostenlos die Artikel im Digitalabonnement der WP lesen. Erst danach werden sie zum Abschluss eines Bezahlabonnements aufgefordert. Dies spart Marketing- und Werbekosten.

Ertragsmodell
Bezos ist sehr wortkarg, was die Rentabilität seines privaten Unternehmens betrifft. Angelehnt an Amazon stellt er Wachstumsziele in den Mittelpunkt. Gewinne sind zweitrangig. Bei seinem Ertragsmodell baut er zunächst auf Skaleneffekte und versucht, so viele Kunden wie möglich für seine digitalen Bezahlabonnements zu gewinnen. Anstatt viel Umsatz durch wenige Leser zu generieren, besteht nun das Ziel darin, einen Massenmarkt anzusprechen und Umsatz durch Wachstum zu erzeugen.

Die Herausforderung liegt darin, dass das Internet die Gratismentalität bei medialem Konsum gefördert hat. Die Digital Natives sind damit aufgewachsen, Inhalte lesen zu können, ohne dafür zu bezahlen. Das Resultat ist eine gesunkene Zahlungsbereitschaft. Um Gewinne zu generieren, gilt es, Leser neu zu begeistern und davon zu überzeugen, dass es sich lohnt, für den Inhalt Geld auszugeben.

Um das Wachstum bei den digitalen Bezahlabonnements anzukurbeln, setzt die WP auf ein Metered Model, das Leser zunächst mit kostenlos zugänglichen Artikeln ködert und sie dann im besten Fall als Abo-Kunden gewinnt. Dabei haben alle Leser und App-Nutzer zuerst freien Zugang zu allen journalistischen Inhalten der WP, beschränkt auf ein bestimmtes Volumen. Ist ihr monatliches Kontingent an Artikeln erschöpft, erscheint auf dem Display automatisch ein Pop-Up-Fenster, das sie zum vierwöchigen kostenlosen Probelesen bewegen möchte. Zum regulären Preis von 40 US-Dollar pro Jahr ist das Basisabonnement durchaus erschwinglich und kundenfreundlich. Zum Vergleich: Das digitale Abonnement der New York Times ist nach einer einjährigen Probezeit mehr als doppelt so teuer.

Neben dem Basismodell überzeugt das Premiumabonnement den Leser mit einem zusätzlichen einmonatigen Zugang für einen Freund oder ein anderes Familienmitglied. Zudem hat das Premiummitglied exklusiven Zugang zu einer Reihe von E-Books von WP-Journalisten, die mit dem Pulitzer-Preis ausgezeichnet wurden. Die Möglichkeit, den Premium-Account mit einem Bekannten für einen Monat zu teilen, dient gleichzeitig als Weiterempfehlungsmechanismus. Die Empfehlungsstrategie macht sich bezahlt. Dank der niedrigen Abonnementpreise erreichte die WP 2016 einen Abonnentenzuwachs von ca. 75 % im Vergleich zum Vorjahr [12]. Mittlerweile zählt die WP mehr als 2,5 Millionen bezahlte digitale Abonnements.

Fazit

Bezos transformierte die WP vom Traditionsblatt zu einer High-Tech-Zeitung mit Fokus auf das Kundenerlebnis. Herzstück des Leistungsversprechens ist der Einsatz modernster Technologien, um Kundenbedürfnisse zu befriedigen. Anstatt Stellen zu streichen und dadurch den Qualitätsjournalismus zu gefährden, investierte Bezos aktiv in eine Wachstumsstrategie. Er gliederte die IT in das Unternehmen ein und engagierte internetaffine Journalisten. Auch beim Ertragsmodell hebt sich die WP eindeutig von ihrer Konkurrenz ab. Anstatt mit wenigen Lesern viel Umsatz zu generieren, richtet sich das Blatt an den Massenmarkt. Der Fall der WP zeigt, dass Lösungen nicht zwangsläufig in der eigenen Industrie zu suchen sind. Sinnvolle Technologien, die ein Empfehlungsmarketing ermöglichen, werden beispielsweise erst beim Blick über den Tellerrand ersichtlich.

Literaturverzeichnis

[1] Vgl. Barnes, R./Fahrenthold, D. (2013), The Grahams: A family synonymous with The Post and with Washington, in: The Washington Post, 5.8.2013, https://www.washingtonpost.com/politics/the-grahams-a-family-synonymous-with-the-post-and-with-washington/2013/08/05/94f26d04-fe1a-11e2-96a8-d3b921c0924a_story.html?utm_term=.fe375a7ab7c7.

[2] Vgl. Fahri, P. (2013), Washington Post to be sold to Jeff Bezos, the founder of Amazon, in: The Washington Post, 5.8.2013, https://www.washingtonpost.com/apps/g/page/national/washington-post-co-timeline/374/.

[3] Vgl. Jentzsch, B. (2004), Vor 30 Jahren trat Richard Nixon zurück, in: Deutschlandfunk, 8.8.20014, http://www.deutschlandfunk.de/vor-30-jahren-trat-richard-nixon-zurueck.871.de.html?dram:article_id=124878.

[4] Vgl. Fahri, P. (2013), Washington Post to be sold to Jeff Bezos, the founder of Amazon, in: The Washington Post, 5.8.2013, https://www.washingtonpost.com/apps/g/page/national/washington-post-co-timeline/374/.

[5] Vgl. PewResearch Center (2015), State of the News Media 2015, in: PewResearch Center, 15.4.2015, http://assets.pewresearch.org/wp-content/uploads/sites/13/2017/05/30142603/state-of-the-news-media-report-2015-final.pdf.

[6]   Vgl. Kennedy. D. 8. August 2016), The Bezos Effect, in: Harvard Kennedy School: Shorenstein Center, 8.8.2016, https://shorensteincenter.org/bezos-effect-washington-post/.

[7]   Vgl. WashPost PR. (2017), The Post records 88.9 million unique visitors in October 2017, in: The Washington Post, 17.11.2017, https://www.washingtonpost.com/pr/wp/2017/11/17/the-post-records-more-than-86-million-unique-visitors-in-october-2017/?utm_term=.6aeac7787340.

[8]   Vgl.Amazon. (2018), Umsatz von Amazon weltweit vom 1. Quartal 2007 bis zum 4. Quartal 2017 (in Milliarden US-Dollar), in: Statista, 3.1.2018, https://de.statista.com/statistik/daten/studie/197099/um frage/nettoumsatz-von-amazoncom-quartalszahlen/.

[9]   Vgl. Kennedy. D. 8. August 2016), The Bezos Effect, in: Harvard Kennedy School: Shorenstein Center, 8.8.2016, https://shorensteincenter.org/bezos-effect-washington-post/.

[10] Vgl. Aichinger, R. (2016), Ein Blatt wendet sich, in: brand eins, 1.6.2016, https://www.brandeins. de/magazine/brand-eins-wirtschaftsmagazin/2016/digitalisierung/ein-blatt-wendet-sich.

[11] Vgl. Seibert. T. (2017), Politur am Profit, in: Der Tagesspiegel, 3.9.2017, https://www.tagesspiegel. de/medien/washington-post-unter-jeff-bezos-politur-am-profit/19496990.html.

[12] Vgl. Bond, S./Bond. D. (2017), Newspapers welcome more digital subscribers in time of fake news, in: Financial Times, 15.2.2017, https://www.ft.com/content/d97bef40-f19b-11e6-8758-6876151821a6.

Axel Springer SE

Ausgangssituation und Zielsetzung der Fallstudie

Die Axel Springer SE hat sich von einem reinen Printverlag zum führenden Digitalverlag in Europa entwickelt. Dabei hatte das Unternehmen 1946 in einer Hamburger Garage einen recht bescheidenen Anfang [1]. Was zu diesem Zeitpunkt unvorstellbar war, wurde weniger als zwanzig Jahre später Realität: Axel Springer verlegte 45 % aller in Deutschland verkauften Zeitungen und 80 % aller Sonntagszeitungen [2]. Doch Mitte der 90er Jahre setzte der Siegeszug des Internets der Zeitungsbranche stark zu. Die Leser griffen vermehrt zu digitalen Formaten oder gestalteten ihre eigenen Blogs. Bald darauf veröffentlichten Internetnutzer ihre eigenen Videos auf YouTube – schneller als so mancher Reporter. Das Resultat: Zwischen 1996 und 2017 ging die Anzahl der in Deutschland verkauften Auflagen von Publikumszeitschriften um mehr als ein Drittel zurück. Zeitungen wie die Financial Times Deutschland stellten Ihre Tätigkeit endgültig ein. Axel Springer drohte 2006 ein ähnliches Schicksal. Damals machten die digitalen Geschäftsfelder nur 1 % des Gesamtumsatzes aus [3]. Elf Jahre später verliehen Dimension Data Deutschland und die IDG Business GmbH dem Unternehmen den ‚Digital Leader Award – Sonderpreis First Mover'. 2017 erwirtschaftete das Unternehmen 80 % des operativen Gewinns durch digitale Geschäftszweige [4]. Wie vollzog Axel Springer diese Kehrtwende? Das Unternehmen reagierte auf die Existenzbedrohung durch eine Neuausrichtung des Leistungsversprechens. Es erkannte den Einfluss der Digitalisierung rechtzeitig und schätzte deren Geschwindigkeit treffsicher

---

Anmerkung: Die Fallstudie entstand in Zusammenarbeit mit Kathrin M. Neumüller (Universität St.Gallen).

ab. Darauf aufbauend ergänzte das Unternehmen das weniger wachstumsintensive Printgeschäft zunehmend mit digitalen Geschäftsfeldern.

Leistungsversprechen

Axel Springer ist ein ausgezeichnetes Beispiel für ein sinnstiftendes und konsequent umgesetztes Leistungsversprechen. Unter der Führung des promovierten Musikwissenschaftlers Dr. Mathias Döpfner sprang Axel Springer 2002 auf den Zug der Digitalisierung auf [5]. Mit dem fokussierten Leistungsversprechen „Die erfolgreiche Etablierung von unabhängigem Journalismus in der digitalen Welt. Wir wollen der führende digitale Verlag werden" verankerte er die Digitalisierung und den Exzellenzanspruch in der DNA des Unternehmens (Vgl. Tabelle 4.14).

Der Vorteil dieser klaren Botschaft ist, dass sich Mitarbeiter zum Unternehmertum in digitalen Geschäftsfeldern aufgerufen fühlen und sich auf relevante Projekte fokussieren, die den bestehenden Wettbewerbsvorteil unterstützen. Das Leistungsversprechen motiviert nicht nur Mitarbeiter, sondern spiegelt auch den Wettbewerbsvorteil aus Kundensicht wider. Mitarbeiter erhalten eine bedeutende Orientierungshilfe. Axel Springer verspricht seinen Lesern, diese unabhängig und besser als andere zu informieren und zu unterhalten.

Tabelle 4.14: Transformation des Axel Springer-Geschäftsmodells (Quelle: eigene Darstellung).

Leistungsversprechen			
Die erfolgreiche Etablierung von unabhängigem Journalismus in der digitalen Welt. Wir wollen der führende digitale Verlag werden.			
Leistungserstellung	**Leistungsangebot**	**Kostenmodell**	**Ertragsmodell**
Einstellung von Start-up-Mitarbeitern, IT-Spezialisten, Social-Media-Redakteuren und Datenjournalisten	Qualitativ hochwertige Information und Unterhaltung über digitale Kanäle und Printmedien	Verschlankung der Arbeitsprozesse und der zentralen Funktionen	Ersetzen analoger Ertragsquellen durch digitale Ertragsquellen
Etablierung einer digitalen Unternehmenskultur	Zielgruppenspezifische Rubrikenangebote für informationssuchende und kaufinteressierte Endkunden	Bündelung der Konzernsteuerungs- und Servicefunktionen am Hauptsitz in Berlin	Ausbau der Vertriebs- und Werbeerlöse durch Zeitungen und Portale der WELT- und BILD-Markenfamilien
Erstellung journalistischer Inhalte für WELT online und offline in einem Newsroom		Zusammenlegung der Redaktionen von WELT und BERLINER MORGENPOST	Erlöse aus reichweiten- und erfolgsbasierten Vermarktungsangeboten für Geschäftskunden
			Erlöse aus Rubrikenangeboten

Leistungsangebot

Sowohl Treiber aus dem Makro- als auch dem Mikroumfeld waren für die Anpassung des Leistungsangebotes ausschlaggebend. Die technologischen Entwicklungen des Makroumfeldes, die einen immer schnelleren Datentransfer gewährleisten, begünstigten den Aufstieg des digitalen Buchformates. Auch das Mikroumfeld ist im Wandel. Kunden können in Sekundenschnelle auf eine beinahe unendliche Auswahl an digitalen Büchern zurückgreifen, ohne den umständlichen Weg, in die nächste Buchhandlung gehen zu müssen. Hätte Axel Springer zu Beginn des 21. Jahrhunderts am Printjournalismus festgehalten, würde der Konzern wahrscheinlich bereits heute nicht mehr existieren. Stattdessen definierte Axel Springer den relevanten Markt zu Beginn der Transformation neu. Das Augenmerk liegt nun auf dem zukunftsträchtigen Informations- und Unterhaltungsmarkt im Internet [6].

Das Leistungsportfolio basiert auf journalistischen Angeboten und auf digitalen Rubrikenangeboten. Bei den Erstgenannten spricht Axel Springer Leser verschiedener Bildungs- und Einkommensklassen an. Das Angebot reicht vom Live-Ticker der Bundesliga auf BILD.de bis zu fundierten Wirtschaftsreportagen in WELT oder im Wirtschaftsmagazin Bilanz. Trotz der Zeitungskrise verkauften BILD und WELT Ende 2017 rund 464 000 digitale Abonnements, Tendenz steigend [7]. Der Verlag Axel Springer beschränkt sich bei seinen journalistischen Angeboten längst nicht mehr auf den hiesigen Markt, sondern verfolgt eine konsequente Internationalisierungsstrategie. In der Schweiz bietet das Joint Venture Ringier Axel Springer Schweiz beispielsweise mehr als dreißig Titel mit 880 Ausgaben im Jahr an. Hierzu zählen Wirtschaftsmedien wie *Bilanz* oder *Handelszeitung* sowie Boulevardzeitungen wie *Blick*.

Die Rubrikenangebote richten sich an Internetnutzer mit konkretem Kauf- oder Informationsinteresse. Sie bringen Suchende und Anbieter zusammen. Beispielsweise finden auf StepStone, Deutschlands größter Jobbörse, Jobsuchende ihren Arbeitgeber [8]. Mit 13,4 Millionen Seitenbesuchen und 2,2 Millionen App-Downloads verspricht StepStone dem suchenden Unternehmen dreimal mehr Bewerbungen als bei anderen Jobbörsen [9]. Der wesentliche Mehrwert liegt darin, dass der Informations- bzw. Kaufprozess vereinfacht und die Informationsasymmetrie zugunsten der suchenden Firma und des Bewerbers verringert wird.

Leistungserstellung

Axel Springer richtet seine Kernaktivitäten konsequent am Leistungsversprechen aus. Der Konzern erkannte, dass Mitarbeiter der entscheidende Faktor sind, um eine Transformation erfolgreich durchzuführen. Um auf die erdrutschartigen Veränderungen in der Medienlandschaft zu reagieren, stellte Döpfner die digitale Unternehmenskultur ins Zentrum. Zunächst rekrutierte er Mitarbeiter digitaler Start-ups, Social-Media-Redakteure und Datenjournalisten. Anfang 2014 baute der Konzern sogar eine ständige Repräsentanz in Palo Alto (USA) auf, um neue relevante Technologien zu identifizieren. Um den Erwerb von digitalem Wissen und den abteilungsübergreifenden Wissenstransfer voranzutreiben, rief Axel Springer das ‚Media Powerhouse' ins Leben. Bei diesem zweitägigen, internen Workshop zum Wissenstransfer geben Spezialisten ihre Erfahrungen zur Digitalisierung weiter.

2003 schlug Axel Springer einen internen Konsolidierungskurs ein. Im Zuge dessen wurde die Wertschöpfungskette medienübergreifend ausgerichtet. Im Newsroom laufen nun alle journalistischen Inhalte zusammen und werden titelübergreifend für Online- und Printmedien aufbereitet. Dies umfasst alle wesentlichen Prozessschritte – von der Erstellung der Informations- und Unterhaltungsangebote bis hin zu Redaktion und Produktion. Der crossmediale Ansatz ermöglicht eine ideale Nutzung von Synergien, Kompetenzen und Reichweiten der einzelnen Marken.

Kostenmodell

Im Rahmen der Unternehmenskonsolidierung wurden sämtliche Konzernsteuerungs- und Servicefunktionen am Hauptsitz in Berlin gebündelt. Die Zusammenlegung der Redaktionen von WELT und BERLINER MORGENPOST führte neben einer deutlichen Kostensenkung zu einer nachhaltigen Verbesserung der redaktionellen Qualität beider Zeitungen. Axel Springer demonstriert damit, wie sich interne Strukturen verschlanken lassen, ohne dabei die Kundenorientierung zu verlieren. Das Unternehmen geht nach wie vor mit einer hohen regionalen Ausdifferenzierung auf unterschiedliche Leserbedürfnisse ein. Allein die Marke BILD verfügt über 23 regionale Varianten.

Diese unternehmensinterne Verschlankung betraf auch die Belegschaft. Zwischen 2001 und 2004 sank der Personalstand um −18,7 % auf 11 463 Mitarbeiter. Die jüngste Mitarbeiteranzahl von rund 16 000 im Jahr 2022 zeigt jedoch auch, dass nicht der Stellenabbau an sich im Vordergrund stand, sondern die Optimierung der Arbeitsabläufe und die Einstellung von Mitarbeitern mit digitalem Wissen. Disruptive Veränderungen bedingen, dass etablierte Geschäftsmodelle verdrängt werden und dadurch auch die im Unternehmen aufgebauten Kompetenzen neu ausgerichtet werden müssen. Axel Springer baute nicht in erster Linie Stellen ab, um Kosten zu senken. Vielmehr wurden bestehende Kompetenzen aus dem Printgeschäft mit digitalen Kompetenzen ergänzt, um unternehmensinterne Prozesse intelligent zu verschlanken und diese an den Kunden sowie den Leistungen der Zukunft auszurichten. Diese Umstrukturierungsmaßnahmen hin zu schlankeren und kundenzentrierten Arbeitsprozessen am Standort Berlin führten 2002 zu Einsparungen von 137 Millionen Euro und zu zusätzlichen 74 Millionen Euro im Jahr 2003 [10].

Ertragsmodell

Der Verlag Axel Springer hielt nicht an seiner erfolgreichen Vergangenheit fest, sondern erkannte, dass sich mit dem traditionellen Verlagsgeschäft kaum mehr Geld verdienen ließ. Das Unternehmen ersetzte daher das weniger rentable Verlagsgeschäft durch digitale Erlösquellen.

Die Erlöse stammen aus drei Segmenten – Rubrikenangebote, Vermarktungsange-bote und Bezahlangebote. Die bedeutendste Erlösquelle sind dabei die Rubrikenange-bote (74 % des EBITDA, Stand 2019) [11]. Der Löwenanteil wird von den Bereichen ‚Stellen' (StepStone-Gruppe) und ‚Immobilen' (z. B. AVIV Group) erbracht. StepStone erwirtschaftet Erlöse, indem es Anzeigen und Jobinserate an Stellenanbieter verkauft und zudem Zugänge zur Online-Lebenslaufdatenbank anbietet. Zudem erzielt die AVIV Group Erlöse durch den Verkauf von Anzeigen- und Werbeplätze an Makler, Projektentwickler, Wohnungsbaugesellschaften und Privatpersonen.

Die Erlöse im Segment Bezahlangebote setzen sich aus Vertriebs- und Werbeerlö-sen zusammen. Die Vertriebserlöse werden durch zahlende Leser, in erster Linie aus Deutschland, erbracht, die Zeitschriften und digitale Abonnements erwerben. BILD.de und WELT.de setzen beispielsweise auf Paid-Content-Modelle. Beide erwirtschaften Erlöse durch ein Freemium-Modell, bei dem einige Basis-Artikel kostenlos zu lesen sind. Premiumdienste sind jedoch nur gegen einen Aufpreis zugänglich. Am Beispiel von BILD bedeutet dies, dass der Leser eine geringe Anzahl von Artikeln innerhalb eines Basisangebots lesen kann. Möchte er allerdings seiner Lieblingsmannschaft in Echtzeit folgen und die relevantesten Hintergrundartikel sowie exklusive Videos sehen, muss er das kostenlose Basisangebot auf das Bezahlangebot BILDplus für 7,99 Euro im Monat erweitern.

Die Werbeerlöse stammen aus der Vermarktung der Reichweiten von Online- und Printmedien der WELT- und BILD-Gruppe. Geschäftskunden haben die Möglich-keit, in sämtlichen Zeitungen und den dazugehörigen Online-Portalen Werbung zu schalten. Beispielsweise ist BILD ist Europas größte und reichweitenstärkste Tageszei-tung. Sie lag im Jahr 2022 mit einem Marktanteil von 61 % vor allen anderen Kaufzei-tungen in Deutschland auf Platz eins. Mit 45 % des Umsatzes sind die Bezahlangebote der WELT- und BILD-Gruppe der größte Umsatztreiber. Sie stehen mit 22 % des EBITDA an zweiter Stelle. Das gemeinsam mit der Funke Mediengruppe gegründete Joint Venture Media Impact übernimmt dabei die gesamte crossmediale Vermarktung für Anzeigenkunden – seien es Werbebanner, Online-Videos, Social-Media-Kanäle oder Print. Abgerechnet wird nach Reichweite und Erfolg [12].

Im Portfolio ‚Vermarktungsangebote' werden Werbeplätze an Werbekunden ver-kauft. Sie werden erfolgsbasiert (Anzahl Nutzer und Hörer) oder durch die erzeugte Interaktion (z. B. Clicks) vergütet. Über reichweitenbasiertes Marketing können Wer-betreibende ihre Produkte gegen eine Provision auf z. B. idealo.de und finanzen.net bewerben. Idealo.de ist Deutschlands führendes und reichweitenstärkstes Portal im Bereich Preisvergleich und Produktsuche. Themenspezifische Angebote und Portale ermöglichen die zielgruppengerechte Ansprache.

Fazit

Axel Springer ist es gelungen, sich gegenüber reinen Printverlagen durch einen star-ken Fokus auf ein digitales, diversifiziertes Geschäftsmodell durchzusetzen. Das Unternehmen meisterte die Herausforderungen der disruptiven Veränderungen im Rahmen der Digitalisierung, indem es viel unternehmerischen Mut und kalkulierte Risikobereitschaft bewies. Anstatt Wandel als episodischen Zustand zu betrachten, versteht Axel Springer Wandel als kontinuierlichen Prozess, der Agilität und Flexibilität erfordert. Das Leistungsversprechen, Best-in-Class-Journalismus zu bieten, nimmt dabei eine für Mitarbeiter Orientierung schaffende Funktion ein. Durch den starken Fokus auf die digitalen Geschäftsfelder stellt es sicher, dass das Leistungsportfolio nicht nur kundenorientiert, sondern auch rentabel ist. Damit werden analoge Erlösquellen fortlaufend durch digitale Erlösquellen ersetzt.

Literaturverzeichnis

[1] Vgl. Axel Springer SE. (2017), Unternehmensportrait, in: Axel Springer, 1.3.2017, http://www.axelsprin ger.de/artikel/Unternehmensportraet_40170.html.

[2] Vgl. BDZV. (2018), Entwicklung der verkauften Auflage der Tageszeitungen in Deutschland in ausgewählten Jahren von 1991 bis 2017 (in Millionen Exemplaren), in: Statista, 1.1.2018, https:// de.statista.com/statistik/daten/studie/72084/umfrage/verkaufte-auflage-von-tageszeitungen-in-deutschland/.

[3] Vgl. The Economist. 4.5.2017), Axel Springer's digital transformation, in: The Economist, 4 5..2017, https://www.economist.com/news/business/21721688-heavyweight-newspapers-price-comparison-websites-axel-springers-digital-transformation.

[4] Vgl. Axel Springer SE (2017), Geschäftsbericht 2017, in: Axel Springer SE, 1.3.2017, http://www.axel springer.de/dl/27565224/Geschaeftsbericht_2017.pdf.

[5] Vgl. Institut für Medien- und Kommunikationspolitik (2016), Axel Springer SE, in: Mediendatenbank/ mediadb.eu, 1 6..2016, https://www.mediadb.eu/datenbanken/deutsche-medienkonzerne/axel-springer-se.html.

[6] Vgl. Axel Springer SE (2017), Unternehmensportrait, in: Axel Springer, 2.1.2017, http://www.axelsprin ger.de/artikel/Unternehmensportraet_40170.html.

[7] Vgl. Axel Springer SE (2016), Geschäftsbericht 2016, in: Axel Springer, 5.4.2017, http://www.axelsprin ger.de/dl/27011919/Geschaeftsbericht_2016.pdf.

[8] Vgl. Axel Springer SE (2017), Unternehmensportrait, in: Axel Springer, 1.1.2017, http://www.axelsprin ger.de/artikel/Unternehmensportraet_40170.html.

[9] Vgl. Siebenhaar, H.-P. (2009), Axel Springer poliert seine Bilanz auf, in: Handelsblatt, 4.4.2009, http://www.handelsblatt.com/unternehmen/it-medien/uebernahme-von-stepstone-axel-springer-poliert-seine-bilanz-auf/3252106.html.

[10] Vgl. Axel Springer SE (2003). Geschäftsbericht 2003, in: Axel Springer SE, 3.4.2003, http://www.axel springer.de/dl/24751/gb_03_gesamt.pdf.

[11] Vgl. Axel Springer SE (2019), Geschäftsbericht 2019, in: Axel Springer SE, 18.01.2023, https://www.axelspringer.com/de/investor-relations/ir-publikationen.

[12] Vgl. Media Impact (2017), Reichweite BILD. BILD ist Deutschlands größtes Tagesmedium, in: Bild, 1.7.2017, https://www.mediaimpact.de/artikel/BILD-Reichweite-BILD_736331.html.

De Beers

Ausgangssituation und Zielsetzung der Fallstudie
Das südafrikanische Unternehmen De Beers, das auf die Förderung und den Großhandel (B2B) von Rohdiamanten spezialisiert war, hatte über Jahrzehnte ein monopolartiges Unternehmensgebilde aufgebaut. So sicherte sich das Unternehmen seit 1888 einen Marktanteil zwischen 80 % und 90 % im globalen Diamantenmarkt und stieg damit zur ersten Adresse im Handel für Rohdiamanten auf. De Beers erreichte diese Position, indem das Unternehmen einen Großteil aller Diamantenminen kontrollierte und das frei verfügbare Diamantenangebot aufkaufte (Buyer of Last Resort) und die Lagerung (Stockpiling) sowie den Vertrieb zentralisierte. De Beers spielte seine dominante Marktstellung strategisch aus: Das Angebot wurde künstlich verknappt, um die Preise hoch und somit stabil zu halten. Händler, die sich der Preissetzungsmacht von De Beers widersetzten, wurden bestraft und vom Markt systematisch ausgeschlossen [1]. Nach 1991 änderte sich diese Situation im Markt für Rohdiamanten langsam, aber stetig. Drei Entwicklungen waren zu beobachten:

- Die Monopolstellung von De Beers störte zunehmend die Wettbewerbshüter in Europa und den USA. Der Vorwurf der Preissetzung und der Preisabsprache führte 1994 dazu, dass De Beers in den USA nicht mehr als Unternehmen auftreten durfte [2].
- Berichte in den Medien beschrieben, wie afrikanische Kriegsherren und Rebellenführer vom Diamantenverkauf, den sogenannten ‚Konfliktdiamanten‘ profitierten und ihre Soldaten damit finanzierten [3]. Die Debatte rund um Konfliktdiamanten fand Gehör bei Konsumenten und Aufsichtsbehörden.
- Die Öffnung Russlands führte zur Auflösung der exklusiven Handelsverträge zwischen der UdSSR und De Beers. Praktisch über Nacht wurde der Markt mit neuen Rohdiamanten aus Russland geflutet. Der Zuschlag für Schürfrechte in neuen Abbaugebieten wie Kanada und Australien ging an Konkurrenten von De Beers [4].
- Durch das Aufkommen des Internets stieg die Preistransparenz im Diamantenhandel [5].

Diese vier Entwicklungen bedrohten das etablierte Geschäftsmodell von De Beers, das auf der Wertschöpfung durch künstlich generierte Knappheit basierte. Die zwei bisherigen Strategiepfeiler des Monopols, zum einen alle verfügbaren Rohdiamanten aufzukaufen (Buyer of Last Resort) und zum anderen alle Rohdiamanten zu lagern (Stockpiling) sowie zentral zu vertreiben, waren politisch, rechtlich und finanziell nicht mehr durchsetzbar [6]. Als Folge brach De Beers' Marktanteil an Rohdiamanten von 85 % im Jahre 1987 auf knapp 65 % im Jahre 1999 ein [7]. Auch die Märkte erkannten die Problematik und ließen die Aktienbewertung um 30 % sinken.

Anmerkung: Die Fallstudie entstand in Zusammenarbeit mit Elias Barth (Universität St.Gallen).

In der Führungsetage von De Beers setzte sich die Erkenntnis durch, dass nur ein Wechsel des Geschäftsmodells den Umsatz- und Ertragsrückgang stoppen könnte. Eine neue Geschäftslogik deutete sich an: Nicht mehr das kontrollierte Angebot an Rohdiamanten bestimmte den Preis, sondern die Art, wie Steine gefördert, veredelt und distribuiert wurden. Die Neuausrichtung des Unternehmens musste sich folglich stärker mit der Veredelung und Distribution von Diamanten befassen. Der Reinheitsgrad eines Diamanten war nicht mehr allein preisbestimmend. Diese Erkenntnis machte es erforderlich, der Vertikalisierung mehr Beachtung zu schenken. De Beers versuchte von nun an auch die Schnittstelle zu Endkonsumenten aktiv zu bearbeiten und nicht mehr allein dem Großhandel zu überlassen. Unser Fall beschreibt einen Geschäftsmodellwechsel, der eine grundsätzliche Neuausrichtung mit sich brachte. De Beers hat, im Gegensatz zu den meisten anderen im Buch geschilderten Fällen, sogar sein Leistungsversprechen neu formuliert.

Leistungsversprechen
Eine zentrale Veränderung betraf die Rolle von De Beers im Markt. War De Beers bisher als Verkäufer von Rohdiamanten lediglich im B2B-Markt aufgetreten, stand mit dem Angebot von geschliffenen und polierten Diamanten nun auch der Endkunde im Fokus. Dazu musste De Beers ein neues, überzeugendes Leistungsversprechen formulieren. Das Marketing war erstmals gefordert, bei Endkonsumenten eine Begehrlichkeit für die eigene Marke zu wecken. Die Suche nach möglichen Ansatzpunkten war nicht einfach. Schließlich erinnerte man sich an die Bedeutung von Diamanten als Symbol der ewigen Liebe. Diese Vorstellung wurde aufgegriffen und mit einem Zusatznutzen angereichert. Das Versprechen der ewigen Liebe war austauschbar und bereits im Marketingfokus etlicher Wettbewerber. Deshalb formulierte De Beers seinen Mehrwert folgendermaßen: Der Kunde erhält eine exklusive und selten vorkommende Qualität, nach dem Motto: Wenn schon ein Diamant, dann aber bitte einen von De Beers. Das sagenumwobene Unternehmen stand schon immer für Diamanten und die Marke löste schon lange eine hohe Begehrlichkeit aus. Zweitens garantierte De Beers ‚konfliktfreie' Diamanten. Das Unternehmen versprach erstmals, die Menschenrechte zu achten, für humane Arbeitsbedingungen zu sorgen und sich strikt an ethische Standards zu halten. Ein Versprechen, das in dieser Branche keine Selbstverständlichkeit war und auch heute nicht ist. Die Anforderungen mündeten im neuen Leistungsversprechen: „Only De Beers Diamonds are fairly sourced and can represent the eternal love of an engagement couple". (Vgl. Tabelle 4.15)

Das Leistungsversprechen leitete sich aus dem Zweck, der Mission und den Werten ab, die De Beers in seinem Geschäftsbericht neu formulierte [8]. Es löste eine tiefgreifende Veränderung für das Unternehmen aus. Finanzielle Mittel und nicht vorhandenes Know-how mussten bereitgestellt werden, um dem neuen Leistungsversprechen gerecht zu werden. Die Tragweite der Veränderung kommt in der nachfolgenden Beschreibung zum Ausdruck.

Tabelle 4.15: Transformation des De Beers-Geschäftsmodells (Quelle: eigene Darstellung).

Leistungsversprechen

Only De Beers Diamonds are fairly sourced and can represent the eternal love of an engagement couple.

Leistungserstellung	Leistungsangebot	Kostenmodell	Ertragsmodell
Zertifizierungsanforderungen gemäß dem ‚Kimberley Prozess'[4] erarbeitet	Produktportfolio mit neuen Produktkategorien ergänzt (Handtaschen, Seidenschals etc.)	Marketingausgaben erhöht, um Marke im B2C-Markt zu positionieren (z. B. 170 Mio. US-Dollar im Jahr 1999)	Rohdiamantenhandel beibehalten und Margen mithilfe eines Zertifizierungsprozesses erhöht
Einführung von ‚Best Practice'-Compliance Anforderungen für Partner	Limitierte Produkte, wie den ‚Millennium Diamond' neu lanciert	Marketing-Kostenbelastung mit Händlern und Partnern aufgeteilt	Eigene Flagship-Geschäfte erwirtschaften zusätzliche Umsätze
Exklusives Branding der Diamanten verstärkt	Einzigartiges Einkaufserlebnis im Retail durch Kooperation mit LVMH ermöglicht	Einzigartiges Kostenmodell durch vertikale Integration aller Verarbeitungsschritte aufgebaut	Partnerläden zahlen Kommissionen
‚Forevermark' aufgebaut, um Qualität und Herkunft zu signalisieren	Strategische Retail-Präsenzen in Märkten mit hohem Anteil an Luxuskunden eröffnet (USA, Japan und Vereinigtes Königreich)		Online-Auktionen von De Beers werfen Kommissionsgebühren ab
	Anzahl an Großkunden reduziert, um Marke gezielt zu positionieren		
	Online-Präsenz als zusätzlichen Kanal aufgebaut		

Leistungsangebot

Diamanten von De Beers versprechen Exklusivität, hohe Qualität und das gewisse Etwas, das allen Kultmarken gegeben ist. Darüber hinaus erweiterte das Unternehmen seinen Produktemix (z. B. durch Handtaschen, Schals etc.), damit auch Nicht-

---

4 Kimberley Process (KP): Das Zertifizierungsverfahren KP stellt sicher, dass die zertifizierten Diamanten nicht zur Finanzierung von Kriegen oder Konflikten genutzt wurden (Konfliktdiamanten).

Diamantkunden die Marke De Beers kennenlernen konnten. Zusätzlich sollte durch limitierte Sonderauflagen die Exklusivität der Marke gesteigert werden (z. B. Millenial Diamond).

Das Marketing musste sich auf diese Vorteile einstellen und den Mix der Instrumente darauf ausrichten. Marketingkampagnen, die Zusammenarbeit mit Prominenten sowie die gezielte Platzierung der Diamanten in der Pop-Kultur (Filme, Musik etc.) verliehen der Marke die nötige Aufmerksamkeit. Alle Marketingaktivitäten richtete das Management darauf aus, De Beers als die besondere Diamantenmarke zu positionieren.

Den hohen Marketingaufwand in allen Werbekanälen unterstützte eine neue Vertriebsstrategie, die das Zielkundensegment anzusprechen versuchte [9]. So stieg De Beers durch eine Kooperation mit LVMH direkt in das B2C-Luxus-Retail-Segment ein. Dabei wurden gezielt Standorte ausgesucht, die sich durch einen hohen Anteil an Luxuskunden auszeichneten (USA, Japan und das Vereinigte Königreich). Das Unternehmen reduzierte die Anzahl seiner Vertriebspartner drastisch von 120 auf 80, um den exklusiven Charakter von De Beers zu unterstreichen. Auch für den Online-Distributionskanal entschied sich De Beers frühzeitig, um ausgewählte Produkte zu bewerben und später auch zu vertreiben.

Leistungserstellung

Damit das Leistungsversprechen und insbesondere das Ziel einer lückenlosen Herkunftskontrolle umgesetzt werden konnte, musste De Beers seine Supply-Chain besser kontrollieren. Dreh- und Angelpunkt dieser Bemühungen stellte die Herkunftsdokumentation der Diamanten dar. Zu den ersten Schritten zählte die Lancierung von verpflichtenden Best-Practice-Standards sowie Compliance-Standards. Diese mussten von den eigenen Minen und von Lieferanten eingehalten werden, um die Herkunft der Diamanten lückenlos nachweisen zu können [10]. 2002 entwickelte De Beers aktiv den ‚Kimberley Process‘ mit. Es handelt sich dabei um ein international anerkanntes und aufwändiges Verfahren, um die Herkunft von Diamanten zu bestimmen und sicherzustellen, dass sie nicht zur Finanzierung von Konflikten dienten [11]. Nur Diamanten, die den Anforderungen dieses Verfahrens entsprechen, dürfen heute in einen Großteil der westlichen Länder importiert werden. De Beers beteiligte sich aktiv am Zertifizierungsprozess. Die neuen Anforderungen halfen das selbst formulierte Leistungsversprechen erfolgreich umzusetzen. Die Anforderung aus diesem Zertifizierungsprozess müssen von jedem Zulieferer, Vertriebspartner und von De Beers selbst strikt eingehalten werden [12].

Gleichzeitig stiegen mit diesem Zertifizierungsverfahren die Eintrittsbarrieren für Konkurrenten. Einen ähnlichen Prozess einzuführen, hätte die Kosten der Konkurrenz deutlich erhöht. Auch fehlte vielen das notwendige Fachwissen für einen solchen Prozess. Die Kontrolle der Wertschöpfungskette, vom Abbau über die Veredelung bis hin zum Verkauf, eröffnete De Beers zusätzliches Wertschöpfungspotenzial. Das Beratungsunternehmen Bain & Co. schätzt das Wertsteigerungspotenzial, das mit der Zertifizierung einhergeht und sich auf die sogenannte ‚Willingness to Pay‘ auswirkt, auf über 58 % [13].

Ertragsmodell

De Beers verlor im Zuge der beschriebenen Marktveränderungen seine Monopolstellung. Die angebotene Menge an Diamanten ließ sich nicht mehr kontrollieren. Entsprechend volatil entwickelten sich die Preise von Rohdiamanten. Die erzielten Umsätze sanken 2012 in dieser Branche um 17 %, was dem größeren Diamantenangebot geschuldet war und De Beers zum Umdenken zwang [14]. Mit dem Abbau und Handel von Rohdiamanten allein konnte De Beers keine ausreichenden Gewinne mehr erzielen. Es war deshalb notwendig, ein neues Ertragsmodell aufzubauen.

Ein Meilenstein in der Unternehmensgeschichte war der Einstieg in den B2C-Handel. De Beers wollte zusätzlich von den Margen des Einzelhandels profitieren und sich nicht mehr mit der Rolle und der Marge eines Großhändlers begnügen. Das Unternehmen etablierte mit diesem Schritt weitere wichtige Erlösquellen. Neben dem Handel mit Rohdiamanten, der als bestehende Erlösquelle sinkende Renditen ablieferte, stieg das Unternehmen mit ‚De Beers Diamond Jewellers Limited' im Jahr 2000 zusätzlich in den Einzelhandel ein. Mittlerweile finden sich weltweit Geschäfte von De Beers, sei es als ‚Shop in the Shop'-Lösungen wie beispielsweise bei Galeries Lafayette oder mehr als 30 eigenständige Filialen in den Großstädten dieser Welt. Auch der Online-Handel bildet seit vielen Jahren eine weitere wichtige Erlösquelle. Auf ‚DeBeers.com' finden die Kunden eine breite Auswahl an Schmuckstücken, die alle mit ‚De Beers'-Diamanten besetzt sind. Die sehr ansprechende Präsentation richtet sich an eine besonders vermögende Kundschaft. Auf dieser Webseite finden Kunden zusätzlich eine Wegbeschreibung zum nächstgelegenen Geschäft und können online einen Termin vereinbaren. Das Vertriebskonzept von De Beers entspricht den Omnichannel-Ansprüchen und nutzt verschiedene Erlösquellen. Umsätze in den eigenen Geschäften, Kommissionsgebühren von fremden Einzelhändlern, aber auch Umsätze aus eigenen Online-Shops zählen dazu. Zusätzlich bietet De Beers seit 2008 über die Firma ‚De Beers Auction Sales' den Service an, Diamanten online über Auktionen zu kaufen oder zu verkaufen. Über die neuen Erlösquellen konnte De Beers 2017 bereits knapp 30 % des EBITDA der Unternehmensgruppe erwirtschaften [15].

Kostenmodell

Die Kosten sind gestiegen: zum einen beim Aufbau und bei der Bewirtschaftung eines eigenen Filialnetzes (Mieten, Personal etc.); zum anderen im Bereich Marketing. De Beers investierte, wie bei Luxusmarken im Rahmen des Markenaufbaus üblich, erheblich in die Werbung. Lange verharrten die Marketingkosten des Unternehmens bei 1 % des Umsatzes. Mit dem Geschäftsmodellwechsel kletterten diese Kosten auf 10 % [16]. Bereits 2000 investierte De Beers ca. 170 Millionen US-Dollar in das Marketing. Um das eigene Budget zu entlasten, bezog das Unternehmen seine Vertriebspartner in die hohen Aufwendungen zum Markenaufbau mit ein. Wer exklusiv ‚De Beers'-Diamanten vertreiben wollte, musste sich an den Marketingausgaben finanziell beteiligen.

Die Vertikalisierung half dem Unternehmen, seine Kosten im B2B-Bereich zu optimieren. De Beers kannte von nun an die Sorgen und Nöte der Minenbetreiber, aber auch die des Handels. Dieses tiefe Verständnis führte zu Vertrauen und langfristigen Geschäftsbeziehungen zwischen De Beers und seinen Partnern. Rund 95 % aller ‚De Beers'-Verträge im B2B-Segment waren langfristiger Natur. De Beers wichtigster Konkurrent, Alrosa, erreichte lediglich 55 % [17]. Offensichtlich gelang es De Beers, seine zusätzlichen Kosten gerecht zwischen den Aktivitäten als Produzent, Großhändler und Retailer aufzuteilen.

Die Anstrengungen im Kostenmodell spiegeln sich heute im guten Return-on-Capital-Employed[5] (ROCE) wider. Seit dem Wechsel des Geschäftsmodells im Jahre 1999 konnte De Beers diese Kennzahl von knapp unter 2 % auf über 7 % im Jahre 2021 steigern. Es ist dem Unternehmen somit gelungen, das investierte Kapital schneller als zuvor zu verdienen [18].

Fazit

Als De Beers 1999 einen Geschäftsmodellwechsel einleitete, stand das Unternehmen vor turbulenten Zeiten. Es gelang innerhalb von fünf bis sechs Jahren, eine gehaltvolle und erfolgreiche Selbstdisruption einzuleiten. Mit dem plötzlichen Fall eines über viele Jahre stabilen Diamantenmonopols veränderte De Beers sein Leistungsversprechen, das Leistungsangebot, die Leistungserstellung, das Kostenmodell und sein Ertragsmodell. Wahrscheinlich hat die sehr gute Kapitalausstattung diese umfassende Transformation begünstigt. De Beers agierte aus der Position der Stärke und mit Weitsicht. Hätte das Unternehmen noch ein paar Jahre gewartet, dann wäre der Einbruch in den Geschäftsergebnissen vermutlich weit größer ausgefallen. Sechzehn Jahre nach dem Start des Geschäftsmodellwechsels steht das Unternehmen ausgezeichnet da. Zwischen 2010 und 2016 erwirtschaftete De Beers eine EBITDA-Marge von durchschnittlich 23 %. 2016 lag der Marktanteil im Bereich Rohdiamanten bei stabilen 37 % [19]. Gleichzeitig wurden in über 2 000 Läden bereits über 700 Millionen ‚De Beers'-Diamanten direkt an den Endkunden verkauft [20]. Damit scheint sich De Beers neben Luxusjuwelieren wie Tiffany & Co., Bulgari und Van Cleef & Arpels auch im B2C-Markt etabliert zu haben.

---

5 Der Return-on-Capital-Employed (ROCE) ist eine Finanzkennzahl, um die Rentabilität eines Unternehmens zu messen. Sie beschreibt, wie effizient das eingesetzte Kapital genutzt wird. Der ROCE errechnet sich aus dem Ergebnis von Zinsen und Steuern (EBIT) geteilt durch das eingesetzte Kapital.

Literaturverzeichnis

[1] Vgl. Reilly, S. (2004), De Beers SA – A Diamond is Forever, in: Stern University, 1.12.2004, http://pages.stern.nyu.edu/~rwiner/De%20Beers%20case.pdf.

[2] Vgl. McAdams, D./Reavis, C. (2008), DeBeers's Diamond Dilemma, in: MITSloan, 1.1.2008, https://mitsloan.mit.edu/LearningEdge/strategy/DeBeersDilemma/Pages/DeBeers-Diamond-Dilemma.aspx.

[3] Vgl. Rudnicka, E./Mamros, L./DeRiggi, B./Munshower, B. (2010), The Diamond Supply Chain, in: Eighth LACCEI Latin American and Caribbean Conference for Engineering and Technology (LACCEI'2010) „Innovation" and Development for the Americas", in: laccei, 04.06.2010, http://www.laccei.org/LACCEI2010-Peru/published/ACC115_Rudnicka.pdf.

[4] Vgl. Kretschmer, T (1998), De Beers and Beyond: The History of the International Diamond Cartel, in: Stern University, 1.1.1998, http://pages.stern.nyu.edu/~lcabral/teaching/debeers3.pdf.

[5] Vgl. Mamonov, S./Triantoro, T. (2017), Subjectivity of Diamond Prices in Online Retail: Insights from a Data Mining Study, in: Journal of Theoretical and Applied Electronic Commerce Research, Vol 13 (2), S. 15–28.

[6] Vgl. The Economist (2004), The diamond cartel, in: The Economist, 15.7.2004, www.economist.com/node/2921462.

[7] Vgl. Stein, N. (2001), The De Beers Story, in: Fortune, 19.02.2001, http://archive.fortune.com/magazines/fortune/fortune_archive/2001/02/19/296863/index.htm.

[8] Vgl. De Beers (2007), Living up to diamonds – operating and financial review, in: De Beers Group, 1.3.2008, https://www.debeersgroup.com/content/dam/debeers/corporate/documents/Archive%20Reports/Operating_and_Financial_Review_2007_March_2008.PDF.downloadasset.PDF, S. 2.

[9] Vgl. Bream, R. (2004), Rough Diamond Prices Poised to Continue Rising, in: Financial Times, 12.01.2004, http://courses.aplia.com/problemsetassets/micro/palmer_diamonds/article.html.

[10] Vgl. Conklin, D./Cadieux, D. (2005), De Beers and the global diamond industry, Fallstudie 905M40 der Ivey Business School.

[11] Vgl. Kimberley Process (2018), What Is The KP, in: KimberleyProcess, 01.01.2018, https://www.kimberleyprocess.com/en/what-kp.

[12] Vgl. Spar, D. (2006), Markets: Continuity and Change in the International Diamond Market, in: The Journal of Economic Perspective, Vol. 20(3), S. 195–208.

[13] Vgl. Bain & Company, (2013), The Global Diamond Report 2013: Journey through the Value Chain, in: Bain & Company, 27.08.2013, http://www.bain.com/publications/articles/global-diamond-report-2013.aspx.

[14] Vgl. ebd.

[15] Vgl. Anglo American, (2017), Key Financial Information, in: Angloamerican, 25.04.2018, http://www.angloamerican.com/investors/financial-results-centre/key-financial-information.

[16] Vgl. Conklin, D./Cadieux, D. (2005), De Beers and the global diamond industry, Fallstudie 905M40 der Ivey Business School.

[17] Vgl. Vettori, G. (2015). The Financial Revolution of the De Beers, in: LUISSThesis, 07.03.2016, http://tesi.eprints.luiss.it/15699/1/179151.pdf.

[18] Vgl. De Beers. (2017), Preliminary Financial Results For 2016, in: De Beers Group, 21.02.2017, https://www.debeersgroup.com/en/news/company-news/company-news/preliminary-financial-results-for-2016.html.

[19] Vgl. De Beers. (2017), The Diamond Insight Report 2017, in: De Beers Group, 01.01.2017, https://www.debeersgroup.com/content/dam/de-beers/corporate/documents/Reports/Insight/InsightReport2017/Diamond-Insight-Report-2017_ONLINE.pdf.downloadasset.pdf.

[20] Vgl. Sheahan, P. (2016), Matter, BenBellaBooks, Dallas, S. 153–158.

John Deere

Ausgangssituation und Zielsetzung der Fallstudie

Intelligente Kühlschränke bestellen Lebensmittel automatisch und bedarfsgerecht. Das neue Türschloss entriegelt sich, sobald sich das damit verbundene Smartphone nähert. Die Temperatur zu Hause wird durch einen intelligenten Thermostat geregelt. Milliarden von vernetzten Geräten bilden heute das sogenannte Internet der Dinge (IoT) und tragen dazu bei, viele Lebensbereiche der Konsumenten zu erleichtern. Von der IoT-Entwicklung profitieren jedoch nicht nur die Konsumenten, sondern auch Unternehmen. Durch den Einsatz von IoT-Lösungen schaffen es Firmen, ihre Betriebskosten zu senken, die Produktivität zu steigern, neue Märkte zu erschließen oder sogar ihr Leistungsangebot auszubauen. Das US-amerikanische Traditionsunternehmen für Landmaschinen, John Deere, hat sich dieser digitalen Veränderung angenommen, neue Ertragsquellen generiert und sein Geschäftsmodell erfolgreich transformiert. In dieser Fallstudie erläutern wir, wie John Deere dies gelungen ist.

Leistungsversprechen

Seit der Gründung des Unternehmens 1837 hat es sich John Deere zur Aufgabe gemacht, „Landbesitzern zu helfen, ihr Land optimal zu bewirtschaften". Obwohl sich die Landwirtschaft seit diesem Zeitpunkt fundamental gewandelt hat, musste das Leistungsversprechen nicht angepasst werden – im Gegenteil. Das Versprechen von John Deere an seine Kunden ist nicht produktabhängig, sondern zeitlos formuliert. Es geht dem Unternehmen nicht darum, ein bestehendes Produkt weiterzuentwickeln und beispielsweise seine Traktoren mit besseren Motoren auszustatten, sondern um das Problem des Kunden an sich. John Deere rückt die generelle Herausforderung eines Landwirts ins Zentrum. Dies bringt das Unternehmen dazu, den Status quo immer wieder zu hinterfragen und die neuen (technischen) Möglichkeiten mitzuberücksichtigen: „Ist dies wirklich der optimale Weg, Land zu bewirtschaften? Geht das nicht noch besser?" (Vgl. Tabelle 4.16). Mit diesem Leistungsversprechen schafft es John Deere nicht nur, einen funktionalen Nutzen für die Kunden zu schaffen (bestmögliche Qualität), sondern engagiert sich gleichzeitig für eine effiziente Verwertung von beschränkten Ressourcen (gesellschaftlicher Nutzen). Ein Leistungsversprechen, das zahlreiche Kunden weltweit überzeugt.

Nur aus diesem Grund hat es John Deere geschafft, als alteingesessenes Unternehmen am zunehmend digitalisierten Markt für Landwirtschaftsgeräte relevant zu bleiben und aufkommende Trends, wie z. B. IoT, zu identifizieren. Heute zählen nicht nur andere große Landwirtschaftsmaschinenhersteller wie Caterpillar zur Konkurrenz. Hunderte kleinere Start-ups aus dem Bereich ‚Ag-Tech' (kurz für Agrartechnologie)

Anmerkung: Die Fallstudie entstand in Zusammenarbeit mit Gianluca Scheidegger (Universität St.Gallen).

machen John Deere das Leben zusätzlich schwer und erhöhen den Innovationsdruck. Ein Beispiel für ein erfolgreiches Ag-Tech-Start-up ist das israelische Unternehmen ‚CropX'. Es vertreibt eine Cloud-basierte Software, die es den Nutzern ermöglicht, ihre Ernteerträge durch Einsparung von Wasser und Energie zu steigern. Mit Sensoren im Feld liefert das System automatisch die passende Wassermenge an jede Pflanze, anstatt ein ganzes Feld auf einmal zu bewässern.

Tabelle 4.16: Transformation des John Deere-Geschäftsmodells (Quelle: eigene Darstellung).

Leistungsversprechen

Landbesitzern helfen, ihr Land optimal zu bewirtschaften.

Leistungserstellung	Leistungsangebot	Kostenmodell	Ertragsmodell
Investition in Technologielösungen und Akquise diverser Agrartechnologie Firmen	Produkte werden mit Sensoren ausgestattet und können so mit anderen John Deere Produkten ‚kommunizieren'	Erhöhung der F&E-Ausgaben

Aufbau einer flexibleren Kostenstruktur | Neue Ertragsquellen in anderen Geschäftsbereichen (z. B. Forstwirtschaft oder Finanzdienstleistungen) |
| Regelmäßige Mitarbeiterbefragungen ermöglichen frühes Erkennen von Mitarbeiterunzufriedenheit und neuen Mitarbeiterbedürfnissen | 2012: Aufbau der Plattform für Datenanalyse ‚MyJohnDeere' | JD CROP als systematischer Prozess zur Kostenreduktion | Konstante Einkommensströme durch den Verkauf von Dienstleistungen |
| Umstellung auf einen flexibleren Produktionsprozess | Vergrößerung des Angebots in Geschäftszweigen abseits der Landwirtschaft (z. B. Forstwirtschaft oder Finanzdienstleistungen) | Supply-Chain restrukturiert, um Inventur- und Frachtkosten zu senken | Lock-in der Kunden durch Inkompatibilität mit Konkurrenzprodukten

Transformation vom Hardware-Produzenten zu einem Daten- und Dienstleistungs-unternehmen |

Leistungsangebot

Durch die Vernetzung der Produkte, wie z. B. von Bodensensoren mit dem Bewässerungssystem, profitiert John Deere von einem ganzen Ökosystem an intelligenten Produkten und Dienstleistungen. Auf der hauseigenen Plattform ‚MyJohnDeere' werden seit 2012 unter anderem Landwirtschaftsgeräte, Wetterdaten- und Bewässerungssysteme via Internet (IoT) miteinander verbunden. Die Plattform hilft Landwirten, ihre Betriebsabläufe zu optimieren und ihre Böden effizienter zu bewirtschaften. Ein echter Mehrwert für Landwirte, die laut einem Interview des Forbes Magazin mit einem Ag-Tech-CEO selbst nur wenig Zeit haben, innovativ zu sein: „Man bekommt [als Landwirt] nur 40 Versuche, ein Feld zu bewirtschaften. Arbeitet ein 20-jähriger Landwirt, bis er 60 Jahre alt ist, liegen dazwischen nur 40 Ernten. In der Technologiebranche bekommt man normalerweise 40 Versuche in einer Woche [1]."

Wie bereits angesprochen, wollte John Deere seine Abhängigkeit von der Konjunkturlage der US-Landwirtschaft verringern und setzte deshalb vermehrt auf andere Geschäftszweige. 2017 wurden nur noch 68 % des Gesamtumsatzes im Landwirtschaftssektor generiert [2]. Die Bau- und Forstbereiche machten 2017 zusammen ganze 19 % des Gesamtumsatzes aus [3]. Zunehmender Beliebtheit bei den Kunden erfreuen sich die Finanzdienstleistungen von John Deere. Die teuren Geräte können direkt vom Hersteller geleast, gemietet, versichert oder in Raten abgezahlt werden. Das Unternehmen möchte so möglichst vielen Menschen den Erwerb seiner Geräte ermöglichen. John Deere hat sich vom einfachen Produktanbieter zu einem Problemlöser mit einem breiten Angebot an Dienstleistungen, Beratungsleistungen und neuster Technologie entwickelt. So können Landwirte aus einer attraktiven und bedarfsgerechten Palette an hochwertigen Produkten auswählen.

Leistungserstellung

Das Bewirtschaften von Land ist ein äußerst komplexer Prozess. Diverse Einflussfaktoren, wie beispielsweise Wetter, Bodenbeschaffenheit oder verschiedene Arten von Saatgut, müssen berücksichtigt werden. John Deere verspricht seinen Kunden, eine optimale Bewirtschaftung zu unterstützen. Ingenieure des Unternehmens sind dazu angehalten, Landwirte mit permanenten Innovationen in diesem Sinne zu unterstützen. Die Art, wie Land bewirtschaftet wird, wurde über die Jahrtausende hinweg immer wieder revolutioniert – so auch in den 1980er Jahren durch die Einführung des ‚Präzisionsackerbaus'. Bei dieser Art des Ackerbaus wird jedes Stück Land auf die Bodenbeschaffenheit und das Klima abgestimmt bewirtschaftet [4]. Selbst kleine Abschnitte innerhalb eines einzelnen Feldes werden berücksichtigt. Analysten gehen davon aus, dass der Markt der Präzisionslandwirtschaft weltweit von 2022 bis 2027um 89 % wächst und 2027 eine Größe von 14,4 Milliarden US-Dollar erreichen wird [5].

Um diesem Trend in der Präzisionslandwirtschaft nicht nur zu folgen, sondern ihn mitzugestalten, hat John Deere seine Geräte mit viel Technologie ausgestattet. Diese soll den Landwirten helfen, ihr Land noch besser zu bewirtschaften. Um dies zu ermöglichen, kaufte sich John Deere einen Teil des nötigen technologischen Know-hows ein: Ein bedeutender Schritt war dabei die Akquise einer Firma für GPS Tracking Software (NavCom Technology) im Jahr 1999 [6]. Jahre bevor die GPS-Technologie durch Navigationsgeräte von TomTom oder Google Maps massentauglich wurde, konnten Landwirte die Standortdaten nutzen, um beispielsweise die Fahrwege zu optimieren oder Überlappungen beim Düngen zu vermeiden [7]. Während mit selbstfahrenden Fahrzeugen schnell eine Assoziation mit Technologieunternehmen wie Tesla, Apple oder Google hergestellt wird, sind Traktoren von John Deere schon seit mehr als zwanzig Jahren autonom unterwegs [8]. Meist sitzen die Landwirte zwar noch hinter dem Steuer, sie übernehmen aber nur noch eine Überwachungsfunktion im Anbau- bzw. Ernteprozess. Dadurch können

Felder einfacher nachts oder von Mitarbeitern, die mit dem Gebiet weniger vertraut sind, bewirtschaftet werden. Schätzungen zufolge nutzen heute etwa zwei Drittel aller Landwirte in den USA selbstfahrende Landwirtschaftsfahrzeuge [9].

Die Sensoren in den Geräten und Fahrzeugen von John Deere erzeugen eine enorme Datenmenge, die es zu verarbeiten gilt. John Deere hat deshalb 2008 ,T-Systems International', ein Technologieunternehmen mit Expertise in Big Data, Cloud-Computing und Systemsicherheit, für einen unbekannten Kaufpreis erworben [10]. John Deeres Akquise, ,Blue River Technology' für 350 Mio. US-Dollar, zeigt, dass das Unternehmen sein Technologie-Know-how weiter ausbaut [11]. Blue River Technology ist ein auf Landwirtschaft spezialisiertes Technologieunternehmen, das auf dem Gebiet der Präzisionslandwirtschaft intelligente Lösungen entwickelt. Es wurde bereits mit diversen Preisen für seine innovativen Produkte ausgezeichnet [12].

John Deere möchte seine Innovationskraft jedoch nicht nur durch Zukäufe absichern, sondern auch durch das Einstellen von Fachkräften. Nur so kann das Unternehmen in seiner Leistungserstellung wettbewerbsfähig bleiben. Weltweit herrscht eine massive Knappheit an Experten für Künstliche Intelligenz, Datenanalyse und Robotik [13, 14]. Ohne qualifizierte Mitarbeiter kann kein Wandel gelingen. Es ist deshalb umso bedeutender, von Fachkräften als attraktiver Arbeitgeber wahrgenommen zu werden. John Deere führt daher alle zwei Wochen Mitarbeiterbefragungen durch, um eine Unzufriedenheit sehr früh zu erkennen und entsprechende Maßnahmen einzuleiten, bevor Mitarbeiter zur Konkurrenz wechseln oder ihre Produktivität abnimmt [15]. Bei den meisten Unternehmen findet eine solche Befragung höchstens einmal jährlich statt [16]. Durch die attraktiven ,Development Programs' für Universitätsabsolventen sorgt John Deere zudem für einen konstanten Nachschub an hauseigenen Talenten. Nur mit den nötigen Fachkräften ausgestattet schafft es John Deere, die zunehmende Komplexität hinsichtlich der Leistungserstellung im digitalen Zeitalter zu bewältigen.

Das dynamische Geschäftsumfeld verlangt nicht nur die richtigen Ressourcen (unter anderem hoch qualifizierte Mitarbeiter), sondern auch angepasste Prozesse. John Deere wollte auf Marktveränderungen schneller reagieren können, ohne die Lagerbestände auszubauen. Die Unternehmensführung begann deshalb 2001, ihre Supply-Chain-Strategie anzupassen. Ihr war bewusst, dass das Betreiben einer effizienten Supply-Chain mit deutlich tieferen Lagerbeständen schnellere Produktions- und Distributionsprozesse verlangt. Basierend auf monatlich angepassten Umsatzprognosen, wurde ein robuster Planungsprozess neu eingeführt. Gleichzeitig wurde von der Batchproduktion auf einen flexibleren Produktionsprozess gewechselt: Jedes Produkt konnte flexibel jeden Tag gefertigt werden. Diese Änderung erforderte flexiblere Montagelinien mit einem schnellen Nachschub aller Komponenten für alle Produkte. Die tägliche Produktion eines jeden Modells ermöglichte es John Deere, Produktionsänderungen schneller vorzunehmen, als dies in einer monatlichen Batchproduktion möglich gewesen wäre. Es war nicht mehr notwendig, bis zum nächsten Batch zu warten, um die Produktionsmenge für ein bestimmtes Modell zu erhöhen [17].

Kostenmodell

Sich von einem reinen Hardware-Produzenten zum Daten- und Dienstleistungsunternehmen zu transformieren, ließ sich John Deere einiges kosten. Allein die Ausgaben für Forschung und Entwicklung sind von 550 Millionen US-Dollar im Jahr 2000 auf 1,4 Milliarden US-Dollar in 2013 gestiegen [18]. Um trotzdem profitabel zu bleiben, mussten die Kosten in anderen Bereichen optimiert werden.

Unter der Führung des damaligen CEO Robert W. Lane wurde 2001 damit begonnen, die bisherige Supply-Chain-Strategie zu überdenken. Lagerbestände mussten reduziert werden, um gebundenes Kapital freizusetzen. Zu diesem Zeitpunkt beliefen sich die Fertigwarenbestände im Handels- und Konsumgüterbereich auf geschätzte 1,4 Milliarden US-Dollar. Das Unternehmen erwartete einen Lagerbestand von zwei Milliarden US-Dollar, um das geplante Umsatzwachstum zu unterstützen [19].

Durch eine umfassende Analyse der Nachfrage nach einzelnen Produkten wurde ein Plan ausgearbeitet, um den Inventarwert der Maschinen auf eine Milliarde US-Dollar zu senken. Anstatt beispielsweise über das Jahr hinweg immer etwa gleich viele Rasenmäher auf Lager zu halten, wurde das Inventar in den verkaufsstarken Monaten zwischen März und Juli auf einem hohen Niveau gehalten. Über den Rest des Jahres wurde es reduziert [20].

Neben der Supply-Chain-Anpassung wurde eine weitere wesentliche Maßnahme zur Kostensenkung umgesetzt. Mit dem Namen ‚JD CROP' (John Deere Cost-Reduction Opportunities Process) bezeichnet das Unternehmen heute seinen kontinuierlichen Prozess zur Kostenoptimierung. Lieferanten werden gebeten, jährlich Vorschläge zur Kostensenkung in der Höhe von 3 % über eine Plattform einzureichen. Die Implementierungskosten für die Vorschläge werden teilweise von John Deere übernommen und die Ersparnisse sollen ebenfalls den Lieferanten zugutekommen. Lieferanten mit guten Vorschlägen werden von John Deere zusätzlich mit einer Auszeichnung belohnt [21].

Ertragsmodell

Ursprünglich verkaufte John Deere hochwertige Landmaschinen wie Traktoren, Ballenpressen oder Mähdrescher an Landwirte. Umsatz wurde lediglich durch den Verkauf von Maschinen generiert. Mittlerweile nehmen die Verkäufe von Landwirtschaftsgeräten in den wichtigsten Märkten – Europa und USA – stetig ab [22, 23]. In den Gründungsjahren von John Deere waren in den USA beinahe die Hälfte der Arbeitstätigen im Agrarbereich beschäftigt, heute sind es nur noch 2 % [24].

Aus diesem Grund suchte John Deere nach Wegen, sein Ertragsmodell anzupassen und das Produkt- und Serviceangebot zu erweitern. Allein der Verkauf von Traktoren und anderen Maschinen zum Ackerbau hatte im schrumpfenden Markt keine Erfolgsaussichten. Zudem war der Umsatz von John Deere stark von der Wirtschaftslage der mehrheitlich US-amerikanischen Bauern abhängig. Loren Troyer, Leiterin der Auftragsabwicklung, betonte in einem Interview, wie gefährlich eine solche Abhängigkeit sein könne. John Deere hat deshalb über Jahrzehnte hinweg die von der Landwirtschaft unabhängigen Geschäftszweige immer weiter ausgebaut [25]. Eine bedeutende neue Erlösquelle sind z. B. die im Abschnitt Leistungsangebot erwähnten Finanzdienstleistungen. Landmaschinen können geleast oder in Raten abbezahlt werden, revolvierende Kredite werden vergeben und Ernteversicherungen werden angeboten. Im Geschäftsbereich ‚Financial Services' wurden im Jahr 2021 8,5 % der Umsätze erzielt [26].

Ziel war es zudem, regelmäßig wiederkehrende Umsätze mit Kunden zu generieren. Das Leistungsversprechen forderte Innovationen, um das Land noch besser zu bewirtschaften. Mit der aufkommenden Digitalisierung und den damit verbundenen Chancen konnte dieses Ziel erreicht werden. Die traditionelle Produktpalette der Landwirtschaftsgeräte konnte um margenstarke Dienstleistungen (wie z. B. Beratungen oder Reparaturen) und eine Plattformlösung erweitert werden. Entscheidet sich ein Landwirt dazu, eine Erntemaschine für Baumwolle zu bestellen, kann er heute im Online-Maschinen-Konfigurator für 1.600 US-Dollar ein Fünf-Jahresabo für den Internet- und Plattformanschluss seiner Maschine abschließen [27]. Mit solchen Abonnements gelang es, Landwirte langfristiger an John Deere zu binden. Während die Produkte und Services des Unternehmens perfekt aufeinander abgestimmt sind und den Kunden mit der gegenseitigen Vernetzung einen Mehrwert bieten, sind sie mit Konkurrenzprodukten nicht kompatibel. Es wird dabei von einem ‚Lock-in-Effekt' gesprochen: Das Wechseln auf Produkte der Konkurrenz würde erhebliche Kosten verursachen (alle bisherigen Produkte müssten ausgetauscht werden), sobald gewisse Produkt- und Servicekomponenten über einen bestimmten Hersteller bezogen werden.

Fazit

Zusammenfassend lässt sich festhalten, dass John Deere es nur durch seine hohe Innovationskraft geschafft hat, als 180-jähriges Unternehmen in einem sich rasant verändernden Markt relevant zu bleiben. Früh genug wurde das Ertragsmodell angepasst und auf neue Produkte sowie Märkte gesetzt. Gleichzeitig wurden die Kosten zugunsten eines höheren Forschungsbudgets optimiert. Um das Leistungsversprechen zu verstärken, hat John Deere die erwähnte Präzisionslandwirtschaft aktiv mitgestaltet und sich durch Zukäufe von Ag-Tech-Unternehmen mit dem nötigen Know-how ausgestattet. Der stetige und langanhaltende Transformationsprozess hat sich ausgezahlt. Von 2001 bis 2021 sind die Nettoumsätze um 266 % auf 44 Milliarden US-Dollar gestiegen [28].

Literaturverzeichnis

[1]   Vgl. McGrath, M./Sorvino, C. (2017), The 25 Most Innovative Ag-Tech Startups, in: Forbes, 28.6.2017, https://www.forbes.com/sites/maggiemcgrath/2017/06/28/the-25-most-innovative-ag-tech-startups/#290606ad4883.

[2]   Vgl. John Deere. (2017), John Deere's net sales and revenue streams in FY 2017, by major segment (in million U.S. dollars), in: Statista – The Statistics Portal, 14.2.2018, https://www.statista.com/statistics/466524/net-sales-and-revenues-streams-of-john-deere-by-segment/.

[3]   Vgl. ebd.
[4]   Vgl. Gebbers, R./Adamchuk, V. (2016), Precision Agriculture and Food Security, in: Science, Vol. 327, S. 828-830.
[5]   Vgl. Statista. (2022), Forecast market value of precision agriculture worldwide from 2021 to 2027, 16.08.2022, https://www.statista.com/statistics/721921/forecasted-market-value-of-precision-farming-worldwide/.
[6]   Vgl. Crunchbase, (2018), John Deere Acquisitions, 9.2.2018, https://www.crunchbase.com/organization/john-deere/acquisitions/acquisitions_list.
[7]   Vgl. Tibken, S. (2016), How today's farmers got a head-start on tomorrow's tech, in: c|net, 5.7.2016, https://www.cnet.com/news/how-todays-farmers-got-a-head-start-on-tomorrows-tech-self-driving-vehicles-gps-mapping-apps/.
[8]   Vgl. ebd.
[9]   Vgl.ebd.
[10] Vgl.Crunchbase, (2018), John Deere Acquisitions, 9.2.2018, https://www.crunchbase.com/organization/john-deere/acquisitions/acquisitions_list.
[11] Vgl. ebd.
[12] Blue River Technology, (2018), Home, 12.2.2018. http://www.bluerivertechnology.com/.
[13] Vgl. Columbus, L. (2017), IBM Predicts For Data Scientists Will Soar 28% By 2020, in: Forbes, 13.5.2017, https://www.forbes.com/sites/louiscolumbus/2017/05/13/ibm-predicts-demand-for-data-scientists-will-soar-28-by-2020/#56ccd4607e3b.
[14] Vgl. The Economist, (2016), Million-dollar babies, in: The Economist, 2.4.2016,https://www.economist.com/news/business/21695908-silicon-valley-fights-talent-universities-struggle-hold-their.
[15] Vgl. Power, B. (2016), Why John Deere Measures Employee Morale Every Two Weeks, in: Harvard Business Review, 24.5.2016, https://hbr.org/2016/05/why-john-deere-measures-employee-morale-every-two-weeks.
[16] Vgl. ebd.
[17] Vgl. Cooke, J. (2007), Running inventory like a Deere, in: Supply Chain Quarterly, Vol 4, http://www.supplychainquarterly.com/topics/Logistics/scq200704deere/.
[18] Vgl. John Deere, (2014), John Deere Committed to Those Linked to the Land: Investor Presentation, 12.2013/01.2014, http://www.deere.com/en_US/docs/Corporate/investor_relations/pdf/presentations webcasts/2013/2013decjan_presentation.pdf.
[19] Vgl. Cooke, J. (2007), Running inventory like a Deere, in: Supply Chain Quarterly, Vol 4, http://www.supplychainquarterly.com/topics/Logistics/scq200704deere/.
[20] Vgl. ebd.
[21] Vgl. John Deere, (2018), Options for CP690 Self-Propelled Cotton Picker, 22.3.2018, https://configure.deere.com/cbyo/#/en_us/configure/40878073/options.
[22] Vgl.CEMA, (2016), Market Outlook FFA, http://cema-agri.org/sites/default/files/publications/Market%20Outlook%20FFA%20-%202016%20FINAL.pdf.
[23] Vgl. FCA. (2016). Update on U.S. Farm Equipment Trends, 22.4.2016, https://www.fca.gov/Download/EconomicReports/7%20UpdateOnFarmEquipmentTrends.pdf.
[24] Vgl. McGrath, M./Sorvino, C. (2017), The 25 Most Innovative Ag-Tech Startups, in: Forbes, 28.6.2017, https://www.forbes.com/sites/maggiemcgrath/2017/06/28/the-25-most-innovative-ag-tech-startups/#290606ad4883.
[25] Vgl. Cooke, J. (2007), Running inventory like a Deere, in: Supply Chain Quarterly, Vol 4, http://www.supplychainquarterly.com/topics/Logistics/scq200704deere/.
[26] Vgl. John Deere, (2022), John Deere's (Deere & Company's) net sales in FY 2021, by major segment, by major segment (in million U.S. dollars), in: Statista – The Statistics Portal, 15.12.2022, https://www.statista.com/statistics/466524/net-sales-and-revenues-streams-of-john-deere-by-segment/.

[27] Vgl. John Deere, (2018), Options for CP690 Self-Propelled Cotton Picker, 22.3.2018, https://configure. deere.com/cbyo/#/en_us/configure/40878073/options.

[28] Vgl. Deere & Company, (2022), Annual Report 2022, https://s22.q4cdn.com/253594569/files/doc_ financials/2022/ar/2022-John-Deere-Annual-Report.pdf.

Nintendo

Ausgangssituation und Zielsetzung der Fallstudie

Nintendo war einst Weltmarktführer im Spielekonsolen-Segment mit über 90 % Marktanteil [1]. Diese Zeiten sind jedoch vorbei. Im Jahr 2015 kämpfte Nintendo darum, seinen Marktanteil von 10 % zu halten. Nintendos Einnahmen (4,6 Milliarden US-Dollar) waren 2015 ähnlich hoch wie im Jahr 2002 [2]. In der 134-jährigen Geschichte des Unternehmens gab es mehrere Fälle, in denen sich das Unternehmen weiterentwickelte und in einem neuen Marktsegment zum Marktführer wurde. Das Spielesegment hatte sich seit den 80er und 90er Jahren in vielerlei Hinsicht verändert, wobei das Mobile Gaming der neueste und wichtigste Trend war. Dennoch existierte das traditionelle Spielesegment immer noch als eine mögliche Nische, auch wenn es wahrscheinlich auf einen langen Zeitraum des langsamen Niedergangs eingestellt war. Nintendo stellte sich diesen Trends als traditioneller Hersteller von Videospielen. Nintendo sah sich mit vielen Fragen konfrontiert, als es versuchte, eine neue Strategie in diesem neuen Umfeld zu entwickeln. Nintendo hat im traditionellen Konsolensegment gegen Sony und Microsoft konkurriert, aber sein Wettbewerbsvorteil wurde zunehmend durch den Mobile-Gaming-Trend bedroht. Sollte Nintendo mit Unternehmen im Bereich Hardware, Software oder beidem konkurrieren? Diese Fallstudie soll veranschaulichen, wie Nintendo dies gelungen ist.

Leistungsversprechen

„Nintendos Mission ist es, ein Lächeln in die Gesichter aller Menschen zu zaubern, die wir berühren. Wir tun dies, indem wir neue Überraschungen schaffen, die Menschen auf der ganzen Welt gemeinsam genießen können [3]."

Bei Nintendo steht das Spielerlebnis des Kunden in all seinen Dimensionen an oberster Stelle. Dabei setzt das Unternehmen auf eine optimale Abstimmung von Hardware und Software, welche die Stärken beider Komponenten hervorhebt. Zudem stellt das Unternehmen an sich selbst den Anspruch, die Art und Weise, wie Spiele gespielt werden, ständig zu hinterfragen. Mit dem Fokus auf das Spielerlebnis hebt sich Nintendo von der Konkurrenz ab und spricht damit ganz neue Kundensegmente an. Das Unternehmen verspricht anders zu sein. Der Umstand, dass Nintendo dieses Versprechen

---

Anmerkung: Die Fallstudie entstand in Zusammenarbeit mit Christopher Schraml (Universität St.Gallen)

auch konsequent einhält, verleiht der Marke Kultstatus. Für Nintendo ist die End-to-End Kontrolle über die Gestaltung des Spielerlebnisses daher ein bedeutender Differenzierungsfaktor und ein zentraler Aspekt ihres Leistungsversprechens an die Kunden (Vgl. Tabelle 4.17). Ähnlich wie Apple besteht Nintendo darauf, sowohl Hardware als auch Software selbst zu entwickeln. Es ist diese Unabhängigkeit, welche es dem Unternehmen überhaupt erst erlaubt, Produkte wie die Nintendo Wii auf den Markt zu bringen.

Tabelle 4.17: Transformation des Nintendo-Geschäftsmodells (Quelle: eigene Darstellung).

Leistungsversprechen

„Ein Lächeln für Generationen schaffen"

Leistungserstellung	Leistungsangebot	Kostenmodell	Ertragsmodell
Nintendo hat eine Fülle von geistigen Eigentumsrechten (z. B. Mario, Zelda, Luigi, Pokémon, Donkey Kong u. v. m.)	Spielekonsolen (3 Nintendo Switch-Modelle)

Videospiele für Nintendo Switch | Geringe Variantenvielfalt der ‚Hybrid-Konsole' (Nintendo Switch) führt zu niedrigeren Entwicklungs- und Produktionskosten | Fokussierung auf den Verkauf von Spielekonsolen (Nintendo Switch)

Fokussierung auf den Verkauf von Subskriptionen für Nintendo Switch-Spiele (Nintendo Switch Online) |
| Talentierte Spielkonsolen- und Videospielentwickler | Mobile Games für Smartphones, Tablets | Durch die Bereitstellung von digitalen Spielen Online (App Store oder über Nintendo Switch Online) anstatt von physischen Spielen fallen die Kosten für Lagerung, Transport und Verkauf deutlich geringer aus | Verkauf von Mobile Games via ‚Freemium'-Modell |
| Gesunder Wettbewerb zwischen Entwicklerteams führt zu innovativen Produkten | Subskription für Online-Videospiele (Nintendo Switch Online) | | Verkauf von Merchandise-Artikeln |
| Kollaborationen mit Software-Unternehmen zur Entwicklung von Spielen (z. B. Pokémon Go) | Charakter-Merchandise Artikel

Super Nintendo World Erlebnisparks in Osaka und Los Angeles | Direkter Verkauf der Spiele an Endkunden vermeidet hohe Ausgaben für Zwischenhändler | Einnahmen durch Vergabe von IP-Lizenzen ihrer Charaktere

Verkauf von Spielkarten

Einnahmen durch Nintendo Theme Parks in Osaka und Los Angeles |

Leistungsangebot

Nintendo versucht sein Leistungsversprechen („Ein Lächeln für Generationen schaffen") bereits seit 1889 zu erfüllen, als es in Kyoto, Japan, mit der Herstellung von Hanafuda-Spielkarten begann. Knapp über hundert Jahre und eine Menge erfolgreiche Produkteinführungen (u. a. *Nintendo Entertainment System*™ (NES™), Game Boy) später, wurde Satoru Iwata (der Erfinder von Pokémon und Super Smash Bros.) im Jahr 2002 zum CEO ernannt. Dies läutete einen Sichtwechsel bei Nintendo ein, denn Iwata erkannte, dass sich die Entwicklung von Spielekonsolen zu stark auf die Technologie konzentrierte, wie z. B. realistischere Grafiken und hochauflösende Töne. Dadurch wurden Videospiele immer teurer zu produzieren, wodurch deren Preise stiegen und sie weniger attraktiv für den Massenmarkt wurden. Dies stand dem Leistungsversprechen entgegen. Darum stellte Nintendo zwei Jahre später ein völlig überarbeitetes tragbares Spielsystem vor – den *Nintendo DS*. Der Nintendo DS zielte dabei klar auf die Mehrheit der Kunden ab, die sich leidenschaftlich um den Spaß und die Vielfalt der Spiele kümmerten, aber nicht um die technischen Merkmale. Der Nintendo DS war mit mehr als 154 Millionen verkauften Geräten ein Riesenerfolg [4]. Diesen strategischen Schritt, ein komplett neuartiges Spielsystem zu entwickeln, fasste der damalige VP of Marketing and Corporate Affairs, Perrin Kaplan, wie folgt treffend zusammen:

Bei Nintendo nennen wir unsere Strategie ‚Blauer Ozean'. [...] Ein Blauer Ozean ist die Idee, einen Markt zu schaffen, wo ursprünglich keiner war – dorthin zu gehen, wo noch niemand war. [...] Wir machen Spiele, die unseren Kundenstamm in Japan und Amerika erweitern. Ja, diejenigen, die schon immer Spiele gespielt haben, spielen immer noch, aber wir haben mit Titeln wie Nintendogs, Animal Crossing und Brain Games auch Menschen, die noch nie gespielt haben, dazu gebracht, es zu lieben. Diese Spiele sind ‚Blauer Ozean' in Aktion [5].

Am 09.01.2007 machte Steve Jobs eine vermeintlich zusammenhangslose Ankündigung von Apples neuestem Produkt – dem iPhone. Es stellte sich heraus, dass diese Ankündigung das Geschäftsmodell und Leistungsangebot von Nintendo maßgeblich beeinflussen wird. Nachdem Apple im Jahr 2008 den App Store für Softwareentwickler öffnete, wurden Spiele – vor allem Casual Games (Gelegenheitsspiele) – zu einer der beliebtesten Smartphone App Kategorien.

Nintendo konnte zu diesem Zeitpunkt keine Handy-Spiele anbieten und Analysten drängten Nintendo, sich auf Software zu konzentrieren und Spiele zu entwickeln, die auf Handys und Tablets laufen. Als Reaktion darauf ist Nintendo in das Mobile Spielen eingestiegen und hat sich durch die Nutzung seiner geistigen Eigentumsrechte, insbesondere seiner Spiele-Franchises wie Mario Brothers und Pokémon, relevant gehalten. 2016 gab es den spektakulären Start von Pokémon Go, einem Spiel, das von einem Drittanbieter (Niantic) entwickelt wurde, und den erfolgreichen Start von Super Mario Run auf der iOS-Plattform. Diese Vorstöße in den Bereich der mobilen Spiele scheinen jedoch zweitrangig gegenüber Nintendos Kernstrategie gewesen zu sein – einer weiteren Konsoleneinführung in Form der Nintendo Switch.

Nintendo verfolgte erneut die Strategie des ‚Blauen Ozeans' und veröffentlichte im März 2017 die Nintendo Switch, welche so konzipiert ist, dass sie nahtlos vom Wohnzimmer auf das Mobiltelefon übergeht. Die Nintendo Switch ist absichtlich so konzipiert, dass sie eine breite Masse an Spielern anspricht, indem sie sowohl lokale Mehrspielerfunktionen als auch internetbasiertes Spielen bietet. Nintendo beschreibt das zentrale Wertversprechen der Switch als ein „Jederzeit – überall – mit jedem"-Spielkonzept [6]. In der Zwischenzeit ist dies Nintendos einzige Konsole[6] und wurde bereits über 75 Millionen Mal verkauft und ist damit auf gutem Weg eine der erfolgreichsten Konsolen aller Zeiten zu werden. Dieser Erfolg ist kein Zufall. Mit der Nintendo Switch gelang es dem Unternehmen, die zentralen Bestandteile seines Leistungsversprechens zu kombinieren [7]. Nintendo hat sich außerdem für die Einführung eines Online-Abonnementdienstes für Multiplayer-Spiele (Nintendo Switch Online) zu einem aggressiv niedrigen Preis (19,99 US-Dollar pro Jahr) entschieden, welcher halb so hoch ist, wie bei den Konkurrenten Xbox Gold und Playstation Plus. Dieser Dienst ermöglicht auch die nahtlose Integration mit Mobiltelefonen, was interessante plattformübergreifende Spielmöglichkeiten eröffnet. Nintendo Switch Online Besitzern steht eine unvergleichliche Bibliothek von exklusiven Nintendo-Spielen zur Auswahl [8]. Ein Analyst meint: „Mit der Veröffentlichung der Switch und der Online-Cloud-Mitgliedschaft (Nintendo Switch Online/Nintendo Account) stellt das Unternehmen sein Geschäftsmodell von der Veröffentlichung hitorientierter Konsolen auf den Aufbau einer Online-Softwareplattform mit regelmäßigen, iterativen Hardware-Veröffentlichungen um [9]."

Leistungserstellung
Die Grundlage für Nintendos Leistungserstellung liegt unter anderem in Nintendos Fülle an geistigen Eigentumsrechten (z. B. Mario, Zelda, Luigi, Pokémon, Donkey Kong), welche seit 1984 durch einen gesunden Wettbewerb zwischen den Entwicklerteams bei Nintendo entstehen. Der damalige CEO Iwata erkannte 2011, dass Nintendo sein Leistungsversprechen nicht halten kann, indem man leidenschaftliche Videospieler in Fokusgruppen befragt (wie es Sony und Microsoft taten), sondern indem man Nicht-Videospieler studiert. Durch das Studieren von Nicht-Videospielern wurde klar, dass für die beliebten Casual Games keine sehr gute Grafik und ein hochwertiger Sound von Nöten war und so reduzierte Nintendo die Qualitäten von Grafik und Sound auf ein Level das „gut genug" war. Die niedrigere Grafikqualität führte dazu, dass die Spiele um ein Vielfaches günstiger zu entwickeln sind als die Spiele für die PlayStation oder Xbox. Das führte wiederum dazu, dass Nintendo eine riesige Bibliothek an preisgünstigen Videospielen schaffen konnte [10].

Nintendo hat seine Videospiele nicht immer allein entwickelt, sondern auch Kollaboration mit Software-Unternehmen gesucht, da benötigte Fähigkeiten und Kenntnisse zum Teil intern nicht vorhanden waren. Das sieht man am Beispiel von *Pokémon Go*, für welches Nintendo eng mit Niantic, Google und dessen Google Earth und Google Maps Teams zusammenarbeitete.

---

6 Es gibt drei Varianten dieser Konsole (Nintendo Switch, Nintendo Switch Lite, Nintendo Switch OLED-Modell).

Zusammenfassend kann man sagen, dass sämtliche Kernaktivitäten von Nintendos Leistungserstellung darauf ausgerichtet sind, neue Wachstumsmärkte zu erschließen. Anstatt die bestehenden Kunden seiner Konkurrenten abzuwerben, zieht es das Unternehmen stets vor, neue Kundensegmente anzusprechen. Dazu versucht Nintendo herauszufinden, warum bestimmte Menschen (noch) keine Videospiele spielen. Dieser Ansatz, den Videospiel Markt „demokratisieren" zu wollen, lässt sich direkt von Nintendos Leistungsversprechen ableiten und spiegelt sich auch im Leistungsangebot des Unternehmens wider [11].

Damit Nintendo überhaupt in der Lage ist, Produkte wie die Nintendo Wii oder die Nintendo Switch auf den Markt zu bringen, ist das Unternehmen insbesondere auf zwei Ressourcen angewiesen. Zum einen sehr kreative Spielkonsolen- und Videospielentwickler und zum anderen ausreichend finanzielle Mittel. Talentierte Entwickler gab es in der Geschichte von Nintendo zur Genüge, wobei Shigeru Miyamoto der wohl bedeutendste ist. Die finanziellen Mittel ermöglichten es dem Unternehmen zudem, Risiken einzugehen. So verfügte Nintendo selbst nach der wenig erfolgreichen Nintendo Wii U über ausreichend Kapital, um einen neuen Anlauf zu nehmen. Die Kreativität und die Bereitschaft, ein Risiko einzugehen, sind Teil von Nintendos DNA und tief in der Unternehmenskultur verankert. Nintendo lässt sich von Misserfolgen nicht einschüchtern und ist stets bestrebt, neue Wege zu finden [12].

Kostenmodell

Traditionell hatte Nintendo stets zwei Konsolen gleichzeitig am Markt. Da die Nintendo Switch allerdings Heimkonsole und Handheld verbindet, konnte das Unternehmen plötzlich die Kosten für Hardware- und Software-Entwicklung, Marketing und Support auf ein einziges Produkt konzentrieren. Zusammen mit Forschung und Entwicklung machen die einzelnen Komponenten der Konsole den Großteil der Produktionskosten aus. Die verschiedenen Komponenten der Konsole werden von spezialisierten Lieferanten bezogen und variieren stark im Preis, je nachdem welche Leistungsanforderungen gewünscht sind. Nintendos bewusste Entscheidung, nicht über die Leistungsfähigkeit der Konsolen zu konkurrieren, ermöglichte somit tiefere Einkaufspreise, was letztlich zu tieferen Verkaufspreisen und damit zur Positionierung der Switch als ‚sekundäre' Konsole führte [13].

Im Vergleich zur Produktion von physischen Spielen sind die Kosten, welche bei der Bereitstellung einer digitalen Version anfallen, um ein Vielfaches geringer. Dazu kommen die Kosten für Lagerung und Transport, welche bei digitalen Spielen eingespart werden können. Zudem bedeutete der Umstand, dass Nintendo mit seinem Online-Abonnementdienst nun einen wesentlichen Anteil seiner Spiele direkt an den Endkunden verkaufen kann, eine zumindest partielle Disintermediation des Detailhandels und damit eine zusätzliche Margenverbesserung.

Ertragsmodell

Gemäß dem Geschäftsbericht machte die Switch Plattform, welche Hard- sowie Software-verkäufe berücksichtigt, im Geschäftsjahr 2022 gut 95 % des Gesamtumsatzes (13,25 Milliarden US-Dollar) von Nintendo aus [14]. Da Nintendo traditionell nur einen sehr geringen Umsatz mit Lizenzgebühren (gemeinsam mit dem Umsatz von Mobilen Spielen ca. 3 % des Gesamtumsatzes, was 440 Millionen US-Dollar entspricht) erzielt, war das Unternehmen stets vom Verkauf der eigenen Spiele abhängig. Mit dem Aufkommen von kostenlosen Mobilen Spielen wurde es für Nintendo jedoch zunehmend schwieriger, die hohen Margen gegenüber den Kunden zu rechtfertigen. Aus diesem Grund führte Nintendo nur wenige Monate nach der Nintendo Switch den Online-Abonnementdienst Nintendo Switch Online ein. Hier kostet eine Jahresmitgliedschaft 19,99 US-Dollar pro Jahr und bietet dem Spieler eine Reihe von Vorteilen. Nintendo Switch Online ist ein kostenpflichtiger Service, der es Nutzern ermöglicht, kompatible Nintendo Switch-Spiele online zu spielen, auf eine Auswahl klassischer NES-Spiele mit Online-Funktionalität zuzugreifen, Speicherdaten für die meisten Spiele zu sichern und zusätzliche Funktionen für die Nintendo Switch Online Smartphone-App zu nutzen. Darüber hinaus können Nintendo Switch Online-Mitglieder von exklusiven Sonderangeboten von Nintendo profitieren. Mit dem *Nintendo Switch Online + Expansion Pack* für 49,99 US-Dollar pro Jahr bekommen Nutzer Zugang zu weiteren exklusiven Spielen. Durch die Einnahmen der Subskriptionen profitiert Nintendo von einer geringeren Umsatzvolatilität. In einem sonst sehr zyklischen Markt führte die Einführung des Abo-Modells zu stabileren Umsätzen und machte das Unternehmen weniger abhängig von regelmäßigen Neuerscheinungen oder den wichtigen Feiertagen [15].

Die Mobilen Spiele monetarisiert Nintendo durch ein ‚Freemium'-Geschäftsmodell. Bei diesem Modell können Nutzer die Spiele-Apps von Nintendo zwar kostenlos runterladen und bis zu einem gewissen Level spielen, wollen sie aber zusätzliche Features und Funktionen haben, müssen sie dafür bezahlen (sogenannte ‚in-game purchases'). Um Erträge zu erzielen nutzt Nintendo die Bekanntheit seiner Charaktere in Form von Themenparks. Die erste *Super Nintendo World* wurde im März 2021 in Osaka, Japan, eröffnet. Besucher können für umgerechnet etwa 70 US-Dollar Eintritt die Welt von Mario und seinen Freunden mit Attraktionen in Lebensgröße erleben [16]. Das Konzept scheint gut anzukommen, denn im Februar 2023 eröffnete die erste Super Nintendo World außerhalb Japans als Teil der Universal Studios in Los Angeles [17]. Zukünftig will Nintendo bis zu 2,7 Milliarden US-Dollar für Nintendo-Infrastrukturen wie Themenparks und neue Ladengeschäfte ausgeben [18].

Fazit

Entgegen der Erwartungen vieler Analysten hat es Nintendo geschafft, sein Geschäftsmodell erfolgreich zu transformieren und damit seine Daseinsberechtigung einmal mehr unter Beweis gestellt. Ein operativer Gewinn von 4,9 Milliarden US-Dollar bei einem Umsatz von 14 Milliarden US-Dollar im Jahr 2022 zeigt anschaulich den Erfolg von Nintendos Geschäftsmodelltransformation [19]. Dabei ist das Unternehmen seinem Leistungsversprechen bei sämtlichen Anpassungen stets treu geblieben. Es ist dieser Drang, anders zu sein, welcher Nintendo in einer bisweilen sehr homogen erscheinenden Industrie so einzigartig macht. Der Umstand, dass Nintendo im März 2021 in Osaka seinen ersten Themenpark eröffnete, ist nur ein weiterer Beweis dafür. Kein anderes Unternehmen in der Videospiel-Industrie wäre wohl zu so einem Schritt in der Lage.

Literaturverzeichnis

[1]   Vgl. Kotaku UK (2014), How Sonic Helped Sega Win the Early 90s Console Wars, in: Kotaku, 31.10.2014, https://kotaku.com/how-sonic-helped-sega-win-the-early-90s-console-wars-1653185046.

[2]   Vgl. Nintendo (2002, 2015), Annual Reports 2002, 2015.

[3]   Vgl. Nintendo (2023), About Nintendo, 11.05.2023, https://www.nintendo.com/about/.

[4]   Vgl.Nintendo (2023), IR Information: Dedicated Video Game Sales Units, 11.05.2023, https://www.nintendo.co.jp/ir/en/finance/hard_soft/index.html.

[5]   Vgl.Forbes (2006), Nintendo's New Look, 07.02.2006, https://www.forbes.com/2006/02/07/xbox-ps3-revolution-cx_rr_0207nintendo.html?sh=6c2d1d316781.

[6]   Nintendo (2018), Six Months Financial Results Briefing for Fiscal Year Ending March 2018, 30.03.2018, https://www.nintendo.co.jp/ir/pdf/2017/171031_2e.pdf .

[7]   Vgl.VGChartz. (2020), Lifetime unit sales of the Nintendo Switch console worldwide from March 2017 to January 2021 (in millions) [Graph], In Statista, 11.08.2022, https://www.statista.com/statistics/687059/nintendo-switch-unit-sales-worldwide/.

[8]   Vgl. Evangelho, J. (2018), Why Is Nintendo's Switch So Successful? It's All About The Marketing, 20.06.2018, https://www.forbes.com/sites/jasonevangelho/2018/06/20/why-is-nintendos-switch-so-successful-its-all-about-the-marketing/?sh=7dada78636c9.

[9]   Vgl. New Company Deep Dive (2020), Nintendo – Switching the business model, in: Asymmetric Skew, 18.11.2020, https://asymmetricskew.substack.com/p/nintendo-switching-the-business-model.

[10] Vgl. INSEAD (2019), Case Sturdy IN1575: Nintendo Switch: Shifting from Market-Competing to Market-Creating Strategy.

[11] Vgl. Pinker, A. (2019), What we can learn from the innovation culture at Nintendo, 03.05.2019, https://medialist.info/en/2019/05/03/what-we-can-learn-from-the-innovation-culture-at-nintendo/.

[12] Vgl. ebd.

[13] Vgl. Aurégan & Tellier (2019). Nintendo in the Pursuit of the Blue Ocean.

[14] Vgl.Nintendo (2022), Annual Report 2022.

[15] Vgl. Culpan, T. (2018), Nintendo Flicks the Switch on a Lucrative New Revenue Stream, 08.05.2018, https://www.bloombergquint.com/opinion/nintendo-flicks-theswitch-on-a-lucrative-new-revenue-stream.

[16] Vgl. Klook (2022), Everything You Need to Know About Super Nintendo World at Universal Studios Japan, 29.12.2022, https://www.klook.com/blog/universal-studios-japan-super-nintendo-world-guide/.

[17] Vgl. Biron, B. (2023), Super Nintendo World opens in Los Angeles next month with a Mario Kart-themed ride, gigantic Bowser statue, and Princess Peach cupcakes — take a look inside, 22.01.2023, https://www.businessinsider.com/photos-super-nintendo-world-theme-park-opening-la-mario-brothers-2023-1?r=US&IR=T#super-nintendo-world-is-opening-its-much-anticipated-first-theme-park-outside-of-japan-next-month-in-los-angeles-1.

[18] Vgl. Klook (2022), Everything You Need to Know About Super Nintendo World at Universal Studios Japan, 29.12.2022, https://www.klook.com/blog/universal-studios-japan-super-nintendo-world-guide/.

[19] Vgl. Nintendo (2022), Annual Report 2022.

OTTO

Ausgangssituation und Zielsetzung der Fallstudie
73 Jahre nach der Gründung und zwei Geschäftsmodelltransformationen später, gilt der in Hamburg gegründete Werner Otto Versandhandel, heute bekannt als Otto, im Rahmen der Otto Group, mit einem Umsatz von mehr 6,3 Milliarden Euro im Jahr 2022 Jahr[7] und rund 6.000 Mitarbeitenden als einer der erfolgreichsten traditionellen Versandhändler Europas [1, 2]. Ausgangspunkt für diesen Erfolg war der im Jahre 1950 erstmals veröffentlichte ‚Otto-Katalog‘, welcher über Jahrzehnte als Ikone des deutschen Versandhandels galt [3]. Die wachsende Beliebtheit des Kataloges führte schließlich dazu, dass Otto Mitte der 80er Jahre zwischenzeitlich zum größten Versandhändler der Welt aufstieg [4]. Mit dem Annähern an die Jahrtausendwende gewann jedoch das Internet an Bedeutung. Trotz der Neuheit und des Nischencharakters der Technologie, reagierte Otto zügig und tätigte 1995 mit der Website Otto.de sowie Shopping-Angeboten auf CD-ROM erste Gehversuche in Richtung E-Commerce. So machten 1997 Bestellungen über das Internet bereits ganze 7 % des Gesamtumsatzes aus. Trotz anfänglich befürchteter Kannibalisierung der beiden Vertriebskanäle forcierte Otto den E-Commerce weiter [5]. Durch diese frühe Ausrichtung auf das Online-Geschäft konnte Otto den digitalen Wandel des Marktes im Vergleich zu seinen Wettbewerbern, erfolgreich meistern und sich als Onlinehändler etablieren. Da insgesamt 97 % der Kunden auf den E-Commerce umgestiegen sind, entschied sich Otto im Jahre 2018 den Katalogversand final einzustellen [6].

Bereits im Geschäftsjahr 2014/15, als das Unternehmen den ersten Jahresverlust in seiner Geschichte verzeichnete, wurde deutlich, dass das reine Angebot eines Online-Shops nicht mehr ausreichte, um wettbewerbsfähig bleiben zu können [7]. Zudem prägte zeitgleich Ottos größter Konkurrent, Amazon, den Markt als offene digitale Handelsplattform für Drittanbieter und deren Waren [8]. So wurde 2017 der Entschluss gefasst, Otto.de zu einer offenen Plattform auszubauen und damit die zweite Geschäftsmodelltransformation in der Unternehmensgeschichte einzuläuten.

Leistungsversprechen
Mit seiner kundenzentrierten Ausrichtung konnte Otto von Anfang an große Erfolge erzielen. So war es in den Anfangsjahren unter anderem die Anpassung des Geschäftsmodells an die Bedürfnisse der Babyboomer, welche die Expansion des ehemaligen Ka-

---

7 OTTO gibt den Umsatz als Gross Merchandise Value (GMV) an, also dem kombinierten Umsatz aus Handels- und Marktplatzgeschäft. Nach IRFS erwirtschaftete OTTO 2022/23 einen Außenumsatz von rund 4,52 Mrd. EUR.

Anmerkung: Die Fallstudie entstand in Zusammenarbeit mit Christopher Schraml (Universität St.Gallen) und Lisa Gerner.

taloghändlers vorantrieb. Auch die frühzeitige Ausrichtung auf das Online-Geschäft hat dazu beigetragen, dass das Unternehmen rechtzeitig auf die sich ändernden Bedürfnisse seiner Kunden eingehen konnte [9].

Für Otto ist heute klar, dass das reine Verkaufen von Produkten als Onlinehändler nicht mehr ausreicht. Vielmehr sollen neben einem breiten Produktsortiment passende Dienstleistungen angeboten werden, um das Kundenerlebnis zu etwas Besonderem zu machen. Der Erfolg der Transformation des Leistungsversprechens lässt sich unter anderem an-hand der Sinnhaftigkeit erklären [10]. So betont der funktionale Nutzen des Leistungsversprechens des Onlinehändlers die Vorteile des breiten Angebotes sowie die Nutzensteigerung durch die damit verbundenen Dienstleistungen (Vgl. Tabelle 4.18). Durch die Historie des Unternehmens kann ebenfalls ein emotionaler Nutzen hergestellt werden, welcher sich in der Markenbekanntheit und Authentizität der Gründerfamilie widerspiegelt [11]. Doch auch ein gesellschaftlicher Nutzen kann festgestellt werden. So positioniert sich die Plattform unter den Werten fair, persönlich und inspirierend [12].

Tabelle 4.18: Transformation des OTTO-Geschäftsmodells (Quelle: eigene Darstellung).

Leistungsversprechen

Das Erfolgsrezept von OTTO bis heute: Die Wünsche unserer Kund*innen erfüllen und sie in die Zukunft begleiten. Technologien sind dafür der Schlüssel.

Leistungserstellung	Leistungsangebot	Kostenmodell	Ertragsmodell
Effiziente Geschäftsprozesse durch größtenteils in-house Abwicklung (z. B. Auslieferungen über unternehmensinternen Zustelldienst Hermes)	Sehr breite Produkt- und Markenauswahl durch die Integration von Marktplatzteilnehmern auf der Plattform	Senkung der Fixkosten durch Übertragung der Einlagerung neuer Sortimente an Marktplatzteilnehmer	Zusätzliche Einnahmen durch monatliche Grundgebühr pro Marktplatzteilnehmer zur Nutzung des Online-Marktplatzes
Technologisch sehr gute IT-Infrastruktur erlaubt effizientes Onboarding von Markplatzteilnehmern, um deren Produkte auf dem Online-Marktplatz verfügbar zu machen	Durch die Öffnung der Plattform stehen Kunden eine Vielzahl an Services durch Marktplatzteilnehmer zur Verfügung		Zusätzliche Einnahmen durch Provisionen pro verkauftes Produkt auf dem Online-Marktplatz
Sehr gutes Datenmanagement erlaubt Marktplatzteilnehmern effizient Werbung zu schalten	Die Bereitstellung von Primärdaten für Werbezwecke erlaubt es Marktplatzteilnehmern, effizient Werbung zu schalten		Einnahmen durch Verkauf von Ottos Primärdaten an Marktplatzteilnehmer für Werbezwecke

Darüber hinaus setzt das Unternehmen seit mehr als 30 Jahren auf nachhaltiges Wirtschaften als fest in seiner Kultur verankertes Unternehmensziel [13].

Leistungsangebot

Die Transformation vom Onlinehändler zu einer offenen Plattform in einem sogenannten ‚Two-Sided Market‘, bringt einige Veränderungen für das Leistungsangebot von Otto mit sich [14]. Einerseits bedingt die Entwicklung ebenfalls den Einbezug neuer Zielgruppen, nämlich jene der Partner, welche über die Plattform ihre eigenen Produkte verkaufen können [15]. Otto möchte zum Problemlöser werden und sieht das Geschäftsmodell der Plattform als besonders geeignet an, denn dadurch können den Kunden neben dem Angebot von Produkten ebenfalls Dienstleistungen in Form von umfassenden Lösungen geboten werden [16]. Dazu gehören neben AR-Lösungen auch Services wie OTTO NOW‘ oder die smarte Bestellmöglichkeit ‚OTTO ready‘, welche Kunden in ihrem Alltag entlasten soll [17]. Dabei entstehen mit mehr als 2,9 Millionen täglichen Besuchen auf der Website und über 4 000 Marktplatzpartnern starke Netzwerkeffekte, welche sich in einer noch umfassenderen Produktauswahl, neuen Produktsortimenten und einer deutlich größeren Markenauswahl für die Kunden ausdrücken [18]. In Zahlen ausgedrückt bedeutet das, dass Kunden mehr als 14,5 Millionen Produkte von über 19 000 Marken sowie 5 000 Marktplatzpartnern und ein Angebot von insgesamt 103 unterschiedlichen Dienstleistungen zur Verfügung steht [19].

Leistungserstellung

Als reines Handelsunternehmen importierte Otto neben dem Angebot von Eigenmarken zusätzlich Produkte von Lieferanten aus der ganzen Welt [20]. Durch die Entwicklung des Geschäftsmodells zur offenen Online-Plattform (Online-Marktplatz) hat sich die Leistungserstellung verändert. Auf einer offenen Online-Plattform werden nicht nur Produkte, die Otto selbst einkauft, verkauft, sondern auch Produkte, die von Drittanbietern über Ottos Online-Plattform angeboten werden. Deshalb erweitert sich die Leistungserstellung von Otto im Kern um die Bereitstellung von Millionen von Produkten von tausenden Marktplatzpartnern sowie um das Angebot an unterschiedlichen Dienstleistungen. Damit das Angebot in diesem Umfang realisiert werden kann, musste Otto umfassende IT-Kompetenzen aufbauen, sodass die technologische Infrastruktur modernisiert und automatische Onboarding-Systeme für seine Partner geschaffen werden konnten [21].

Um diese Transformation kontinuierlich voranzutreiben und die Entwicklungen im Unternehmen verankern zu können, werden im Rahmen des 2020 gestarteten Projekts ‚NEW‘ die interne Organisation und Prozesse bis 2023 an das neue Geschäftsmodell angepasst [22].

Ein weiterer Erfolgsfaktor in der Leistungserstellung von Otto sind die Mitarbeiter. Dass diese bei der Transformation des Unternehmens im Mittelpunkt stehen, zeigte sich bereits 2015 mit dem Projekt ‚Kulturwandel 4.0‘ der Otto Group, welches unter anderem darauf abzielte, die Mitarbeiter anhand von digitalen Plattformen in den Innovationsprozess aktiv einzubeziehen [23]. Stand 2021 beschäftigt Otto rund 6 200 Mitarbeiter, davon 2 400 im Bereich Service und Kundenbetreuung, welche maßgeblich an der erfolgreichen Transformation sowie der Leistungserbringung des Unternehmens beteiligt sind [24]. Die zentrale Stellung der Mitarbeiter des Plattformanbieters sowie der Fokus auf den technologischen Fortschritt, spiegelt sich dabei ebenfalls im Leitsatz des neuen Arbeitgeberauftritts wider: „Ein Unternehmen für Menschen. Angetrieben von Technologie [25]."

Damit fortlaufend eine kontinuierliche Weiterentwicklung und Verbesserung der Prozesse gewährleistet werden kann, wird der Großteil der Prozesse in-house abgewickelt. So erfolgt die Auslieferung der Produkte beispielsweise über den ebenfalls zur Otto Group gehörenden Zustelldienst Hermes, wobei kontinuierlich in den Ausbau der Logistik-Kapazitäten investiert wird, sodass neue, sogenannte ‚Next-Day-Deliveries' möglich sind [26]. Darüber hinaus übernimmt Otto ebenfalls die gesamte Zahlungsabwicklung auf dem Online-Marktplatz, um den Kunden einen möglichst reibungslosen Ablauf zu ermöglichen [27].

Kostenmodell

Die Transformation hin zu einer Plattform mit Marktplatzfunktion hat ebenfalls Einfluss auf das Kostenmodell von Otto. So sind einerseits für die Entwicklung der Plattform Investitionen in neue Technologien und eine moderne IT-Landschaft sowie in die Entwicklung von On-boarding-Systemen für die Partner unabdingbar. Seit 2017 sind jährlich rund 100 Millionen Euro investiert worden [28].

Zusätzliche Kosten entstehen durch die gezielte Akquise neuer Mitarbeiter im IT-Bereich. Hinzu kommen die zusätzlich benötigten Ressourcen und Kompetenzen, welche für die Erstellung digitaler Dienstleistungen, wie beispielsweise ‚Otto READY', benötigt werden und eine weitere wichtige Säule des neuen Geschäftsmodells darstellen. Andererseits konnten im Rahmen des Strategie-Projektes ‚NEW' bereits effizientere und skalierbare Prozesse und Strukturen aufgebaut werden, die zu ersten Kosteneinsparungen geführt haben. So führte zum Beispiel die daraus resultierende Automatisierung und Standardisierung zu personellen Anpassungen in einzelnen Organisationsbereichen. Die Weiterentwicklung zum Marktplatz ermöglicht es Otto jedoch, sein Produktportfolio durch die zusätzlichen Angebote der rund 5 000 Marktplatzpartner zu erweitern [29]. Dies führt zu einer Steigerung des Kundennutzens, ohne dass zusätzliche Logistikkosten anfallen, da diese direkt über die Partner abgewickelt werden. Otto profitiert somit von Provisionen, die das Unternehmen von den Markplatzpartnern pro verkauftes Produkt über den Markplatz bekommt, hat aber tiefere Fixkosten und weniger gebundenes Kapital durch die nicht notwendige Einlagerung von neuen Produktsortimenten.

Ertragsmodell

Im Zuge der Umstrukturierung wurde ebenfalls das Ertragsmodell von Otto angepasst, indem das frühere transaktionsbasierte Versandhandelsgeschäft um zusätzliche Einnahmequellen erweitert wurde. So werden heute, ähnlich wie beim Wettbewerber Amazon, neben dem eigenen Sortiment Produkte der Marktplatzpartner verkauft, wofür Otto eine monatliche Grundgebühr pro Händler sowie eine Provision pro verkauftes Produkt verlangt [30]. Während die monatliche Gebühr 39,90 Euro pro Händler beträgt, unabhängig von der Anzahl der Artikel, variiert die Provision in Abhängigkeit der Produktkategorie zwischen 7 % und 18 % [31]. Zusätzlich zu den transaktionsbasierten Erlösquellen generiert Otto Einnahmen durch das Angebot von Dienstleistungen. Während gewisse Services mit einem Preis versehen sind (z. B. Installationsservice für Elektro-Einbaugeräte, Aufbauservice für Möbel), werden andere kostenlos angeboten (z. B. Altgerätemitnahme, kostenlose Stoff-, Holz-, Bezugs-Muster) [32]. Längerfristig können auch mit den kostenlosen Diensten indirekt Einnahmen erzielt werden, da diese das Ziel haben, die Kundenzufriedenheit zu steigern [33]. Darüber hinaus ermöglicht der seit 2020 neu aufgebaute Pfeiler ‚Retail Media‘ Otto, Umsätze außerhalb seines Kerngeschäfts zu generieren. So können die Marktplatzpartner von Otto beispielsweise Werbung für ihre Produkte nicht nur direkt im Otto Online-Shop, sondern auch auf Websites außerhalb des Otto Online-Shops (z. B. Koch-Portale, Online-Wetterdienste), buchen, um die Sichtbarkeit der Marke beim Kunden zu erhöhen [34]. Seit 1. Januar 2023 bietet Otto seine Primärdaten für Werbekunden exklusiv über Otto Advertising an, um diesen nicht ausschließlich Datenpakete für Werbezwecke zur Verfügung zu stellen, sondern um aus den Primärdaten immer wieder Anpassungen für Kampagnen ableiten und umsetzen zu können [35].

Fazit

Mit der Transformation des Geschäftsmodells vom reinen Onlinehändler zum Plattformunternehmen hat Otto zum zweiten Mal in seiner Geschichte gezeigt, wie agil und kundenorientiert das Unternehmen agiert. So hat Otto die Veränderungen im Markt frühzeitig als Chance genutzt und sich entschieden, das Unternehmen zu einem Marktplatz- und Serviceanbieter umzuwandeln. Diese Entscheidung zeigt somit die zentrale Rolle des Leistungsversprechens („Die Wünsche unserer Kund*innen erfüllen und sie in die Zukunft begleiten. Technologien sind dafür der Schlüssel") in einer Geschäftsmodelltransformation auf. Die Umstellung des Kostenmodells ermöglichte es dem Unternehmen darüber hinaus, Fixkosten zu senken, neue Investitionen zu tätigen und die Leistungserstellung auf neue Technologien und Bedürfnisse auszurichten. Nur so war es möglich, das bestehende Handelsangebot um das Sortiment der neuen Markplatzpartner und Dienstleistungen zu erweitern und letztlich neu entstandene Kundenbedürfnisse zu decken und neue Einnahmequellen zu erschließen.

Literaturverzeichnis

[1]   Vgl. OTTO (2023), OTTO erwirtschaftet 2022 rund 6,3 Milliarden Euro Umsatz, 31.03.2023, https://www. otto.de/unternehmen/de/presse/otto-erwirtschaftet-2022-rund-6-3-milliarden-euro-umsatz.

[2]   Vgl. Brindöpke, M. (2021), Plattformen: Otto: Das Ende der Multishop-Strategie? Etailment.de, 26.10.2021, https://etailment.de/news/stories/Plattformen-Otto-Das-Ende-der-Multishop-Strategie-23646.

[3]   Vgl. Linz, C., Müller-Stewens, G. & Zimmermann, A. (2021), Radical Business Model Transformation: How leading organizations have successfully adapted to disruption (second edition). London: Kogan Page.

[4]   Vgl. Grosse Bley, M. (2019), Vom Stiefkind zum Liebling – Die Entwicklung von E-Commerce am Beispiel OTTO, Management-circle.de, 27.11.2019, https://www.management-circle.de/blog/entwick lung-e-commerce-beispiel-otto/.

[5]   Vgl. ebd.

[6]   Vgl. Linz, C., Müller-Stewens, G. & Zimmermann, A. (2021), Radical Business Model Transformation: How leading organizations have successfully adapted to disruption (second edition). London: Kogan Page.

[7]   Vgl. Klein, L. (2019), „Nur verkaufen reicht nicht mehr", Otto.de, 11.06.2019, https://www.otto.de/ newsroom/de/kundenfokus/otto-wird-plattform.

[8]   Vgl. Petry, T. (2019), Digital Leadership: Erfolgreiches Führen in Zeiten der Digital Economy (2. Auflage), Freiburg: Haufe Lexware.

[9]   Vgl. Grosse Bley, M. (2019), Vom Stiefkind zum Liebling – Die Entwicklung von E-Commerce am Beispiel OTTO, Management-circle.de, 27.11.2019, https://www.management-circle.de/blog/entwick lung-e-commerce-beispiel-otto/.

[10] Vgl. Rudolph, T. & Schweizer M. (2019), High 5: erfolgreiche Geschäftsmodelltransformation in disruptiven Zeiten, St. Gallen: Universität St. Gallen, Forschungszentrum für Handelsmanagement (2. Auflage).

[11] Vgl. Erle, C. (2016, 18. August), André Müller über die Erfolgsfaktoren von OTTO im E-Commerce. Management-circle.de. Abgerufen von: https://www.management-circle.de/blog/interview-andre-mueller-otto-erfolg-e-commerce/.

[12] Vgl. Gondorf, L. (2019), Die Transformation zur Plattform: Wir wollen niemanden kopieren, Otto.de, 13.06.2019, https://www.otto.de/newsroom/de/technologie/die-transformation-zur-plattform.

[13] Vgl. Otto (o.D.), Was uns bewegt: Nachhaltigkeit, Otto.de., 11.05.2023, https://www.otto.de/unterneh men/de/was-uns-bewegt/nachhaltigkeit.

[14] Vgl. Baums, A. (o.D.). Digitale Plattformen – DNA der Industrie 4.0. Plattform-maerkte.de. Abgerufen von: http://plattform-maerkte.de/dna/.

[15] Vgl. Fuchs, J. (2017), Analyse: Otto-Gruppe baut radikal um: Die neue Plattformstrategie im Überblick, T3n.de, 15.05.2017, https://t3n.de/news/otto-marktplatz-plattform-strategie-bilanz-2017-823962/.

[16] Vgl. Klein, L. (2019), „Nur verkaufen reicht nicht mehr", Otto.de, 11.06.2019, https://www.otto.de/ newsroom/de/kundenfokus/otto-wird-plattform.

[17] Vgl. Remy, A. (2019), Kaufoption, Kurzmiete, Kindermöbel: Das ist neu bei OTTO NOW, Otto.de, 27.05.2019, https://www.otto.de/newsroom/de/kundenfokus/kaufoption-kurzmiete-kindermöbel-das-ist-neu-bei-otto-now.

[18] Vgl. Remy, A. (2022), Händler, Marktplatz, Plattform – was heisst das eigentlich? Otto.de, 28.01.2022, https://www.otto.de/newsroom/de/kundenfokus/haendler-marktplatz-plattform-was-heißt-das-eigentlich.

[19] Vgl. OTTO (2023), OTTO erwirtschaftet 2022 rund 6,3 Milliarden Euro Umsatz, 31.03.2023, https://www.otto.de/unternehmen/de/presse/otto-erwirtschaftet-2022-rund-6-3-milliarden-euro-umsatz.

[20] Siehe Fußnote 18.

[21] Vgl. Frommhold, M. (2019), Wie steuert man den größten Umbruch der Unternehmensgeschichte?, Otto.de, 25.02.2023, https://www.otto.de/newsroom/de/kundenfokus/der-größte-umbruch.

[22] Vgl. Frommhold, M. (2021), Was wird neu durch „NEW" bei OTTO?, Otto.de, 12.04.2021, https://www.otto.de/newsroom/de/kultur/was-wird-neu-durch-new-bei-otto.

[23] Vgl. Linz, C., Müller-Stewens, G. & Zimmermann, A. (2021), Radical Business Model Transformation: How leading organizations have successfully adapted to disruption (second edition). London: Kogan Page.

[24] Vgl. Otto (o.D.), Wer wir sind: Auf einen Blick, Otto.de, 11.05.2023, https://www.otto.de/unternehmen/de/wer-wir-sind/auf-einen-blick.

[25] Vgl. Di Bari, F. (2022), Neues Jahr, neue Arbeitgeberbotschaft: „Wir setzen auf Techtimonials", Otto.de, 05.01.2022, https://www.otto.de/newsroom/de/kultur/hr-marketing-wir-setzen-auf-techtimonials.

[26] Vgl. Gondorf, L. (2019), „Es geht nicht darum, viele Services zu haben, sondern die richtigen", Otto.de, 15.07.2019, https://www.otto.de/newsroom/de/kundenfokus/es-geht-nicht-darum-viele-services-zu-haben-sondern-die-richtigen.

[27] Vgl. Klein, L. (2020), „Als Payment-Dienstleister übernehmen wir die komplette Zahlungsabwicklung", Otto.de, 01.09.2020, https://www.otto.de/newsroom/de/technologie/otto-baut-eigene-payment-gesellschaft-auf.

[28] Vgl. Frommhold, M. (2021), Was wird neu durch „NEW" bei OTTO?, Otto.de, 12.04.2021, https://www.otto.de/newsroom/de/kultur/was-wird-neu-durch-new-bei-otto.

[29] Vgl. Otto (o.D.). Wer wir sind: Auf einen Blic, Otto.de, 11.05.2023, https://www.otto.de/unternehmen/de/wer-wir-sind/auf-einen-blick.

[30] Vgl. Otto Market (o.D.), Gemeinsam handeln!, Otto.market, 11.05.2023, https://www.otto.market/.html.

[31] Vgl. Otto Market (o.D.), Sortiment im Überblick!, Otto.market, 11.05.2023, https://www.otto.market/de/sofunktionierts/sortimente-uebersicht.html.

[32] Vgl. Surholt, F. (2019), Die zehn besten OTTO-Services und wie ihr sie bestellt, Otto.de, 23.07.2019, https://www.otto.de/newsroom/de/kundenfokus/beste-otto-services.

[33] Vgl. Gondorf, L. (2019), „Es geht nicht darum, viele Services zu haben, sondern die richtigen", Otto.de, 15.07.2019, https://www.otto.de/newsroom/de/kundenfokus/es-geht-nicht-darum-viele-services-zu-haben-sondern-die-richtigen.

[34] Vgl. Remberg, A. (2021), Was ist Retail Media?, Otto.de, 12.04.2021, https://www.otto.de/newsroom/de/technologie/was-ist-retail-media.

[35] Vgl. ebd.

4.3 Gescheiterte Geschäftsmodelltransformationen

Financial Times Deutschland

Ausgangssituation und Zielsetzung der Fallstudie

Selbst bei ihrem Abschied aus der Medienwelt am 7. Dezember 2012 ließ sich die Financial Times Deutschland (FTD) ihre humoristische Note nicht nehmen. Nur zwei Worte zierten an diesem düsteren Freitag das pechschwarze Titelblatt: „Endlich Schwarz".

Anmerkung: Die Fallstudie entstand in Zusammenarbeit mit Kathrin M. Neumüller (Universität St.Gallen).

Dabei sah die Zukunft der FTD anfangs recht rosig aus. Als wochentags erscheinende, überregionale Wirtschaftszeitung auf lachsrosa Papier sollte sie Farbe in die graue deutsche Medienlandschaft bringen. Gegründet wurde sie 2000 vom Hamburger Verlag Gruner + Jahr und dem britischen Verlag Pearson, der die Financial Times (FT) in London herausgibt. Nach einer gescheiterten Transformation, die Gruner + Jahr 2008 in die Wege leitete, schloss die Zeitung ihre Tore. In ihrer gesamten Geschichte hatte sie nie schwarze Zahlen geschrieben. Der Verlust wird auf mehr als 250 Millionen Euro geschätzt [1].

Anders als viele andere Wettbewerber wurde die FTD nicht Opfer der Banken- und Finanzkrise 2007/2008. Das Interesse an Finanzthemen wuchs sogar noch, mehr Zeitungen wurden verkauft. Warum also konnte sich die FTD nicht auf dem deutschen Markt etablieren? Diese Fallstudie zeigt, wie wichtig es ist, ein sinnvolles und fokussiertes Leistungsversprechen auch konsequent umzusetzen und das Leistungsangebot auf eine bestimmte Zielgruppe auszurichten.

Leistungsversprechen

Mit dem Leistungsversprechen „Wissen, was wichtig wird" sagte die FTD ihren Lesern einen Wissensvorsprung durch relevante, meinungsstarke Beiträge zu Wirtschafts- und Finanzthemen zu, die abseits des wirtschaftspolitischen Mainstreams liegen (Vgl. Tabelle 4.19). [2] Dabei positionierte sie sich als Ideenlieferant und Impulsgeber. Das Ziel bestand darin, exklusiver, nachrichtenstärker und internationaler als die übrigen Wettbewerber aufzutreten. Obwohl dies ein durchaus sinnvolles und fokussiertes Leistungsversprechen ist, wurde es nicht konsequent umgesetzt. Grund hierfür war einerseits ein zu geringer thematischer Fokus und andererseits die Verwässerung der Unternehmenskultur im Zuge der Transformation.

Leistungsangebot

Lange Zeit hatte sich das Printmedium in der Zeitungsindustrie bewährt. Auch die FTD hielt an diesem bewährten Ansatz fest. Schließlich unterlag sie disruptiven Technologien und Angeboten, die im Zuge der Digitalisierung entstanden. Im Fall der FTD war es vor allem eine Verhaltensveränderung in der Gesellschaft, die den Disruptionsprozess förderte. Leser neigten immer mehr dazu, auf Informationen in verschiedensten Formaten zuzugreifen – seien es Blogs, Nachrichtenportale oder Podcasts. Klassische Medien, wie etwa das Fernsehen oder die Printzeitungen, gerieten unter starken Druck.

Die FTD wurde zwar als neutraler Berichterstatter über Finanzthemen geschätzt, doch blieb sie mit ihrer nicht überzeugenden Digitalisierungsstrategie weit hinter ihren Wettbewerbern zurück [3, 4]. Noch 2007 sagte der Geschäftsführer Christoph Rüth (tätig 2000–2009) voraus, dass der Umsatz der gedruckten Zeitung weiterhin steigen würde, wenn auch nicht so schnell wie der Verkauf digitaler Formate. Das Nachrichtenportal FTD.de war damals lediglich als Ergänzung zum Printformat vorgesehen, obwohl die Leserschaft die Vorzüge der Echtzeitberichterstattung suchte [5, 6]. Denn wer möchte

Tabelle 4.19: Transformation des FTD-Geschäftsmodells (Quelle: eigene Darstellung).

Leistungsversprechen

„Wissen, was wichtig wird" verspricht Lesern einen Wissensvorsprung und Relevanz.

Leistungserstellung	Leistungsangebot	Kostenmodell	Ertragsmodell
Journalistenteam bestand aus erfahrenen Journalisten und Quereinsteigern	Qualitativ hochwertige Berichterstattung zu Wirtschafts- und Finanzthemen	Zusammenlegung der Wirtschaftsmedien von Gruner + Jahr führte zu erheblichen Kosteneinsparungen	Werbeeinnahmen lagen weit hinter denen anderer Wettbewerber
Sekundäraktivitäten wurden ab 2008 durch den Verlag erbracht. (z. B. Controlling, IT, Marketing).	Geringer thematischer Fokus	Kosteneinsparungen verstärkte Klima der Angst unter den Journalisten, was den Qualitätsjournalismus gefährdete	Rückgängige Printausgaben als Hauptertragsquelle
Dies führte zu erhöhter Komplexität und zur Verwässerung der Marke	Falsch eingeschätzte Größe der wirtschaftsinteressierten Zielgruppe		Nicht überzeugende Vertriebsstrategie (Hohe Anzahl an Gratisexemplaren; Inkonsistenz zwischen hoher Qualität und niedrigem Preis)
Gemeinsamer Newsroom verstärkte die Profillosigkeit (Verlust publizistischer Vielfalt, Verwässerung der Marke)	Unkoordinierter Cross-Channel-Ansatz (z. B. ftd. de, ‚FTD zum Hören') verhinderte den Aufbau einer Stammleserschaft		

zu Zeiten von Robo-Advisor noch auf gedruckte Aktienkurse von gestern warten? Ein Blick auf die Social-Media-Reichweite deutscher Printmedien (nach Anzahl der erreichten Nutzer, Stand: Januar 2011) verstärkt diesen Eindruck: Der Spiegel erreichte damals 19-mal mehr Nutzer als die FTD [7].

Neben der nicht erkannten Chance der Digitalisierung resultierte der Misserfolg zudem aus einem kaum abgestimmten Omnichannel-Ansatz. Wirtschaftsinteressierte konnten sich anhand einer Vielzahl von Angeboten informieren: Der Blog ‚Wirtschaftswunder', eigens erstellte Web-Videos, Radiobeiträge, der FTD-Podcast ‚FTD zum Hören', die Nachrichtensendung ‚Business Telex' sowie das Finanzinformationsportal ‚markets.de' standen zur Auswahl [8, 9]. Damit glich das Produktportfolio mehr einem Sammelsurium an Angeboten als einem gut abgestimmten Omnichannel-Ansatz, der Online- und Printkanäle nahtlos verknüpft.

Nicht nur die Kanäle waren zu wenig aufeinander abgestimmt, sondern auch der thematische Fokus war zu breit. Im Gegensatz zur Muttermarke berichtete die FTD sogar über Sport-, Auto- sowie Lifestylethemen und gab Finanztipps. Damit war sie inhaltlich breiter gestreut als die FT, obwohl letztere finanziell weit besser dastand.

Das Problem war, dass sich der wirtschaftsbegeisterte Leser kaum mit Wissenstests, Wettervorhersagen für deutsche und internationale Städte oder den Olympischen Spielen in Peking begeistern oder gar langfristig binden ließ. Trotz des guten Rufs der Londoner Muttermarke schaffte es die FTD seit ihrem Marktantritt nicht, eine ausreichend große und darüber hinaus loyale Leserschaft für sich zu gewinnen.

Leistungserstellung

Die FTD verfügte inhaltlich über ausgezeichnete Startbedingungen. Die Redaktion bestand aus angesehenen deutschen Journalisten, Quereinsteigern und Redakteuren der Londoner FT. Finanziell stand die FTD jedoch von Anfang an auf wackeligen Beinen. 2008 rief Gruner + Jahr Umstrukturierungsmaßnahmen entlang der gesamten Wertschöpfungskette ins Leben. Zum einen wurde die FTD vollständig in den Verlag Gruner + Jahr eingegliedert. Zum anderen legte der Verlag die Redaktionen sämtlicher Wirtschaftsmedien zusammen. Seitdem teilten sich die FTD, Börse Online, Impulse und Capital einen gemeinsamen Newsroom in Hamburg [10]. Im Zuge dieses Konsolidierungskurses erbrachte die Muttergesellschaft die in der Wertschöpfungskette nachgelagerten Leistungen, darunter Controlling, IT, Rechnungswesen, Marketing und die Aktivitäten am Point-of-Sale.

Die vollständige Integration der FTD in den Verlag Gruner + Jahr wirkte sich negativ auf die Verfügbarkeit von Humankapital und somit auf die Innovationsfähigkeit der Zeitung aus. Zunächst wurde die Nabelschnur zur Londoner Muttermarke durchtrennt, von deren Synergien die FTD jahrelang profitiert hatte. Fortan konnte sie nicht mehr auf das weltweit größte Korrespondentennetz zurückgreifen. Auch der Austausch mit den Londoner Kollegen, die mit ihren Ideen in der FTD Neuerungen anstießen und britische Unternehmenskultur mitbrachten, verstummte. Gleichzeitig konnte Gruner + Jahr die FTD nur begrenzt unterstützen. Zum einen verfügte der Verlag nicht über das notwendige Humankapital, um die Berichterstattung der FTD über alle Kanäle hinweg fokussiert zu koordinieren. Zum anderen fehlte dem Verlag die Erfahrung mit dem Medium einer Tageszeitung, da zum Medienportfolio hauptsächlich wöchentlich erscheinende Blätter gehörten.

Kostenmodell

Im Rahmen einer harten Sparrunde ab dem Jahr 2008 wurden die Redaktionen in München und Köln dicht gemacht [11]. Die Fokussierung auf einen Redaktionsstandort führte zur Entlassung von insgesamt 110 Redakteuren. Zunächst wurde allen Redakteuren der vier bislang eigenständigen Wirtschaftsblätter gekündigt. Die entlassenen Mitarbeiter sollten sich anschließend für eine Stelle in der Zentralredaktion neu bewerben.

Diese strukturellen Veränderungen führten zu Unsicherheit und zu einer höheren Arbeitsbelastung. Die Redakteure arbeiteten von diesem Zeitpunkt an zu schlechteren Konditionen als vor der Umstrukturierung, da sie in andere, oftmals geringer bezahlte, außertariflich entlohnte Beschäftigungsverhältnisse gerieten [12]. Darunter litt in erster Linie der Qualitätsjournalismus. In zweiter Linie wirkte sich die Untersicherheit lähmend auf den Innovationsprozess aus. Disruption an sich ist von einem hohen Maß an Unsicherheit und Risiko geprägt. Wenn ein Unternehmen keine Strukturen und Instrumente aufbaut, um mit dieser Unsicherheit umzugehen und sie gar gewinnbringend einzusetzen vermag, verkümmert eine potenziell innovative Kultur zu einer Kultur der Angst. In Hinblick auf die FTD bedeutet dies, dass sich die Journalisten aufgrund fehlender Ressourcen und aufgrund des geringen internen Rückhalts von den disruptiven Angreifern überrollt fühlten. Sie verfielen in eine Art ‚Schockstarre', in der nur das Überleben zählte. Ein fokussiertes und vorgelebtes Leistungsversprechen ist deswegen so bedeutend, weil es den Mitarbeitern in Zeiten von disruptiven Veränderungen den Rücken stärkt und eine klare Richtung aufzeigt.

Gesamthaft gesehen genügten diese Kosteneinsparungen nicht, um die Verluste aus den rückläufigen Umsätzen wettzumachen. Der Konzernumsatz von Gruner + Jahr lag 2009 bei 2,5 Milliarden Euro – dies stellt ein Minus von 9,4 % im Vergleich zum Vorjahr dar [13]. Zwischen 2006 und 2012 verzeichnete Gruner + Jahr einen Umsatzrückgang von 22 %, wozu die FTD erheblich beitrug [14].

Ertragsmodell

Zum Großteil stützte sich der Ertrag der FTD auf Erlöse aus dem Anzeigenmarkt, die jedoch stark von der allgemeinen wirtschaftlichen Entwicklung abhingen. Zwar wuchs das Blatt im Jahr 2006 mit einem Plus von 24,6 % im Anzeigenmarkt so stark wie keine andere überregionale Zeitung. Jedoch lag der Bruttowerbeumsatz damals nur halb so hoch wie der des Wettbewerbers Handelsblatt [15]. Je weniger Leser das Blatt erreichte, desto unattraktiver wurde es für den Anzeigenmarkt. Die FTD geriet in einen Teufelskreis, befeuert von einer zu geringen Reichweite und unzureichenden Einnahmen aus dem Anzeigenmarkt.

Gleichzeitig führte die zunehmende Nutzung des Internets zu einem schwerwiegenden Strukturwandel. Mit dem Siegeszug des Internets Mitte der 90er Jahre veränderte sich nicht nur der Medienkonsum. Auch Werbekunden erkannten, dass mehr und mehr Leser ins Netz abwanderten, und verlagerten ihre Aktivitäten vom Print- auf den Online-Bereich. Als Folge geriet das bisherige Ertragsmodell der FTD unter Druck, weil die Erlöse aus dem Online-Geschäft nicht schnell genug wuchsen, um den Rückgang im Zeitungsmarkt aufzufangen [16].

Das Ertragsmodell stützte sich außerdem auf Erlöse aus dem zurückgehenden Printgeschäft. Dabei setzte der Verlag auf eine nicht überzeugende Verkaufsstrategie. Im dritten Quartal 2012, kurz vor ihrer Einstellung, verkaufte die FTD noch durchschnittlich 102 000 Zeitungen täglich – auf den ersten Blick keine schlechte Zahl für ein deutsches Fachmedium. Jedoch überstieg damals die Anzahl der kostenlosen Bordexemplare in Flugzeugen und in der Bahn die Zahl der bezahlten Abonnements: 46 000 Ausgaben wurden täglich als Bordexemplare vergeben, nur ca. 3 000 gingen an den freien Verkauf am Kiosk und 42 000 an Abonnenten [17]. Doch letztere wurden zum größten Teil nicht als

Voll-Abo berechnet. Probe- und Studentenabonnements schmälerten den Gewinn zusätzlich. Das Leistungsversprechen, relevanten Qualitätsjournalismus anzubieten, wurde nicht konsequent umgesetzt. Der Widerspruch bestand darin, dass dieses Leistungsversprechen samt seiner Kanal- und Angebotsvielfalt nicht mit dem gewählten Ertragsmodell refinanziert werden konnte. Das Ertragsmodell basierte hauptsächlich auf Printausgaben, die entweder als Gratisexemplare verschenkt oder für bescheidene 2,20 Euro verkauft wurden [18]. Dieser Fall macht deutlich, dass es kaum ausreicht, das Leistungsversprechen und das Leistungsangebot am Kunden auszurichten und diesen begeistern zu wollen. Vielmehr geht ein sinnvolles Leistungsversprechen Hand in Hand mit einem rentablen Ertragsmodell. Dabei richtet es die Aufmerksamkeit der Mitarbeiter auf zukünftige, gewinnbringende Geschäftsfelder.

Fazit
Die fehlgeschlagene Transformation der FTD ist auf eine Reihe von Ursachen zurückzuführen: Die Zeitung wählte einen zu breiten Fokus – hinsichtlich der Inhalte und in der Wahl der Distributionskanäle. Durch dieses ‚Verzetteln‘ schaffte es die FTD nicht, eine loyale Stammleserschaft aufzubauen, die bereit war, für den an sich qualitativ hochwertigen Inhalt zu bezahlen. Das Leistungsangebot zusammen mit der Kanalvielfalt glich mehr einer Schrotflintentaktik als einem gut abgestimmten Omnichannel-Ansatz, der Mehrwert aus der Verknüpfung zwischen Online und Print anstrebt. Ein zweiter Grund liegt in der fehlenden Digitalstrategie. Statt die Chancen in der Digitalisierung zu suchen und sich an veränderten Kundenbedürfnissen wie Bequemlichkeit und Schnelligkeit auszurichten, setzte die FTD schwerpunktmäßig auf eine hohe Printauflage.

Im Zuge der Transformation legte der Verlag Gruner + Jahr die Redaktionen sämtlicher Wirtschaftsblätter in einem gemeinsamen Newsroom zusammen, um dadurch Kosten zu senken. Damit gingen auch schlechtere Arbeitsbedingungen einher, was sich negativ auf den Qualitätsjournalismus auswirkte. Zum anderen litt die kulturelle Identität der FTD unter der Zusammenlegung der Redaktionen, sodass das Leistungsversprechen nicht mehr konsequent vorgelebt wurde. Der Fall der FTD verdeutlicht, dass sich ein Ambiente der Unsicherheit lähmend auf den Innovationsprozess auswirken kann. Mangelt es Mitarbeitern an internem Rückhalt, so droht das Unternehmen in die ‚Schockstarre‘ zu verfallen und zum Opfer disruptiver Angreifer zu werden.

Literaturverzeichnis

[1] Vgl. Pohlmann, S. (2012), Aus für „Financial Times Deutschland" bestätigt, in: Der Tagesspiegel, 23.11.2017, https://www.tagesspiegel.de/medien/zeitungssterben-aus-fuer-financial-times-deutschland-bestaetigt/7425886.html.

[2] Vgl. Geissler, C. (2009), Kompetenzbasiertes Markenmanagement in Verlagsunternehmen, Gabler Verlag/GWV Fachverlage GmbH, Wiesbaden, S. 180–187.

[3]   Vgl. Uken, M. (2012), Warum wir die Financial Times Deutschland vermissen werden, in: Zeit Online, 7.12.2012, http://www.zeit.de/wirtschaft/2012-12/financial-times-deutschland-wuerdigung /komplettansicht.

[4]   Vgl. Keese, C. (2012),„Wir waren Wilde und Revolutionäre", in: Die Welt, 22.11.2012, https://www. welt.de/wirtschaft/article111428417/Wir-waren-Wilde-und-Revolutionaere.html.

[5]   Vgl. Stöcker, C. (2012), Das Internet ist nicht an allem schuld, in: Spiegel Online, 22.11.2012, http://www.spiegel.de/netzwelt/web/financial-times-deutschland-der-einfluss-des-internets-a-868576.html.

[6]   Vgl. Horizont 2007), Lachsrosa Futter für die Wirtschaftswelt, in: Wiso, 12.04.2007, https://www.wiso-net.de/document/HOR__040712141%7CAHOR__040712141.

[7]   Vgl. MEEDIA (2011), Social Media-Reichweite deutscher Printmedien nach Anzahl der erreichten User (Stand: Januar 2011), in: Statista, 1.1.2011, https://de.statista.com/statistik/daten/studie/172491/um frage/social-media-reichweite-deutscher-printmedien/.

[8]   Vgl. Horizont (2007), Lachsrosa Futter für die Wirtschaftswelt. In: Report Wirtschafts- und Entscheidermedien, 12.04.2007, https://www.wiso-net.de/document/HOR__040712141%7CAHOR__040712141.

[9]   Vgl. Geissler, C. (2009), Kompetenzbasiertes Markenmanagement in Verlagsunternehmen, Gabler Verlag/GWV Fachverlage GmbH, Wiesbaden, S. 180–187.

[10] Vgl. Steinkirchner, P. (2012), FTD – Ich habe dich gern gelesen, in: WirtschaftsWoche, 23.11.2012, https://www.wiwo.de/unternehmen/dienstleister/aus-fuer-wirtschaftszeitung-ftd-ich-habe-dich-gern-gelesen/7429414.html.

[11] Vgl. Bertelsmann (2009), Geschäftsbericht 2008, in: Bertelsmann, 1.3.2009, https://www.bertels mann.de/media/investor-relations/geschaeftsberichte/geschaeftsbericht-2008.pdf.

[12] Vgl. Koniezcny, O. (2013), Arbeiten im Newsroom: Vor- und Nachteile der Neuorganisation von Zeitungsredaktionen, Diplomica Verlag, Hamburg, S. 64–66.

[13] Vgl. Gruner + Jahr (2010), Gruner + Jahr meistert Wirtschaftskrise und kann trotz Einbruchs der Werbemärkte das operative Ergebnis gut behaupten, in: Gruner + Jahr, 24.03.2010, https://www.guj.de/news/neuigkeiten/gruner-jahr-meistert-wirtschaftskrise-und-kann-trotz-einbruchs-der-werbemaerkte-das-operative-ergebnis-gut-behaupten/.

[14] Vgl. Bertelsmann, (2018), Umsatz von Gruner + Jahr in den Jahren 2005 bis 2016 (in Millionen Euro), in: Statista, 26.3.2018, https://de.statista.com/statistik/daten/studie/74659/umfrage/umsatz-von-gruner-und-jahr-seit-2005/.

[15] Vgl. Horizont (2018), Bruttowerbeumsatz der überregionalen Zeitungen in Deutschland in den Jahren 2011 und 2012 (in Millionen Euro), in: Statista, 18.3.2018, https://de.statista.com/statistik/daten/studie/75109/umfrage/bruttowerbeumsatz-der-ueberregionalen-zeitungen-in-deutschland/.

[16] Vgl. Lagetar, M./Mühlbauer, C. (2012), Unter Druck, in: Gadringer, S./Kweton, S./Trappel, J./Vieth, T. (Hrsg.), Journalismus und Werbung. Kommerzielle Grenzen der redaktionellen Autonomie, Springer Fachmedien, Wiesbaden, S. 123–144.

[17] Vgl. Steinkirchner, P. (2012), FTD – Ich habe dich gern gelesen, in WirtschaftsWoche, 23.11.2012, https://www.wiwo.de/unternehmen/dienstleister/aus-fuer-wirtschaftszeitung-ftd-ich-habe-dich-gern-gelesen/7429414.html.

[18] Vgl. Stöcker, C. (2012), Das Internet ist nicht an allem schuld, in: Spiegel Online, 22.11.2012, http://www.spiegel.de/netzwelt/web/financial-times-deutschland-der-einfluss-des-internets-a-868576.html.

TomTom

Ausgangssituation und Zielsetzung der Fallstudie

Als US-Präsident Bill Clinton im Mai 2000 das globale Positionsbestimmungssystem GPS für die Privatwirtschaft öffnete, witterte ein Amsterdamer Unternehmen seine Chance: TomTom [1]. Als Kind der frühen 90er Jahre startete das niederländische Unternehmen ursprünglich als Entwickler von B2B-Lösungen, darunter Barcode-Scanner und Software zum Auslesen von Sensordaten. Etwas später erschloss das Unternehmen den Endverbrauchermarkt mit Zusatzapplikationen für die populären PDA-Handhelds aus dieser Zeit – bereits mit erster Kartensoftware. Als durch GPS nun erstmals eine angemessene Genauigkeit der Positionsbestimmung verfügbar wurde, kombinierten TomToms Entwickler diese mit Kartensoftware. ‚TomTom Navigator' war geboren, der Urvater der späteren Navigationssysteme. Mit dem weltweit ersten reinen portablen Navigationsgerät, dem ‚TomTom Go', trat das Unternehmen seinen Siegeszug an. Schon bald waren Navigationssysteme in vielen PKWs zum Alltag geworden [2]. Der Ikarus-Flug währte jedoch nicht lange: Während für 2007 noch Rekordzahlen vermeldet wurden, musste das Unternehmen im ersten Quartal 2009 Verluste verzeichnen [3]. Der Umsatz betrug nur noch ein Drittel dessen, was noch zwei Jahre zuvor erzielt wurde. Abermals hatte sich offenbar ein grundlegender Wandel im Bereich der Navigationslösungen vollzogen. 2016 lag die Anzahl der deutschlandweit verkauften Navigationssysteme unter dem Niveau vor zehn Jahren [4]. Wie sich zeigen wird, waren hierfür ein verändertes Kundenverhalten und die veränderten Kundenpräferenzen verantwortlich. Eine Entwicklung, die von dem Durchbruch der Smartphones und von neuen disruptiven Mitbewerbern angestoßen wurde.

Leistungsversprechen

Viele Ursachen führten zum Absturz. Ein Großteil davon lässt sich jedoch auf eine prinzipielle Orientierungslosigkeit zurückführen. TomToms diffuses Leistungsversprechen war hierfür hauptsächlich. Es sagte Kunden zu, deren „Leben zu verbessern", durch „Kombination des Know-hows der Mitarbeitenden in den Bereichen Routenführung, digitale Inhalte und Orientierungsdienste" (Vgl. Tabelle 4.20). [5] Dabei bezeichnete sich das Unternehmen als „Geräte-agnostisch", ließ sich also vermeintlich von den Vorlieben der Nutzer leiten.

Basierend auf den Anforderungen an ein überzeugendes Leistungsversprechen lässt sich erkennen, dass jenes von TomTom in mehreren Dimensionen nicht genügen konnte. So zeigt der Vergleich mit Mitbewerbern wie beispielsweise Garmin, auf die dieses Versprechen genauso gut passen könnte, das Fehlen der Einzigartigkeit im Leistungsversprechen auf. Das Versprechen war außerdem zu generisch formuliert, um seine Leuchtturmfunktion nach innen wie nach außen ausfüllen zu können. Es ließ

───────

Anmerkung: Die Fallstudie entstand in Zusammenarbeit mit Benjamin D. Klink (Universität St.Gallen).

offen, wodurch sich TomTom von der Konkurrenz abheben kann. Ferner blieb es schuldig, auf welcher Grundlage Verbraucher dem niederländischen Unternehmen den Vorzug geben sollen.

Aus dem unscharfen Leistungsversprechen entsprang schließlich eine Fehldefinition des Marktes. So konzentrierte sich das Unternehmen auf die Navigation im Auto, wo ein physisches Navigationssystem sicherlich Sinn ergab. Es war jedoch die holistischere Marktdefinition der Konkurrenz, die TomTom zum Verhängnis wurde. Zweifelsfrei wäre ein weitgefassteres Marktverständnis eine bedeutende Grundlage einer erfolgreichen Verteidigungsstrategie gewesen. Womöglich hätte sich das Unternehmen völlig anders verhalten, wäre der Markt weitergefasst verstanden worden. Eine Definition des Leistungsversprechens als „Navigation in allen Lebenslagen" hätte es dem niederländischen Unternehmen erleichtert, die Bündelung von Kartenmaterial, -software und Gerät deutlich früher gegen flexiblere Produktkonstellationen zu tauschen.

Tabelle 4.20: Transformation des TomTom-Geschäftsmodells (Quelle: eigene Darstellung).

Leistungsversprechen			
Das „Leben" der Kunden verbessern – durch TomToms kombinierte Expertise in den Bereichen Routenführung, digitale Inhalte sowie Orientierungsdienste auf allen kundenrelevanten Plattformen.			
Leistungserstellung	**Leistungsangebot**	**Kostenmodell**	**Ertragsmodell**
Die Entwicklung von Navigationsgeräten wurde als Kerngeschäft betrachtet	Dogmatische Fokussierung auf den (motorisierten Individual-) Verkehr	Höhere Kosten durch die Bündelung von Karten-Software mit Geräte-Hardware	Festhalten am proprietären Paradigma physischer Navigationsgeräte
Möglichkeiten des Crowd-Sourcing zur unentgeltlichen Kartenerstellung und -optimierung blieben unerkannt und ungenutzt	Unterschätzung der wachsenden Bedeutung von Smartphones im Zusammenspiel mit Diensten und Apps wie Google Maps	Hohe Kostenbasis durch Kartenlizenzierung und den späteren Kauf des Kartenmaterialanbieters Tele Atlas	Im Verhältnis zu den Markteindringlingen teure Preisstruktur
Stattdessen Lizenzierung von Kartendaten	Fehlende Verknüpfung mit nutzerrelevanten Zusatznutzen, dadurch zunehmend unattraktives Leistungsangebot	Kostensparpotenziale durch automatisierte Optimierung mittels Bewegungsdaten oder unentgeltliche Kartenoptimierung durch Nutzer wurden nicht verwirklicht	Blindheit für innovative, alternative Ertragsmodelle
Nutzerdaten blieben ungenutzt, um bspw. preisgünstig und schnell hochaktuelle Verkehrsinformationen zu liefern			Aktualisierungen von Kartenmaterial als Erlösquelle

Leistungsangebot

Mehr und mehr Nutzer scheuten das eigenständige (dedizierte) Navigationsgerät zugunsten der Smartphones. Doch anstatt die veränderten Bedürfnisse der Zielgruppe ernst zu nehmen, wurde zu lange am eigenen Gerät festgehalten [6]. Das bedeutet jedoch nicht, dass TomTom die Zeichen der Zeit nicht erkannt hätte. Schon früh war TomTom mit einer eigenen Navigationsapp in den App-Stores der großen Handy-Anbieter vertreten [7]. Zum Verhängnis wurde dem Unternehmen die Kannibalisierungsangst. Den Kern des Leistungsangebots bildete seit der Markteinführung des TomTom Go-Gerätes der Vertrieb von physischen Navigationssystemen. Das Gerät inklusive des Kartenmaterials und der Navigationsführung wurde als ein untrennbares Produktbündel angesehen. Anders bei Google. Der Suchmaschinenmonopolist begriff seinen Google-Maps-Dienst als eine Art ‚Maps as a Service'-Konzept. Nicht ein Gerät, das Kartenmaterial und Navigationsführung vereinte, bildete demnach den Kern des Angebots. Stattdessen waren es aufbauende Informationsangebote, die zumindest teilweise durch Werbung monetarisiert wurden. Um attraktiv für Werbepartner zu werden, benötigte Google daher zwingend eine möglichst große Nutzerbasis. Analog zur Erfolgsformel der Suchmaschine wurde der Service deshalb von Anfang an gratis angeboten [8]. Damit konnte das Unternehmen TomTom, dessen Karten für die Smartphone-App zumeist weiterhin bis zu 100 Euro kosteten, nicht konkurrieren [9].

Hinzukam, dass sich die Nutzergewohnheiten durch das Google-Angebot allmählich änderten. Für TomTom war Navigationsführung auf der Straße der relevante Markt, damit waren Fahrzeuglenker die Kernzielgruppe. Die Konkurrenz dachte breiter. Die Internetnutzerin, die sich online über die Öffnungszeiten eines Ladengeschäfts informierte, wollte anschließend wissen, wie sie mit öffentlichen Verkehrsmitteln oder dem Fahrrad am schnellsten zum Geschäft kommt. Auf dem Weg dorthin orientierte sie sich mobil mit dem Smartphone. Dieses eingeübte Verhalten übertrug sie anschließend auf andere Situationen. Beispielsweise, in denen sie mit dem Auto unterwegs war – immerhin war der Service von Google gratis. Ermöglicht wurde diese Entwicklung insbesondere von dem Durchbruch des Smartphones mit der Einführung des iPhone 2007. Anstelle auf ein teures zusätzliches Gerät für mehrere 100 Euro griffen Nutzer vermehrt auf das bereits vorhandene Smartphone mit Kartenmaterial zum Nulltarif zurück [10].

Dabei kamen Nutzer mehr und mehr in den Genuss einzigartiger Zusatzleistungen. Früh ermöglichte es Google, detaillierte Informationen zum Zielort einzusehen. Dies waren beispielsweise Öffnungszeiten, Unternehmensprofile, interessante Sehenswürdigkeiten in der Umgebung oder Bewertungen anderer Nutzer. Auch konnte Google bereits Jahre vor TomTom die aktuelle Verkehrssituation in die Navigationsführung integrieren. Gleichzeitig verzichtete Google darauf, diesen Zusatzservice zu verrechnen [11]. TomTom führte den betreffenden Service erst mit einiger Verzögerung für seine Oberklassenmodelle ein [12]. Die Disruption seitens Google wurde also durch drei Faktoren begünstigt: die offene Flanke im Preiseinstiegssegment, die Kannibalisierungsangst des etablierten Anbieters und die sich verändernden Nutzergewohnheiten. Einmal Fahrt aufgenommen, konnte der Suchmaschinengigant sein Angebot durch Zusatzleistungen konsequent attraktiver gestalten.

Leistungserstellung

Wie im vorangegangenen Abschnitt bereits deutlich wurde, konzentrierte sich das TomTom-Management stark auf in der Vergangenheit erfolgreiche und bewährte Konzepte. Das Navigationssystem für das Kraftfahrzeug, intern PND (personal navigation device) genannt, bestimmte die Denkkategorien [13]. Die Kernaktivität der Leistungserstellung war folglich die Entwicklung und Produktion von Navigationsgeräten – zumindest in den Augen der Verantwortlichen. Das Bündel aus Gerät, Software und Kartenmaterial wurde als untrennbare Einheit betrachtet. Dass gleichzeitig hohe Preise für Kartenaktualisierungen verlangt wurden, unterstreicht dies.

Weiterhin verließ sich das Unternehmen bei der Produktentwicklung ausschließlich auf das Know-how der eigenen Entwickler. Diese hatten schließlich bereits für den Palm Handheld ähnliche Software erstellt. Das Kartenmaterial wurde beim externen Unternehmen Tele Atlas lizenziert, das ebenfalls Kartenmaterial für Google bereitstellte. Erst spät fiel die Entscheidung, Tele Atlas zu übernehmen [14]. Zu diesem Zeitpunkt verfügte Google allerdings bereits über eigenes Kartenmaterial und hatte die Kooperation mit Tele Atlas beendet [15].

Google setzte konsequent auf intelligente und vor allem kostengünstige Lösungen zur Kartenmaterialgenerierung. Schon früh forderte das Unternehmen seine Nutzer auf, interessante und relevante Örtlichkeiten auf den Karten zu markieren und mit (aktuellen) Informationen zu versehen. So können Privatpersonen nicht nur neue Attraktionen für alle sichtbar hinzufügen, sie können auch Fotos der Umgebung oder Bewertungen hinterlassen. Google bietet Unternehmen die Möglichkeit, sich selbst einzutragen. Diese können relevante Details, wie Öffnungszeiten, Telefonnummern, Kontaktadressen und Preise, sowie viele weitere Informationen ergänzen. Auf diese Weise lässt Google die Nutzer für sich arbeiten. Des Weiteren nutzte Google die Daten der Nutzer überaus effektiv. Durch anonymisierte Bewegungsdaten war Google schon früh in der Lage, seine Karten kostengünstig zu optimieren sowie Verkehrsstörungen zu ermitteln [16].

Allerdings waren auch bei TomTom Crowd-Sourcing-Ansätze zu finden. Bereits 2007 ermöglichte das Unternehmen seinen Nutzern, mittels ‚Map Share' Fehler in den Karten zu melden und mit anderen Nutzern zu teilen. Jedoch mussten Nutzer Änderungen im Gerät eingeben und dieses später manuell mit dem Computer verbinden, damit eine Synchronisation stattfinden konnte [17]. Diese systemischen Barrieren lassen Halbherzigkeit bezüglich der Ansätze vermuten. Im Resultat hemmte dies den Nutzen für das Unternehmen, da der Erfolg solcher Konzepte maßgeblich von ihrer Nutzerfreundlichkeit abhängt.

Kostenmodell

Bedingt durch die arbeitsintensivere Art der Leistungserstellung war die Kostenstruktur bei TomTom eine gänzlich andere als beim Herausforderer Google. Google setzte auf Cloud-basierte und somit auf eine stark skalierbare Bereitstellung des Kartenmaterials und der Navigation. Die Kostenbasis war dadurch hochgradig variabel. Im Gegensatz dazu konzentrierte sich TomTom auf eigenständige, physische Navigationssysteme. Zur Entwicklung der Routenführungssoftware kamen damit Entwicklungs- und Produktionskosten für die dazugehörigen Geräte sowie das Zubehör hinzu. Diese Fixkosten spiegelten sich in den höheren Preisen der PNDs wider.

Auch der bereits angeführte geringere Anteil an intelligenter und preisgünstiger datengetriebener Kartenoptimierung und -erstellung führte zu höheren Fixkosten. Verursacht wurden diese beispielsweise durch den Bedarf an Personal, das die Kartenoptimierung und -korrektur durchführte. Hinzu kamen im Verlauf – bereits getrieben durch den Erfolg von Google – hohe außerordentliche Kosten durch die Übernahme des Kartografieanbieters Tele Atlas. Ein Schritt, der retrospektiv deutlich zu spät kam. Google hatte sich bereits am Markt durchgesetzt.

Ertragsmodell

TomTom hielt zu lange am Paradigma der proprietären physischen Navigationsgeräte (PND) fest. Innovative und alternative Ertragslogiken wurden nicht vorangetrieben, da das Unternehmen Kannibalisierung durch App-Lösungen fürchtete. Bestehende Erlösquellen galt es zu verteidigen. TomTom setzte folglich zu lange auf das transaktionsbasierte Ertragsmodell der Handelswelt und damit auf Stückverkäufe von hochpreisigen Navigationssystemen und Karten-Updates. Die Flanke im Preiseinstiegssegment lag deswegen weit offen.

Dank des Nulltarifes verziehen Nutzer Google bereitwillig das anfängliche Fehlen sprachgestützter Wegführung. Dieses wurde schlussendlich 2010 ergänzt. Einmal Fuß gefasst, gelang es der Konkurrenz, durch die unschlagbare Verknüpfung von Navigation und nützlicher Information zu überzeugen (siehe Leistungsangebot). Nach Ergänzung der sprachgestützten Wegführung bot Google somit de facto die gleiche Leistung zum Nulltarif an. Der hohe Einmalpreis eines Navigationsgeräts wurde aus Kundenperspektive durch niedrige monatliche Kosten einer mobilen Datenflatrate ersetzt. Ermöglicht wurde dies nicht zuletzt durch Googles Ertragsmodell, da das Unternehmen Erlöse durch Werbung statt durch Stückverkäufe generierte.

Nicht verschwiegen werden soll an dieser Stelle jedoch, dass der US-amerikanische Konkurrent mit großer Wahrscheinlichkeit auch dank der enormen Finanzkraft des Mutterkonzerns auf Erfolgskurs segelte. Es lässt sich dennoch fragen, ob TomTom in dieselbe Schieflage geraten wäre, hätte es seine Smartphone-App frühzeitig als Zukunftsmodell akzeptiert. In diesem Fall hätten die Niederländer ihr Angebot wohl von Anfang an konsequent als erschwingliches Abonnement konzipiert und sich wahrhaftig ‚Geräteagnostisch' verhalten.

Fazit

Disruptoren verändern grundlegend die Geschäftslogik einer Branche. TomTom selbst hat mit der Erfindung des Navigationsgerätes eine solche Disruption im Bereich der Navigationslösungen ausgelöst und davon insbesondere bis in die zweite Hälfte der 2000er Jahre stark profitiert [18]. Straßenkarten gehörten mit der Einführung des TomTom Go-Gerätes bald der Vergangenheit an. Doch selbst hoch innovative und erfolgreiche Disruptoren sind nicht vor dem Untergang geschützt. Dies kann dann passieren, wenn sie die Zeichen einer erneuten Disruption am Markt nicht erkennen.

Der Fall verdeutlicht die Relevanz eines guten Leistungsversprechens, denn auf dessen Basis wurde der Markt zu eng definiert. Als Folge liefen die anderen vier Dimensionen am Markt vorbei. Ins Hintertreffen geriet TomTom hinsichtlich der Leistungserstellung. Im Nachhinein betrachtet war die Unterschätzung der Relevanz mobiler Endgeräte fatal. TomTom wurde vom Suchmaschinenriesen Google überholt und taumelte in eine schwere Krise [19]. Die passive Schockstarre der Unternehmensführung und die Starrheit im Denken liess die Geschäftsmodelltransformation misslingen. Im Resultat wies TomTom im Geschäftsjahr 2017 für die bedeutende Endkunden-Sparte 11 Millionen Euro operativen Verlust aus. Verhängnisvoll, denn sie ist immerhin für gut 46 % des Unternehmensumsatzes verantwortlich [20].

Literaturverzeichnis

[1] Vgl. National Coordination Office for Space-Based Positioning, Navigation, and Timing (2018), Selective Availability, 9.2.2018, https://www.gps.gov/systems/gps/modernization/sa/.
[2] Vgl. TomTom NV (2018), History, 7.2.2018, http://corporate.tomtom.com/history.cfm.
[3] Vgl. TomTom NV (2009), Annual Reports and Accounts 2009, S. 16–18.
[4] Vgl. Statista (2018), Absatz von Navigationsgeräten in Deutschland von 2005 bis zum 1. Halbjahr 2017 (in 1.000), 9.2.2018, https://de.statista.com/statistik/daten/studie/3902/umfrage/entwicklung-der-verkaufszahlen-von-navigationsgeraeten-seit-2005/.
[5] Vgl. TomTom NV (2009), Annual Reports and Accounts 2009, S. 9.
[6] Vgl. Taub, E. A. (2015), What Stand-Alone GPS Devices Do That Smartphones Can't, The New York Times, 15.7.2015, https://www.nytimes.com/2015/07/16/technology/personaltech/what-stand-alone-gps-devices-do-that-smartphones-cant.html.
[7] Vgl. Wortham, J./Helft, M. (2009), Hurting Rivals, Google Unveils Free Phone GPS, in: The New York Times, 29.10.2009, http://www.nytimes.com/2009/10/29/technology/companies/29gps.html.
[8] Vgl. Hauk, M. (2014), Daten für Milliarden, in: Süddeutsche, 18.10.2014, http://www.sueddeutsche.de/digital/geschaeftsmodelle-von-google-und-facebook-daten-fuer-milliarden-1.2270247.
[9] Vgl. Wortham, J./Helft, M. (2009), Hurting Rivals, Google Unveils Free Phone GPS, in: The New York Times, 29.10.2009, http://www.nytimes.com/2009/10/29/technology/companies/29gps.html.
[10] Vgl. Hofer, J. (2015), Die Untoten der Windschutzscheibe, in: Handelsblatt, 25.5.2015, http://www.handelsblatt.com/unternehmen/it-medien/tragbare-navigationsgeraete-die-untoten-der-windschutzscheibe/v_detail_tab_print/1180805.
[11] Vgl. Wang, D. (2007), Stuck in Traffic?, 28.2.2007, https://googleblog.blogspot.ch/2007/02/stuck-in-traffic.html.

[12]   Vgl. Taub, E. A. (2011), Live Traffic Comes to TomTom, 5.1.2011, https://gadgetwise.blogs.nytimes.
      com/2011/01/05/live-traffic-comes-to-tomtom/.
[13]   Vgl. Financial Times (2016), TomTom: lost and found, in: Financial Times, 19.4.2016, https://www.ft.
      com/content/246b42ba-0621-11e6-a70d-4e39ac32c284.
[14]   Vgl. Financial Times (2008), TomTom troubles, in: Financial Times, 8.4.2008, https://www.ft.com/con
      tent/b765e14e-056f-11dd-a9e0-0000779fd2ac.
[15]   Vgl. Wortham, J./Helft, M. (2009), Hurting Rivals, Google Unveils Free Phone GPS, in: The New York
      Times, 29.10.2009, http://www.nytimes.com/2009/10/29/technology/companies/29gps.html.
[16]   Vgl. Wang, D. (2007), Stuck in Traffic?, 28.2.2007, https://googleblog.blogspot.ch/2007/02/stuck-in-
      traffic.html.
[17]   Vgl. Biersdorfer, J. D. (2007), Updating Maps on the Spot and Sharing the Fixes, in: The New York
      Times, 14.6.2007, http://www.nytimes.com/2007/06/14/technology/14gps.html.
[18]   Vgl. Arthur, C. (2015), Navigating decline: what happened to TomTom?, in: The Guardian, 21.7.2015,
      https://www.theguardian.com/business/2015/jul/21/navigating-decline-what-happened-to-tomtom-
      satnav.
[19]   Vgl. NASDAQ (2018), Stock Prices of TomTom NV 2008-2018, 12.2.2018,
      https://www.nasdaq.com/symbol/tmoaf/stock-chart?intraday=off&timeframe=10y&splits=off&earnings=
      off&movingaverage=None&lowerstudy=volume&comparison=off&index=&drilldown=off.
[20]   Vgl. TomTom NV (2017), Annual Report 2017, S. 6.

Praktiker

Ausgangssituation und Zielsetzung der Fallstudie

„20 % auf alles – außer Tiernahrung": Wer heute an die Baumarktkette Praktiker denkt, dem kommt unweigerlich dieser Werbeslogan in den Sinn. Doch die Insolvenz von Praktiker 2013 nur auf margenfressende Rabattaktionen zurückzuführen, würde das große Ganze außer Acht lassen.

Dem verheerenden Ende ging eine lange Erfolgsgeschichte voraus. Das Unternehmen wurde 1978 im saarländischen Kirkel gegründet und später von der Metro AG übernommen. Von Anfang an richtete sich Praktiker strategisch am Discountprinzip aus, seit 1982 unter dem Claim „Der billige Baumarkt" [1]. In den 80er Jahren brach in der Baumarktbranche Goldgräberstimmung aus. Auch Praktiker war durch eine Vertriebsnetzerweiterung im In- und Ausland stark gewachsen. Unter den Neuzugängen befanden sich unter anderem Märkte der BayWa, Real-Kauf, Bauspar, extra BAU + HOBBY und Top-Bau [2]. Mit der Übernahme von Max Bahr im Jahr 2007 wurde Praktiker zur zweitgrößten Bau- und Heimwerkermarkt-Kette Deutschlands nach Obi. Der Umsatz belief sich im selben Jahr auf mehr als 3,9 Milliarden Euro, bei einem operativen Ergebnis von 116 Millionen Euro (EBITA) [3]. Das Vertriebsnetz umfasste 2009, zum Höhepunkt der Expansion, beinahe 440 Filialen in neun europäischen Ländern und annähernd 24 000 Vollzeitmitarbeiter [4–6]. Dies schienen keine schlechten Aussichten zu sein.

Anmerkung: Die Fallstudie entstand in Zusammenarbeit mit Kathrin M. Neumüller (Universität St.Gallen).

Doch der Schein trog, denn Praktiker steckte schon seit Mitte der 90er Jahre in der Krise. Um auf die Herausforderungen einer zunehmend höheren Wettbewerbsintensität zu reagieren, startete das Unternehmen 2002 eine Geschäftsmodelltransformation [7]. Doch diese endete elf Jahre später in einem Insolvenzverfahren. Die vorliegende Fallstudie zeigt, dass nur eine konsequent und fokussiert umgesetzte Geschäftsmodelltransformation erfolgreich sein kann. Der gewünschte Erfolg tritt nicht durch die isolierte Einzeloptimierung der fünf Handlungsfelder ein. Vielmehr bedarf es einer ganzheitlich orchestrierten Geschäftsmodelltransformation, die konsequent bis zum Abschluss verfolgt wird.

Leistungsversprechen

Das anfängliche Leistungsversprechen „Der billige Baumarkt" trug wegen der negativen Konnotation des Wortes ‚billig' erheblich zu einer ungünstigen Beurteilung der Gesamtleistung bei. Das Versprechen wurde 1999 durch „Geht nicht, gibt's nicht" ersetzt (Vgl. Tabelle 4.21). Damit wandte sich Praktiker an Bastler und Hobby-Handwerker. Ursprünglich als Ausdruck des Selbstverständnisses der Heimwerker gemeint, ließ der Claim auf eine ausgeprägte Serviceorientierung hoffen und stellte damit einen hohen Leistungsanspruch an die Mitarbeiter. Kunden wollen üblicherweise im Baumarkt nicht nur wissen, wo bestimmte Werkzeuge im Laden zu finden sind, sondern auch, wie diese bedient werden [8]. Von Anfang an wurde Praktiker als Preisführer wahrgenommen. Allerdings konnte das Unternehmen nicht dem hohen Beratungsanspruch gerecht werden. Praktiker erkannte dieses Problem und passte das Leistungsversprechen im Rahmen der Transformationsstrategie an. Die neue Botschaft hieß: „Hier spricht der Preis". Ziel der Repositionierung war, das günstige Preisimage mit einer zumindest als durchschnittlich wahrgenommenen Beratungsleistung zu verbinden [9, 10]. Bis es jedoch dazu kam, arbeitete der Konzern ohne ein eindeutiges Leistungsversprechen weiter. Das zeitweise fehlende Leistungsversprechen spiegelte die Orientierungslosigkeit des Konzerns wider und führte zu interner Ungewissheit. Es erfüllte nicht den Anspruch, sämtliche Wertschöpfungsaktivitäten mit der strategischen Ausrichtung des Unternehmens in Einklang zu bringen. Vielmehr bremste es die gemeinsam getragenen Veränderungsprozesse während der Transformation.

Leistungsangebot

Das Unternehmen Praktiker verfolgte zwei Strategien. Zum einen war dies die Qualitätsführerschaft mit der Premiummarke Max Bahr [11]. Diese bot ein breites Sortiment und kompetente Beratung zu einem guten Preis-Leistungs-Verhältnis. Neben Hobby-Heimwerkern wurden auch Profis bedient. Zum anderen forcierte Praktiker selbst die Preisführerschaft. Im Zentrum der Bemühungen stand dabei der preisbewusste Heimwerker. Der Konzern trat als Komplettanbieter mit einem breiten Warensortiment aus den Bereichen Renovieren, Bauen, Werkstatt, Wohnen, Garten und Freizeit auf. Dazu gehörten Eigenmarken und Produkte bekannter Anbieter. Praktiker

Tabelle 4.21: Transformation des Praktiker-Geschäftsmodells (Quelle: eigene Darstellung).

Leistungsversprechen

Anpassung von „Geht nicht, gibt's nicht" auf „Hier spricht der Preis". Ein teilweise fehlendes Leistungsversprechen führte zu Orientierungslosigkeit bei den Mitarbeitern.

Leistungserstellung	Leistungsangebot	Kostenmodell	Ertragsmodell
Dreistufige Transformationsstrategie war in Phase 1 (Kostensenkung) und Phase 2 (Preiskampagne für mehr Liquidität) erfolgreich	Angestrebte Qualitätsführerschaft mit der Schwestermarke Max Bahr	Kostensenkungsmaßnahmen im Zuge der Transformation angestoßen und erfolgreich durchgeführt	Ertragsmodell war auf Wachstum ausgelegt, anstatt in bestehende Baumärkte zu investieren und so die Umsatzrentabilität zu steigern
Phase 3 (Schließung oder Aufwertung sanierungsbedürftiger Filialen) wurde nicht konsequent umgesetzt	Kostenführerschaft durch Praktiker Praktiker wurde als Preisführer wahrgenommen, war aber beratungsschwach	Straffung des Sortiments wirkte sich wiederum positiv auf Logistikkosten und Kapitalbindung aus Filialnetzerweiterung erhöhte Kosten massiv (unterschiedliches Konzept, lange Mietverträge, schlechter Zustand von zugekauften Märkten)	Ertrag wurde durch hohen Absatz generiert

war zwar Preisführer, doch schon in den 80er Jahren bemängelten Kunden die Beratungsleistung. Oftmals marode Baumärkte und Standorte in B-Lagen färbten zusätzlich negativ auf die Kompetenzwahrnehmung der Mitarbeiter ab.

Leistungserstellung

Eine dürftige Beratungsleistung und oftmals marode Baumärkte prägten die Leistungserstellung maßgeblich. Das dunkelblaue Logo mit neongelbem Schriftzug, reißerische Marketing-Claims und chaotische Märkte, die Lagerhallen glichen, sorgten für kein entspanntes Einkaufserlebnis. Der unansehnliche Verkaufsort inspirierte Kunden kaum, ihr Heim zu verschönern, geschweige denn lud er zum Verweilen ein.

Der preissensible Kunde nahm dieses schlechte Einkaufserlebnis in Kauf, solange er kaum andere Anbieter zur Auswahl hatte. Als in den 80er Jahren die ganze Heimwerkerbranche neue Filialen eröffnete, brach ein Verdrängungswettbewerb aus. Neben diesem Treiber aus dem Makroumfeld trugen später auch Treiber aus dem Mikroumfeld zu den Veränderungsprozessen bei. Kunden fingen an, sich per Apps über die besten Angebote zu informieren. Im Zuge dessen etablierten sich Bauhaus, Hornbach und Obi als Premiumanbieter für professionelle Handwerker. Praktiker geriet unter Zugzwang, sein Geschäftsmodell und damit auch die internen Strukturen sowie Prozesse anzupassen.

Die Geschäftsmodelltransformation betraf alle fünf Handlungsfelder. Übergeordnetes Ziel war die Repositionierung der Marke mit einem stärkeren Beratungsfokus. Um dies zu bewerkstelligen, mussten die organisationalen Strukturen und Prozesse angepasst werden. Die Transformation erfolgte in drei Phasen. Um die Organisationsstruktur zu verschlanken und Kosten zu senken, wurden in der ersten Phase einige weniger profitable Märkte geschlossen. In der zweiten Phase sorgte die als Strohfeuer angelegte Kampagne „20 % auf alles – außer Tiernahrung" für Liquidität. Sie zeigte auf Anhieb Wirkung, denn die Kundenfrequenz stieg und der EBITA verbesserte sich von 23 Millionen Euro im Jahr 2003 auf 59,3 Millionen Euro in 2004 [12]. Mit diesen finanziellen Ressourcen sollte nun in der dritten Phase die Organisationsstruktur überarbeitet werden. Umsatzschwache Standorte sollten geschlossen oder saniert werden.

Doch Phase drei wurde nicht mehr umgesetzt. Die positive Entwicklung als Folge der Preiskampagne – der flächenbereinigte Umsatz wuchs 2003 um 10,8 % – verleitete die Metro dazu, mit ihrer Baumarktkette an die Börse zu gehen [13]. Praktiker erwirtschaftete aufgrund des erfolgreichen Börsengangs Emissionserlöse in Höhe von 108 Millionen Euro [14]. Jedoch floss das Geld – anders als zunächst geplant – nur teilweise in die sanierungsbedürftigen deutschen Filialen. Stattdessen wurde das Kapital für die Expansion in Osteuropa genutzt. 2009 geriet das Auslandsgeschäft mit einem Umsatzrückgang von 15,7 % in eine tiefe Rezession [15]. Anstatt zum langfristigen Wachstumsschlager zu werden, entpuppte sich das Osteuropageschäft als chronische Belastung.

Übrig von den ursprünglichen Sanierungsbemühungen blieb lediglich das Easy-to-Shop-Konzept. Ziel war, die Praktiker-Märkte durch ein übersichtliches Layout kundenfreundlicher zu gestalten. Schwache Standorte sollten revitalisiert und das Angebot mehr am Kunden ausgerichtet werden, der nicht nur Geld, sondern auch Zeit beim Einkaufen sparen will. Dieses Konzept stieß beim Kunden auf positive Resonanz und führte in den umgebauten Standorten zu Umsatzsteigerungen. Jedoch fielen diese Steigerungen nicht hoch genug aus, um sich im unternehmensinternen Wettbewerb um die begrenzten Investitionsmittel durchzusetzen [16, 17].

Der stetige Fokus auf die Filialnetzerweiterung wirkte sich negativ auf die Prozesse der Leistungserstellung aus. Erstens fehlten die finanziellen Mittel, um die Beratungsfähigkeiten der Mitarbeiter zu verbessern. Zweitens wurden die physikalischen Ressourcen – in diesem Fall die Baumärkte – nicht aufgewertet. Dabei spielen diese bei der Leistungserstellung eine zentrale Rolle, denn sie tragen maßgeblich zum Einkaufserlebnis bei. Drittens steigerte das große Filialnetz die Komplexität der Warenbeschaffung durch eine stetig ansteigende Zahl an Lieferanten.

Kostenmodell

In einer stabilen Unternehmensumwelt reicht es aus, das Kostenmodell zu optimieren. Ausgehend vom Ziel der Kostenführerschaft läutete die Transformationsstrategie Maßnahmen zur Kostensenkung ein. Diese umfassten sowohl die Schließung und Sanierung von Standorten als auch die Optimierung des Logistiknetzwerkes und des

Sortiments. Praktiker investierte im Jahr 2000 100 Millionen Euro in die Sortimentsbereinigung und die Umbauten in 16 Baumärkten [18]. Allein im Geschäftsjahr 2001 kamen weitere Investitionen in Höhe von 39 Millionen Euro auf Praktiker zu, um neue Filialen im In- und Ausland zu eröffnen, kleinere Märkte in Deutschland zu schließen und das Sortimentskonzept zu reduzieren [19]. Die Straffung des Sortiments reduzierte dieses um 23 %. Dies wirkte sich wiederum positiv auf Logistikkosten und Kapitalbindung aus. Insgesamt schloss der Vorstandsvorsitzende Werner zwischen 2001 und 2010 45 Märkte. 2 000 Stellenwurden vor allem in den Filialen abgebaut [20].

Diese Kostensenkungsmaßnahmen erwiesen sich als sehr erfolgreich, doch konnten sie das eigentliche Problem nicht beheben. Problematisch war vor allem das viel zu große Filialnetz. Annähernd die Hälfte der Praktiker-Märkte war von kleinen Wettbewerbern zugekauft und unterschied sich hinsichtlich Format und Konzept. Lange und nachteilige Mietverträge und ein schlechter Zustand der Filialen erhöhten die Kosten zusätzlich. Der ständige Zuwachs hatte überproportional hohe Kosten zur Folge, die nicht von den zusätzlich generierten Erträgen abgefangen wurden. Das Easy-to-Shop-Konzept war ein (gescheiterter) Versuch, das Leistungsangebot neu auszurichten und somit das Kostenmodell zu vereinfachen.

Ertragsmodell
Gemäß dem Discounterprinzip versuchte Praktiker vorrangig Ertrag durch hohen Absatz zu generieren. Die Kampagne „20 % auf alles – außer Tiernahrung" sowie die Expansion in ausländische Märkte sollten schnelles Wachstum generieren. Um dem Umsatzrückgang ab den 90er Jahren entgegenzuwirken, waren immer aggressivere Wachstumsstrategien notwendig.

Ein Blick auf die Lebenszyklusphasen von Industrien – Entstehung, Wachstum, Reife und Sättigung – bietet eine Erklärung für die Entwicklung des Konzerns. In der Blütezeit der Heimwerkerbranche in den 80er Jahren verfolgte die Baumarktbranche mehrheitlich eine Strategie, die auf Wachstum durch Vertriebsnetzerweiterung basierte. Die Baumarktdichte war 1982 weniger als halb so hoch wie im Jahr 2012 [21]. In dieser Wachstumsphase entstand Wertschöpfung hauptsächlich durch zusätzlichen Umsatz, nicht durch eine Gewinnsteigerung aufgrund verbesserter Filialen oder eines angepassten Sortiments.

Als die Branche von der Wachstumsphase in die Reifephase überging und der Markt sich sättigte, verpasste Praktiker den Moment, sein Ertragsmodell zu transformieren und auf Bottom-Line-Wachstum zu setzen. Im Gegensatz zu Praktiker schaffte es Hornbach, Produktivitätssteigerungen zu erzielen: Während Hornbach 2012 einen Flächenumsatz von 2.230 Euro pro Quadratmeter erwirtschaftete, lag der Wert von Praktiker lediglich bei 1.253 Euro pro Quadratmeter [22]. Eine nachhaltige Strategie entgegen der kurzfristigen Erwartungen des Kapitalmarktes hätte operative Verbesserungen in den bestehenden Filialen eingeläutet [23]. Das Easy-to-Shop-Konzept war ein erster

Schritt, um die Umsatzrentabilität zu steigern. Es bereinigte das Sortiment von absatz- und margenschwachen Produkten und verbesserte das Einkaufserlebnis vor Ort.

Fazit

Hinter der Insolvenz verbarg sich hauptsächlich eine inkonsequent umgesetzte Geschäftsmodelltransformation . Praktiker hielt an einem schlecht geführten Filialnetz fest und folgte einer Strategie, die nicht auf nachhaltiges Wachstum ausgerichtet war. Das Unternehmen verpasste den Moment, um von einer ‚High-Growth-Strategy‘ zu einer ‚Low-Growth-Strategy‘ zu wechseln. Die Fallstudie zeigt, dass durch hohen Absatz und Umsatz zwar Liquidität erzeugt werden kann, doch eine Geschäftsmodelltransformation nur mit einem angepassten, nachhaltigen Ertragsmodell funktioniert. Zudem wird die Relevanz eines fokussierten Leistungsversprechens verdeutlicht, das Maßnahmen und unternehmensinterne Aktivitäten orchestriert.

Literaturverzeichnis

[1] Vgl. Maucher, C. (2014), Praktiker ist pleite „20 Prozent auf alles – außer Tiernahrung", in: Focus, 17.3.2014, https://www.focus.de/finanzen/news/unternehmen/praktiker-ist-pleite-20-prozent-auf-alles-ausser-tiernahrung_id_3700777.html.

[2] Vgl. Praktiker (2006), Geschäftsbericht Praktiker 2005, in: Equity Story, 1.5.2006, http://www.equitystory.com/download/companies/praktiker/Annual%20Reports/DE000A0F6MD5-JA-2005-EQ-D-00.pdf.

[3] Vgl. Praktiker (2009), Geschäftsbericht Praktiker 2008, in: Moreir, 1.4.2009, http://moreir.de/download/companies/praktiker/Annual%20Reports/DE000A0F6MD5-JA-2008-EQ-D-00.pdf.

[4] Vgl. ebd.

[5] Vgl. Praktiker (2006), Geschäftsbericht Praktiker 2005, in: Equity Story, 1.5.2006, http://www.equitystory.com/download/companies/praktiker/Annual%20Reports/DE000A0F6MD5-JA-2005-EQ-D-00.pdf.

[6] Vgl. ebd.

[7] Vgl. ebd.

[8] Vgl. Kernstock, J. (2007), Behavioral Branding als Führungsansatz, in: T. Tomczak, F. Esch, J. Kernstock, A. Herrmann (Hrsg.), Behavioral Branding. Wie Mitarbeiterverhalten Die Marke Stärkt, Gabler Verlag, Wiesbaden, S. 3–34.

[9] Vgl. Praktiker (2006), Geschäftsbericht Praktiker 2005, in: Equity Story, 1.5.2006, http://www.equitystory.com/download/companies/praktiker/Annual%20Reports/DE000A0F6MD5-JA-2005-EQ-D-00.pdf.

[10] Vgl. MetroGroup (2001), Geschäftsbericht der METRO AG 2000, in: MetroGroup, 1.4.2001, https://archiv.metrogroup.de/publikationen.

[11] Vgl. Praktiker (2009), Geschäftsbericht Praktiker 2008, in: Moreir, 1.4.2009, http://moreir.de/download/companies/praktiker/Annual%20Reports/DE000A0F6MD5-JA-2008-EQ-D-00.pdf.

[12] Vgl. MetroGroup (2005), Geschäftsbericht der METRO AG 2004, in: MetroGroup, 1.4.2005, https://archiv.metrogroup.de/publikationen.

[13] Vgl. MetroGroup (2004), Geschäftsbericht der METRO AG 2003, in: MetroGroup, 1.4. 2004, https://archiv.metrogroup.de/publikationen.

[14] Vgl. Praktiker (2006), Geschäftsbericht Praktiker 2005, in: Equity Story, 1.5.2006, http://www.equitystory.com/download/companies/praktiker/Annual%20Reports/DE000A0F6MD5-JA-2005-EQ-D-00.pdf.

[15] Vgl. Praktiker (2010), Geschäftsbericht Praktiker 2009, in: Equity Story, 1.4.2010, http://www.equi tystory.com/download/companies/praktiker/Annual%20Reports/DE000A0F6MD5-JA-2009-EQ-D-00.pdf.

[16] Vgl. Praktiker (2009), Geschäftsbericht Praktiker 2008, in: Moreir, 1.4.2009, http://moreir.de/down load/companies/praktiker/Annual%20Reports/DE000A0F6MD5-JA-2008-EQ-D-00.pdf.

[17] Vgl. Schröder, H. (2012), Handelsmarketing – Strategien und Instrumente für den stationären Einzelhandel und für Online-Shops Mit Praxisbeispielen, Gabler Verlag, Wiesbaden, S. 81–118.

[18] Vgl. Praktiker (2006), Geschäftsbericht Praktiker 2005, in: Equity Story, 1.5.2006, http://www.equi tystory.com/download/companies/praktiker/Annual%20Reports/DE000A0F6MD5-JA-2005-EQ-D-00.pdf.

[19] Vgl. MetroGroup (2002), Geschäftsbericht der METRO AG 2001, in : MetroGroup, 1.4.2002, https://archiv.metrogroup.de/publikationen.

[20] Vgl. Schlautmann, C. (2006), Der Mann mit der Kreissäge, in: Handelsblatt, 18.8.2006, http://www. handelsblatt.com/unternehmen/management/praktiker-chef-wolfgang-werner-der-mann-mit-der- kreissaege/2694380.html.

[21] Vgl. gemaba Gesellschaft für Markt- und Betriebsanalyse GmbH (2012), Baumarkt- Strukturuntersuchung 2012, in: EHI handelsdaten.de, 12.12.2012, https://www.handelsdaten.de/bau- und-heimwerkermaerkte/kennzahlen-der-baumaerkte-deutschland-jahresvergleich.

[22] Vgl. Dähne Verlag. (2018). Flächenproduktivität deutscher Baumarktunternehmen international in den Jahren 2012 bis 2016 (in Euro pro Quadratmeter), In: Statista, 11.4.2018, https://de.statista.com/ statistik/daten/studie/206136/umfrage/deutsche-baumaerkte-nach-flaechenproduktivitaet/.

[23] Vgl. Fisher, M./Gaur, V./Kleinberger, H. (2017), Curing The Addiction To Growth, in: Harvard Business Review, Vol. 95(1), 66–74.

Air Berlin

Ausgangssituation und Zielsetzung der Fallstudie

Nachdem der US-Pilot Kim Lundgren in den 70er Jahren seinen Job bei der Airline Pan American verloren hatte, entschied er sich dazu, selbst eine Charterairline zu gründen. Dies war die Geburtsstunde der Air Berlin Incorporated. Am 28. April 1979 folgte der Erstflug von Berlin-Tegel nach Palma de Mallorca – eine der Hauptdestinationen von Air Berlin bis zum Konkurs. Als Lundgren nach dem Mauerfall die Sonderflugrechte über Berlin verlor, übernahm 1991 Joachim Hunold 82,5 % der Air Berlin Inc. und grün- dete die Air Berlin GmbH & Co. Luftverkehrs KG.

Mit einem klaren Leistungsversprechen positionierte Hunold die Air Berlin als güns- tige Charterairline, die deutsche Ferienreisende von regionalen Flughäfen an attraktive Reiseziele am Mittelmeer transportierte. Die Strategie ging auf und die Airline erfreute sich einer großen Beliebtheit bei deutschen Pauschalreisenden. Nachdem Anfang des Jahres 2000 immer mehr Günstig-Airlines in den deutschen Markt eingedrungen waren, passte Air Berlin das Geschäftsmodell schrittweise an. Mit dieser Fallstudie möchten wir aufzeigen, wie das ursprüngliche Leistungsversprechen dabei immer stärker verwässert wurde – mit verheerenden Folgen.

Anmerkung: Die Fallstudie entstand in Zusammenarbeit mit Gianluca Scheidegger (Universität St.Gallen).

Leistungsversprechen

Managementversagen, Fehlinvestitionen, schädliche strategische Partnerschaften etc.: An Erklärungsgründen für den Konkurs der Air Berlin mangelt es nicht. Diese Fehlleistungen sind jedoch nicht die Kernursachen für das Scheitern der Airline, sondern vielmehr die Symptome eines deutlich schwerwiegenderen Problems: ein nicht fokussiertes Leistungsversprechen. Die koordinierende Rolle eines fokussierten Leistungsversprechens ist vor allem in einem turbulenten Markt, wie dem Airline-Business, von zentraler Bedeutung. Es ist dadurch nicht nur möglich, sich klar von den Mitbewerbern abzuheben. Es gibt auch den eigenen Mitarbeitern die nötige Orientierung.

Durch die Übernahmen und den Preiskampf mit Ryanair, EasyJet und Co. wurde das deutschlandweit bekannte Leistungsversprechen aus den 90er Jahren zunehmend verwässert. Die Fluggesellschaft, die einst für ihr gutes Preis-Leistungs-Verhältnis bekannt war, versuchte, die Preise zulasten von Service und Leistungsqualität immer tiefer zu drücken. Air Berlin glich sich so zunehmend der Billig-Konkurrenz an – nur, dass sie nicht die Kostenstruktur für die Abfederung der tiefen Preise besaß. Außerdem wurden mehr und mehr Destinationen ins Streckennetz aufgenommen, wodurch der Fokus auf Feriendestinationen am Mittelmeer verloren ging. Parallel dazu versuchte Air Berlin, sich schrittweise unter den Geschäftsreisenden zu etablieren und sorgte damit zusätzlich für einen unübersichtlichen Angebotsmix sowie eine diffuse Positionierung.

Gefangen irgendwo zwischen Preis- und Qualitätsführerschaft und ohne koordinierendes Leistungsversprechen steuerte Air Berlin auf turbulente Zeiten zu (Vgl. Tabelle 4.22). Erschwerend kam hinzu, dass nach einem Preiseinbruch Ende 2008 die Ölpreise zwischen 2009 und 2014 wieder auf ein hohes Niveau emporstiegen. Zudem erstarkte die Konkurrenz aus Nahost und weitere Billig-Airlines betraten den Markt.

Das unklare Leistungsversprechen von Air Berlin führte dazu, dass die Kunden keinen klaren Nutzen wahrnehmen konnten. Vor dem Konkurs konnte Air Berlin die Kunden vor allem in Bezug auf die funktionale Nutzendimension nicht überzeugen. Sie hatten weder den besten Preis noch die beste Qualität oder einen hervorragenden Service.

Leistungsangebot

Unter dem Druck der aufkommenden Low-Cost-Airlines entschied sich Air Berlin Anfang des Jahres 2000 dazu, den Fokus auf das profitable Kerngeschäft der Mittelmeerreisen zu stärken und zusätzlich das Leistungsangebot auszubauen. Ab September 2002 waren auch günstige Verbindungen zu europäischen Großstädten im Angebot. Hunold ging den Preiskampf mit den Low-Cost-Airlines ein und reduzierte ebenfalls die Preise für die angestammten spanischen Reiseziele. Durch die spätere strategische Partnerschaft mit Etihad wurde das Leistungsangebot im Bereich der Langstreckenflüge zusätzlich ausgebaut. Die Kunden mussten dafür jedoch einen Zwischenhalt in Abu Dhabi in Kauf nehmen.

Die Ausweitung des Leistungsangebots und die Partnerschaft mit Etihad führten dazu, dass sich die strategische Ausrichtung der Air Berlin immer weiter von den ur-

Tabelle 4.22: Transformation des Air Berlin-Geschäftsmodells (Quelle: eigene Darstellung).

Leistungsversprechen

90er Jahre: Günstige Charterairline, die deutsche Flugreisende von regionalen Flughäfen an attraktive Reiseziele am Mittelmeer bringt.

Ab ca. 2005: Guter Service zu günstigen Preisen. Sowohl für Geschäftsreisende als auch für Urlauber.

Über die Jahre hinweg häufig wechselnder Fokus zwischen Geschäftsreisenden und Urlaubern.

Leistungserstellung	Leistungsangebot	Kostenmodell	Ertragsmodell
Kauf und Beteiligung an verschiedenen Airlines	Reduktion der Ticketpreise	‚Shape & Size'-Sparprogramm	Direktplatzverkauf von Einzelplätzen
	Ausbau des Streckennetzes durch strategische Partnerschaften	Operative Kosten steigen durch Zukäufe	Einführung einer neuen Tarifstruktur ‚Your Fare'
Strategische Partnerschaft mit Etihad			
		Verkauf und Zurückleasen von Flugzeugen (Leaseback)	

sprünglichen Kunden entfernte. Anstatt sich auf eine profitable Zielgruppe zu fokussieren, wollte das Unternehmen mit dem neuen Angebot alle befriedigen: preissensible Geschäfts- und Urlaubsreisende mit Kurz-, Mittel- und Langstreckendestinationen. Diese Strategie ging nur schlecht auf: Air Berlin konkurrierte nun mit allen Airlines gleichzeitig, konnte sich aber in keinem Bereich profilieren. EasyJet und Ryanair waren günstiger; Lufthansa, British Airways und SWISS waren qualitativ überlegen.

Leistungserstellung

Durch den Ausbau ihrer Flugkapazitäten und durch die günstigen Ticketpreise wurde Air Berlin, gemessen an den Passagierzahlen, 2003 zur zweitgrößten Airline Deutschlands. Nur ein Jahr später setzte das Unternehmen den Expansionskurs rigoros fort: Hunold entschied sich dazu, nicht mehr nur organisch zu wachsen, sondern begann mit der Beteiligung an und Übernahme von diversen Airlines in der DACH-Region. In einem ersten Schritt übernahm Air Berlin 24 % der österreichischen Airline Niki. Ein Börsengang im Jahr 2006 spülte frisches Kapital in die Kassen der Air Berlin. Dieses neue Kapital wurde genutzt, um zusätzlich die deutsche Airline dba und den Ferienflieger LTU zu übernehmen. Zudem wurde sich an der Schweizer Airline Belair beteiligt.

Um den Kunden trotz roter Zahlen und Sparprogramm ein umfassendes Leistungsangebot präsentieren zu können und Liquiditätsprobleme zu umgehen, ging Air Berlin im Januar 2012 eine strategische Partnerschaft mit der Golf-Airline Etihad ein. Diese übernahm 29,9 % der Aktien und legte in einer Codeshare-Partnerschaft Teile ihres Streckennetzes mit Air Berlin zusammen. Die Partnerschaft mit Etihad beflügelte Air Berlin indessen kaum – bereits 2013 verzeichnete Air Berlin weitere schwere

Verluste in Höhe von 315,5 Millionen Euro [1]. Etihad verfolgte nämlich eigene Ziele: Passagierströme aus Deutschland sollten über die Golfregion geleitet werden. Daher musste Air Berlin durch die Kooperation mit Etihad ihr profitables Langstreckengeschäft nahezu vollständig an den Partner auslagern.

Kostenmodell

Die Akquisitionen und das Ziel, mehrere verschiedene Kundengruppen (Urlaubs- und Geschäftsreisende) bedienen zu können, verkomplizierten nicht nur den Leistungserstellungsprozess, sondern trieben auch die Kosten in die Höhe. Die neu übernommenen Airlines ließen sich nur schlecht in den Konzern integrieren. Anstatt durch die Zukäufe Skaleneffekte realisieren zu können, stiegen mit der Vielfalt die operativen Kosten des Konzerns. Während die Günstig-Konkurrenz Kosten durch eine einheitliche Flotte tief hielt – Ryanair fliegt lediglich mit Boeing 737-800 und EasyJet exklusiv mit Airbus A320 und A319 – nutzte Air Berlin neuerdings sieben verschiedene Flugzeugtypen von drei unterschiedlichen Anbietern. Dies führte unter anderem zu höheren Wartungskosten, steigenden Ausbildungskosten für Piloten und zu einer komplexeren Planung der Flugkapazitäten. Fällt beispielsweise bei Ryanair ein Flugzeug wegen eines technischen Defekts aus, kann dieses Flugzeug durch eine Maschine des gleichen Typs ersetzt werden. Sitzplätze, Piloten und Kapazitäten werden auf der Ersatzmaschine 1:1 übernommen. Besitzt eine Airline jedoch mehrere Flugzeugtypen, gestaltet sich dieser Prozess komplizierter: Falls keine identische Maschine zur Verfügung steht, muss der Pilot durch einen anderen ersetzt werden, da jeder Flugzeugtyp eine spezielle Ausbildung benötigt; die Sitzplätze der Fluggäste werden neu zugeteilt; die neue, eventuell kleinere Maschine kann nicht alle Passagiere transportieren, was wiederum kompensiert werden muss.

Air Berlin rutschte in die roten Zahlen und begann, das Kostenmodell zu verändern. Der langjährige CEO Hunold verließ das Unternehmen und wurde durch Hartmut Mehdorn ersetzt. Dieser gab den strikten Sparkurs ,**Shape & Size**' für die angeschlagene Airline vor. Das Kostenmodell wurde überarbeitet: Die Flotte wurde verkleinert und die unrentablen Destinationen, die während der großen Expansion unter Hunold dazugekommen waren, wurden aus dem Streckennetz gestrichen. Air Berlin verkaufte einen großen Teil ihrer Flugzeuge und leaste sie wieder zurück. Durch das sogenannte ,Leaseback' konnten steuerliche Vorteile realisiert und finanzielle Mittel freigesetzt werden – die laufenden Kosten wurden jedoch durch die Leasingraten erhöht.

Durch die Partnerschaft mit Etihad und das eingeleitete Sparprogramm gelang es Mehdorn, den Nettogewinn der Air Berlin im dritten Quartal 2012 zu verdoppeln. Nach einem nachsteuerlichen Rekordverlust von 420,4 Millionen Euro im Jahr 2011 wies die Airline in ihrem Geschäftsbericht 2012 einen operativen Gewinn von 70,2 Millionen Euro aus [2].

Ertragsmodell

Erträge generierte Air Berlin zunächst nur durch die Ticketverkäufe über Pauschalreiseveranstalter. Ab 1998 erfolgte dies zusätzlich über den Verkauf von 10 % der Sitzplätze direkt an Endkunden. Durch die wegfallenden Gebühren der Reiseveranstalter wurde somit 1998 ein Zusatzumsatz von ca. 35 Millionen Deutsche Mark erwirtschaftet [3]. Gleichzeitig stieg das Unternehmen in das Linienfluggeschäft ein: Air Berlin verband mit dem ‚Mallorca-Shuttle‘ ab 1998 deutsche Regionalflughäfen mit der spanischen Ferieninsel. Dieses neue Ertragsmodell – mit Fokus auf Einzelplatzverkäufe – bewährte sich in den folgenden Jahren. 2001 wurden bereits rund 25 % der Sitzplätze per Einzelplatzverkauf veräußert.

Strategische Entscheidungen hinsichtlich des Ertragsmodells orientieren sich idealerweise am Leistungsversprechen der Unternehmung. Die unklare Positionierung von Air Berlin führte jedoch dazu, dass der Airline bei der Anpassung des Ertragsmodells einige schwerwiegende Fehler unterliefen: Nach dem Markteintritt der Billigflieger wurde um das Jahr 2000 am Ertragsmodell zunächst nichts verändert. Anders als bei der Günstig-Konkurrenz wurden beispielsweise alkoholfreie Getränke und Snacks weiterhin kostenlos angeboten. Erst später, als die Rechnung (günstige Tickets, guter Service und kostenlose Verpflegung) nicht mehr aufzugehen schien, wurde das Ertragsmodell fortlaufend auf sogenannte ‚Ancillary Revenues‘ (Zusatzverkäufe) umgestellt. Da sich Air Berlin auf den Preiskampf mit den Low-Cost-Carriern eingelassen hatte, schrumpften die Erlöse aus dem Ticketgeschäft. Die Zusatzverkäufe sollten dies ausgleichen. 2012 führte Air Berlin außerdem eine neue Tarifstruktur mit dem Namen ‚YourFare‘ ein. Im günstigsten ‚JustFly-Tarif‘ wurden den Kunden neuerdings Services verrechnet, die früher im Flugpreis inbegriffen waren: Getränke und Essen an Bord, Sitzplatzreservierung, Umbuchen gegen Gebühr, Gepäck oder der Vorabend-Check-in kosteten nun extra.

Letztendlich konnten weder das ausgebaute Leistungsangebot noch die Maßnahmen hinsichtlich des Ertrags- und Kostenmodells die Air Berlin retten. Nach dem kurzen Aufatmen aufgrund des erfolgreichen Ergebnisses 2012 wuchsen die Verluste von Air Berlin ab 2013 immer deutlicher an, bis die Airline schließlich 2016 mit einer operativen Marge von – 17.6 % einen neuen Rekordverlust von 781,9 Millionen Euro verzeichnete [4]. 2017 beendete Etihad die finanzielle Unterstützung und Air Berlin war gezwungen, Konkurs anzumelden.

Fazit

Einer der Hauptgründe für den Abstieg der Air Berlin ist sicherlich die unklare strategische Positionierung, die sich durch die vielen Übernahmen, die Chef- sowie Strategiewechsel und das fehlende, übergreifende Leistungsversprechen ergeben hatten. Wie die Wirtschaftswoche 2017 treffend schrieb: „Die Fluggesellschaft ist über die Jahre schlichtweg überflüssig geworden [5].“ Die Airline war ihrer Konkurrenz in keiner Dimension überlegen. Als Hybrid-Airline, die sowohl Urlaubs- als auch Geschäftsreisende auf der Kurz-, Mittel- und Langstrecke bedienen wollte, wurde sie in den einzelnen Bereichen von der Konkurrenz überholt. Im eigentlichen Kerngeschäft, den Urlaubsreisen, musste sie Marktanteile an die preiswerte Low-Cost-Konkurrenz abgeben, die sich zwar in Bezug auf das Leistungsangebot nicht wesentlich von Air Berlin unterschied, jedoch eine bedeutend günstigere Kostenstruktur aufwies. Im weniger preissensiblen Markt der Geschäftsreisenden konnte sich Air Berlin nie wirklich etablieren, da sich die Geschäftskunden eher auf die komfortableren und zuverlässigeren Airlines wie Lufthansa, British Airways oder SWISS verlassen haben. Zusammenfassend verdeutlicht der Fall von Air Berlin, wie bedeutend ein klares und übergeordnetes Leistungsversprechen für die erfolgreiche Orchestrierung aller Geschäftsmodelldimensionen ist.

Literaturverzeichnis

[1] Vgl. Air Berlin, (2013), Geschäftsbericht Air Berlin 2013.
[2] Vgl. Air Berlin, (2012), Geschäftsbericht Air Berlin 2012.
[3] Vgl. Tagesspiegel, (1998), Air Berlin im Steigflug, in: Der Tagesspiegel, 6.3.1998, https://www.tagesspiegel.de/wirtschaft/air-berlin-im-steigflug/32540.html.
[4] Vgl. Air Berlin, (2016), Geschäftsbericht Air Berlin 2016.
[5] Schaal, S. (2017), Eine Flugline, die sich überflüssig gemacht hat, in: WirtschaftsWoche, 10 8..2017, http://www.wiwo.de/unternehmen/dienstleister/air-berlin-pleite-eine-fluglinie-die-sich-ueberfluessig-gemacht-hat/20194228.html.

5 Herausforderungen und Leitideen für die Unternehmensführung

Wir haben in den vorangehenden Kapiteln viel über das ‚Was' erfahren: Welche Handlungsfelder sind bei einer Selbstdisruption zu berücksichtigen? Für eine erfolgreiche Transformation muss das Unternehmen jedoch auch die Frage nach dem ‚Wie' beantworten: Welche Strukturen und Prozesse gewährleisten eine umsichtige Wandlung des Geschäftsmodells? Dieses Kapitel soll dazu dienen, das Gerüst und die weichen Faktoren des Wandels zu beleuchten.

Menschen und Organisationen waren schon immer dazu aufgefordert, sich aus existenziellen Gründen ihrem Umfeld anzupassen und sich kontinuierlich zu wandeln. Die Veränderungskräfte sind kein neues Phänomen, nur sind diese heute vielfältiger, tiefgreifender und dynamischer – allen voran getrieben durch die Digitalisierung der Geschäftsmodelle. Das Management des Wandels stellt dabei einerseits die Fähigkeit des frühzeitigen Erkennens von Veränderungen als eine Kernkompetenz in den Fokus. Dazu gehören die Trend- und Mustererkennung neuer (technologischer) Veränderungen sowie die Antizipation der dadurch entstehenden Bedürfnisse, Anforderungen und Konsumentenwünsche. Andererseits gewinnt die Anpassungsfähigkeit beziehungsweise die frühzeitige Weiterentwicklung des eigenen Geschäftsmodells an Bedeutung für ein erfolgreiches Management. Unternehmen in stabilen bis leicht dynamischen Umweltkonstellationen folgen einem **mechanistisch geprägten Organisations- und Managementsystem** (Vgl. Abbildung 5.1). Diese Organisationen sind stark hierarchisch aufgebaut und in klar abgrenzbare Bereiche gegliedert. Der Entscheidungs- und Informationsfluss führt von oben nach unten und ist gekennzeichnet durch eine hohe Formalität. Dazu gehören auf den unterschiedlichen Hierarchieebenen Gremien, welche die Strategien und Konzepte Schritt für Schritt konkretisieren und in die Umsetzung bringen. Diese Prozesse sind meist sehr klar definiert und erzeugen aufgrund der Routinisierung eine hohe Stabilität, Ordnung und Berechenbarkeit. Dies hat durchaus den Vorteil, dass viele Modeerscheinungen gar nie in die Umsetzung gelangen, da sie irgendwo in den Gremienmühlen verloren gehen.

Das mechanistische System ist stark auf Regeln aufgebaut, welche dazu dienen, die Komplexität des Umfeldes möglichst beherrschbar zu machen. Auf dieser Grundlage hat sich die Auffassung verankert, dass dynamischen Marktveränderungen mit einer immer präziseren Umfeld- sowie Unternehmensanalyse zu begegnen sei. Es wird dabei impliziert, dass zukünftige Entwicklungen auf dem Markt gut prognostizierbar und langfristig antizipierbar sind. Daraus resultieren immer diffizilere Programme für Trendmanagement, Benchmarking-Analysen, Big Data-Management oder Marktforschungsprojekte. Die Erkenntnisse daraus fließen zumeist einmal jährlich in

---

Anmerkung: Die dazugehörigen Quellennachweise finden Sie am Ende des Kapitels.

https://doi.org/10.1515/9783111292298-005

einen breit angelegten und fundierten Strategieentwicklungsprozess ein, aus dem wiederum vielfältige Initiativen in Projektform entstehen, deren Entwicklung und Umsetzung auf Jahresbasis erfolgt. Diese Abläufe sind charakterisiert durch Zielvorgaben, Meilensteine, standardisierte Prozesse, Routinen und Gewohnheiten.

Größere Veränderungen werden als Ausnahmezustände angesehen und in Form von zum Teil breit angelegten Veränderungsprogrammen eingebracht. Die Programme haben meistens einen (verdeckten) Effizienzcharakter, womit die Organisation entschlackt und für die Zukunft vorbereitet werden soll. Solche Multiprojektvorhaben treten ein- bis zweimal pro Jahrzehnt auf und beschäftigen die Organisationen über Monate hinweg mit dem Ziel, Strukturen und Prozesse den neuen Gegebenheiten anzupassen.

	Weit verbreitetes Management im stabilen bis dynamischen Umfeld	Erforderliches Management in einem disruptiven Umfeld
Führung	Mechanistisches Managementsystem	Organisches Managementsystem
Stil	Autoritär	Partizipativ
Zwischenmenschliche Beziehungen	Befehlend	Kooperativ
Formalisierung	Stark	Schwach
Besprechung	Formell, abwärtsgerichtete Kommunikation	Informell, netzartige Kommunikationsstrukturen
Motivation	Konformität, Loyalität und Gehorsam	Initiative, Kreativität, Hingabe an die Aufgabe
Anweisungen	Detailliert vorgeschrieben	Allgemein, empfehlend
Entscheidungskompetenz	Zentralisierte Entscheidungskompetenz	Viele Entscheidungszentren

Abbildung 5.1: Differenzierung zwischen Management einer stabilen und turbulenten Umwelt (Quelle: Burns & Stalker [1994]).

Für Unternehmen in stabilen, aber auch in dynamischen Umfeldern kann dieses mechanistische Managementsystem erfolgreich funktionieren. Den Umweltveränderungen kann über den jährlichen Strategiezyklus rechtzeitig und erfolgreich begegnet werden und die im Drei-, Fünf- oder Siebenjahreszyklus wiederkehrenden Veränderungsprogramme sorgen dafür, dass organisch entstehende Ineffizienzen behoben werden. Somit stellt der Wandel primär ein wiederkehrendes, episodisches Ereignis dar.

5.1 Herausforderungen

In Märkten, die sich instabil zeigen und in denen sich disruptive Kräfte entfalten, geraten die mechanistisch ausgelegten Managementsysteme allerdings an ihre Grenzen. Die Veränderungen werden vielfach durch die ausgeklügelten Frühwarnsysteme zwar erkannt und fließen auch in Berichtsform in die strategische Diskussion des Top-Managements ein, es entstehen jedoch vielfältige Herausforderungen, die im Endeffekt die Handlungsfähigkeit von Organisationen beeinträchtigen.

Herausforderung 1: Orientierungslosigkeit

Der Wandel der Umwelt und im Besonderen disruptive Entwicklungen halten sich in den wenigsten Fällen an eine Jahresplanung. Dadurch wird das mechanische Abarbeiten der Jahresziele meistens zur Farce, weil die Projektziele durch die neuen Entwicklungen auf dem Markt torpediert werden. Das führt insbesondere bei den Projektmitarbeitern zu Verdruss, weil entweder an der Realität vorbei gearbeitet wird (sofern an den ursprünglichen Projektzielen festgehalten wird) oder der Projektauftrag ständig den neuen Gegebenheiten angepasst werden muss. Was heute noch gilt, ist morgen bereits obsolet. Dadurch fehlt es an Orientierung, und die Wirkung der Projektarbeit wird kaum mehr erkannt. Aus dieser fehlenden Wirkung wiederum folgt, dass auch die Wertschätzung für das Engagement hinfällig wird.

Damit erhält das Tagesgeschäft kontinuierlich mehr Bedeutung. Weil die strategische Arbeit offensichtlich immer weniger bewirkt und sich aufreibend gestaltet, ziehen sich viele Mitarbeiter und auch Führungskräfte auf jenes Geschäft zurück, auf welches sie noch einen direkten Einfluss haben – eben das unmittelbare Tagesgeschäft.

Herausforderung 2: Veränderungsmüdigkeit

Mit dem Rückzug auf das Tagesgeschäft sinkt die Bereitschaft, daran etwas Grundlegendes zu verändern. Gerade weil die Umwelt sich disruptiv verändert, wird an den alten Erfolgsfaktoren festgehalten, da diese Stabilität bieten. Jede Veränderungsabsicht wird als Gefährdung dieser Stabilität angesehen und damit passiv oder sogar aktiv abgelehnt.

Diese Veränderungsmüdigkeit ist ein Grund, wieso in den vergangenen Jahren immer mehr Stabsstellen in Unternehmen entstanden sind, die außerhalb des Tagesgeschäftes für einzelne Bereiche oder das Unternehmen als Ganzes den Wandel zu antizipieren versuchen. Diese organisatorische Lösung stellt jedoch meistens nur eine Bypass-Lösung dar, da der Bereich oft ein (einflussloser) Fremdkörper in der Organisation bleibt.

Herausforderung 3: Schwindende Glaubwürdigkeit der Führung

Das mechanistische Managementsystem funktioniert mit einem klar geregelten Top-Down-Ansatz. Dieser wurde zwar in den vergangenen Jahren immer mehr mit dialogischen Elementen ergänzt, die Hierarchie bestimmt immer noch substanziell den Kurs des Unternehmens, die Mitarbeiterführung erfolgt dementsprechend über die legitimierte formale Macht. Insbesondere die Dynamisierung der Ziele macht diese Form der Führung jedoch fast unmöglich, da sich durch die ständige Änderung der strategischen und operativen Ziele die Glaubwürdigkeit des Managements kontinuierlich reduziert. Es entsteht allmählich Widerstand oder im schlimmsten Falle eine innere Kündigung. Weil aber viele Führungskräfte nur das Führen in mechanistischen Systemen kennen, entsteht eine Verunsicherung, ein Beharren auf die formale Machtstellung oder aber auch Überforderung, die in einem Burnout münden.

Herausforderung 4: Dysfunktionale Anreize

Die Unsicherheit im System führt dazu, dass nach Strohhalmen gesucht wird, die eine (nicht) monetäre Honorierung respektive Wertschätzung mit sich bringen. Gerade in Phasen der Orientierungslosigkeit wirkt diese Anerkennung stabilisierend beziehungsweise kann die eigene Funktion und Karriere im Unternehmen sichern und fördern. Im Vertrieb von Handelsunternehmen ist dieser Strohhalm meistens die Umsatzkennzahl. Es wird alles darangesetzt, die Umsatzziele zu erreichen. In diesem Ansinnen wird oft der Kunde vergessen. Um den Umsatz zu steigern, wird der Warendruck mit noch mehr Sortiment, mit noch mehr Displays oder mit noch mehr Sonderangeboten erhöht. Dabei wird außer Acht gelassen, dass diese Push-Wirkung die Freude der Kunden am Einkaufen drastisch schmälert [1]. Daher rührt auch das Misstrauen vieler Konsumenten, die befürchten, von den Händlern manipuliert zu werden. Solange die Anreize nicht mit dem Kundennutzen verknüpft werden (und damit ist nicht die reine Koppelung an die Kundenzufriedenheitsbefragung gemeint), wird dieser Push-Effekt weiter Bestand behalten.

Herausforderung 5: Fehlende Veränderungsinstrumente

Auf der strategischen Ebene werden die Vorläufer einer Disruption vielfach erkannt, intern dokumentiert und in den strategischen Gremien diskutiert. Meistens entstehen daraus Absichtserklärungen und Visionen, wie den Unternehmensbroschüren oder Jahresberichten zu entnehmen ist. Beispielsweise werden die Möglichkeiten der Digitalisierung umrissen und ein Aufbruch des Unternehmens statuiert. Doch die realen Veränderungen muten zumeist sehr bescheiden an – nicht zuletzt, weil die Instrumente fehlen, um sich der Veränderung effektiv zu stellen. Meistens wird davon ausgegangen, der Lage mit der üblichen Form von Initiativen Herr werden zu können. So entstehen zum Beispiel Digitalisierungsinitiativen oder eine Omnichannel-Offensive. In dieser Parallelwelt ist ein tiefgreifender Wandel aber nur bedingt möglich. Es wird zwar von fluiden Organisationen gesprochen, aber ein offen gestaltetes Büro à la Google führt noch lange nicht dazu, eine Hierarchie zu verflüssigen. Es fehlen die Instrumente, um das Zukunftsbild in die Realität zu bringen.

Herausforderung 6: Kannibalisierungsangst

Neben den fehlenden Veränderungsinstrumenten stellt die Kannibalisierungsangst ein starkes Hemmnis für Veränderung dar. Da die Disruptionen das Potenzial besitzen, das ganze aktuelle Geschäftsmodell infrage zu stellen, besitzen Veränderungen zur Antizipation von Disruptionen immer auch einen existenziellen Kannibalisierungseffekt. Wird zum Beispiel der Online-Kanal forciert, fließen von den bestehenden stationären Filialen Umsätze ab, wodurch die Existenzgrundlage oder zumindest die Kostenstruktur gefährdet wird. Für das Management wirkt dieser Effekt hemmend in der Realisierung einer Omnichannel-Strategie. In dynamischen Zeiten baut man auf dem Erfolg der Vergangenheit auf. Bei disruptiven Veränderungen besteht die Herausforderung darin, das aktuelle Geschäftsmodell langsam aufzulösen und in ein neues Ertragsmodell zu wechseln. Hierfür braucht es eine kalkulierte Risikobereitschaft und Mut für Entscheidungen.

Das führt uns vom mechanistisch ausgerichteten Managementsystem zu einem **organischen Managementprinzip**, welches aus unserer Sicht die Grundlage für eine erfolgreiche Transformation in disruptiven Phasen ist. Das System zeichnet sich durch eine hohe Agilität ohne den starken Formalismus des mechanistischen Managements aus. Dieses Managementprinzip gewährleistet, dass in der Unsicherheit und Intransparenz Veränderungen nicht nur schnell wahrgenommen werden, sondern dass auf sie schneller und flexibler reagiert werden kann. Dabei gewinnt das kontinuierliche Wechselspiel von Strategie, Struktur und Kompetenzen zunehmend an Bedeutung. Dazu bedarf es einer netzwerkartigen Organisationsstruktur, die sich an der Wertschöpfungskette in Richtung Kunde orientiert. Nicht mehr die funktionalen Silos sind die Heimat der Mitarbeiter, sondern die Leistungskette bis zum Kunden. Dies hat zur Folge, dass die Hierarchien an Bedeutung verlieren und in der Führung neue Fähigkeiten gefordert sind. Entscheidungen werden dort getroffen, wo die Fachkompetenz ist, und das immer mit einem holistischen Blick auf die Organisation. Das Top-Down-Prinzip verliert an Bedeutung und die Partizipation beziehungsweise das Leadership avancieren zu Erfolgskriterien. Der ‚Wandel als episodischer Prozess‘ wird durch den Denkansatz vom ‚Wandel als kontinuierlicher Prozess‘ ersetzt.

5.2 Leitideen

Selbstverständlich existieren zwischen den zwei hier polarisierend dargestellten generischen Managementansätzen (Vgl. Abbildung 5.1) sehr viele weitere Varianten. Wir möchten bewusst nur auf diese zwei Archetypen eingehen, da die Formulierung der nachfolgenden Leitideen für die Transformation einer Organisation von einem mechanistischen zu einem organischen Managementprinzip akzentuierter und damit auch anschaulicher ausfällt. Der Leser findet in den Leitideen Impulse zur Veränderung, die für den individuellen Kontext der Organisation übersetzt werden müssen.

Leitidee 1: Visualisierung der Zukunft

Eine ständige Veränderungsbereitschaft verlangt nach Halt und Orientierung, da ansonsten das System sich selbst überfordert. Die unter Herausforderung 1 skizzierten Hürden entstehen, weil das kleingliedrige Tagesgeschäft keinen Halt bietet und der Sinn des eigenen Handelns aufgrund der dynamisierten Zielvorstellungen abhandengekommen ist. Die Dynamik bedarf eines ruhigen Gegenpols in Form einer Vision und starken Grundwerten respektive einer klaren strategischen Ausrichtung. Charismatische Führungspersonen insbesondere in familiengeführten Unternehmen bringen diese Leuchtturmfunktion oft in einem hohen Masse mit. In managementgeführten Unternehmen bedarf es meistens einer starken Vision, die einfach visualisiert, begeisternd wirkt und mit der sich jeder gerne identifiziert. Mit der Visualisierung einer Vision, der gesellschaftlichen Mission und dem wirtschaftlichen Leistungs- bzw. Kundenversprechen, schafft das Unternehmen Orientierung für die Mitarbeiter und – von innen heraus – für die Kunden.

Die Leitidee der Vision ist an sich nichts Neues, doch in der wirkungsvollen und konsistenten Umsetzung – und dies wird in den nächsten Leitideen ähnlich ausfallen – liegt die Krux. Ein schönes Imagevideo für die Strategie des nächsten Jahres mag erfrischend und identifikationsbildend sein, doch wenn der Arbeitsalltag völlig anders aussieht beziehungsweise auf das Video keine neuen Impulse folgen, ist jede Mühe zur Sinnvermittlung vergebens. Wir empfehlen in diesem Buch, die Entwicklung eines Leistungsversprechens in den Vordergrund zu stellen und damit für das Unternehmen den Weg in die Zukunft zu visualisieren.

Leitidee 2: Leadership

Führung ist nicht mehr ein ‚nach unten Tragen von Zielen und Aufträgen‘, sondern die Fähigkeit, die Vorstellungswelt der Vision und deren Realisierung positiv auf die Mitarbeiter zu übertragen [2]. Dabei geht es darum, die Fähigkeiten der Mitarbeiter zu erkennen, diese zum Vorschein zu bringen und am richtigen Ort im Unternehmen einzusetzen. In der Führung gilt es, die strategischen Leitplanken zu setzen, im derart abgesteckten Rahmen jedoch einen möglichst hohen Grad an Flexibilität zu wahren. Klar definierte Prozesse decken die Routinearbeit ab, der Freiraum für neue Ideen sollte möglichst groß ausfallen. Grundlage dafür ist Vertrauen, Inspiration und Freude an der Arbeit. Die Zusammenarbeit innerhalb der Organisation bewegt sich dabei nicht mehr in den Silos der Funktionen, sondern entlang der Wertschöpfungsketten.

Leitidee 3: Fluidität

Erfolgsentscheidend sind netzartige Zusammenarbeitsformen über die Abteilungsgrenzen hinweg. Diese Fluidität löst das Silo-Denken auf und setzt den Fokus auf die Wertschöpfungskette mit dem Ziel, den Kundennutzen zu steigern. Die Entscheidungen werden in vielen teilautonomen Fachgremien gefällt, und immer mit dem Blick auf das Gesamtsystem. Deshalb ist auch die Visualisierung der Zukunft so zentral. Existiert kein gemeinsames Bild beziehungsweise ein konsensuales Selbstverständnis, besteht die Gefahr, dass in den dezentralen Gremien konträre Entscheidungen gefällt und divergierende Ziele verfolgt werden. Mitarbeiter haben zwar weiterhin ihre Heimbasis in der fachlichen Abteilung, sie werden jedoch dort eingesetzt, wo ihre Expertise gefragt ist – die Organisation wandelt sich also von einem statischen Gebilde zu einer permanenten Projektorganisation, in der die Kompetenzen aus unterschiedlichen Fachabteilungen je nach Fragestellung zusammengezogen werden. Dies hat den Vorteil, dass die Agilität steigt, weil ein permanenter Wissensfluss stattfindet.

Leitidee 4: Agilität und Ambidextrie

Die Agilität der Organisation basiert einerseits auf dem Erkennen von Veränderungen und andererseits auf der schnellen Ableitung von entsprechenden Handlungen und deren Umsetzung. Oft wird diese Agilität mit einem klassischen Innovationsprozess in Verbindung gebracht – obwohl dieser Prozess meistens sehr stark reguliert sowie formalisiert und mit Zielen versehen ist. Die Agilität hingegen versteht die Innovation als immanenten Bestandteil der täglichen Arbeit. Innovation ist nicht etwas, das neben dem Tagesgeschäft on top erfolgt, sondern wird tagtäglich gelebt. Dadurch erhält die Erneuerung von innen heraus einen anderen Stellenwert und die Veränderung stellt nicht mehr einen Ausnahmezustand dar, sondern wird zur Normalität. Dies fängt bei der Marktbeobachtung an, geht über die Erkennung neuer Chancen bis hin zur Entwicklung der Konzepte und schließlich der Umsetzung. Dabei scheint uns die Senkung der Hürde zur Umsetzung ein wichtiger Faktor zu sein. In mechanistisch ausgerichteten Managementsystemen ist es oft so, dass der Erfolg eines neuen Konzeptes noch vor dessen Umsetzung quantitativ bewiesen werden muss. Dies sorgt dafür, dass viele gute Ideen mangels Beweisen zu spät oder gar nie in die Verwirklichung gelangen. Eine agile Organisation ist gekennzeichnet durch die Möglichkeit eines schnellen und unbürokratischen Pilotierens von neuen Ideen und durch das fundierte Entscheiden über einen Rollout beziehungsweise über das Fallenlassen einer weniger erfolgversprechenden Idee. Dazu bedarf es einer ausgeprägten Fehlerkultur, die auch ein Scheitern zulässt.

Von organisationaler Ambidextrie spricht man, wenn ein Unternehmen gleichzeitig Agilität in der Innovation und Effizienz im Kerngeschäft verfolgt. Zu Deutsch bedeutet Ambidextrie Beidhändigkeit. Dieser Ansatz fordert Unternehmen also dazu auf, das eine zu tun, ohne das andere zu lassen. Ihr zufolge sollen Firmen agil auf Veränderungen und Zukunftschancen reagieren und gleichzeitig nach Effizienzverbesserungen im Tagesgeschäft streben [3]. Die gesamte Organisation von einer Kultur der marginalen Produktverbesserungen und operativer Effizienz in Richtung innovativer Agilität zu verändern, ist hochriskant. Die Forschung zu organisationaler Ambidextrie empfiehlt, die effiziente Organisation des Kerngeschäfts zu nutzen, um agilen Teams Freiräume zu schaffen, neue Ideen und Innovationen zu verfolgen [4]. Verschiedene Studien konnten zeigen, dass Firmen, die organisationale Ambidextrie anstreben eine bessere Unternehmensperformance erreichen [5].

Leitidee 5: Empathie

Damit einerseits auf der Suche nach neuen Geschäftsmodellen und andererseits in den täglichen Richtungsentscheidungen die richtigen Schlüsse gezogen werden können, bedarf es einer systematischen Erhebung von Markt- und Customer Insights. Mit den neuen Methoden, die durch die Digitalisierung möglich werden, können über Algorithmen und Künstliche Intelligenz immer mehr Erkenntnisse zum (zukünftigen) Kundenverhalten gesammelt werden. Big Data führt uns Schritt für Schritt zum schon lange vorausgesagten gläsernen Kunden. Aber welchen Nutzen bieten diese Daten ohne ein Hinzutun von Empathie und Evidenz? Algorithmen sind heute noch nicht so weit, dass sie einen Geistesblitz, eine Evidenz auslösen könnten, um die Lösung für ein Kundenbedürfnis neu zu interpretieren. Empathie bedeutet, Taten wieder an Denken, Botschaften an Verstehen und Leistungen an Kundennutzen zu koppeln. Dazu braucht es eine Bereitschaft und die Fähigkeit, Emotionen, Motive und Bedürfnisse anderer Menschen zu erkennen und zu verstehen. Deshalb ist eine Kombination zwischen der analytischen Welt und der Empathie zielführend. Da Empathie aber einen immanenten Teil der Unternehmenskultur darstellt, bedarf es für eine erfolgreiche Profilierung auch hier einer grundlegenden Transformation – eine Investition, die keine kurzfristigen Erträge bringt, sich aber in der Zukunft auszahlt.

Leitidee 6: Ganzheitlichkeit

Bei der Veränderung des Managementsystems ist der ganzheitliche Ansatz zentral. Einzelne Stellschrauben zu betätigen, ist dabei meistens kontraproduktiv. Erhöhte Investitionen in die Marktforschung werden den erhofften Erfolg nicht mit sich bringen, wenn die empathischen Fähigkeiten oder die Bereitschaft, bisherige Prozesse zu hinterfragen, nicht vorhanden sind. Appelle aus dem Top-Management, die Silos der Fachabteilungen zu verlassen und netzwerkartig zu agieren, werden nicht fruchten, wenn nicht auch strukturelle Anpassungen sowie die Anreizsysteme angepasst werden. Wir haben in Kapitel 3.4 auf den Fit der einzelnen Aktivitäten hingewiesen. Nur wenn sämtliche Handlungsfelder im Unternehmen einem Leistungsversprechen untergeordnet sind und sich das Denken und Handeln der Mitarbeiter darauf ausrichtet, entsteht eine effiziente und effektive Grundlage für eine erfolgreiche Transformation.

Literaturverzeichnis

[1] Vgl. Schweizer, M. /Rudolph, T. (2004), Wenn Käufer streiken, Gabler Verlag.
[2] Vgl. Ohnemüller, B. M. (2017), Die Dekade der Menschlichkeit, In: CSR und Digitalisierung, S. 809–821, Springer Gabler, Berlin, Heidelberg.
[3] Vgl. Raisch, S./Birkinshaw, J. (2008), Organizational Ambidexterity: Antecedents, Outcomes, and Moderators, in: Journal of Management, 34(3), 375–409.
[4] Vgl. Raisch, S./Birkinshaw, J. (2008), Organizational Ambidexterity: Antecedents, Outcomes, and Moderators, in: Journal of Management, 34(3), 375–409.
[5] Vgl. Lubatkin, M. H./Simsek, Z./Ling, Y./Veiga, J. F. (2006), Ambidexterity and performance in small- to medium-sized firms: The pivotal role of top management team behavioral integration, in: Journal of Management, 32(5), S. 646–672.

Register

https://doi.org/10.1515/9783111292298-006